|高等教育现代化研究丛书|

董泽芳◇主编

教育部人文社会科学研究2022年度青年基金项目"知识生产转型视角下我国教育博士专业学位研究生培养模式研究"

我国教育博士专业学位研究生培养模式研究

WOGUO JIAOYU BOSHI ZHUANYE XUEWEI
YANJIUSHENG PEIYANG MOSHI YANJIU

叶晓力／著

华中师范大学出版社

新出图证（鄂）字 10 号

图书在版编目（CIP）数据

我国教育博士专业学位研究生培养模式研究 / 叶晓力著. —武汉：华中师范大学出版社，2023.5
（高等教育现代化研究丛书 / 董泽芳主编）
ISBN 978-7-5769-0091-0

Ⅰ.①我… Ⅱ.①叶… Ⅲ.①教育学—博士生—培养模式—研究—中国 Ⅳ.①G40

中国国家版本馆 CIP 数据核字（2023）第 053684 号

我国教育博士专业学位研究生培养模式研究
Ⓒ 叶晓力 著

责任编辑：梅 杰	责任校对：肖 阳	封面设计：罗明波
编辑室：学术出版中心	电话：027-67867792/3220	
出版发行：华中师范大学出版社有限责任公司		
社址：湖北省武汉市洪山区珞喻路 152 号	邮编：430079	
电话：027-67863426（发行部）	传真：027-67863291	
网址：http://press.ccnu.edu.cn	电子邮箱：press@mail.ccnu.edu.cn	
印刷：湖北恒泰印务有限公司	督印：刘 敏	
开本：710mm×1000mm 1/16	印张：29.75	
版次：2023 年 6 月第 1 版	印次：2023 年 6 月第 1 次印刷	
字数：428 千字	定价：125.00 元	

欢迎上网查询、购书

敬告读者：欢迎举报盗版，请打举报电话 027-67867353

总　序

　　教育是国之大计、党之大计。党的二十大报告提出了"实施科教兴国战略，强化现代化建设人才支撑"的重要论断，围绕教育优先发展、科技自立自强、人才引领驱动等作出新的全面部署。这为我们在全面建设社会主义现代化国家新征程上加快建设教育强国、科技强国、人才强国指明了方向。

　　高校承担着人才培养、科学研究、社会服务、文化传承创新与国际交流合作等重要职能，是教育高地、科技高地、人才高地的融合体。习近平总书记指出，高等教育发展水平是一个国家发展水平和发展潜力的重要标志。国家对高等教育的需要比以往任何时候都更加迫切，对科学知识和卓越人才的渴求比以往任何时候都更加强烈。实现高等教育现代化是实现教育现代化的核心内容，是建设教育强国、科技强国与人才强国的重要保障，是全面实现中国式现代化的强大基础，是推进中华民族伟大复兴的先导工程。

　　实现我国高等教育现代化，既要顺应国际高等教育的发展潮流，符合全球高等教育发展的共同愿景，体现世界一流的高等教育理念、体系、质量和水平；也要具有鲜明的中国特色，契合中国的国情，坚持社会主义办学方向，重视对优秀传统文化、核心价值理念和正确教育思想的弘扬，走出一条在高等教育大国基础上建设高等教育强国的道路；还要遵循我国现代化发展、教育现代化发展与人才发展自身的规律。高等教育现代化是一个立足本国、向他国学习，并不断自我创新的过程。基于此，我国高等教育现代化应该是立足于人口规模巨大国情的现代化，是追求人的全面发展、全体人民共同富裕、物质文明和精神文明协调并进、人与自然和谐共生的现代化，走和平发展道路的现代化。

实现我国高等教育现代化要把握机遇，用好机遇。当今世界正处于国际形势大变动时期，中国的发展也进入新时代，综观国际、国内形势，我国正处在进一步发展的重要战略机遇期，这为高等教育现代化发展提供了千载难逢的机遇。如世界经济格局新变化为高等教育现代化提供了强大的外部动力，"科教兴国"与"人才强国"战略为高等教育现代化建设提供了重要的战略支撑，经济持续发展与对高教投入加大为高等教育现代化发展提供了必要的物质保障，全党全社会对"教育优先发展"战略的认识深化为高等教育现代化发展创造了良好的精神环境，广泛的国际开放与合作背景拓宽了我国高等教育现代化国际交流平台，等等。在促进我国高等教育现代化发展的进程中，我们必须以高度的使命感把握机遇，用好机遇。

实现我国高等教育现代化也必须正视问题、研究问题。这些问题主要有：一是有些理念滞后，表现在很多大学对大学主体是什么、为什么办大学以及大学应该怎样办等缺乏深层次的理性认识；二是价值取向偏颇，表现在重功利价值轻学术价值，重科技价值轻人文价值，重局部近期价值轻整体长远价值，重个人发展价值轻社会发展价值，重效率价值轻公平价值，重适应社会的价值轻社会导引的价值，重分化的价值轻整合的价值，重维护稳定价值轻改革创新等方面，价值取向上的偏颇必然导致办学方向的迷茫、培养目标的模糊与高等教育功能的萎缩；三是发展定位不当，表现在我国当前许多高校在定位上仍然存在着办学目标雷同、服务面向不清、办学层次混乱、发展模式单一、办学特色淡化等问题；四是经费投入不足，表现在我国生均财政经费偏低，不同地区高校生均经费差距很大，公办高校经费投入与规模发展不相适应，不少高校的硬件建设和软件建设受到极大限制；五是制度建设薄弱，表现在大学与政府、社会的关系尚未理顺，大学自身的主体性的失落，有些大学内部也因种种原因出现行政权力异化,如职能官位化、作风衙门化、学术行政化等现象;六是教师现状堪忧,表现在部分高校教师人文素质偏低、敬业意识淡薄、价值观念偏颇和师德教风不佳等方面;七是培养模式僵化,反映在部分高校培养目标过专、专业划分过细、专业设置求全、教学方法重灌、学习方法过死、评价方法单一等;八是教学质量堪忧,主要反映在学生的自主学习能力不高、实践能力偏弱、创新人才较差等方面。我们必须以高度的责任感研究问题、破解难题。

本套丛书正是基于上述认识,围绕我国社会现代化进程中高等教育现代化面临的问题进行了探究。如有专著根据高等教育现代化是为了实现科教强国、人才强国的目标,将有效开发高校人力资源作为研究对象,以当今国际形势变动、国内发展转型、学校自身变革对高校教师开发以及人才培养的需求为研究切入点,重点评介了国内外高校人力资源开发与管理的相关理论,结合对当前高校人力资源开发与管理现状的调查研究,着重分析了高校人力资源选、用、管、评的机制优化与实施策略。有专著依据我国高等教育现代化追求公平与质量并重的目标,阐释了评价考生入学公平的最终标准是人人都能接受适合自己的高质量高等教育,人人都能成为社会的有用之才,人人都有出彩的机会;高等教育分流机制创新的根本目的是促进高等教育公平,前提条件是保证教育质量,高等教育分流机制创新必须合目的性、合规律性、合条件性。有专著认为实现乡村振兴是我国高等教育现代化的重要任务,提出了"培育一粒种子,带动一个专业,服务一群产业,扶持一方经济""以师兴乡"的办学理念,开展了研究生层次乡村工匠之师培养培训创新实践与理论研究,总结出了"三界共振+三双共振+三术共振"要素之和及其相互作用的"全息共振"模式。有专著围绕高等教育对乡村振兴的智力支持的理念,采用访谈、个案等形式对某些具有典型性的农村社区进行实证调查,分析了高等教育对乡村振兴进行智力渗透方面的成绩与问题,提出了实现高等教育为乡村振兴提供切实有效智力支持的对策建议。有专著基于"制度—环境—行为"和"行为—环境—制度"两条主线,围绕制度、社会结构与组织环境、行为主体三大中心及其相互作用,对应用型本科高校教师工作考核制度的变迁机制和运行现状进行了探究。有专著立足于高等教育现代化是追求全体人民共同富裕、城乡协调发展的现代化，提出高师实践教学改革应以实习支教为抓手，整合教师教育实践教学改革和农村师资补充，建构地方政府推动下高校实习生、高校教师、乡村教师与城镇教师循环流转的"四元多维"模式，以促进贫困地区教育发展。有专著基于高职院校服务战略产业的方向，研究了区域战略性新兴产业对人才的需求，调查了职业院校人才培养现状，探讨和建构了推进职业院校服务区域战略性产业的路径和相关政策保障。有专著根据高等教育现代化的目标，从新制度主义理论视角出发，研究了推动高校分类发展，引导应用型本科高校特色发展，完善教师权益保障制度、工资薪酬制度和职称评定制度等的思路与对策。有专著以112所地方本科师范院校为样本，对组织目标、组织结构、组织行为等方面的转型问题进行了研究，提出了建立省级统筹下的教师教育体系、形成分类评估的制度、促进适合区域特色的本土化发展之路等对策。有专著基于知识生产模式理论的分析视角，综合运用多种方法，研究了西南地区地方高校的学科建设问题，剖析了地方高校与学科、地方高校与知识、学科与知识的逻辑关系，总结了西南地区地方高校学科建设的基本经验，梳理了地方高校学科建设中的主要问题，提出了在高等教育现代化进程中优化地方高校学科建设的基本路径。有专著以教育博士专业学位研究生培养模式为研究对象，以知识生产模式转型为理论视角，考察了我国教育博士专业学位研究生培养中的问题，提出了构建"系统集群—结构要素"组合的教育博士专业学位研究生培养模式和改革路径。

  本套丛书在选题上都是紧紧围绕高等教育现代化发展，立足于问题研究，着眼于学科发展，致力于实践服务，既有宏观的政策考察，也有中观的制度分析，更有微观的对策探讨；书中提出的可行性建议与举措，对促进我国高等教育改革与发展具有一定的参考价值，希望能为构建中国式现代化高等教育体系，推进高等教育现代化发展贡献微薄之力。本套丛书的作者有些是资历尚浅的青年学者，书中有些观点和论证还显稚嫩和不足，但他们对教育深厚的人文情怀与现实关切令人感动。

中国高等教育现代化建设是一个系统工程，还有许多值得研究的问题。由于作者水平所限，以及对高等教育现代化发展的规律认识不深，本套丛书必有诸多不足，希望诸位读者不吝赐教。在此要特别感谢华中师范大学出版社领导、编辑部主任及各位编辑对本套丛书的大力支持。

董泽芳

2023 年 5 月 12 日

前　言

作为我国专业学位研究生教育的重要构成与最高层次，教育博士专业学位研究生教育旨在培养教育领域的高层次复合型应用型人才。我国自2010年起正式开展教育博士专业学位研究生培养的试点工作，然而逾10年的院校培养实践却一直受到各方诸多的质疑，不仅面临有关"培养目标争议"的问题，也有本土化过程中衍生的独特问题。事实上，各方对教育博士专业学位研究生培养的质疑既来自人们对教育博士专业学位的价值缺乏理解，也来自当前社会对教育博士专业学位研究生培养质量的不信任。作为一个"舶来品"，教育博士专业学位究竟在我国高校发展如何？人才培养质量如何？是否适应我国高等教育的特有生态？是否能够满足求学者个体需要与用人单位的发展需求？对这些问题的回答无疑需要厘清教育博士专业学位研究生培养高校的培养实践及其可能面临的现实困境。教育博士专业学位研究生培养模式是培养实践中的核心要素与集中缩影，能够直观地反映培养过程的实践特征与主要内容，并最终影响培养质量。因此，探究教育博士专业学位研究生培养模式成为本研究的核心内容。

本研究以教育博士专业学位研究生培养模式为研究对象，以知识生产模式转型为理论视角，构建了教育博士专业学位研究生培养模式"系统集群—结构要素"的分析框架；在采用混合研究的范式及其方法设计策略的基础上，依循"问题提出—理论探讨—历史分析—现状考察—经验借鉴—路径创新"的技术路线，旨在系统考察我国教育博士专业学位研究生的培养问题，在综合考察历史发展经验之后，从"制度环境—群体经验—就读体验"三个维度全面还原培养模式运行的现实状况,厘清其中亟待解决的诸多困境,并借鉴域外改革经验,最终提出我国教育博士专业学位研究生培养模式的改革与创新路径,实现有效破解当前高校培养困境,切实提高培养质量,持续促进教育博士专业学位高质量发展的目标。

知识生产模式转型理论为探究教育博士专业学位研究生培养模式提供了全新的视角。本研究首先从西方的两次"学术革命"引论,在回溯知识生产模式相关研究的基础上,系统地阐述知识生产从模式1到模式2,再到模式3的发展及其重要创新;然后基于新的知识生产模式所强调的"应用情境""跨学科""集群网络"等核心理论要素,分析知识生产模式转型对博士生培养所产生的影响;最终构建教育博士专业学位研究生培养模式"系统集群—结构要素"的分析框架。其中,"系统集群"用以分析教育博士专业学位研究生培养共同体及其利益相关主体的影响,"结构要素"则是基于教育博士专业学位研究生培养模式操作性定义分析"培养理念与目标""招考内容与形式""培养过程与制度"与"质量评价与保障"等具体培养环节。

考察我国教育博士专业学位研究生培养模式的历史发展是本研究的重要议题。本研究梳理了我国教育博士专业学位及其人才培养的发展历程,将其大致划分为三个阶段:一是逐渐显现需求的发轫期(20世纪90年代至2008年),二是开展试点培养的实践期(2008年至2015年),三是探索创新发展的改革期(2015年至今)。在此基础上提出我国教育博士专业学位及其人才培养的发展动力,包括知识经济时代教育事业大发展的社会动力,现代大学制度建设客观需要的制度动力,教育学科自身发展内在需求的学科动力,并进一步提出其发展机制为发展之初以稳定性为主,稳定以后走上渐进性改革之路。基于历史演进视角解读我国教育博士专业学位研究生培养之过程,本研究认为我国教育博士专业学位研究生培养模式在这一过程中逐渐产生明显的"学术化"倾向,并与学术型博士生培养模式同质化,由此提出"学术趋同"培养模式的生成路径是"学术模仿—学术漂移—学术趋同"。

探究我国教育博士专业学位研究生培养模式的运行现状是本研究的核心内容。本研究基于混合研究范式,从三个维度考察教育博士专业学位研究生培养模式的运行现状以实现对问题分析的三角互证。(1)制度环境分析:本研究通过对政府主管部门与"全国教育专业学位研究生教育指导委员会"("教指委")发布的关于教育博士的政策性与指导性文件进行宏观制度的文本分析,通过对培养高校的招生简章、培养方案进行微观制度的文本分析,研究发现在理念目标定位上存在学术性与应用性的博弈,在招生考试安排上存在专业性与发展性的偏颇,在过程制度设计上存在系统性与协同性的忽视,在评价保障体系上存在形成性与终结性的失衡等诸多困境。基于此,本研究从统筹试点与"被平庸"的制度、治理机制与"割裂"的共同体、文化惯性与制度的"路径依赖"三个方面探讨了制度困境的深层原因。(2)群体经验调查:本研究基于分析框架的要素设计,通过对全国各培养高校的教育博士专业学位研究生抽样进行有关培养模式运行现状的问卷调查,运用量化统计分析影响教育博士专业学位研究生培养过程与质量的相关因素与学术趋同现状,并从多个维度呈现当前培养的质量水平,形成了一系列相关结论。例如,培养目标、主管部门与"教指委"支持、工作单位参与等变量对教育博士专业学位研究生培养质量具有显著的正向预测影响;教育博士专业学位研究生培养模式具有较大的学术趋同问题,学校课程与教学专业方向的学术趋同程度要显著高于其他专业方向。(3)就读体验叙说:本研究在对首批试点的两所培养高校进行田野调查的基础上,通过选取若干教育博士专业学位研究生进行深度访谈,深描教育博士专业学位研究生培养模式的运行过程及其反映的真实培养现状,借由学生个体视角的经验叙事,实现更加精准地对标问题。在"结构要素"上,研究发现高校培养存在普遍的学术趋同现象,体现在培养理念与目标上存在学术主导抑或应用取向,招考形式与内容上存在识别能力抑或关注潜力,培养过程与制度上存在沿袭经验抑或趋向创新,质量评价与保障上存在遵循旧制抑或重建标准等不同程度的实践选择难题;在"系统集群"上,研究发现培养共同体中利益相关主体存在显著的行动差异,体现在政府主管部门与"教指委"积极支持并参与指导,培养院校之间非制度性交流,不同工作单位秉持的态度迥异。由此,本研究进一步对"学术性与应用性的统一"能否实现,招生面向是否需要或能否进一步放开,培养过程的学术趋同是如何生成的,新的质量评价标准缘何迟迟难以建立这几项问题进行了深入讨论。

借鉴美国教育博士专业学位研究生培养模式的有益经验是本研究的重要内容。美国教育博士专业博士学位发展百年,积累了丰富的经验与教训,已经形成较受学界与高校认可、学生与用人单位满意的培养模式。对美国典型改革实践开展案例研究,探索美国培养改革的经验,能够全面、系统地为我国高校提供更加微观、具体的培养策略。本研究首先梳理了美国教育博士专业学位研究生培养的发展历程,认为其发展大致可分为萌芽期、发展期与改革期三个阶段;重点考察"卡耐基教育博士计划"(CPED)与"哈佛大学教育领导博士学位改革"(Ed. L. D)两个具有广泛影响力的典型案例,发现其中诸多的改革经验能够为我国所借鉴。具体而言,CPED强调立足高校的培养实践、倡议构建行动共同体、廓清教育博士本质属性、精准定位培养理念与目标,重视组织建设及其治理、有效保障联盟的高效运作,强调共生与资源的共享、系统创新培养过程诸要素;Ed. L. D项目则是精准定位领袖型人才培养目标,创新构建指向实践的课程体系,将评价机制与专业实践相结合。这些实践经验为我国教育博士专业学位研究生培养模式构建深度合作共生的"系统集群"与特色创新驱动的"结构要素"提供了域外方案。

改革我国教育博士专业学位研究生培养模式的发展路径是本研究的最终指向。知识生产模式转型背景下,我国教育博士专业学位研究生培养模式的未来发展必须进行变革与重构,实现从"学术趋同"模式到"学术应用"模式的转轨。行动路径主要包括两个方面:一是通过"系统集群"建设以实现培养共同体功能的有效发挥,具体行动主要面向四大利益相关主体,分别是主管部门应完善制度顶层设计,推动制度系统改革;"教指委"应拓展组织核心职能,强化实践指导与监督;培养院校应重视院校合作交流,倡导资源共生共享;工作单位应积极参与培养过程，实现培养供需互动。二是通过"结构要素"创新以实现培养环节各要素的系统革新，主要包括深度厘清培养理念，准确定位院校培养目标；科学调整招考制度，有效保障识别遴选功能；重点关注培养过程，持续优化过程制度设计；全面提升培养质量，构建科学评价保障机制。

  本研究在理论视角、研究方法与研究内容三个方面具有一定的创新之处。本研究基于知识生产模式转型理论探究当前我国教育博士专业学位研究生培养模式，能够为未来专业博士学位及其人才培养变革等相关议题提供新的视角；本研究在现状分析部分采用并行实施的三角互证的混合设计，突破了传统的"量化＋质性"的模式，构建了"质性文本＋量化问卷＋质性访谈"的新模式，从而更加全面地呈现与对标研究问题；本研究所得之结论具有一定的学术创见，例如本研究发现当前我国教育博士专业学位研究生培养模式存在较为严重的学术化倾向，认为这是一种"学术趋同"的模式，且对其进行多维度的证实，并有针对性地提出构建指向"学术应用"模式的未来行动方向。

目 录

第一章 导 论 … 1
第一节 研究的缘起 … 1
一、研究背景 … 1
二、问题提出 … 7
第二节 研究的意义 … 10
一、理论意义 … 11
二、实践意义 … 12
第三节 文献的综述 … 15
一、教育博士专业学位本质属性之辩 … 15
二、教育博士专业学位存废发展之争 … 18
三、教育博士专业学位人才培养之忧 … 22
四、教育博士专业学位国际比较之思 … 29
五、文献评析 … 32
第四节 范式与方法 … 36
一、研究范式 … 36
二、研究方法 … 43

第二章 我国教育博士专业学位研究生培养模式的理论基础 … 48
第一节 核心概念界定 … 49
一、专业博士（学位） … 49
二、教育博士（专业学位） … 51
三、教育博士专业学位研究生培养模式 … 53

第二节　知识生产模式转型理论 …………………………………… 58
　一、西方的两次"学术革命" …………………………………… 59
　二、知识生产模式理论研究进路 ………………………………… 60
　三、从知识生产模式1到模式2 ………………………………… 63
　四、知识生产模式3 ……………………………………………… 73
第三节　知识生产模式转型对博士生培养的影响 ………………… 79
　一、培养理念与目标逐渐分化 …………………………………… 79
　二、招考内容与形式有所侧重 …………………………………… 81
　三、培养过程与制度分类转型 …………………………………… 83
　四、质量评价与保障亟待重建 …………………………………… 84
第四节　知识生产模式转型与教育博士专业学位研究生培养模式
　　　　…………………………………………………………………… 86
　一、系统集群：构建利益相关共同体 …………………………… 87
　二、结构要素：培养模式内涵的变革 …………………………… 90
　三、"系统集群—结构要素"分析框架 ………………………… 92

第三章　我国教育博士专业学位研究生培养模式的历史分析 ……… 94
　第一节　我国教育博士专业学位及其人才培养的发展历程 ……… 94
　　一、发轫期：显现需求（20世纪90年代至2008年）………… 95
　　二、实践期：试点培养（2008年至2015年）………………… 100
　　三、改革期：探索创新（2015年至今）……………………… 107
　第二节　我国教育博士专业学位及其人才培养的发展动力与机制
　　　　…………………………………………………………………… 113
　　一、发展动力 …………………………………………………… 113
　　二、发展机制 …………………………………………………… 119
　第三节　我国教育博士专业学位研究生培养模式的生成路径 …… 124
　　一、早期探索的"学术模仿" ………………………………… 124
　　二、试点培养的"学术漂移" ………………………………… 126
　　三、培养模式的"学术趋同" ………………………………… 128

第四章　制度环境考察：我国教育博士专业学位研究生培养模式的文本分析 133

第一节　资料的来源与选取 134
一、案例学校的确立 134
二、制度文本的选择 135

第二节　宏观制度环境：基于政策与指导性文件的考察 137
一、政策性文件的文本分析 137
二、指导性文件的文本分析 140

第三节　微观制度环境：基于培养院校规章制度的考察 149
一、培养理念与目标的文本分析 149
二、招考形式与内容的文本分析 151
三、培养过程与制度的文本分析 160
四、质量评价与保障的文本分析 171

第四节　制度困境分析：基于制度环境现状的反思 172
一、理念目标定位：学术性与应用性的博弈 173
二、招生考试安排：专业性与发展性的偏颇 174
三、过程制度设计：系统性与协同性的忽视 176
四、评价保障体系：形成性与终结性的失衡 178

第五节　制度困境的原因探讨 179
一、统筹试点与"被平庸"的制度 180
二、治理机制与"割裂"的共同体 181
三、文化惯性与制度的"路径依赖" 183

第五章　群体经验调查：我国教育博士专业学位研究生培养模式的量化分析 185

第一节　研究假设 185
第二节　研究设计 186
一、问卷编制 186
二、调查工具 188

三、调查取样 ·190
四、探索性因子分析与信效度检验 ·190
第三节 描述性统计 ·198
一、样本描述性统计 ·198
二、变量描述性统计 ·202
第四节 差异性分析 ·207
一、教育博士专业学位研究生培养模式运行现状的院校维度差异 ·207
二、教育博士专业学位研究生培养质量与成效的个体维度差异 ·210
三、教育博士专业学位研究生培养现状学术趋同的差异分析 ·213
第五节 相关性分析 ·214
第六节 回归分析 ·216
一、变量界定 ·216
二、回归模型 ·217
三、回归结果 ·217
第七节 结论与讨论 ·223
一、基本结论 ·223
二、反思讨论 ·225

第六章 就读体验叙说：我国教育博士专业学位研究生培养模式的质性分析 ·235

第一节 资料来源与编码 ·236
一、访谈调查的阶段 ·236
二、访谈对象的选取 ·237
三、访谈资料的编码 ·240
第二节 "结构要素"维度：院校培养中的学术性趋同 ·241
一、培养理念与目标：学术主导抑或应用取向 ·241

二、招考形式与内容：识别能力抑或关注潜力……………… 245
　　三、培养过程与制度：沿袭经验抑或趋向创新……………… 251
　　四、质量评价与保障：遵循旧制抑或重建标准……………… 264
第三节　"系统集群"维度：培养共同体内的行动差异…………… 268
　　一、政府主管部门与"教指委"的积极支持与指导…………… 269
　　二、培养院校之间的非制度性交流……………………………… 271
　　三、不同工作单位的态度迥异…………………………………… 274
第四节　结论与讨论………………………………………………… 277
　　一、基本结论……………………………………………………… 277
　　二、反思讨论……………………………………………………… 280

第七章　美国教育博士专业学位研究生培养模式的经验借鉴……… 291
第一节　历史梳理：美国教育博士专业学位人才培养的发展历程
　　………………………………………………………………… 293
　　一、萌芽期（19世纪末至20世纪20年代初）………………… 293
　　二、发展期（20世纪20年代至21世纪初）…………………… 297
　　三、改革期（21世纪以来）……………………………………… 301
第二节　统一行动：卡耐基教育博士计划（CPED）……………… 306
　　一、CPED概述…………………………………………………… 306
　　二、CPED框架…………………………………………………… 309
　　三、CPED治理…………………………………………………… 313
　　四、CPED评价…………………………………………………… 317
第三节　院校改革：哈佛大学教育领导博士项目（Ed. L. D）
　　………………………………………………………………… 326
　　一、HGSE重塑教育领域博士项目的缘由……………………… 326
　　二、Ed. L. D项目的培养特色…………………………………… 328
　　三、Ed. L. D项目评价…………………………………………… 334
第四节　核心经验：对我国的有益启迪…………………………… 339
　　一、系统集群：深度合作共生…………………………………… 340

二、结构要素：特色创新驱动……………………………………… 341
第八章 我国教育博士专业学位研究生培养模式的改革路径……… 346
第一节 模式重构：从"学术趋同"模式到"学术应用"模式
……………………………………………………………… 347
第二节 "系统集群"建设路径：培养共同体功能的有效发挥
……………………………………………………………… 349
一、主管部门：完善顶层制度设计，推动制度系统改革……… 349
二、"教指委"：拓展组织核心职能，强化实践指导监督……… 356
三、培养院校：重视院校合作交流，倡导资源共生共享……… 358
四、工作单位：积极参与培养过程，实现培养供需互动……… 362
第三节 "结构要素"创新路径：培养环节各要素的系统革新
……………………………………………………………… 366
一、深度厘清培养理念，准确定位院校培养目标……………… 367
二、科学调整招考方式，有效保障识别遴选功能……………… 371
三、重点关注培养过程，持续优化过程制度设计……………… 377
四、全面提升培养质量，构建落实评价保障机制……………… 388
结　语……………………………………………………………… 393
第一节 研究结论………………………………………………… 394
第二节 创新之处………………………………………………… 400
第三节 研究展望………………………………………………… 402
参考文献…………………………………………………………… 404
附录一 教育博士专业学位研究生培养模式的制度文本……… 427
附录二 教育博士专业学位研究生培养模式的调查问卷……… 431
附录三 教育博士专业学位研究生培养模式的访谈提纲……… 441
后　记……………………………………………………………… 451

表目录

表号	标题	页码
表 2-1	模式 1 与模式 2 典型特征比较	65
表 2-2	不同知识生产观下的教育博士生培养模式部分结构要素比较	90
表 3-1	历届全国教育博士专业学位研究生论坛举办单位与主题	104
表 3-2	我国教育博士招生培养单位名单	107
表 4-1	选取的教育博士培养院校基本情况	135
表 4-2	《教育博士专业学位研究生各专业方向指导性培养方案》中的推荐课程	143
表 4-3	《关于教育博士专业学位研究生培养工作的指导意见》结构与内容	145
表 4-4	"教指委"关于教育博士工作的相关通知文件	147
表 4-5	案例院校确立的教育博士专业学位人才培养类型	150
表 4-6	教育博士生招考制度观测指标	152
表 4-7	27 所培养院校 2020 年教育博士招考基本信息统计	153
表 4-8	27 所培养院校教育博士招考选拔方式统计	157
表 4-9	27 所培养院校招考选拔方式的院校数量分布统计	158
表 4-10	案例院校教育博士专业学位培养方式设计	161
表 4-11	案例学校教育博士专业学位课程结构及学分设计	163
表 5-1	《教育博士专业学位研究生培养模式运行现状调查问卷》结构与维度	188
表 5-2	"培养理念与目标"因子分析结果（旋转后的成分矩阵）	

表号	表名	页码
		191
表 5-3	"招考内容与方式"因子分析结果（旋转后的成分矩阵）	192
表 5-4	"培养过程与制度"因子分析结果（旋转后的成分矩阵）	193
表 5-5	"质量评价与保障"因子分析结果（旋转后的成分矩阵）	195
表 5-6	"系统集群"各因子分析结果（旋转后的成分矩阵）	196
表 5-7	"培养质量与成效"因子分析结果（旋转后的成分矩阵）	196
表 5-8	样本数据基本特征（1）	198
表 5-9	样本数据基本特征（2）	201
表 5-10	各维度因子均值与标准差	203
表 5-11	质量评价体系在院校类型上差异	207
表 5-12	培养质量与成效在院校类型上差异	208
表 5-13	培养质量与成效的专业方向差异	209
表 5-14	培养质量与成效的年级差异	209
表 5-15	培养质量与成效的性别差异	210
表 5-16	培养质量与成效的年龄差异	211
表 5-17	培养质量与成效的就读方式、培养形式差异	212
表 5-18	培养质量与成效的入学前工作年限差异	213
表 5-19	两种博士学位培养现状趋同程度的专业方向差异	214
表 5-20	各变量相关系数	215
表 5-21	回归模型汇总摘要	218
表 5-22	模型回归系数与显著性检验（$N=206$）	220
表 6-1	访谈对象（教育博士生）基本信息	238
表 6-2	访谈对象（导师、管理者）基本信息	240
表 7-1	CPED成员机构教育博士项目发展程度部分示例	316
表 7-2	Ed.L.D项目课程方案设计	331

图目录

图 1-1　本研究的并行三角互证设计 ············· 37
图 1-2　本研究的技术路线与思路图 ············· 42
图 2-1　教育博士专业学位研究生培养模式及其运行系统 ·········· 57
图 2-2　模式 3 知识生产创新生态系统结构 ············· 77
图 2-3　本研究分析框架 ············· 93
图 3-1　2010—2018 年我国教育博士招生数量 ············· 110
图 5-1　关于教育博士专业学位研究生培养实践现状的倾向性的统计 ············· 205
图 5-2　关于更有利于教育博士专业学位科学选才的招考制度的统计 ············· 206
图 7-1　美国 20 世纪教育学科博士学位授予量（1900s—2000s） ············· 299
图 7-2　CPED 董事会及其下设委员会结构 ············· 314

第一章 导　　论

第一节　研究的缘起

一、研究背景

　　学位与研究生教育是国家高等教育体系中不可分割的重要组成部分，是国家高水平拔尖创新人才培养的关键路径，亦是世界一流大学与世界一流学科建设过程中不能回避的核心内容。近年来，我国高等教育发展迅猛，高校招生规模不断扩大，高等教育已经正式从大众化阶段迈向普及化阶段。与此同时，在国家"双一流"建设大力推进的背景下，我国研究生教育也呈现出繁荣发展的态势。无论是在政策制度支持、财政经费投入方面，还是在研究生招生规模、学位类型方面，都取得了较快的发展。据教育部统计，截至2020年，我国自主培养研究生超1000万，基本实现立足国内自主培养高层次人才的战略目标。2020年7月29日，习近平总书记就我国研究生教育工作作出重要指示，强调："研究生教育在培养创新人才、提高创新能力、服务经济社会发展、推进国家治理体系和治理能力现代化方面具有重要作用。各级党委和政府要高度重视研究生教育，推动研究生教育适应党和国家事业发展需要。"李克强总理亦作出批示强调，"改革开放以来，我国研究生教育实现了历史性跨越，培养了一批又一批优秀人才，为党和国家事业发展作出了突出贡献"，并指出未来发展要继续"深化研究生培养模式改革……着力增强研究生实践能力、创新能力"[1]。

事实上，我国研究生在取得巨大发展的同时，也一直面临着不断的挑战，特别是伴随着社会经济的高速发展，社会劳动力市场对高级人才的需求正在发生深刻的变革，传统学术型研究生培养已经逐渐不能满足社会发展的需要。因此，在充分借鉴国外一流大学研究生培养经验的基础上，我国于20世纪90年代开始探索专业学位研究生教育，旨在将专业学位研究生培养中的"专业性"与职业发展所需的"应用型"更好地融合在一起。以科研性导向的学术型学位与职业性导向的专业型学位多元发展的趋势符合我国当代研究生教育的发展规律，能够适应社会发展对不同类型高层次人才的需求。由此可知，根据学位类型及其性质对研究生进行分类培养在我国已经历时多年，具有良好的历史基础，我国也仍在这条道路上坚持不断探索与改革，从而为实现社会主义现代化强国提供更坚实的专门人才支撑。

1. 我国专业学位研究生教育深入发展

自1978年改革开放以来，我国恢复并重建了研究生教育制度，研究生教育改革的步伐始终未曾停下。1980年，我国颁布《中华人民共和国学位条例》，其中规定了学士、硕士、博士的三级学位制度，这是新中国颁布的第一个学位制度，既继承了近代以来的经验，也充分借鉴了国际上的通行做法，使我国研究生教育更趋规范化、制度化。然而，至20世纪90年代初，我国研究生授予的学位几乎都是"学术型"学位，这和《学位条例》中关于学位获得者"专门技术"能力的要求有所冲突。国家对研究生人才培养的要求更加多元，单一的"学术型"研究生教育已经不能适应新时代的发展要求。1992年，我国颁布《关于学位与研究生教育改革和发展的若干意见》，开始重视培养高层次应用型人才，逐渐形成了以培养科研型人才为主的学术型学位和以培养应用型

---

[1] 新华网. 习近平对研究生教育工作作出重要指示 李克强作出批示[EB/OL]. (2020-07-29)[2020-07-30]. http://www.moe.gov.cn/jyb_xwfb/s6052/moe_838/202007/t20200729_475754.html.

人才为主的专业学位并存的局面。随着改革的不断深化，时至今日，不同学位在招生、培养、师资、学位授予等各个方面都更加科学规范，多元化的院校培养实践也日趋成熟完备。

经历30年的发展与改革，我国专业学位研究生教育正在不断深入发展，主要体现在三个方面。第一，招生规模扩大，专业种类日益丰富。事实上，我国专业学位研究生教育相较发达国家起步较晚，尽管国家1980年即颁布了相关的学位条例，对研究生培养的方向中"学"与"术"的侧重有一定的规定，部分高校自20世纪90年代也开始招收专业学位的研究生，如工商管理硕士（MBA）、法律硕士（J.M.）等，但大众对专业学位研究生教育的认知从近些年才逐渐开始普及。特别是教育部明确规定要提高专业型研究生在国家研究生招生总人数中占比的政策出台后，至2015年，专业型研究生已占研究生总招生量的近50%，并仍在逐年递增。就研究生教育层面而言，目前我国专业学位硕士教育有40个专业，如金融硕士、应用统计硕士等；专业学位博士教育有6个专业，分别是教育博士、工程博士、临床医学博士、兽医博士、口腔医学博士、中医博士。由此可知，我国专业学位研究生教育总体而言取得了较快发展，形成了种类较为丰富的专业体系。第二，培养规格提高，公众认可度日益提升。我国专业学位教育经过多年发展，已形成学士、硕士、博士三个层次的学位体系。从专业分布来看，学士专业学位只有"建筑学"一种；从在学规模上来看，专业硕士学位无疑是专业学位研究生教育体系的主体。自20世纪90年代以来，我国先后设立了6个专业博士学位，专业学位研究生教育开始从专业硕士教育发展到专业博士教育，培养规格与学位层次得到提高。而且，专业学位培养方式从单一的非全日制培养到兼有全日制与非全日制两种培养方式，院校培养日趋走向成熟多元，社会各界对专业学位研究生教育的认可程度也在不断提高。第三，国家政策支持，相关制度更趋完善。从学位管理结构层面来看，我国主要施行"中央—省级政府—培养单位"三级管理体制。具体而言，相对应的管理机构分别是国务院学位委员会、省级学位委员会、校学位授予单位学位评定委员会。此外，为适应专业学位的快速发展，我国设立了全国性的专业学位研究生教育指导委员会，用以指导专业学位研究生教育发展与改革。专业学位全国教育指导委员会是由国务院学位委员会、教育部与专业学位教育的有关业务指导部门联合成立的专业性组织，依据专业学位类型而设立，每类专业学位都设立有专门的专业学位全国教育指导委员会。

专业学位研究生教育发展至今，在世界高等教育体系中已日趋成熟，正在发挥举足轻重的作用。我国专业学位研究生教育发展起步较晚、经验缺乏，但发展空间巨大，正在朝着多元化、规范化、制度化的方向不断深入探索。尤其是在经济社会与高等教育蓬勃发展的当代，专业学位研究生教育或将成为我国研究生教育与社会发展高度互动的重要力量。

2. 教育专业学位研究生教育体系不断完善

教育专业学位是专业学位体系中的重要一环。1996年4月，国务院学位委员会审议通过《关于设置和试办教育硕士专业学位的报告》，批准设置教育硕士专业学位，这是我国第4个专业学位。教育硕士专业学位的设立不仅为我国基础教育师资队伍专业化发展提供了动力和途径，而且也是我国专业学位研究生教育发展史上的重要探索。自20世纪90年代开办教育硕士学位开始，在教育部、国务院学位委员会办公室的支持下，全国教育硕士专业学位"教指委"联合培养单位在人才培养方面进行了深入全面的探索，在招生对象、学科专业、培养模式等方面都取得较大的发展。同时，作为主管机构与专家咨询部门，"教指委"形成了两种富有成效的工作机制：一是积极开展研究工作，以科研促培养；另一是建立特定的工作制度，以交流促自律，如年会工作制度、学科教学小组专项工作研究制度和信息资料通报制度等[①]。就目前而言，我国教育硕士专业学位设立包括学科教学、教育管理、现代教育技术、小学教育、心理健康教育、科学技术教育、学前教育、特殊教育等共计

---

① 吴刚. 中国教育专业学位研究生教育回顾与前瞻[J]. 中国教育科学，2017（2）：97-135.

19个方向，包含了基础教育领域的全部学科，教育硕士专业学位在专业结构上日趋丰富和完善。

2008年12月，《教育博士专业学位设置方案》被国务院学位委员会审议通过。教育博士专业学位的设置不仅满足了教育领域对更高层次人才的需求，对后来其他学科设置专业博士学位也起到了先行探索的作用。2010年，北京大学、清华大学在内的15所试点院校开始招生，标志着我国教育专业学位自此形成了"硕士—博士"两个培养层次。2015年底，我国教育博士专业学位第一轮试点培养期结束，国家对15家试点培养单位进行了审核评估并启动了新一轮培养工作[1]。2018年3月，国务院学位委员会公布批准新增授权点、授权学科和专业学位类别名单，其中教育博士专业学位授权单位增列了12所地方高校[2]。至此，我国教育博士专业学位研究生培养单位增至27所。根据目前培养现状，教育博士专业学位的专业主要有教育领导与管理、学校课程与教学、学生发展与教育三个专业，近两年部分学校开始试办汉语国际教育专业。在我国教育博士专业学位设立已逾10年，尽管相关工作尚处于探索阶段，培养过程中亦出现诸多问题，但从专业学位发展阶段上来看，我国教育专业学位研究生教育体系正在不断完善，未来发展可期。

3. 教育博士专业学位研究生教育面临转型

随着专业学位研究生教育体系在我国研究生教育内涵式发展进程中的不断完善，专业学位在国家学位制度设计中的布局与方向更趋明朗。从国家宏观研究生教育政策上来看，专业学位研究生教育的普及化与常态化，在某种程度上预示着专业学位研究生教育的内部转型必须要提上日程，以适应国家相关政策的调整与支持。具体到专业博士学位层面，

---

[1] 高鸾，朱旭东. 我国教育博士培养制度实施中的问题与对策[J]. 教育发展研究，2019, 39 (3): 62-70.

[2] 国务院学位委员会. 关于下达2017年审核增列的博士、硕士学位授权点名单的通知 [EB/OL]. (2018-03-26) [2020-03-05]. http://www.moe.gov.cn/srcsite/A22/yjss_xwgl/818/moe_201803/t20180326_331245.html.

教育博士作为我国试点的专业博士学位，无疑对未来专业博士制度建设起到了风向标与领航人的作用，对国家专业博士教育的未来发展走向具有开拓性的意义。自2010年国家首批15所试点培养单位开始招生以来，教育博士专业学位一直处于摸索发展、不断创新之中。然而，教育博士专业学位毕竟是新世纪才在我国高等教育实施的"新型学位"，随着我国高等教育普及化时代的临近，高等教育内涵式发展、"双一流"大学建设的深入推进，其在我国的发展过程也正在面临更多挑战，转型发展成为必然的趋势。

具体而言，一方面，国家研究生教育政策顶层设计调整，教育博士院校招生规模正在持续扩大。教育博士院校招生指标的逐年增加、培养单位的增设，这一现象被学界认为是重要的政策风向，预示着国家对专业博士、对教育博士的重视程度及其背后的政策支持将会不断提高。事实上，自创设教育博士专业学位以来，国家对教育博士未来发展及其对教育领域产生的作用始终是持积极态度。教育博士在政策层面实际上是国家教育发展大局的重要一环，承载在教育领域优化师资队伍建设、培养高级管理人才、提高学校办学质量水平等在内的诸多使命。另一方面，各级各类学校教育机构及政府相关管理部门的内部治理能力与水平亟待提高，教育博士专业学位研究生教育的重要性程度日益凸显。教育博士的院校培养旨在提高在教育领域具有一定工作经验的人员的专业能力与水平。事实上，从经验层面分析，对教育博士的扩招可能受到高等教育大众化以来大学发展规模空前壮大等因素的影响。教育领域，尤其是高等教育领域，不仅在高级人才的需求量上大幅提高，而且日趋复杂的教育管理、教学等形势变化，也在呼唤教育领域更加专业的专门人才。因此，从某种程度上而言，教育博士的院校培养又具有职业教育的某些元素和特征。我国最初设立教育博士专业学位面向的是广大学校教育机构的从业者，旨在提高学校机构管理者、教师的实践工作能力。然而，随着教育环境的日趋复杂化和多样化，以及专业博士学位的深化发展，教育博士专业学位的功能、定位等都在不断变化，特别是专业方向的拓展、招生对象的多元等，这些都在预示着教育博士院校培养实践的转型调整。

由此可知，教育博士的院校培养是教育领域塑造高水平领导者、管理者和师资的重要方式，是将教育专业人才培养与专业博士学位教育结合的重要举措。然而，教育领域正在发生剧烈变化，教育博士专业学位面临的学校内外部环境也在发生不断变化。国家政策的支持的确在一定范围和程度上促进了教育博士专业学位的发展，但随之衍生的诸多问题更需要各方的持续关注。这些问题无论是从制度设计层面，抑或是院校实践层面，无疑都将最终的原点指向了教育博士专业学位研究生的院校培养环节。换言之，我们探讨教育博士专业学位的优劣势、功能定位以及预测未来发展状态，最终都将回归人才培养这一核心议题。对教育博士专业学位研究生培养议题的回归，不仅是对我国设立该学位初心的回归，更是对该学位未来发展方向的再思考。

二、问题提出

人们对教育博士专业学位研究生培养质量的质疑，似乎已经成为一个普遍的事实。然而，从更广域的背景中探寻，各方对教育博士培养质量的质疑实际上首先受到来自国家博士教育质量信任危机的影响。博士教育质量危机是一个全球性问题，在社会转型背景下，知识生产观的变迁，给大学科学研究、人才培养以及学术评价等都带来了极大的冲击。面对博士培养质量下降的现象与问题，欧美发达国家的学者较早便开始重视并不断呼吁对博士生教育进行重新思考、重新规划与重新塑造[①]。在我国，博士生教育质量危机同样存在，随着近年来的博士生扩招热潮，公众对博士教育质量的不信任愈演愈烈。实际上，曾受到各界广泛关注、学界激烈讨论的"钱学森世纪之问"，在某种程度上就是对我国博士教育质量的追问与深思，它反映的即是国家最高层次人才培养的问题。具体到教育博士专业学位，似乎面临更加尴尬的处境。从整体上

---

① Armstrong J. Rethinking the Ph.D. [J]. Issues in Science and Technology, 1994, 10(4): 19-22.

看，博士生教育质量已遭遇信任危机，教育博士的院校培养质量似乎更加令人担忧。然而，值得注意的是，人们对教育博士院校培养的不信任和对其培养质量的质疑，并非是完全消极的。辩证地来看，质疑的出现可能意味着潜在问题被发现，因而直面危机与质疑，反思教育博士院校培养应当成为一种正确的策略选择。我国高等教育事业的蓬勃发展为教育博士专业学位提供了良好的发展基础。同时，学校机构、教育主管部门等相关单位对教育领导者、高层次教育教学与管理人才的需求，成为教育博士专业学位发展重要的内部动因。

我国教育博士专业学位自设立起，一直受到各方诸多的质疑。不仅面临类似美国有关教育博士培养过程中"培养目标争议"的问题，也有在中国本土教育情境中衍生的独特问题。一方面，各方对教育博士这种新的专业博士学位了解不足，对其能否获得社会认可持并不乐观的态度；另一方面，教育博士院校培养过程中出现诸多问题，培养质量难以衡量与评价，甚至出现诸如"山寨学位""次等学位"的讽刺和误解。特别是教育博士专业学位在我国设立不久，发展规模不大，且主要生源来自各级各类学校机构，因而教育博士甚至被称为是"给领导干部开后门"的非正式学位。事实上，对教育博士专业学位的"污名化"实则反映了相关方对教育博士专业学位的"专业性"与"应用性"价值缺乏理解，对教育博士的院校培养也存在误读。而且，对教育博士的质疑也来自对专业学位的不信任，尤其在传统博士教育中"学术性"和"研究性"特质的鼓吹下，专业学位与博士教育的组合更易遭到质疑。然而，不可否认的是，当前我国教育博士专业学位研究生培养的确存在误区，比如培养质量良莠不齐、学术趋同情况严重等。近年来学界的相关研究也在诸多方面证实了这一点。

一种学位的产生与发展是中观甚至是较为宏观的话题，与社会发展、经济转型、大学模式变迁等因素密切相关。然而，学位制度在大学场域的生根发芽，最终还是要落脚于人才培养的职能之中。尽管高等教育（大学）在历史发展的变迁中不断衍生了更加广域的职能和使命，但人才培养始终是最核心、最基础、最重要的职能。无论大学与政府、与社会的关系如何变化，对于人的培养始终是各方关注的基本方面。2017年，教育部国务院学位委员会发布《学位与研究生教育发展"十三五"规划》，明确要求我国研究生教育发展要"坚持立德树人，突出人才培养的核心地位，分类推进培养模式改革"[①]。因此，关注教育博士专业学位的发展，无法回避一个关键议题，即其培养模式的问题。培养模式则能够在较大程度上反映培养过程的科学性与有效性。教育博士专业学位作为一个"舶来品"，究竟在我国发展如何，是否适应了我国的高等教育生态，是否能够满足用人单位的需求，对这些问题的回答无疑需要厘清教育博士研究生的院校培养模式及其运行情况。事实上，探讨教育博士专业学位研究生的院校培养实践，从培养模式的角度切入，既是学界相关研究的通行做法，亦是本研究最为适切的研究路径。教育博士专业学位研究生培养模式是院校培养实践中的核心要素与集中缩影，能够直观地反映院校培养过程的实践特征与主要内容，从而最终影响培养质量。鉴于此，本研究的核心内容将聚焦教育博士专业学位研究生培养模式。

综上所述，2010年至2021年，我国正式开展教育博士院校培养实践经历了逾10年发展历程，有必要对这10年的探索改革进行系统的、完善的归纳总结与分析探讨。本研究的主要目标在于厘清当前我国教育博士专业学位研究生培养的现实状况，特别是厘清院校培养实践中正在面临的诸多困境，从培养模式层面揭示培养过程、聚焦问题，并探索未来发展的改革路径。具体而言，本研究拟探讨的主要问题包括：

第一，教育博士专业学位在我国的创设及其院校培养的历史发展过程是怎样的？是否呈现出阶段性特征，发展动力与机制是什么？渐成的培养模式呈现出何种特点，缘何需要持续改革？

第二，当前我国教育博士专业学位研究生培养模式的运行现状呈现

---

① 教育部国务院学位委员会. 学位与研究生教育发展"十三五"规划[EB/OL].（2017-01-20）[2020-03-05]. http://www.moe.gov.cn/srcsite/A22/s7065/201701/t20170120_295344.html.

什么样的状态,其院校培养实践呈现出什么样的特点及其可能面临的现实困境又有哪些?

第三,作为教育博士专业学位的发源地,教育博士专业学位在美国的历史变迁与院校培养是何种模式?美国一流大学教育博士项目的哪些改革经验能够为我国高校所借鉴?

第四,我国教育博士专业学位研究生培养模式的未来改革方向在何方?本研究需要在厘清上述问题的基础上为模式变革与重构提供发展方向,以期破解当前我国教育博士专业学位研究生院校培养中的现实困境,从而达到提升培养质量的最终目标。

第二节 研究的意义

作为国家专业学位制度体系中的重要组成部分,教育博士专业学位研究生教育旨在培养教育领域的高层次复合型研究应用型人才,不仅适应我国高等教育发展的需求,而且有助于优化专业学位研究生教育结构。作为高素质人才标志的专业博士学位,教育博士专业学位在专业博士学位改革探索中无疑已经成为风向标和导航仪,其发展受到各方的关注,不仅关乎教育博士专业学位研究生培养的未来走向,亦关乎国家专业博士学位未来的改革动向。纵观学位与研究生教育史,我们也能够发现一些新的学位曾短暂被创设、最终黯然离场的事实。然而如前所述,我们必须要承认这样一个事实:教育博士专业学位在我国落地生根的时间不长,主管部门与培养院校依旧处于探索时期,因此在院校培养过程中涌现出的问题、遭遇的困境是正常现象。而真正值得关注与警惕的是,相关各方如何应对院校培养过程中出现的问题。对这一问题的回答不仅关涉专业博士学位教育的理论探讨,而且势必将对高校开展培养实践起到建设性的指导价值。因此,系统分析与探讨教育博士专业学位研究生培养模式这个议题极具理论意义和实践意义,值得持续关注和深入研究。

一、理论意义

1. 有利于深化教育博士专业学位研究生培养模式的理论探讨

教育博士专业学位研究生培养模式是一个复杂、系统的集合，既需要符合博士教育专业学位的本质内涵，同时也应该满足学习者专业发展的内在需求。实际上，教育博士专业学位研究生培养模式及其院校培养实践具有十分显著的特殊性，从理论上而言与学术型的博士学位在培养面向上有本质性的严格区分。同时，教育博士专业学位研究生培养模式也不能用传统专业学位的应用性一言以蔽之，这是因为教育博士的专业性发展在教育领域内发生，其应用性的内涵也随之发生改变，形成了一种学术应用性的复合型高级专业人才发展模式。因此，教育博士院校培养实践的特殊之处就在于其培养模式突破了传统学术型或专业型博士培养的既有框架。教育博士的院校培养是一个在专业实践中提高研究性与应用性知识与能力的过程，传统的培养观、发展观与评价观必须要因时、因地制宜，与教育博士专业学位的特殊性相适应。本研究中所采用的新知识生产观的理论视角与教育博士专业学位研究生培养过程的复杂性、特殊性相适切，对其培养模式的"学术—实践"转型具有较好的解释力。基于此，在知识生产模式转型理论的观照下，本研究探讨的内容将对教育博士专业学位研究生培养模式及其相关理论的深化起到重要的推动作用。

2. 有助于拓展教育博士专业学位发展与改革的理论内涵

国外专业学位研究生教育出现得较早，在院校培养层面经历了较长的发展时期。在我国，专业学位在实践领域出现始于20世纪90年代初，专业博士学位则出现得更晚。尽管经历多年的发展历程，但真正的快速发展期并不长。因此，专业博士学位教育的实践经验难以得到相匹配的理论指导。教育博士专业学位在我国的发展历程更短，对其发展的理论指导亦尚未形成科学体系。而且，现有研究普遍关注院校培养实践层面的问题，对教育博士专业学位发展及其人才培养的理论探讨较为局限。本课题研究的问题来自教育博士院校培养实践领域，致力于挖掘培养实践中出现的问题,并试图以知识生产模式转型的理论视角进行观照教育博士的院校培养实践及其改革。这些探索在一定程度上对拓展教育博士专业学位,乃至专业博士学位发展与创新的理论内涵具有积极的促进作用。教育博士专业学位发展与改革理论认识的丰富与深化也势必将反向指导人才培养实践过程,从而形成理论与实践互动的良性循环。

3. 有益于促进我国研究生教育理论体系的发展与创新

在我国高等教育快速发展的背景下,研究生教育也取得了空前的发展。研究生教育实践领域的繁荣在一定程度上促进了我国高等教育研究与研究生教育研究的分野。从研究领域的角度上来看,研究生教育应当属于高等教育的研究范畴。然而,近年来,研究生教育实践发展更趋复杂与多元,高等教育的主要研究阵地对研究生教育实践的关注并不高。由此,一些学者倡议开展较为独立的研究生教育研究,尝试建立研究生教育学科体系,这在学界引起了广泛争鸣。事实上,研究生教育实践的快速发展迫切需要相适应的理论指导,尤其是在人才培养理论方面。因此,教育博士专业学位的院校培养实践需要能够与其进行有效互动的理论支撑。本研究的分析思路与视角在教育博士专业学位的院校培养实践中具有较好的契合度,从整体上将会形成自身独特且全面的理论与分析框架,这为我国教育博士专业学位发展及其院校培养实践提供了良好的理论经验,从而进一步促进并丰富了我国研究生教育的理论体系。值得关注的是,本研究所借鉴与采用的知识生产模式转型等理论视角不仅对分析与解释我国教育博士专业学位研究生培养模式具有积极作用,而且,通过这些理论视角探讨教育博士专业学位研究生培养模式也在一定程度上反映了知识生产模式转型给我国专业博士教育领域带来影响与变化,从而丰富了新知识生产模式的理论体系。

二、实践意义

1. 有利于指导我国教育博士专业学位院校的培养实践

教育博士专业学位是一个受到广泛关注的话题,但无论从理论层面抑或是其他方面对其展开讨论，最终的落脚点都应归于人才培养实践本身。本研究秉承学术研究指导实践的理念，致力于通过多种研究方法还原当前我国教育博士的院校培养过程，并尽可能发现其中出现的问题，为各方今后的培养模式改革与创新提供经验与思路。基于此，本研究可能至少对三类相关主体产生积极的影响：其一，本研究对教育博士专业学位主管部门的相关决策起到参考作用，例如教育部学位中心、全国教育专业学位研究生"教指委"等。其二，本研究能够使我国教育博士专业学位相关培养院校更加清晰、全面地了解当前的院校培养实践现状，尤其是对培养过程中涌现出的具有共性特点的问题与矛盾有更加深刻的认知，从而为各院校培养模式的改革与创新等方面提供方向性指导。其三，本研究能够促进教育博士专业学位研究生所在的工作单位对其培养过程产生更加清晰的认知，推动工作单位积极共同参与到院校培养过程中，在诸多环节开展合作，从而与培养院校形成合力，提高培养质量。实际上，教育博士专业学位研究生培养的未来发展一方面需要相关理论的正确指导，另一方面也需要来自培养模式及其运行现状的经验总结与修正。

2. 有助于促进我国专业学位博士培养的改革与创新

作为我国专业博士学位体系中的重要组成部分，教育博士专业学位与教育硕士专业学位共同构成教育专业学位体系。目前，教育博士已发展为我国较为成熟稳定的专业博士学位。然而，相较于美国，无论是在学位授予的整体规模，还是在学位设计的专业类型方面，我国教育博士专业学位的发展还存在诸多不足，尚有巨大的空间可供探索与创新。事实上，近些年，我国开始大力开发教育博士专业学位，扩大招生培养规模，为进一步建设我国专业博士学位奠定基础、积累经验。基于此，本研究一方面能够促进各方对高级复合型人才的院校培养过程形成更加深刻的认知与理解，另一方面能够为我国今后探索专业博士的院校培养模式改革与创新等提供思路。知识经济时代的来临，高级人才的内涵发生了深刻变化，博士教育，尤其是专业博士教育将迎来快速发展的新机遇，同时也将遭遇更大的挑战。如何针对知识生产模式转型背景下的多重变迁对国家博士教育体系进行调整和创新，这是一个既宏大又具体的课题，而教育博士专业学位研究生培养模式的探讨应当得到更多关注。

3. 有益于推动我国研究生教育的内涵式发展建设

自国家"双一流"大学建设项目启动以来，2020年迎来了第一轮项目验收，取得了巨大的成就。国家对高等教育的重视，特别是对一流本科教育的重视成为最大的亮点。学界围绕一流本科教育教学展开了丰富翔实的理论与实践探讨，"世界一流大学必然拥有一流的本科教育"这一论断成为普遍的共识。然而，高等教育从外延式向内涵式的发展是整体性与系统性的工程，在大学创建一流本科教育的同时，必须要将研究生教育，尤其是博士生教育放在同等重要的位置。在2020年7月召开的全国研究生教育会议上，习近平总书记对国家研究生教育工作作出了重要指示："中国特色社会主义进入新时代，即将在决胜全面建成小康社会、决战脱贫攻坚的基础上迈向建设社会主义现代化国家新征程，党和国家事业发展迫切需要培养造就大批德才兼备的高层次人才。"[①]因此，建设世界一流的研究生教育，推动研究生教育的内涵式发展，应当成为国家"双一流"大学建设的重要内容。研究生教育的内涵式发展则要求政策设计、制度安排适恰，不同层次、不同类型学位的多元协同发展，人才培养模式与过程更趋科学合理。专业博士学位研究生培养在我国起步晚，是博士教育中较为薄弱的环节，各方对其关注度始终不够，可能将成为研究生教育内涵发展的短板与软肋。基于此，本研究关注了研究生教育中的专业博士教育领域，聚焦于教育博士专业学位研究生培养模式及其院校培养实践，在一定程度上为推动我国研究生教育内涵式发展起到了积极作用。

---

① 新华网. 习近平对研究生教育工作作出重要指示 李克强作出批示［EB/OL］.（2020-07-29）［2020-07-30］. http://www.moe.gov.cn/jyb_xwfb/s6052/moe_838/202007/t20200729_475754.html.

第三节 文献的综述

20世纪以来社会发生剧烈变迁,工业革命的影响辐射全球。大学知识生产模式的转型促使大学功能的延展,加深了大学与社会之间的联系。在此影响下,面对日益突出的社会与经济需求,专业博士学位开始出现,并迅速在世界一流大学占据一席之地。然而,传统学术博士(哲学博士)一直以来被视为是"正统"博士学位,人们对专业博士的认知始终停留在理论层面。加之,专业博士学位人才培养过程被认为与学术博士差异较小、区分度较差,因而引起了各方广泛的讨论。自教育博士专业学位出现以来,世界各国都陆续开展了教育博士的人才培养工作,客观上培养了一大批教育领域的高级人才。与此同时,学界也对教育博士这种新型学位的发展展开了大量的研究,形成了丰富翔实的研究成果。尽管学术观点常有争鸣,但学界对教育博士专业学位的发展总体上多持积极态度,肯定其未来发展空间。尤其是我国学界对教育博士专业学位的相关研究,从侧面反映了我国教育博士发展目前可能存在问题的领域。已有丰富的研究成果,为本研究厘清前后思路提供了巨大帮助,对相关文献的系统梳理与归纳也将为本研究的持续深入奠定坚实的基础。

一、教育博士专业学位本质属性之辩

美国学者对教育博士专业学位的性质曾产生持久激烈的讨论与关注,主要是围绕教育博士与教育学博士这两种学位类型的异同展开的。关于这一议题最为全面丰富的研究可以追溯到1931年弗瑞曼出版的专著《授予教育领域最高学位的美国大学实践:系列官方声明》(*Practice of American University in Granting Higher Degrees in Education: A Series of Official Statements*),这部著作分析了门罗(Walter Monroe)于1930年对哈佛大学、波士顿大学等5所授予教育博士专业学位的机构开展的调查,证实了这些机构的确在授予教育博士

专业学位时设置了与传统 Ph. D. 有所不同的要求。弗瑞曼在该结论基础上将 13 个授予教育学哲学博士学位的大学文理学院与 7 个授予教育博士学位的教育学院作为案例,对其差异性进行比较,并得出二者之间尽管略有不同（外语要求方面不同,且教育博士需要专业经验）,但十分相似的结论①。之后,美国教育领域诸多社会中介组织对教育博士专业学位展开过大量的实证调查类项目,试图明确两种学位的区别,例如美国教师教育院校协会于 20 世纪 50 年代发起的关于两种学位差异的调查研究。由于美国特有的科研文化,诸多研究项目有赖于官方或社会基金的资助支持,使得美国对教育博士研究的持续性得到了保障。在这些研究中,较具有代表性和影响的学者包括莱文（Arthur Levine）、舒尔曼（Lee Shulman）、斯考特（Peter Scott）等。事实上,美国初创教育博士专业学位以来,人们普遍对其性质感到不解,尽管相关机构声称教育博士是基于专门职业发展而非追求学术,但大量研究表明二者之间的区别难以澄清,研究结论中仅凭课程、学分以及学位论文等方面的细微差异难以使教育博士学术性与专业性界线得以明确。20 世纪 60—70 年代,关于两种博士学位的争论一直较为平静。至 80 年代后,安德森（Dale Anderson）针对华盛顿州立大学教育学院的学位分化问题,进行了一项"确定教育学博士学位与教育博士学位之异同"的调查研究。这项研究主要是调查这两个学位的课程要求和毕业生的就业模式,但他发现了更多关于两者之间的区别。调查起初显示这两个学位之间没有什么不同,两个学位在录取、过程和毕业要求方面有很强的相似性,但是在回顾最终项目时,他发现两个学位存在潜在不同,即对"教育博士学位面向的实践问题是基础研究的替代品"②的接受程度。与此同时,安德森引用了早期相关的研究,发现在 1930 年,只有 6 所大学提供 Ed. D 项目。至 1982 年,共有 128 所院校提供 Ed. D 或 Ph. D 两种项目,而在这

---

① Freeman F. Practice of American University in Granting Higher Degrees in Education: A Series of Official Statements [M]. Chicago: University of Chicago Press, 1931.

② Anderson D G. Differentiation of the Ed. D. and Ph. D. in education [J]. Journal of Teacher Education, 1983, 34 (3), 55-58.

128 所院校中,有 86 所同时提供这两种学位。尽管他的调查并没有试图探究这两个学位之间差异背后的哲学原因,很显然教育学哲学博士被认为是一个学术学位,以学术研究为核心,而教育博士则被认为是一个专业学位,主要是面向实践领域。换言之,学位的差异更多地体现在地位和声誉上,而非实际内容上。

2007 年,为了重构教育博士项目,将其本质属性突显出来,美国卡耐基教学促进委员会发起了一项全国性的教育博士项目改革运动,称之为卡耐基教育博士项目(The Carnegie Project for the Education Doctorate, CPED)。舒尔曼基于该项目对教育博士的根本属性进行了重申,认为专业博士学位旨在培养高层次应用研究型人才,应突出职业性、应用性,而哲学博士项目属于学术型学位,旨在培养卓越的学术领袖,应突出学术性、研究性,并要求大学围绕这一理念重塑教育博士项目,使之能够与哲学博士相对应[1]。该项目受到诸多学者的高度评价,例如,琼斯(Jones)认为 CPED 项目可以作为美国乃至全球各国的教育博士改革蓝本,不仅厘清了教育博士的理想形态和性质,而且为其提供了合法性依据[2]。澳大利亚学者诺依曼(Neumann)着眼于专业博士学位与学术博士学位的差异,在基于澳大利亚设立专业博士学位多年持续发展扩张的实践之上,开展了一项关于"博士教育经历"的实证研究,重点考察了教育、管理、法律等领域的专业博士学位教育,在招生选拔(包括学生选择专业博士学位与职业福利)、学术博士与专业博士项目的结构与组织、专业博士的自我感知三个具体领域对专业博士学位的异同点进行了评析,提出了两种博士学位未来可能发展的区别问题,并结合澳大利亚的实际情况探讨了学生的支付能力与资助政策[3]。

---

[1] Shulman L, et al. Reclaiming Education's Doctorates: A Critique and a Proposal [J]. Educational Researcher, 2006, 35 (3): 25-27.

[2] Jones S J. Organizational Change Processes within CPED-Influenced Ed. D. Programs [EB/OL]. [2020-03-25]. http://www.cpedinitiative.org/page/press.

[3] Neumann R. Doctoral Differences: Professional doctorates and Ph. D. compared [J]. Journal of Higher Education Policy & Management, 2005, 27 (2): 173-188.

由于我国教育博士专业学位起步较晚，学界对教育博士的性质与属性问题与西方研究较为一致，普遍认可教育博士作为一种专业博士学位，并将其与教育学博士加以区分。我国正式开始教育博士人才培养始于2010年，但学界早在数年前已经注意到国外教育博士发展潮流，开始呼吁设立教育博士专业学位，并对其性质等内容进行了分析。例如，2000年，姚启和、康翠萍已经认识到专业学位不应停留在硕士层面，在肯定了美国教育博士的实践经验基础上，提出试办教育博士专业学位的设想①。2003年，张应强提出了尽快建立教育博士专业学位制度的政策建议，指明了教育博士的实践性、职业性与综合性等本质属性，为我国后期相关政策提供了一定的理论基础②。随着我国专业博士教育发展愈加深入，学术型博士学位与专业型博士学位相统一的博士教育体系基本得以确定，对教育博士的性质问题的认识逐渐形成了较为普遍的共识，并不断深化。例如，徐岚通过系统地分析Ph.D和Ed.D区别，提出教育博士不仅仅是"非学术型"的学位，所谓的"应用"与"综合"也是一种学术，更应该称之为"应用研究型"学位，在此基础上对教育博士的身份认同等问题进行深刻反思③。陈大兴等人立足于我国教育博士发展与培养的历史，追溯作为专业博士学位的教育博士的使命与价值，同时挖掘我国教育博士与教育学博士的发展趋同问题，从而进一步重申并强调教育博士在学位属性上的本质特征④。

二、教育博士专业学位存废发展之争

美国学界曾对教育博士专业学位的存废问题进行辩论，其原因主要在于人们普遍发觉在实践层面教育博士的培养无异于哲学博士，培养质

---

① 姚启和，康翠萍．学位制度改革的一项新课题：论设置教育管理博士专业学位培训大学校长的必要性和可行性[J]．高等教育研究，2000(6)：64-66．
② 张应强．关于设置教育博士专业学位的政策建议[J]．现代大学教育，2003(1)：40-43．
③ 徐岚．教育博士作为专业学位的身份再审思[J]．研究生教育研究，2013(1)：74-78．
④ 陈大兴，张媛媛．教育博士与教育学博士发展趋同的多维解读[J]．研究生教育研究，2019(1)：53-58．

量也受到各方的质疑。1985 年，迪尔和莫里森（Dill and Morrison）对 81 所院校进行了一项研究①，以确定博士研究目标的性质。当时大多数机构在这教育学的 Ph. D 与 Ed. D 这两个学位之间并没有不同的方法要求，因此他们的研究试图去揭示两个学位相区别的三个原因：一是 1979 年研究生院协会（Association of Graduate Schools）呼吁建立哲学博士学位的标准，这将其与实践导向的学位区分开来；二是在同一时期，增加哲学博士研究的训练成为较为突出的概念；三是越来越多的学生在为毕业后的工作做准备，如攻读非全日制学位，他们更倾向于实践而不是研究。基于此，到 20 世纪 80 年代末，争论已经转向两个博士学位对教育领域是否都是必要的。克利福德和格思里（Geraldine Clifford and James Guthrie）在他们的著作《教育学院》（Education Schools）中，研究了美国顶尖大学的教育学院，并呼吁进行大胆改革。为了使教育全面专业化，他们建议教育学院应该把重点放在培养教师和教育领导人上，而不是进行研究。他们最重要的建议是取消教育学 Ph. D 学位，改为专业实践 Ed. D 学位，并提出教育领域应注重专业培训而不是创造知识和产生研究。这种说法在当时而言的确是"离经叛道"，而后也备受批判，但从另一方面反映了当时教育博士专业学位的支持者的声音与态度。

1993 年，奥斯古索普和黄（Osguthorpe and Wong）调查了过去 10 年里提供博士项目的所有美国高校教育学院，以确定 Ed. D 与 Ph. D 的发展趋势。他们发现高校在提供 Ed. D 或 Ph. D 学位上并没有明确的趋势，但综合性大学提供 Ed. D 的机会更多，而研究型机构则更多提供 Ph. D，当然研究也说明了很多机构实际上同时提供这两种学位。同时，研究发现这两种学位项目的要求十分相似，他们因此呼吁全国讨论"通过减少两种博士学位头衔之间的混淆来加强教育的专业化"②。

---

① Dill D D, Morrison J L. Ed. D. and Ph. D. research training in the field of higher education: A survey and a proposal [J]. Review of Higher Education, 1985, 8 (2): 169-182.

② Osguthorpe R T, Wong M J. The Ph. D. versus the Ed. D.: Time for a decision [J]. Innovative Higher Education, 1993, 18 (1): 47-63.

1998年，迪尔林（Thomas Deering）参与了这场辩论，并呼吁废除Ed.D学位。他声称，虽然Ed.D最初设立的目的是"提高教师的技能和知识"，但两个学位之间的长期混淆需要通过消除Ed.D学位来解决。通过考察两种学位论文的处理方法，每个学位项目所教授和使用的研究类型，以及两种博士学位的招聘模式，发现两种学位的关键区别在于对每个学位目的的共同理解——Ph.D学位论文的功能和形式是用来创造知识的，而Ed.D学位论文的功能和形式是为了研究实际问题。然而，在具体实践中，迪尔林（Deering）认为，考虑到两个学位项目的学生都使用定量和定性两种方法撰写论文，因此两种学位论文的区别就显得不重要了。同时研究还发现，所有类型机构的毕业生（从大型研究型大学到规模较小、知名度较低的学院），都能够被教育学院的博士学位项目录取，因此迪尔林认为Ed.D应该被取消，并指责教育学院"通过提供两个似是而非的终极学位，不知不觉中在学生和教师之间造成混淆，破坏了所有终极学位在教育中的地位"[1]。

迈克尔·考帕兰德（Michael Copland）曾指出，人们对美国教育博士的不信任并非毫无根据，教育博士专业学位确实没有根据预定目标，与教育实践领域的真问题建立起有机联系[2]。路斯·鲁曼（Ruth Neumann）也认为"在英国大学中，教育、心理、医学、工商管理等学科领域的专业博士学位日益失去自己的特色而与Ph.D趋同，这无疑会对Ed.D造成莫大影响"[3]。舒尔曼在参与Ed.D与Ph.D之间区别与发展的辩论中，并不主张取消其中的任何一个学位，而是主张强化这两个学位。2007年，舒尔曼倡议的卡内基教育博士项目开始了改革。尽管CPED项目明晰了教育博士的本质属性及其与哲学博士的区别，但

---

[1] Deering T E. Eliminating the doctor of education degree: It's the right thing to do [J]. The Educational Forum, 1998 (62): 243-248.

[2] Copland M. Tackling Problems of Practice in the Ed.D [J]. School Administrator, 2007 (1): 17.

[3] Neumann R. Doctoral differences: professional doctorate and PhDs compared [J]. Journal of Higher Education Policy and Management, 2005, 27 (2): 173-188.

舒尔曼为应对质疑，提出创建"专业实践博士"学位（Professional Practice Doctorate，P. P. D），以此使两种学位之间的界限更加清晰，并进一步强调教育博士的专业实践属性。

我国学界对西方教育博士的存废之争也展开过研究。魏玉梅的归纳总结最具有代表性。她通过整理、归纳西方学界的主要观点，并结合各校教育博士项目的实践，总结出教育博士专业学位存废的五种主要论争[①]：一是两种学位分别进行调整；二是一元论，有学者倡导取消教育博士，有学者呼吁取消哲学博士；三是二元论，追求两种学位的并重；四是创设新的专业学位取代教育博士；五是整合重构论，倡导对博士学位制度的重构。上述五种路径基本能够反映以美国为主的西方教育博士发展方向的主流观点。而且其中的诸多倡议已经在实践层面得到施行。近年来，产生较大影响的是哈佛大学的教育博士项目改革。作为世界上最早设立教育博士项目的大学，2009年哈佛大学宣布取消教育博士专业学位（Ed. D），新创设教育领导博士专业学位（Ed. L. D），并对新学位的培养模式进行了创新，特别强调了跨学科的联合培养与实践体验。此后，2012年，哈佛大学对教育哲学博士学位（Ph. D）也进行了改革，跨学院联合培养成为其最大特色。哈佛大学的改革一方面是对两种学位的培养模式进行创新，另一方面也是对教育博士的存废之争给予的回应。教育博士专业学位从本质上来看仍然是专业博士学位，这种提法与舒尔曼的倡议十分类似。究其根本，只不过是将教育博士进行更名，其学位实质并没有发生改变，真正值得肯定的是其在培养方面的创新与探索，使教育博士的专业内涵与属性得到彰显。从一定程度来看，教育学术学位与专业学位的分野逐渐明晰，也体现出哈佛大学对教育学科的专业博士学位发展一直保持积极态度。但在客观上，这种做法似乎也使得学术学位与专业博士相对应的体系变得愈加复杂，是否需要突破教育博士（Ed. D）这一实行近百年的专业学位，且在世界各国大学普遍采用的情况下另起炉灶，其中的

---

① 魏玉梅. 教育博士项目何去何从：国外教育博士学位"存废"之辩与改革动向 [J]. 现代大学教育，2016（1）：59-68.

必要性也值得探讨。值得一提的是哈佛大学这一改革实践距今已逾10年，各国教育博士的发展路径似乎也并未普遍采用哈佛方案，而是形成了各自的特色，这也在客观上回应了教育博士专业学位的存废问题：教育博士专业学位的未来发展正在正处于不断完善与创新的进程之中。

三、教育博士专业学位人才培养之虑

教育博士自创设之日起，人们对其人才培养的关注一直未曾缺席。知识生产模式转型背景下，社会问责文化为博士教育质量带来了巨大挑战。未来回应各方对教育博士的质疑与顾虑，美国在内的西方各国一直不断致力于教育博士生培养的改革创新，既有理论层面的探讨研究，亦包括大学场域中的实践探索。

对教育博士专业学位研究生培养模式变革的系统性反思形了成极具代表性的专业博士代际嬗变理论，受到各国的普遍关注，不仅描述与解释了教育博士的发展变革，也为教育博士的院校培养提供了实践指导理论。1997年，澳大利亚学者麦克斯韦尔（Maxwell）等人从人才培养特征的角度最早指出了所谓的"第一代专业博士学位"[①]。他们以美国的教育博士专业学位为例，一针见血地指出美国教育博士长期与哲学博士同质化培养的事实，认为二者之间几无差别，并将其培养模式概括为"课程学习＋学位论文"，指出其具有较强的学术倾向。根据这一基本判断，教育博士专业学位最初设立初衷的确是面向教育实践领域，但其理念却在强调将教育理论知识运用于教育实践问题的解决过程中异化，出现普遍性导向学术研究的趋势，因而导致院校培养过于学术性与哲学化，使教育博士生培养在学术与实践之间摇摆与徘徊。2000年，塞登（Seddon）在澳大利亚的部分高校开展教育博士项目的案例研究，概括出专业博士培养不同于"第一代专业博士"的特征，即具有明显的专业

---

① Maxwell T. Shanahan P J. Towards a reconceptualising the doctorate: issues arising from comparative data on the EdD degree in Australia [J]. Studies in Higher Education, 1997, 22 (8): 133-150.

实践倾向，而非致力于学术研究，且各校存在共同点，因此他认为专业博士教育的培养模式可能正在进入新的一代①。同年，李（Lee）等人提出了专业博士培养的混合型课程（P/W/U模式）②，该模式主张培养主体应由专业领域、工作场所与大学三方共同组成，提供混合型课程（hybrid curriculum），又称"三维课程模式"，部分大学设计出"论文包""档案袋"③等新型科研与课程形式。莱斯特（Lester）也注意到英国大学教育博士院校培养的新变化，认为与澳大利亚教育博士项目的发展方向较为一致，均表现在与专业实践紧密相连。2003年，麦克斯韦尔正式提出"第二代专业博士学位"④，研究通过分析通过迪肯大学的科技博士（Doctor of Technology，D. Tech）、皇家墨尔本理工大学的工商管理博士（Doctor of Business Administration，DBA）、西悉尼大学的教育博士（Ed. D）三个案例项目，指出其培养模式可归纳为"混合课程＋专业实践"，并将其与"第一代专业博士学位"进行了明确区分。由此可以看出，"第二代专业博士学位"兴起于20世纪90年代后期，与知识生产模式转型理论密切相关。教育博士的院校培养过程开始向教育专业实践领域倾斜，并且在培养形式、培养主体、课程结构、学位论文要求等方面有所体现。随着社会转型进程更加深入，新的知识生产模式深入人心，并逐渐成为趋势。英国与澳大利亚专业博士的人才培养进入新的反思阶段，出现了所谓的"第三代专业博士学位"，如"职业博士学位"（Work-based Doctorate）、"实践博士学位"（Practice-led

---

① Seddon T. What is doctoral in doctoral education? [R]. The 3rd International Professional Doctorate Conference entitled, Doctor in Education and Professional Practice: The Next Generation? Armidale, 2000: 3.

② Lee A, Green B, Brennan M. Organisational knowledge, professional practice and the professional doctorate at work [M] // Garrick J, Rhodes C. Research and Knowledge at Work: perspectives, case studies and innovative strategies. London: Routledge, 2000: 285.

③ 马爱民. 澳大利亚教育博士改革动向：以新英格兰大学为例 [J]. 高等教育研究，2012，33（2）：104-109.

④ Maxwell T. From first to second generation profession doctorate [J]. Studies in Higher Education, 2003, 28 (3): 279-291.

Doctorate)等多种类型,其培养模式被概括为"基于自主管理"或"以实践学习者为中心"。"第三代专业博士学位"的人才培养信奉新知识生产观,更加关注高水平的专业实践,并探索以学生实践为中心的培养形式,在跨学科、学业支持、评价方式等方面都进行了改革与创新,具有十分明显的跨学科基础上的研究性与职业性结合的特征。由此可知,知识型社会的到来催生了教育博士专业学位的第三代形式,澳大利亚、英国的学者对三代专业博士学位的演变进行了深刻的探讨,不仅反映了英国与澳大利亚大学的教育博士专业学位研究生培养模式的变化,而且也在影响其他各国教育博士发展的进程。

  美国教育博士专业学位研究生培养模式的探索改革在对教育博士与教育哲学博士之间的区别与存废发展的探讨中生成。最具有代表性的当属 2007 年舒尔曼带领下的卡耐基教育博士改革项目(CPED)。CPED 项目以重塑教育博士项目为改革行动目标,强调"推动知识创新、培养高水平教育领域从业者",制定 6 项行动原则,涉及人才培养中的研究议题、知识能力、合作关系、专业实践、专业理论等诸多方面,为参与行动的高校提供了指导思想;同时,在具体培养模式方面,CPED 也提出相应的改革议题,包括以"研究性应用人才"为培养目标,构建"有效实践性"的特色教学模式,强调理论与实践的并重,打造实践的"实验室",探索实践性的学位论文形式。随着改革的持续深入,CPED 又提出需要关注实践中的问题,并提出教育博士项目中的人才培养应当关注的 9 项原则与建议,涉及公平与正义、尊重与支持、合作的关系、支持性的策略等方面,从而构建了 CPED 项目的新的支持框架。此后,为评价 CPED 项目改革的成效,有研究团队对 CPED 项目中的 14 所高校的教育博士生进行了调查,试图通过学习者个体的认知与评价来探讨 CPED 行动的效果,其基本结论回应了 CPED 框架下的教育博士培养模式变革是否真实地发生、是否受到学生的普遍认可等问题[①]。

---

 ① Zambo R, Zambo D, Buss R, et al. Seven Years After the Call: Students' and Graduates' Perceptions of the Re-envisioned Ed. D [J]. Innovative Higher Education, 2013, 39 (2): 123-137.

当然，对教育博士项目的培养评价一直是美国诸多学者乐于研究的领域。例如，邓拉普（Dunlap）等人关注到美国高等教育博士的 Ed. D 项目广受批评与质疑，极有可能是其课程与实践者及其学校的需求相背离，因此他们采用量化研究方法，调查了加州 PK-12 公立学校 342 名校长和加州州立大学系统中的 43 名 Ed. D 项目毕业生、38 名在读生，研究发现 Ed. D 课程缺乏实用性，该研究发现为 Ed. D 和 Ph. D 之间的区别重新引发的争论提供了经验证据，并刺激了 Ed. D 的复兴[1]。

哈佛大学教育博士专业学位的变革有其自身的鲜明特色，在一定程度上显示出作为最早设立教育博士专业学位的大学在进行改革时的前瞻性与果敢魄力。如前所述，哈佛大学教育研究生院废止了原先的教育博士专业学位（Ed. D）[2]，于 2010 年新设教育领导博士学位（Ed. L. D）项目[3]，并于 2013 年与哈佛大学文理学院联合开设了新的教育学哲学博士学位（Ph. D）项目[4]，由此重塑了教育学科领域学术学位与专业学位的结构。哈佛大学的改革最终的呈现方式并非上述对学位的名称、结构的简单调整，而是体现在培养模式的变革层面。具体而言，这项变革澄清了学术学位与专业学位的培养目标，将理论与实践有机结合；创新了人才培养机制，打造跨学院、跨学科的培养方式；重塑了专业方向领域，聚焦教育实践领域；完善了课程体系与资源，强调多元与模块化设计。哈佛大学对新设立的这两种教育领域的博士学位有基本的判断，即二者都进行了严格的培养过程，且都具有明确的方向，因而两种学位培

---

[1] Dunlap J, LI J, Kladifko R. Competencies for Effective School Leadership: To What Extent Are They Included in Ed. D. Leadership Programs? [J]. Educational Leadership and Administration: Teaching and Program Development, 2015, (26) 3: 14-26.

[2] 哈佛大学教育研究生院于 2013 年招收了最后一批教育博士（Ed. D），但仍为其毕业生提供知识技能等方面的指导。

[3] Harvard Graduate School of Education. Doctor of Education Leadership [EB/OL]. [2020-03-25]. https://www.gse.harvard.edu/doctorate/doctor-education-leadership.

[4] Harvard Graduate School of Education. Doctor of Philosophy in Education [EB/OL]. [2020-03-25]. https://www.ge.harvard.edu/doctorate/doctor-philosophy-education.

养质量都有坚实的保障。哈佛大学的这项改革被学界认为极具哈佛特色,突破教育领域的博士学位框架而重新设计整合,这个过程所需要的资源、经验,以及可能产生的后果,可能只有哈佛大学才能够凭借一己之力承担。因此,尽管美国 CPED 行动改革至今已吸纳逾百所一流大学参与其中,但哈佛大学依旧坚持自己的改革之路,在客观上也为其他高校的教育博士专业学位研究生培养模式的变革与创新提供了范例与经验。

值得关注的是,社会转型背景下的教育博士专业学位变革在世界一流大学中呈现发展方向的一致性。换言之,澳大利亚、英国的学者所提出的专业博士代际嬗变不仅在英、澳两国的大学中发生,美国诸多大学的教育博士专业学位的变革也较为符合"第三代专业博士学位"的核心特征。新的知识生产观的辐射范围与影响力正在进一步扩大,教育博士专业学位发展面临更加复杂的形势,尤其是世界一流大学的多元化改革在一定程度上加剧了教育博士专业学位发展的不稳定性。尽管专业博士的人才培养模式在内容与形式、理念与价值等方面达成了越来越多的共识,但哈佛大学"另辟蹊径"的探索是否会成为其他大学模仿的蓝本,教育博士专业学位(Ed.D)未来的形式还会出现何种变化,这些目前都未可知。

我国学界对教育博士专业学位研究生培养的探讨在 2010 年试点高校开展第一届招生以后逐渐开始增多,近几年呈现蔚然兴起之势。杜凯华等人在分析我国设置教育博士专业学位必要性的基础上,结合教育博士发展的几对关系,如教育博士与哲学博士、教育硕士、职业资格等,对我国教育博士的院校培养提出了若干建议[①]。我国学界探讨教育博士生的培养多秉承"问题—对策"的研究思路,通过对培养现状的分析,归纳其中普遍存在的问题与困境,进而针对性地提出解决方案。例如,康晓伟从我国教育博士生培养的现状入手,指出教育博士的院校培养与

---

① 杜凯华,张怡真. 我国教育博士发展问题研究[J]. 河北师范大学学报(教育科学版),2012,14(5):65-67.

哲学博士同质化，与教育硕士等缺乏衔接，以及课程体系缺乏顶层设计等主要问题，从而提出相关政策建议，涉及教育博士的培养目标定位、教师教育衔接体系以及课程结构优化等诸多方面①。胡纵宇系统分析了教育博士专业性向度与实践性向度的培养指向，并归纳其面临的诸如培养目标、培养体系等现实困境，与培养过程可能面临的合法性危机，进而提出教育博士培养的路径与价值取向②。李成明、王晓阳基于场域理论分析，从哲学逻辑、权力逻辑与行动逻辑三个方面探讨了教育博士发展的内在逻辑性，从而提出了人才培养的课程结构、学习环境、评价机制等方面的建议③。尹小敏关注了教育博士生培养的合作路径，认为大学应当与基础教育机构开展合作，提出了合作的相关路径，如实践专题研讨小组、基于设计的合作行动研究等，从而形成有特色的教育博士培养体系④。熊倪娟与袁本涛聚焦教育博士培养模式的问题，提出了入学标准、培养目标、课程设置、论文要求与评价标准都存在趋同的现象，并结合美国相关大学的教育博士改革案例，对我国教育博士院校培养模式的变革提供了可供借鉴的经验⑤。

2015年是我国教育博士专业学位第一轮试点工作五年期满，张斌贤、文东茅、翟东升在五年的教育博士人才培养经验总结的基础上，对我国教育博士专业学位教育进行了系统的回顾，梳理了我国教育博士的发展历程，细数了人才培养过程中取得的成绩，如形成了较为完备的规章制度、较为健全的组织体系、稳定的合作学习借鉴机制等，从而对学生规

---

① 孙友莲. 实践中的质量保证：教育博士"专业性"[J]. 教师教育研究，2014，26（5）：1-6.

② 胡纵宇. 教育博士的培养指向：专业性向度与实践性向度[J]. 学位与研究生教育，2014（11）：5-9.

③ 李成明，王晓阳. 教育博士的发展定位与培养：场域理论视角[J]. 研究生教育研究，2015（1）：6-10.

④ 尹小敏. 基于大学与基础教育机构合作的教育博士培养路径研究[J]. 江苏高教，2015（3）：104-106.

⑤ 熊倪娟，袁本涛. 教育博士培养模式：问题与变革[J]. 高等工程教育研究，2015（4）：104-110.

模偏小、工学矛盾突出等问题进行了反思①。在日益丰富的研究中,有学者开始注意到教育博士培养质量的问题,从而形成了从质量倒推科学培养模式的分析思路。例如,杨青关注了当前教育博士的培养质量危机问题,在区分了教育博士与哲学博士培养异同的基础上提出了基于"项目依托、团队合作、平台支撑"②的三位一体模式。孙友莲认为,教育博士的专业博士学位性质要求其专业性必须在实践性中得以体现,因此对教育博士的培养提出了在实践性导向下的诸如反思性实践、服务实践与行动研究等诸多价值策略,以保证教育博士的专业性与培养质量③。随着国内对教育博士培养关注度的提升,对教育博士个体关注的研究也开始出现。郑永进等人关注到教育博士在工作、学习与生活之间可能存在的角色冲突问题,基于对7名在读教育博士的访谈资料,探寻冲突的原因,并在政府、工作单位、培养学校、学生个体四个维度提出了调适策略④。

教育博士专业学位研究生培养的调查研究在结论的代表性、建议的针对性方面可能更加能够受到各方的认可。马爱民与李永刚对我国教育博士生的院校培养状况进行了调查研究,面向全国15所试点高校进行问卷调查,并对相关的指导教师进行访谈,发现培养过程中存在的问题,如专业训练实践性薄弱、导师指导学术化等,进而提出了保障培养质量的改革策略⑤。高鸾、朱旭东在大量访谈调研的经验资料的基础上,系统分析了教育博士培养制度存在的现实问题,如培养目标争议、

---

① 张斌贤,文东茅,翟东升. 我国教育博士专业学位教育的回顾与前瞻[J]. 学位与研究生教育,2016(2):1-6.

② 杨青. 论教育博士专业学位研究生培养质量保障机制的建构:基于"项目依托、团队合作、平台支撑"三位一体的视域[J]. 中国成人教育,2013(21):29-31.

③ 孙友莲. 实践中的质量保证:教育博士"专业性"[J]. 教师教育研究,2014,26(5):1-6.

④ 郑永进,高慧敏,王运来. 教育博士研究生工作、学习和生活的角色冲突与调适[J]. 研究生教育研究,2014(5):57-62.

⑤ 马爱民,李永刚. 我国教育博士专业学位研究生培养状况调查研究[J]. 国家教育行政学院报,2015(3):73-79.

学习进度滞后、办学自主权与制度建设问题,并分析了制度实施中遭遇困境的成因,并对解决问题的策略进行了讨论①。

四、教育博士专业学位国际比较之思

随着专业博士学位的快速发展,对专业博士的国际比较研究成为了解国际先进实践改革的重要途径。科特(Kot)与亨德尔(Hendel)调查了在美国、英国、加拿大和澳大利亚的专业博士的发展和成长,概述了博士学位自巴黎大学设立以来的历程,研究发现美国、英国和澳大利亚的专业博士学位出现了类似的增长模式,但加拿大则倾向重塑现有的博士学位课程,以满足不断变化的外部需求。该研究认为,对每一个被研究的国家来说,获得一致的专业博士学位定义的相对困难,但是有关此类项目的入学和毕业学生人数的可靠统计数据,都表明有必要在国家内部和国家之间继续讨论这些新兴的专业博士学位②。至20世纪90年代以来,教育博士专业学位在世界各国开始兴起,各国教育博士专业学位取得了长足的发展,学界对各国教育博士专业学位的国际比较研究成为新的研究热点。通过比较的视角,学者们能够对他国教育博士专业学位的发展经验、现状模式、改革动向等进行系统的分析,从而取长补短、借鉴吸收,达到"他山之石、可以攻玉"的效果。例如,怀尔迪(Wildy)等人,分析从传统的研究型哲学博士(Ph.D)到专业博士(Professional Doctorate)和新路径博士(New Route Ph.D),发现这种转变在目前世界各地高等教育机构提供的多种博士学位中表现得很明显。由此,该研究探讨了澳大利亚、中国和冰岛三个不同的国家教育博士崛起的相关的因素,认为专业博士的出现对传统研究型博士的地位和

---

① 高鸾,朱旭东. 我国教育博士培养制度实施中的问题与对策 [J]. 教育发展研究,2019,39 (3):62-70.

② Kot F, Hendel D. Emergence and growth of professional doctorates in the United States, United Kingdom, Canada and Australia: a comparative analysis [J]. Studies in Higher Education, 2012, 37 (3): 345-364.

结构产生了重大影响，对所谓的知识经济产生了重大影响①。

我国教育博士专业学位正式招生培养距今已经走过第一个十年，从学位制度发展史来看，尚处于探索阶段。因此，这就导致出现了两个普遍的现象，一是我国教育博士未来发展方向正在构建之中，包括来自政府政策层面的顶层设计，以及来自培养院校的实践改革；二是对国外教育博士发展的引介成为我国学界目前研究的主流，教育博士国际比较研究成果占据大部分。实际上，在制度借鉴的发展阶段，比较研究既能够成为本土创新的基础与窗口，也是这个过程所需的必要积累。目前来看，关于"教育博士""教育博士专业学位""教育博士专业学位研究生培养"的博士学位论文共有两篇，分别于2012年、2013年完成，并已经作为学术专著公开出版。从研究主要内容来看，两篇博士论文都属于国际比较类，其中李云鹏的《美国教育博士专业学位的发展动力与变革模式研究》②，其视角即是基于美国的经验，探讨教育博士专业学位的变革模式，分析教育博士的教育理念、认识论、方法论、价值论，从而归纳出教育博士的本质规律、发展趋势，最后结合我国的实践提出了相应的启示。这篇博士论文从教育博士的发展谈起，论及美国教育博士专业学位变革的多种案例，为我国构建教育博士制度体系与大学实践改革提供了积极的思路。马爱民的《国际比较视野下的教育博士发展研究》③，基于美、澳、英教育博士的发展状况，结合对我国教育博士培养的调查研究，从而提出我国教育博士未来发展的模式。这篇博士论文较为系统地梳理与分析了美、澳、英三国教育博士的发展，在我国初设教育博士专业学位的时期，起到了积极的引介作用。当然，近些年，以"教育博士"为研究主题的国际比较研究也成为硕士学位论文选题与研

---

① Wildy H, Peden S, Chan K. The rise of professional doctorates: case studies of the Doctorate in Education in China, Iceland and Australia [J]. Studies in Higher Education, 2015, 40 (5): 761-774.

② 李云鹏. 美国教育博士专业学位的发展动力与变革模式研究 [D]. 南京：南京师范大学，2012.

③ 马爱民. 国际比较视野下的教育博士发展研究 [D]. 上海：华东师范大学，2013.

究的热门，此类研究大多聚焦国外教育博士生培养以及相关的改革，在一定程度上推动了我国政策制定者、高校等在内的相关各方对教育博士研究与实践的关注度。

事实上，在我国尚未设置教育博士专业学位之前，随着国外相关资讯的传入，我们部分学者已经开始对国外的实践做法进行了较为系统的研究。这些前瞻性的研究与反思无疑为之后我国开展教育博士院校培养试点工作提供了借鉴与理论基础。例如，2004年，文东茅、闫凤桥对美国教育博士的院校培养进行了介绍，这项研究是基于北京大学教育学院等国内机构与美国宾夕法尼亚大学教育博士项目的合作开展的，主要介绍了美国教育领域博士学位的授予情况，以及对宾夕法尼亚大学于2001年创办的高等教育管理高级博士学位进行了系统介绍[①]。周富强则关注英国的教育博士培养实践，梳理了英国教育博士发展的背景，在招生与管理、学业评估等方面分析了其实践层面的特点，同时也指出了发展中诸如评估标准、学分转换等方面的问题，为我国教育博士的设立提供了英国经验[②]。

在我国正式设立教育博士专业学位以后，国际比较的相关研究开始增多，并逐渐发展成为国内教育博士研究的主流。李广平、饶从满对美、澳、英三国教育博士的培养目标与过程入手，系统对比了三国教育博士培养实践环节的具体问题，包括入学要求、专业方向、培养方式、课程、学位论文等各个方面，为我国开展教育博士培养提供了积极借鉴[③]。张秀峰、高益民以范德堡大学教育学院为例，分析了美国教育博士培养的"学术化"问题，从而强调我国的培养实践应当警惕这种倾向[④]。

---

① 文东茅，闫凤桥. 美国"教育博士"（Ed.D.）的培养及其启示 [J]. 国家教育行政学院学报，2004（3）：97-100.

② 周富强. 英国"教育博士"培养的实践、问题与挑战 [J]. 中国高教研究，2006（6）：14-17.

③ 李广平，饶从满. 美、澳、英三国教育博士的培养目标与培养过程研究 [J]. 学位与研究生教育，2010（9）：71-77.

④ 张秀峰，高益民. 美国教育博士培养"学术化"问题的改革和探索：以范德堡大学教育学院为例 [J]. 比较教育研究，2014，36（3）：18-24.

谢冉等人则关注了美国高校教育博士的学位论文正在面临诸多问题，并结合了亚利桑那州立大学、南加州大学、肯塔基大学等大学的实践改革，归纳美国高校教育博士学位论文改革实践的特点，从而提出对我国的启示①。王建梁等人通过对澳大利亚教育博士项目的分析，指出其发展过程中面临的身份认同危机、导师指导针对性不强、学位论文实践性不强等困境，探讨了澳大利亚各大学为应对困境所进行的探索，最后对我国提出针对性建议②。

五、文献评析

教育博士专业学位的兴起与发展，不仅反映了博士学位教育的多元化，也表明世界各国教育领域呼唤与教育实践工作更加适切的博士学位。自 20 世纪上半叶美国首创教育博士专业学位以来，历经质疑与推崇、废除与修正的争议，在专业博士学位全球大发展的背景下，教育博士发展至今显然已经在博士教育领域占据了一席之地。然而，人们对教育博士的讨论却从未停止，其原因一方面在于世界各国设立教育博士专业学位的时间不同，发展阶段与水平各异；另一方面则在于社会与知识生产转型之下的博士教育与劳动力市场变数愈加不明朗，因而教育博士的人才培养必须不断进行改革调整以适应各方的发展需求。尽管学界的相关研究正在深入推进，但不可否认，我国教育博士院校培养工作起步晚，学界对其关注度不够聚焦，且尚处于制度移植、经验借鉴的分析阶段。事实上，虽然我国教育博士专业学位仅有十余年，但国家政策导向明确，其规模扩张与发展速度较快。因此，学界对教育博士的研究亟待转向，进入新的研究阶段。

首先，研究主题日趋丰富，但过于分散，难以聚焦形成合力。随着我国专业博士教育的持续发展，教育实践领域逐渐出现诸多问题，体现

---

① 谢冉，石芳华. 美国高校教育博士学位论文改革实践及其启示 [J]. 外国教育研究，2015，42（10）：63-73.

② 王建梁，姚林. 澳大利亚专业博士的发展、挑战、应对策略：以教育博士项目为例 [J]. 研究生教育研究，2017（5）：84-89.

在招生考试、人才培养、制度建设等诸多方面。教育博士作为专业博士学位，同样也面临诸如此类的困境。自我国引入教育博士专业学位以来，学界对其研究经历了从零星探讨到广泛热议，教育博士专业学位的相关研究正在从研究生教育领域的边缘议题，逐渐走向能够被主流话语接受并影响相关教育政策制定的重要方面。因此，从研究主题上来看，我国学界对教育博士的研究呈现出日益丰富的状态，集中体现在探讨教育博士与教育学博士的学位类型差异与发展方向、培养模式的现状，以及对国外教育博士发展的考察等方面。学界在这些研究领域的深耕在一定程度上取得了较多的研究成果，并在诸如培养目标、培养主体等相应的方面达成了共识。然而，必须指出的是，我国学界对教育博士的关注始于对国外相关制度与改革的借鉴，因此，围绕的核心问题始终未能突破国外教育博士发展的阶段框架，而直接的后果是大量的"国外案例"交错呈现在国内的实践领域，诸多研究既不能结合本土教育博士发展阶段与特殊样态而提供可资借鉴的、相适应的具体措施，也不能形成较为系统的、问题聚焦的研究群。特别是在教育博士生培养方面，我国对世界一流大学实践改革的研究可谓"百花齐放"，但相关研究大有"各自为政""自说自话"之势。这种机械的引介客观上的确呈现出研究主题的丰富与多样，但总体而言，相关研究过于分散，未能形成方法论层面的研究合力，在关键问题的探讨上也只能看到国外权威学者的身影，我国尚未形成专业博士学位、教育博士学位研究相对成熟稳定的话语体系与符合本土国情教情的问题视阈。

其次，研究视角逐渐多元，但缺乏整合、难以统筹深度考量。新的制度产生伊始，在研究视角的取向上往往惯常使用宏大叙事，这种做法并不难理解，也符合研究演进的规律。具体而言，我国学界对教育博士的发展研究一开始多着眼于宏观政策层面，探讨设置的必要性与可能性、重要性与效益性，这为国家相关部门的宏观决策提供了参考建议。随着，教育博士人才培养的深入展开，相关研究开始将研究视角下沉，关注高校的培养工作，如培养模式等问题，从目标、制度、改革措施等中观层面进行探讨，试图寻找能够解释教育博士广受质疑的问题所在。

这种研究视角的转换符合不同发展阶段研究展开的规律，在教育博士院校培养的研究中，关注高校的具体实践无疑也是最佳选择。然而，已有研究尽管试图将研究视角下沉，但在研究的具体过程中时常依旧显现出宏大叙事的情况，体现在对理论与实践之间的差距过于理想化，难以顾及高校教育博士生培养中的特殊性，习惯于将宏大结论与建议施加于高校具体的培养实践中。与此同时，目前的相关研究中较少有关注教育博士作为学生个体、作为研究者与实践者结合的职业个体的微观视角，尽管在教育博士培养的研究中能够看到对教育博士个体进行的诸多问卷调查、访谈调查，但这些研究主要是从高校培养视角出发，并未站在教育博士生个体的角度反思与追问培养环节的问题。因此，在视角逐渐多元的发展趋势下，相关研究必须将视角进一步下沉，更加关注个体的发展困境与需要，从而为研究提供更加可靠、有效的资料来源。此外，对研究视角的统筹与整合也应当成为未来研究重要的方向，单一的宏大叙事与微观视角都或多或少地将造成研究的可靠性、稳定性、可推广性的损伤，也不利于研究的深入。因此，基于核心问题视域的多元视角的恰当结合，形成见微知著的研究脉络，能够使我国教育博士专业学位研究生培养的研究更加具有生命力。

再次，研究方法日益重视，但尚未完善、难以突出互补优势。从我国教育博士相关研究的发展来看，思辨式的比较研究法与文献研究法在初期成为主要的研究方法。这是基于对教育博士专业学位的认知缺乏，需要通过大量的国外经验文献进行比较研究，从而为我国相关研究的推进奠定基础。随着我国教育博士培养实践的有序开展，国外的实践改革经验的引介的确为国内的问题解决提供了一定的参考与建议，但远不能满足研究的持续与深入。由此，国内学者开始基于实际问题导向，采用多样的、相适应的研究方法。根据文献综述所得的基本情况，在我国教育博士院校培养中，有研究采用案例研究方法对国内外相关高校的改革实践进行分析，在一定程度上促使研究视角的下移，为我国的实践提供了更多样的范本案例。为了进一步分析我国教育博士培养过程存在的问题，有研究采用量化研究，通过问卷调查的手段，获取培养过程中的具体问题。质性的访谈法也成为一种能够直接获取资料的方法，受到研究者的重视。实际上，通过对国外文献的梳理，我们发现实证性的调查研究是国外教育博士专业学位研究中的常见研究方法，在人才培养、质量调查等诸多方面应用广泛，得出的结论在学界受到的认可度较高。然而，在我国，尽管研究者已经开始意识到对教育博士的相关研究必须结合多样的研究方法才能确保研究的质量，但距离形成完善的、适切的研究方法体系依然还有较大的差距。结合相关研究呈现出的样态，在研究方法层面可能还存在三个方面的缺陷：其一，哲学思辨式的研究依然占据主流，难以为教育博士生培养中的具体问题提供经验的数据与资料支撑，致使研究时常陷入空洞的处境；其二，经验主义的实证研究开始被研究者重视，但散见于期刊文献中，提供的实证证据较为单薄，难以形成具有代表性的经验支撑；其三，尽管在部分文献中能够看到量化调查中补充了访谈资料，但混合式实证研究方法的尝试依然较少，且质量参差不齐，量化研究所具备的统计学代表性优势难以与质性研究微观个体认知与行为产生深层的优势互补效用，因而混合研究仍然具有较大的发展空间。

综上所述，我国开展教育博士专业学位研究生培养十余年来，相关研究取得了长足的进步与发展，在诸多问题领域产生了与时代同呼吸、共命运的学术创见，并积极参与指导高校的人才培养实践工作。这些研究开辟了我国教育博士专业学位研究的新领域，成为未来研究重要的理论基础与参考资料。然而，由于我国教育博士院校培养实践历程不长，相关研究起步较晚，尚存在较大的探索与完善空间，这为本研究提供了深入拓展的机会。在新时代我国专业学位研究生教育的大力发展的背景下，教育博士专业学位研究生培养模式正在面临发展性困境，特别是培养模式的学术性趋同导致了培养实践过程中出现诸多的问题与困难，也遮蔽了作为一个专业博士学位的应然本质属性与实然价值指向。实际上，我国教育博士专业学位研究生培养模式正在形成且亟须转型发展与变革创新，相关研究应当着力于实践领域新变化，掌握国际发展新趋势，将我国教育博士院校培养研究带入新的阶段，这为本研究提供了巨大发挥空间。

第四节 范式与方法

一、研究范式

1. 混合研究范式

混合研究方法产生于20世纪后半叶，脱胎于量化研究与质性研究的博弈中，并在社会科学研究领域形成了影响颇深的"第三次方法论运动"。事实上，实证主义与建构主义的争论催生了量化研究与质性研究的"范式之争"，两大阵营基于各自认识论的框架，采用不同的模式与手段开展研究，并相互批判对方的研究质量。客观而言，量化研究与质性研究各自拥有不同特征与优势，虽然在认识论与方法论中分属不同的范畴，但学界普遍认为在社会科学研究中二者并不能机械评价孰高孰低。在两种范式的争论中，将量化研究与质性研究相结合的混合研究开始出现，被称为"第三种研究范式"或"第三条道路"[①]。

随着学界对研究方法的重视程度不断提高，混合研究方法越来越受到研究者的青睐，在社会科学研究中的应用逐渐更加广泛。尽管学界对混合研究方法的范式还存在一定的争议，但混合研究在结合量化研究与质性研究的优势、互相弥补劣势等方面的确超越了传统二元对立范式的局限。近年来，随着教育领域问题的日趋复杂，单一的量化研究或质性研究在分析问题时的解释力常有不足，混合研究开始在教育研究领域风靡。更有学者提出，混合研究作为将量化与质性方法并驾齐驱的方法论工具，有其独特的世界观、术语和技术，这两种方法的混合大于两种方法的简单相加，将是未来社会科学研究的主导性方法论工具[②]。基于

---

① Johnson R B, Onwuegbuzie A J. Mixed methods research: A research paradigm whose time has come [J]. Education Research, 2004: 33.

② 蒋逸民. 作为"第三次方法论运动"的混合方法研究 [J]. 浙江社会科学, 2009 (10): 125-126.

此，诸多学者讨论了混合研究的范式立场与设计类型。论及混合研究的范式立场，即是回答混合研究的世界观立场，克雷斯韦尔（Creswell）系统讨论了当前的三种立场：一是"最佳范式"，即是实用主义与混合研究方法的结合，强调研究问题的重要性，摒弃后实证主义与建构主义的二元对立，推崇应用的研究哲学而非诸多"真理"等形而上学的概念；二是"多范式"，认为多重视角有助于解释日趋复杂多元的社会，因而提倡在混合研究中使用多重范式，形成辩证的立场；三是"适应范式"，认为混合方法的范式立场可能与设计的类型相关，不同的设计类型将导致立场的不同，因而要求尊重不同范式的应用前景，并允许使用多个哲学基础①。由此，克雷斯韦尔等人提出了四种混合方法设计类型，包括三角互证设计、镶嵌式设计、解释性设计和探索性设计。对混合研究进行更加精细化地设计反映了研究者正在根据不同研究的需要，采取针对性、适切性的方法组合，从而提高研究的质量。

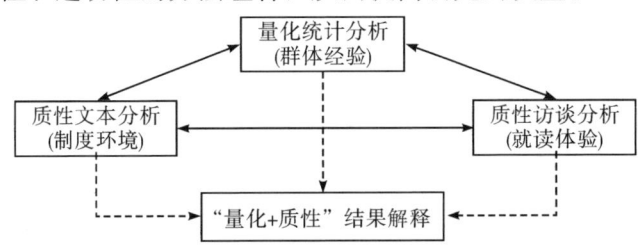

图 1-1　本研究的并行三角互证设计

本研究在前期调研与充分论证的基础上，认为混合研究范式作为能够整合量化与质性研究优势的方法论工具，与本研究将考察研究的问题具有较高的适切性，因此本研究将采用混合研究的范式及其方法设计策略。在充分了解学界关于混合研究方法的主流设计策略的基础之上，结合具体的研究需要，本研究在探索我国教育博士专业学位研究生培养模式运行现状的部分采用的是"并行设计"的"三角互证"策略，即将量

---

① Creswell J W, Clark V P L. Designing and conducting mixed methods research [J]. Australian & New Zealand Journal of Public Health, 2007: 31.

化方法与质性方法置于同等重要的位置，在研究实施中彼此相互独立，分别收集与分析量化数据与质性资料，再通过将不同方法得出的结论加以对比、整合、解释差异、彼此论证等，以实现两种方法在关涉问题域等方面的互相补充。如图1-1所示。风笑天教授认为："一般情况下，定量研究主要关注和回答有关整体的、相对宏观的、相对普遍的、侧重客观事实的，特别是有关变量之间关系的问题；而定性研究主要关注和回答的则往往是有关个体的、相对微观的、相对特殊的、侧重主观意义的，特别是有关具体情境之中的互动问题。"[①] 基于此，具体到本研究，如图1-2所示，在本研究核心关注的培养现状层面，混合研究的并行策略设计主要包括：一是质性研究：通过主管部门的政策与指导性文件，培养院校的招生简章、培养方案等制度文本分析制度环境；二是量化研究：通过问卷调查与统计分析方法考察群体经验；三是质性研究：在田野调查基础上通过深度访谈叙说个体就读体验。三项研究设计与施行彼此之间相对独立，围绕理论分析框架同时开展，同时对收集的资料进行分析，实现研究结果的三角互证与相互补充。

事实上，混合研究的范式及其方法运用更多地被认为是建立在实用主义哲学的基础之上，它既不像逻辑实证主义那样强调假设检验，亦非完全通过解释建构主义与现象学等范式理解与归纳经验，而是以真实问题为导向，指向实践中的经验，强调研究的是实用性。因此，混合研究也具备了解构主义范式的价值特点，尤其是在研究方法的选择上，多元化方法的运用策略使混合研究成为极具延展性、包容性与交叉性的方法论工具。本研究致力于分析我国教育博士专业学位研究生的培养模式，在运行现状研究部分采用混合研究方法能够集合量化研究与质性研究的优势，并促使二者互相弥补对方的缺陷。在知识生产模式转型变革背景下，教育博士生的院校培养实践现状不能仅从培养模式的制度层面探寻问题，还要结合量化研究追问培养过程经验及其培养质量，同时结合质

---

① 风笑天.定性研究与定量研究的差别及其结合[J].江苏行政学院学报，2017（2）：68-74.

性资料深描、解释培养过程中的个体就读体验，从而全面真实地还原问题、达到相互补充论证的效果，混合研究无疑能够促成两种乃至多种具体的研究方法的有机结合并形成合力，使研究过程更加生动、研究结论更加可靠。

值得注意的是，混合研究方法并非仅是量化研究与质性研究的机械结合，研究者往往会根据不同类型研究进行多种多样的设计，因此，混合研究方法的设计一直呈现多元样态。而且，强调混合方法的价值并不等于否认其他方法的功用，混合方法更适用于综合性强的高等教育研究项目[①]。从研究过程来看，混合研究在使用量的研究与质的研究时都离不开哲学思辨，体现了研究者意图用一种方法来弥补另一种方法的不足，共同服务于研究问题[②]。从我国学界开展混合方法设计的以往研究中发现，无论采取的何种混合方法的设计，其最终的旨归都是指向研究问题，同时遵循能够将多种研究方法有效整合的策略。有鉴于此，本研究作为一项围绕教育博士专业学位研究生培养模式的综合性研究，在核心研究内容及其过程中，设计了运用量化与质性相结合的混合研究策略。同时为了使研究内容更加丰富、研究问题更加清晰，本研究还充分结合了传统哲学思辨的方法，并综合使用历史分析法、案例分析法等，旨在以混合研究方法为轴心将多种研究方法及策略有机结合，共同服务于本研究所关涉问题的分析与解决，最终形成了本研究完整的内容体系。

2. 研究的思路

通过对我国教育博士专业学位发展及其人才培养的历史进行梳理，研究发现教育博士院校培养正在面临的问题与困境较为模糊，进一步通过国内外相关文献的梳理，将教育博士专业学位研究生培养模式中关涉

---

① 高潇怡，刘俊娉. 论混合研究方法在高等教育研究中的具体应用：以顺序性设计为例[J]. 比较教育研究，2009 (3)：49-54.

② 张绘. 混合研究方法的形成、研究设计与应用价值：对"第三种教育研究范式"的探析[J]. 复旦教育论坛，2012 (5)：51-57.

的核心问题域进行描绘与勾勒,试图在前人已有文献的基础上析出本研究探讨的关键问题,从而使本研究尽可能地扩大视野,从整体上把握相关研究的热点、现状与动态。基于此,为系统研究我国教育博士专业学位研究生培养模式,本研究依循的基本路径是:"问题提出—理论探讨—历史分析—现状考察—经验借鉴—路径创新"。具体而言,本研究以知识生产模式转型理论为视角,构建基于新的知识生产观的研究分析框架,并将我国教育博士专业学位研究生培养模式的研究聚焦于五个方面的主要内容:一是理论基础与分析框架的构建,二是我国教育博士专业学位研究生培养模式的历史分析,三是我国教育博士专业学位研究生培养模式的现状分析,四是美国教育博士专业学位研究生培养模式的经验借鉴,五是我国教育博士专业学位研究生培养模式的改革路径,如图1-2所示。

第一,我国教育博士专业学位研究生培养模式的理论基础。具体而言,本研究首先对核心概念进行归纳、分析以及操作性定义,同时确立知识生产模式转型发展作为理论视角,并建构了相适切的分析框架。具体而言,本研究从西方的两次"学术革命"谈起,在回溯知识生产模式相关研究的基础上较为系统地阐述了知识生产模式1到模式2再到模式3的发展及其核心变化;归纳总结在知识生产模式转型背景下,不同知识生产观之下的博士生培养特征与发展变迁;根据研究生培养模式理论模型与知识生产模式转型理论视角分析教育博士专业学位研究生培养模式的模型,并在新的知识生产观视角的观照下修正并构建与本研究相适切的"系统集群—结构要素"分析框架。

第二,我国教育博士专业学位研究生培养模式的历史分析。教育博士作为专业博士学位产生与兴起,曾在学界引起激烈的讨论,尤其是在其创生国美国,对教育博士的讨论一直不绝于耳,不止于学界的理论探讨,还见于相关改革实践中。同时,20世纪90年代以来,澳、英等国教育博士专业学位开始风靡,取得了较大的发展。我国教育博士正式开始招生培养始于2010年,但真正的发轫与萌芽却更早,因而想要深度探讨现阶段我国教育博士院校培养的相关问题,则必须要有目的地考察其在我国的历史演进过程。基于此，本研究拟通过教育博士专业学位及其人才培养在我国"落地生根"的过程进行系统的回顾与分析，结合归纳总结出的我国教育博士专业学位及其院校培养的发展历程，分析其中呈现出的阶段特征、发展动力与机制等问题，并进一步分析当前存在的"学术趋同"培养模式的产生与发展路径，从而实现从历史角度把握我国教育博士专业学位及其院校人才培养的历史发展过程中的客观规律。

第三，我国教育博士专业学位研究生培养模式的现状分析。考察目前我国教育博士专业学位研究生培养模式的运行现状问题，是本研究的核心内容，以致力于描绘我国教育博士十余年来院校培养全景，当然也包括试图挖掘培养过程中暴露出的主要问题，如分析培养质量的问题、讨论趋同性等问题。基于此，本研究在现状分析部分拟从三个方面进行切入：其一，制度环境层面：通过对主管部门（政府教育行政部门、"教指委"等）颁发的主要政策或核心指导性文件，以及培养高校的招生简章、培养方案文本等进行内容分析，梳理、归纳我国教育博士院校培养模式的制度环节、制度规范与制度环境，并从制度设计层面分析其中存在的缺陷与问题；其二，群体经验层面：基于教育博士专业学位研究生培养模式的分析要素指标，通过对全国各培养院校的教育博士生抽样进行有关培养现状的问卷调查，运用量化手段分析影响教育博士生培养过程与质量的相关因素，并从多个维度呈现当前培养的质量水平及其影响因素；其三，就读体验层面：在对首批试点的两所高校进行田野调查的基础上，通过选取若干教育博士生进行深度访谈，从个体就读体验的视角深描教育博士院校培养的过程与机制，力求使本研究的制度探讨与微观的个体叙事相结合，从而实现对教育博士专业学位研究生培养模式及其运行现状的整体把握。

第四，美国教育博士专业学位研究生培养模式的经验借鉴。世界一流大学专业博士学位发展历程汇聚了多年的改革经验，已经形成了较受学界与高校认可、学生与用人单位满意的成熟稳定的培养模式。尤其是作为教育博士专业学位诞生地的美国，相关高校与社会组织的改革实践曾轰动一时。因而，对美国相关大学进行案例研究，探索其培养改革的

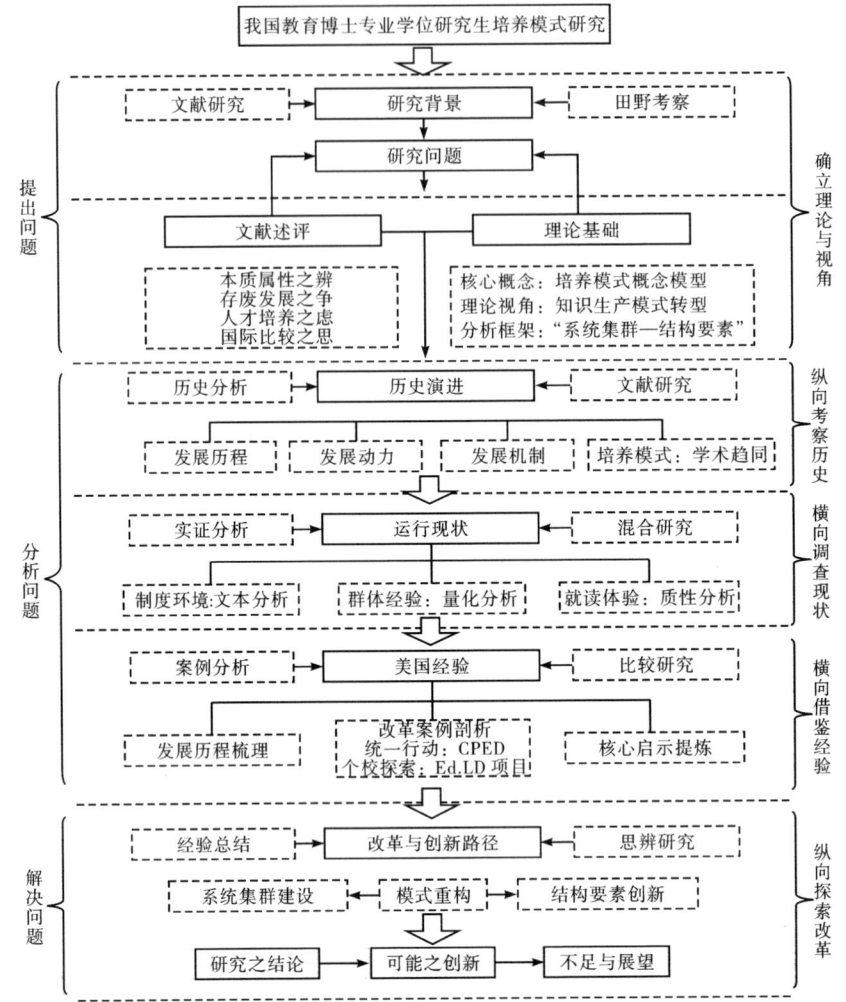

图 1-2 本研究的技术路线与思路图

经验，能够全面、系统地为我国高校提供更加微观具体的培养策略。基于此，本研究拟结合比较研究的视角，对美国教育博士专业学位及其人才培养的发展历程进行梳理，并重点考察"卡耐基教育博士计划"与"哈佛大学教育领导博士学位改革"两个具有巨大影响力的案例，从而探讨不同背景下的教育博士专业学位研究生培养模式及其实践的异同与特色,并吸取教训、借鉴经验,为我国教育博士专业学位研究生培养模式改革与创新提供域外方案。

第五,我国教育博士专业学位研究生培养模式的改革路径。结合上述关于教育博士专业学位研究生培养模式历史分析、我国教育博士专业学位研究生培养模式的现状分析,以及对美国一流大学教育博士项目的案例分析,本研究基于对教育博士院校培养过程核心问题的掌握,在遵循教育博士专业学位本质属性与人才培养规律,同时借鉴域外丰富实践经验的基础上,对促进我国教育博士专业学位研究生培养模式的未来发展提出改革建议。

二、研究方法

研究方法是为解决研究问题必不可少的工具与媒介,适切的研究方法能够使研究过程更加清晰的呈现,同时也能够充分保障研究结果的有效性与可靠性。而研究者在研究过程中采用什么样的研究方法,"决定因素既不是研究者个人的喜好,也不是研究者的知识背景或方法训练,而是研究问题的性质和研究的目标"[①]。一般而言,在人文社会科学研究领域,研究范式直接反映了研究方法论层面的哲学意义,决定了研究的思路与技术路线,同时也影响着具体研究方法的选择。结合本研究确立的混合研究范式,研究过程中采用的具体研究方法又可以从资料收集与分析两个方面进行阐述。

1. 数据/资料搜集的方法

(1) 文献研究法:文献是既有研究成果的主要载体,凝练着研究者对相关问题的分析过程。对文献的梳理、归纳与分析,能够清晰地呈现学界对某一问题的研究历程,包括视角的变化、结论的发展以及未来的趋势等。最为重要的是,研究者通过文献分析,能够更加精准地把握模糊问题域中的核心问题,从而对研究问题的理解更加深刻。

---

① 风笑天. 定性研究:本质特征与方法论意义 [J]. 东南学术, 2017 (3): 56-61.

本研究以文献研究法作为基础的方法，通过中国知网 CNKI 数据库及其子库、Springer 数据库、EBSCO 数据库、谷歌学术等国内外学术资源数据库，对国内外涉及"专业博士学位""教育博士专业学位""教育博士专业学位研究生培养模式"等重要领域与核心问题的文献进行系统的梳理、归纳与分析；通过文献述评与理论基础的构建，掌握更深层次的研究内涵与多样化的研究视角，使本研究获取了已有研究积累的丰富经验。同时，本研究通过搜集 15 所高校的教育博士生培养方案等制度文本，作为研究教育博士专业学位研究生培养模式的文献资料，并结合试点高校的相关规章，如教育博士学位论文规定、教育博士中期考核制度等，进一步加深对各校教育博士院校培养实践的理解。

（2）问卷调查法：问卷调查是量化研究数据采集较为常用的方法。研究者根据研究目的，科学地进行研究设计，并通过书面或在线的形式向被调查者发放问卷，被调查者根据问卷提示客观地对问卷题目进行完整的填答，最后由研究者回收并对数据进行归纳与分析。问卷调查法作为教育研究领域常用的数据采集方法，针对特定的研究问题能够较为便捷地获取研究对象的数据信息，在教育研究量化分析中被普遍采用。本研究在量化分析部分，拟基于引入培养质量的因子，探讨教育博士专业学位研究生培养模式的相关要素对培养质量的影响。拟编制相应的《我国教育博士专业学位研究生培养模式运行现状调查问卷》，在全国教育博士招生院校发放调查问卷，用以调查当前我国教育博士生专业学位研究生培养模式，分析院校培养现状及其相关的影响因素等，从而从实践层面把握本研究的核心问题。

（3）访谈调查法：访谈调查是质性研究中较为普遍的搜集资料的方法，一般是由研究者基于研究目的与研究对象进行交谈，从而获取研究所需的信息资料。因此，访谈调查通常具有三个显著的特征：一是访谈具有明确的目的性，二是访谈过程具有研究性，三是访谈设计具有技巧性。基于此，高水平的访谈调查需要科学的设计与充足的准备，访谈过程是一个对复杂的研究问题深入挖掘的过程，这区别于新闻报道中的

"采访",也与日常生活中的"交谈"大相径庭。本研究关注的教育博士专业学位研究生培养模式问题,本身是围绕"个体的人"的培养问题展开的,因此,采用深度访谈的方法能够更加直接地进入教育博士生的院校培养"现场",更加直观地聆听与描述教育博士生个体的微观感受及其内心的困惑与实际的诉求。鉴于此,本研究拟通过对案例学校 15 位左右在读教育博士研究生的访谈,获取在培养过程中的直接经验资料;对 12 位左右教育博士生指导教师进行访谈,以了解在教育博士培养过程中的导师角色、态度与影响;对 6 名从事教育博士专业学位管理工作的管理人员(如研究生院副院长、学位办主任、院教学秘书等)进行访谈,以探讨教育博士专业学位的日常管理以及院校培养规范等重要内容。

(4)田野调查法:田野调查法是人类学研究领域的经典方法,发展至今已经形成了较为成熟稳定的理论基础与结构程序,并逐渐被社会学、政治学、教育学等诸多领域广泛采纳。我国费孝通先生的社会学经典研究即是采用的田野调查方法。在不同研究领域,田野调查的程度与手段可能并不尽相同,但其核心参与式观察一般都作为最为主要的研究手段。田野调查法强调进入研究的"田野"与"现场",收集一手的、真实的资料,以保证研究的客观性、真实性。本研究对教育博士专业学位研究生培养模式现状分析需要结合微观视角下的个体经历,因此,拟采用教育民族志对案例学校开展背景调查,利用参与式观察、开放式访谈等方式搜集相关的资料,用以支持量化分析结论,并丰富质性分析的维度与内容。

2. *数据/资料分析的方法*

(1)历史分析法:历史分析法关注研究对象的发展演进过程,能够使研究者更加清晰地了解研究对象在各个发展时期所处的历史背景、研究对象在发展过程中所受到的影响因素以及呈现出的发展规律。基于历史分析,研究者能够尝试还原研究对象的发展历程全貌,并根据其自身发展规律与逻辑预测未来的发展趋势,所谓"以史为鉴""论从史出"即是这个道理。虽然教育博士专业学位在我国发展时间不长,但厘清其在我国的历史演变应当成为开展后续研究的第一步。基于此,本研究拟对我国教育博士专业学位及其人才培养进行历史分析,尝试归纳、总结我国教育博士专业学位及其人才培养呈现出的特征与规律,并在此基础上进一步分析我国教育博士专业学位研究生培养模式的生成与发展,为本研究深入进行提供历史的视角与基础。

(2)文本分析法:文本分析法直接关注文本的具体内容与结构,对制度、政策、规则等内容进行归纳与提取,从而了解决策者的设计理念与相关制度执行的规范。本研究在探讨我国教育博士院校培养的相关议题中,主要从培养模式等角度进行切入,而培养模式本身即可看作是学校层面正式的制度规范,因而对相关高校的培养方案等制度文本进行分析,能够有效、快速地掌握其教育博士专业学位研究生培养模式的顶层设计及其构建的规则规范。基于此,本研究拟搜集主管部门的宏观制度文本、若干首批试点高校的教育博士培养方案等文本,进行文本内容的挖掘与分析,从制度环境层面分析"实然"现状、讨论"应然"状态,并归纳其中的共性与差异、存在的问题及困境,并尽力探寻制度文本背后的潜在话语。

(3)统计分析法:问卷调查中采集的数据需要进行专门的统计分析,以揭示数据反映出的规律性。本研究拟采用 SPSS 统计工具等软件对问卷数据进行量化分析,结合探索性因子分析、描述性统计分析、方差分析、回归分析等量化研究的成熟技术手段,以探讨教育博士专业学位研究生培养模式中相关要素变量之间的关系、作用与影响,实现透过模式运行现状来反映院校培养的群体性经验。

(4)案例分析法:对研究对象开展具体深入的研究,案例分析法应当是广泛采用的方法。案例分析法以具体的、典型的案例进行深度考察,以揭示研究对象的现实状况。教育博士专业学位研究生培养模式研究必须结合具体实际案例才能够更加真实地反映培养现状,才有可能从中挖掘具有共性甚至代表性的典型问题,从而结合实际情况提出具有推广意义的策略与路径。本研究采用案例分析法分别在两个方面进行操作:其一是选取教育博士院校培养的典型学校作为本研究民族志研究的田野考察现场,并在此基础上开展质性访谈工作;其二是选取美国教育博士专业学位及其人才培养改革的典型案例进行分析,借鉴美国与之相关的建设与改革经验,从而使本研究能够在实践改革层面参考具体的域外方案。

第二章　我国教育博士专业学位研究生培养模式的理论基础

大学曾经是"与世隔绝"的象牙塔,高塔之中的学者从事"神秘"的高深知识生产工作。然而,随着社会的发展与进步,社会知识的生产方式正在发生剧烈且深刻的根本性变革。大学逐渐失去了学术中心的神圣地位,成为当代社会知识生产机器中的一个环节。秉承传统学术观念的学者称大学已经"堕落",而正是这种所谓的地位优势不复存在,反而使大学逐渐从社会的边缘转向了社会的中心。20世纪中后期以来,学界围绕知识生产变革开展大量研究,涌现出诸多极具影响力的理论,为解释知识生产转型提供了很多新的视角。长久以来,传统的博士培养与大学知识生产具有天然的联系,博士教育旨在培养未来之学者,而未来之学者则继续从事科学研究与知识生产,由此形成某种闭合的循环。社会的高速发展及其衍射的巨大需求无疑打破了这种平衡,大学场域无法"独善其身",博士教育开始与社会进行互动,传统知识生产模式逐渐被新的知识生产模式所取代,并催生了专业博士学位,由此形成新的循环模式。

本研究首先对研究过程关涉的核心概念进行归纳、总结、分析,根据人才培养模式的理论观点对教育博士专业学位研究生培养模式进行操作性定义,进而运用知识生产模式转型理论讨论其发展、现状及转型,从而把握现代社会发展背景下教育博士专业学位发展的应然状态及其人才培养的趋势。因此,对培养模式理论进行梳理与概念的操作化,对知识生产模式转型及其对博士培养的影响进行系统的分析,能够为本研究的展开奠定坚实的理论基础。基于此，本研究首先从西方的两次"学术革命"谈起，在回溯了知识生产模式相关研究的基础上系统地阐述了知识生产从模式 1 到模式 2 再到模式 3 的发展及其核心变化；其次，本研究归纳总结了在知识生产模式转型背景下，不同知识生产观之下的博士生培养特征与多元发展；最后，本研究根据知识生产模式转型理论构建了教育博士专业学位研究生培养模式的"系统集群—结构要素"理论模型，并在新知识生产观视角的观照下试图修正并构建与本研究相适切的分析框架。

第一节 核心概念界定

概念范畴的不确定性时常会给研究带来极大的不便，不仅会使研究者陷入模棱两可的尴尬境地，也会导致研究呈现出内容逻辑与表述上的混乱。因此，严谨的学术研究应当对研究中涉及的概念作出清晰的划分与界定，以确保研究的逻辑一致性。本研究的核心内容主要围绕我国教育博士专业学位研究生培养模式展开，因此，必须要对研究中出现的核心概念作出界定。同时对于研究中出现的几组容易出现混淆的相关概念进行一定的辨析，以确保本研究在行文中用词准确、前后层次与逻辑的畅通。

一、专业博士（学位）

现行的学位制度肇始于西方，时至今日已在全球各国得到普及。从培养层次上来看，专业博士学位，或称专业型博士学位（Professional Doctorate），属于博士学位的一种类型，一般而言，与博士学位中的学术博士学位（哲学博士学位）相对应。专业博士学位经过多年发展，已经成为现代高等教育学位制度与体系中的重要组成部分。当然，由于世界各国高等教育发展阶段与水平存在差异，加之国情不同，教育发展亦各有特色，因而各国的学位制度建设也存在一定差异。例如，与美国不同，新世纪以来欧洲逐渐衍生了新的博士学位类型，称为实践型博士学位（Practice-based PhD），这是一种基于实践性研究（Practice-based Research）的新型博士学位。博士学位类型的多元化发展趋势不仅反映了现代社会日益增长的现实需求，而且也折射出当代博士教育为回应时代需要正在发生结构性变迁。

鲍内（Bourner）等人认为，专业博士学位教育旨在培养某一实践领域的研究型专业人员，"应用性"是其主要教育价值取向，通过广泛阅读、实践训练和应用性研究等，强化从业能力、促进学科交叉、解决现实问题，达到改造自然和人类社会目的的同时，更好满足从业者个人多元化职业发展的需要，为社会输送具有实践反思和专业研究能力的专家型工作者[①]。美国研究生院理事会（CGS）曾在报告中提出，由于现代学位制度的复杂性，对专业博士学位的概念的确存在一定的争议，但不可否认的是它具备三个核心特征：一是致力于满足专业实践领域的需求，二是致力于开展应用研究，三是招生对象面向的是专业实践领域的经验者[②]。我国学者李云鹏在结合多方观点的基础上将专业博士学位的本质属性归纳为三点，即学术性、职业导向性与效益性[③]。根据国内外学者关于专业博士（学位）的界定，发现各方的主要观点较为相近，一般都从专业博士学位人才培养的角度进行分析，本研究也较为认可上述的观点。基于此，本研究认为专业博士学位伴随着社会转型背景下知识生产观的变化而产生发展，因而其来自实践领域，并最终将回到实践领域致力于问题解决；同时，专业博士学位属于高水平的博士教育层次，应当具备高级知识的研究与生产，因而具备研究性。综上，本研究将专业博士（学位）的概念界定为：致力于培养解决专业实践领域问题的高层次研究应用型人才，具有"研究性"与"应用性"的双重属性与

---

① Bourner T, Bowden R, Laing S. Professional doctorates in England [J]. Studies in higher education, 2001, 26 (1): 65-83.

② Council of Graduate Schools. Task force report on the professional doctorate [R]. CGS: Washington, D.C., 2007.

③ 李云鹏. 美国专业博士学位的几个关键问题论析 [J]. 学位与研究生教育, 2014 (1): 65-69.

特征。

新中国的学位制度自改革开放以来逐步被正式确立，如 1980 年颁布的《中华人民共和国学位条例》、1981 年出台的《中华人民共和国学位条例暂行实施办法》等，标志着我国"本科—硕士—博士"三级学位制度的确立。至 20 世纪 90 年代，我国开始探索专业学位研究生教育，在硕士教育层面开设了工商管理硕士专业（1992），在博士教育层面设立了临床医学博士专业（1997）等。一直以来，我国博士教育以传统学术学位博士培养为主导，专业博士学位的出现才正式从学位制度层面拉开了多元分类博士培养的序幕。从目前发展趋势来看，专业博士学位正在成为我国博士教育体系建设的重要发展方向。

二、教育博士（专业学位）

1. 教育博士

"教育博士"在表示为学位类型时，亦可称为"教育博士专业学位"或"教育博士学位"，是专业博士学位中的一种类型，其英文表达为"Doctor of Education"，国外的缩写表达常用"Ed.D.""EdD"或"edd"等。根据我国《教育博士专业学位设置方案》的规定，国内相关研究中对教育博士专业学位的英文书写表达通常是"Ed.D"。上述表达虽然有所差异，但内涵相一致。攻读教育博士专业学位的学习者，一般被称为"教育博士专业学位研究生"，或简称为"教育博士研究生"或"教育博士生"。本研究在行文论述中对此概念的基本表述主要是以上这几种形式。

关于教育博士专业学位的肇始至今仍然众说纷纭，学界较为普遍的一种看法是：1920 年，美国哈佛大学授予了世界上第一个教育博士专业学位。由于时间久远，加之自 19 世纪末以来世界格局风云变幻，如今教育史学界已经很难再去考证这些史实。然而，值得庆幸的是，教育博士专业学位的源起并没有影响其发展生命力。自 20 世纪 90 年代以来，诸多国家开始创设教育博士专业学位，并开展人才培养工作。至今，各国教育博士专业学位已经较为稳定，形成了规模可观、质量满意的人才培养体系。世界各国对教育博士专业学位的类属划分并不完全一致，这和各国的学科制度、学位制度密切相关。在美国，教育学作为一个学科群进行不同专业的人才培养，例如：美国教育学学科群中的专业博士学位不仅包括了教育博士，还包括音乐教育博士、体育教育博士等多种专业。在我国，教育博士则属于教育学的学科门类，该门类还包括教育学博士、教育学硕士以及教育硕士。世界各国对教育博士专业学位的内涵界定呈现出明显的阶段性与代际嬗变特征。教育博士专业学位创设之初过于注重学术性，直接导致了学界的质疑，教育博士与教育哲学博士（学术学位）的难以区分。而随着不断发展，教育博士专业学位人才培养开始更趋专业实践性。

在我国，教育博士专业学位是基于教育学学科的、致力于培养教育领域高级人才的专业博士学位。我国2008年通过国务院学位委员会审议的《教育博士专业学位设置方案》中明确规定了："教育博士专业学位教育的培养目标是造就教育、教学和教育管理领域的复合型、职业型的高级专门人才。"由此，聚焦本研究所关注的对象并对其进行界定：教育博士是基于教育学学科理论指导与教育实践领域具体问题的基础之上，旨在培养教育领域研究型与应用型相结合的高级专门人才的一种专业博士学位。

2. 教育博士与教育学博士

2008年，美国国家教育统计中心提出新的博士教育分类，规定博士学位分为：学术型、专业实践型、其他类型三种类别。较之以前，取消了曾以实践应用性导向闻名的第一专业学位。尽管第一专业学位被取消，但曾收录在其中的诸多专业学位，如医学博士（M.D.）法学博士（J.D.），以及牙科博士（D.D.S.）等均被收入新的专业实践型博士学位体系之中。分类规则虽然改变，但专业博士学位的发展并未受到负面影响，在某种程度上而言，专业博士在美国博士学位体系中地位反而有所提高，因为自此美国学术型与专业型博士学位的分野更加明确了。事实上，在美国，学术型博士学位又被称为哲学博士（Doctor of Philosophy，Ph.D.）。顾明远先生主编的《教育大辞典》对美国等国家授予的哲学博士学位做过解释，认为这是一种着重在理论与学术水平层面进行培养的学位，在任何学科内达到此类学位要求的人都可以申请，而非单指哲学学科[①]。因此，哲学博士是一个集合的概念，它包括诸多学科领域的学术型博士学位，教育学博士（Doctor of Philosophy in Education）即是一种哲学博士学位，又被称作为教育学哲学博士学位。根据上文可以认为，教育博士是一种专业型博士学位，二者在学界时常被用作对比研究。例如，美国学界曾对教育博士与教育学博士的差异展开过激烈讨论，对教育博士的存续问题形成了较大的学术争鸣。

在我国，博士学位体系相对而言较为直观，设学术型博士与专业型博士两种类型，学术型博士学位一般未借用美国的哲学博士学位的概念。因此，教育学博士是教育学科下的学术型博士学位，教育博士则是教育学科下的专业型博士学位。我国学界对两者关系的探讨近年来才日益受到关注，主要是由于近年来我国专业型博士的发展速度加快、招生规模扩大，学术型博士与专业型博士的多元协同发展已经成为未来的主流趋势。具体论及教育学学科门类，从学位类型上来看，教育博士与教育学博士具有本质属性的差异，分属两种不同类型的博士学位；从人才培养上来看，教育博士与教育学博士具有明显的方向性差异，前者主要是培养实践领域的高级人才，而后者培养的是教育学科的学术型人才；从质量评价上来看，教育博士与教育学博士的评价标准应当体现出培养方向上的差异，分类评价应当是未来趋势。虽然我国教育博士专业学位的发展历程尚短，但符合国际教育博士发展潮流，未来发展空间广阔。厘清教育博士与教育学博士的差异，能够使本研究后续分析避免研究对象与主体的混淆。

三、教育博士专业学位研究生培养模式

高等教育汇集人才培养、科学研究与社会服务的三大职能，已经在世界各国达成普遍的共识。随着社会发展变化。大学的职能不断地拓展

---

① 顾明远. 教育大辞典（增订合编本）[M]. 上海：上海教育出版社，1998：1998.

与升华,形成了更趋复杂多维的功能体。史秋衡等人系统总结分析了新中国成立以来我国大学职能演进的变化形态,认为大学可分为教学相长、科学研究、社会服务的三大职能,人才培养、科学研究、社会服务、文化承创、国际交流合作五大使命,并强调人才培养是大学的中心任务,大学的三大职能均要服务于人才培养[①]。事实上,我国《高等教育法》明确规定高等学校应以人才培养为中心,同时开展教学、科学研究和社会服务等多项活动。由此可知,关注人才培养是高等教育理论发展的内在要求,也是高等教育实践研究的必然方向。人才培养的研究是一个常谈常新的话题,博士教育领域的人才培养长久以来似乎并未受到应有的重视。人们对博士层次的教育普遍集中于科学研究与学术成果产出等结果输出方面,忽视了较之上位层面的人才培养。同时,博士教育的精英传统也使得人们对其培养过程不甚了解,从而进一步消解了博士人才培养研究在理论与实践层面的重要性与关注度。本研究所关注的教育博士专业学位研究生培养模式,在某种程度上来说更是处于各方关注的博士培养中的边缘。但这并不影响教育博士专业学位的发展潜力,其培养过程也需要各方的探讨,从而为今后改革创新提供方向性的指引。

  本研究的逻辑起点立足于教育博士专业学位研究生的培养议题。然而,教育博士专业学位研究生的培养是一个难以操作的学术概念,既是指一种状态,也表示一个过程。因此,研究教育博士业学位研究生的培养必须要确立逻辑的落脚点,即确立可供本研究进行实证操作、指标观测的具体概念。鉴于此,本研究确立了"教育博士专业学位研究生培养模式"的分析维度,从而形成本研究的核心概念。培养模式,或称人才培养模式,是学界研究人才培养的关注的重要内容,发展至今,已经成为较为成熟稳定的学术概念。各方对培养模式的概念界定存在多种不同的理解,但较为普遍地认为培养模式是在教育理念的指导下,根据一定

---

① 史秋衡,季玟希. 中华人民共和国成立 70 年来大学职能的演变与使命的升华 [J]. 江苏高教,2019 (6): 1-7.

的培养目标开展人才培养工作的标准形式。事实上,培养模式是一个较为复杂的系统,它将教育理论与教育实践融为一体,既具有理论内涵,又具备实践操作性。同时,培养模式也并非是一成不变的,它会随着社会发展、教育环境等因素的改变而进行适应性调整,教育理念、培养目标的变化也会促使培养模式进行变革。

为了便于研究的可操作性,学界诸多学者对培养模式内涵进行了分析,产生了丰富多样、典型全面的观点,并最终形成了关于人才培养模式的理论与模型。魏所康认为:"人才培养模式是一定教育机构或教育工作者群体普遍认同和遵从的关于人才培养活动的实践规范和操作样式,是直接作用于受教育者身心的教育活动全要素的总和和全过程的总和。"① 董泽芳认为,培养模式是人才培养系统中最重要的要素系统,是对于培养过程的设计与建构,由若干要素构成的具有系统性、目的性、中介性、开放性、多样性与可仿效性等特征的有关人才培养过程的理论模型与操作样式②。关于人才培养模式的结构要素,学界也有较多的解读。杨杏芳认为,培养模式应当包括培养目标(培养什么样的人)、培养方式方法(怎样培养人)这两个方面,具体包括培养目标(导向性要素)、课程体系(实质性要素)、教学方法(凭借性要素)、教学形式(组织性要素)、运行机制(调控制约性要素)、非教学培养途径(补充性要素)等内容③。钟秉林认为,培养模式有广义狭义之分,广义上应包括人才培养目标、人才培养规格、专业设置、课程体系设置、教学过程、教学评价(质量监控)等结构要素④。刘献君在总结培养模式内涵与结构特点基础上,进一步强调人才培养模式不能局限于教学过程,亦不能泛化到整个管理层面,是一种结构与过程、静态样式与动态机制的

---

① 魏所康. 培养模式论 [M]. 南京:东南大学出版社,2004:241.
② 董泽芳. 高校人才培养模式的概念界定与要素解析 [J]. 大学教育科学,2012 (3):30-36.
③ 杨杏芳. 论我国高等教育人才培养模式的多样化 [J]. 高等教育研究,1998 (6):72-75.
④ 钟秉林. 科学定位 深化改革 不断提高人才培养质量 [J]. 国家教育行政学院学报,2007 (1):4-11.

统一体①。

随着研究生教育的不断发展壮大，普遍意义上的培养模式，或者说基于大学本科教育的培养模式已经不再适用多元人才培养的局势，因而诸多学者开始对能体现研究生教育特殊性的培养模式进行了探讨。陈新忠、董泽芳认为，研究生培养模式应当包括培养理念、培养目标、培养组织、培养制度、导师队伍、平台建设、方案实施、培养评价等八个要素，彼此联系、相互作用②。胡玲琳分别通过培养目标、课程设置、导师指导、学位论文四个方面，更进一步地分析了研究生教育中学术学位与专业学位培养模式的区别③。2009年，武汉大学研究生院、武汉大学教育科学学院和清华大学教育研究院共同举办的"研究生培养模式改革"高端论坛，诸多学者对研究生培养模式进行了广泛热烈探讨，形成了影响深远的学术观点④。但是，不得不说的是，在这场学术论坛结束后的十余年间，我国研究生教育领域"风云变幻"，人才培养事业发展迅猛，亦取得了卓越的成就。在学科建设领域，学界逐渐形成了研究生教育学的学术共同体；在人才培养领域，"研究生教育学"自设二级学科开始在高校培养学术型学位研究生。无论是研究生教育的研究领域，还是我国开展研究生教育的实践领域，现如今的研究生培养模式变革都面临着更加复杂的内外部环境的影响。

随着学界对研究生培养模式的理解愈加深刻，纵观学界关于研究生培养模式的理论探讨，学术学位与专业学位、硕士层次与博士层次的培养模式存在较为明显的区别，这一观点已经达成普遍的共识。教育博士专业学位研究生培养模式在很大程度上能够预测培养的质量，为我们分

---

① 刘献君，吴洪富. 人才培养模式改革的内涵、制约与出路[J]. 中国高等教育，2009(12)：10-13.

② 陈新忠，董泽芳. 研究生培养模式的构成要素探析[J]. 学位与研究生教育，2009(11)：4-7.

③ 胡玲琳. 学术性学位与专业学位研究生培养模式的特性比较[J]. 学位与研究生教育，2006(4)：22-26.

④ 程斯辉，王传毅. 研究生培养模式：现实与未来："研究生培养模式改革"高端论坛综述[J]. 学位与研究生教育，2010(3)：50-53.

析和研究教育博士培养过程与状态提供了框架。事实上，诸多相关研究分析国内外大学教育博士专业学位研究生的培养问题尽管表述各异、研究方法不尽相同，但本质上均可以认为是从培养模式着手的。因此，本研究在结合相关研究理论探讨的基础上，对"教育博士专业学位研究生培养模式"进行操作性定义：在专业博士教育理念的指导下，致力于培养教育专业实践领域的复合型研究应用性高级人才的理论模型与运作系统，具体应包括四大范畴的运行系统，分别是理念与目标系统、招生与考试系统、过程与制度系统、评价与保障系统。

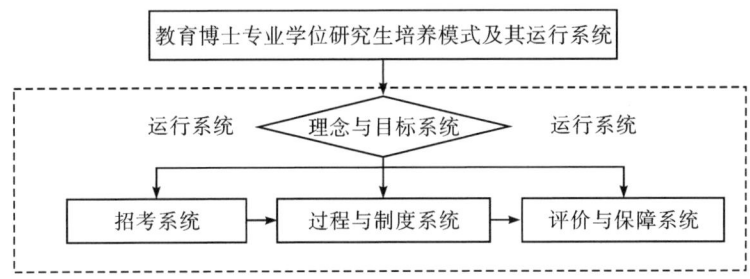

图 2-1　教育博士专业学位研究生培养模式及其运行系统

如图 2-1 所示，根据本研究对教育博士专业学位研究生培养模式的操作性定义，通过培养模式四大范畴系统，能够较大程度地囊括教育博士生院校培养过程中涉及的核心环节与基本要素。具体而言：第一，在理念与目标式系统方面，教育博士专业学位研究生培养的理念直接影响培养目标的确立，进而潜移默化地影响整个培养过程，包括招生环节的指向。尽管我国教育博士专业学位研究生的培养在理念与目标层面具有较为一致的规定，但院校层面的办学实践往往会进行拓展，因此把握理念与目标系统的要素既能够从办学指导思想层面理解院校培养的形式与内容，也有助于从指导思想层面发掘培养过程症结所在。第二，在招考系统方面，教育博士专业学位研究生的招考是在培养理念与目标的指导下开展的，涉及招生对象条件资格、选拔方式等重要内容，是人才培养的"入口"或"输入"环节，将招生与考试纳入培养模式的运行系统能够把好教育博士院校培养的第一道关卡。第三，在过程与制度系统方面，该系统集中体现的是教育专业学位研究生培养过程中的诸多环节及其制度安排，可以分为若干要素：培养方式、课程教学、导师指导、学术（专业）发展等。由于我国教育博士专业学位培养院校的办学实践具有差异性，故而过程与制度系统中的要素并非与上述要素完全对应与全部涵盖，可能存在缺失与超越。因此本研究试图尽可能地还原各培养院校办学实践过程的要素。第四，在评价与保障系统方面，评价与保障系统主要是围绕教育博士专业学位研究生培养质量为中心展开，旨在对院校培养过程进行规范的评价，并通过相应的机制保障并着力提升培养质量。总之，通过对教育博士专业学位研究生培养模式概念的操作化定义，一方面为本研究的变量设计提供了分析结构，另一方面为研究分析框架的设计与确立奠定了初步构想，进而共同为本研究探讨教育博士专业学位研究生培养模式议题提供概念基础。

第二节　知识生产模式转型理论

从中世纪大学产生开始，大学作为知识生产的唯一合法场所，理所当然地承担了人类知识生产的职能。国内外学术界对知识生产的探讨更集中于大学自身的话语体系之中，形成了丰厚深刻的研究成果。关于大学知识生产模式发展与转型变革的理论研究，在经济社会快速发展进程中，已经成为高等教育学、公共管理学、社会学等诸多研究领域的理论基础。特别是在高等教育及其交叉学科的研究中，新的知识生产模式不仅为大学改革创新提供了新视角，而且较为精准地解释了自传统大学以来知识生产模式的变迁，并为大学知识生产模式的未来转型提供了变革框架。事实上，尽管学界在讨论知识生产模式转型变革的研究多为宏观制度视角，但知识生产模式转型发展已然深刻改变了大学发展的内外部诸要素，不仅在大学模式及其发展方向的宏观层面，而且已经深入到学科建设、人才培养等微观层面。

一、西方的两次"学术革命"

根据目前学界的研究,一般认为,自19世纪以来,大学发生了两次深刻的根本性转变,学术史上称之为"学术革命"(Academic Revolution),正是这两次学术革命塑造了大学的两种发展模式,也深刻改变大学的科学研究与社会知识生产。

第一次"学术革命"是以德国洪堡领导的柏林大学改革为代表,被称为德国大学模式或洪堡模式。这是一种纯粹关注学术与科学真相的模式,具有纯粹的知识生产特征。洪堡本人作为一个新人文主义者,在哲学革命中使得大学学术研究逐渐产生了浓烈的科学主义倾向,并在大学改革中促成了科学研究成为大学的职能之一。有研究认为,洪堡改革的原意并非如此,而是希望回到古希腊哲学中用纯粹的知识培养"纯粹心智"的人,却意外打开了大学"纯学术"的大门,从而使洪堡成为"纯科学模式"的"象征性符号"[①]。19世纪后期,随着西方工业革命的兴盛,有力地促进了科学研究的专业化,从而使之真正成为大学的社会职能[②]。此后,洪堡的大学改革席卷了全球,随即产生深远影响,其理念在美国的传入,使美国真正意义上的研究型大学开始登上历史舞台,1876年约翰·霍普金斯大学的建立就是其中的典型标志。

第二次"学术革命"发轫于20世纪中后期,特别是八九十年代以来,科学技术的迅猛发展促使知识经济时代的到来,同时也加速了社会转型。大学的科学研究、知识生产逐渐开始与经济活动相关联,具备了市场性质。大学除了教学和研究以外,开始承担经济发展任务[③]。大学

---

① 王骥. 从洪堡理想到学术资本主义:对大学知识生产模式转变的再审视 [J]. 高教探索,2011(1):16-19.

② 冒荣,赵群. 两次学术革命与研究型大学的发展 [J]. 高等教育研究,2003(1):7-11.

③ Etzkowitz H. The second academic revolution and the rise of entrepreneurial science [J]. IEEE Technology and Society Magazine,2001,20(2):18-29.

社会服务职能的空前强化，特别是在美国体现得最为明显。这一时期，大学如何通过科学研究将知识生产创新带动经济持续增长，成为各方关注的重点。第二次"学术革命"对全球产生了更具影响力的冲击，直接催生了创业型大学的崛起，使科技创新、创业、成果转化等成为大学发展的基本要素。自此之后，大学、市场、政府等之间的关联逐渐得以建立并日趋密切，学术活动与经济活动互相支持，成为大学知识生产的新常态。

综上所述，自中世纪以来，大学经历两次根本性转型，这也是大学发展进程中两次质的飞跃，第一次"学术革命"将科学研究引入大学中，研究型大学成为主流；第二次"学术革命"丰富了大学的创业职能，促成了创业型大学的兴起。事实上，两次"学术革命"深刻改变了大学的内外部结构，形成了大学的两种发展模式。实际上，这两种发展模式也在一定程度上反映了大学知识生产模式的转型。大学场域发生的这种根本性变化直接导致学术界关于知识生产模式的相关研究随之发生变化，如后文"学院科学"与"后学院科学"、学术资本主义等概念与理论的提出，都是在大学模式变迁的背景下，用以解释大学知识生产转型的重要体现。

二、知识生产模式理论研究进路

知识生产模式转型理论，通常是指根据学界关于知识生产的变迁所形成的系统研究成果。自 20 世纪中后叶以来，伴随着科学技术的发展、高等教育大众化时代的到来等新变化，高等教育社会服务职能进一步得到强化，大学作为知识生产的唯一场所这一地位受到威胁。作为象牙塔的大学，不再是高深学问的特有生产者，大学知识生产方式发生了前所未有的本质变化。因此，基于这一社会背景，西方相关学者相继提出了知识生产模式转型理论。

1963 年，美国社会学家普莱斯（Derek J. de Solla Price）提出了"小科学"和"大科学"的概念，认为"小科学"是在单个学科内个人或小组形式的研究，而"大科学"则是在社会规模层次的科学研究[①]。之后，1968年，物理学家温伯格（Alvin M. Weinberg）指出关于"大科学"的另一层含义，即"大科学"应当具有项目尺度规模层面的内涵[②]。我国有研究从历史发展的角度分析对该理论进行了评价，认为"小科学"是"大科学"产生的前提和必要条件，而"大科学"则是小科学合乎逻辑发展的必然结果[③]。然而，从知识生产的角度分析，可以发现，从"小科学"到"大科学"的转变，是在美国科学技术与社会关系的剧烈转换变迁中发生的关于科研范式的变化，表明大学科学研究开始关注知识生产的规模与范围、结构与系统的问题。尽管这种变化在促成科学建制等方面起到了积极推动作用，但其关注的焦点仍集中于科研路径的选择，对于跳出单个学科、深入交叉学科的主张并不够成熟。

1993年，丰托维茨（Silvio O. Funtowicz）与拉维茨（Jerome R. Ravetz）提出"常态科学"与"后常态科学"的概念，认为"后常态科学"是基于政策制定和应用的视角，强调打破学科组织界限的知识生产[④]。这一研究开始关注学科界限和跨组织问题，主张基于应用视角的更加广泛和灵活的科学研究。然而，"后常态科学"的主张主要局限在政策相关领域，针对的是政策支持的科学研究，具有为政策制定与决策提供服务的特征，其关注的重点也不在于科学研究与社会、产业之间的联系与互动。1997年，斯劳特（Sheila Slaughter）与莱斯利（Larry L. Leslie）提出了"学术资本主义"[⑤] 这一概念，她们认为大学的科学研

---

① Price D J D. Little Science, Big Science [M]. New York: Columbia University Press, 1963.
② Weinberg A M. Reflections on Big Science [M]. New York: American Journey of Physics, 1968.
③ 申丹娜. 大科学与小科学的争论述评 [J]. 科学技术与辩证法, 2009 (1): 102.
④ Funtowicz S, Ravetz J. Science for the Post Normal Age [J]. Futures, 1993 (25): 735-755.
⑤ 希拉·斯劳特, 拉里·莱斯利. 学术资本主义：政治、政策和创业型大学 [M]. 梁骁, 黎丽, 译. 北京：北京大学出版社, 2008.

究不再局限于知识活动，而是与市场频繁互动，知识成为"资本"，学术活动的知识生产具备市场属性，并广泛参与到资本活动中。

2000年，英国科学家齐曼（John Ziman）提出了"学院科学"与"后学院科学"理论[①]。该理论认为，学院科学脱胎于18世纪末至19世纪初的哲学革命，从整体上看是有着特殊社会建制、科学最纯粹原型、高度分化的体系学科，大学的科学研究密切围绕共同的学科组织，德国柏林大学创立就是其主要标志。而后学院科学则是在"应用语境"下运转的一种新的知识生产模式，是学院科学向产业领域的延伸，也是与实践网络紧密缠结在一起的一种全新生活方式[②]。从"学院科学"到"后学院科学"的转变，肯定了知识生产的应用性与跨学科性，大学科学研究基于社会经济需求、制度化集体合作、知识生产效率等，并在产业化实践中实现了生产模式的本质转换。

在过去半个多世纪中，科学知识经历了爆炸性增长，知识的结构、从事科学活动的机构、知识创新方式、科研的资助与评价模式以及知识从业者的身份等都在发生重大变化，引发知识生产方式的系统性转型[③]。如前所述，西方关于大学知识生产模式转型的研究经历不断发展的时期，产生了诸多理论与观点，而其中最具有代表性和影响力的当属迈克尔·吉本斯（Michael Gibbons）等人于1994年首次提出的关于知识生产模式1和模式2的理论以及埃利亚斯·卡拉雅尼斯（Elias Carayannis）于2003年率先提出的知识生产模式3理论。这也是本研究所重点梳理与分析的关于知识生产模式转型的理论。从知识生产模式1到模式3，这一过程不仅意味着大学知识生产随着社会发展变迁而转型，而且也代表着学术界对知识生产模式的研究和应用不断深化与拓展。关于知识生产模式转型理论，学界常称之为新的知识生产模式转

---

① 约翰·齐曼. 真科学［M］. 曾国屏，匡辉，张成岗，译. 上海：上海科技教育出版社，2002.

② 洪茹燕. 后学院时代大学知识生产模式再审视［J］. 自然辩证法研究，2008（6）：94.

③ 秦琳. 博士生教育改革的逻辑、目标与路向：知识生产转型的视角［J］. 教育研究，2019，40（10）：81-90.

型,这种提法也更直观地表述出从知识生产的传统模式向新的现代模式的过渡与转变。

三、从知识生产模式 1 到模式 2

英国学者吉本斯等人在已有研究的基础之上,特别是在丰托维茨与拉维茨的观点之上进一步阐释了关于新的知识生产模式的概念。他们于 1994 年出版的《新的知识生产:当代社会科学与研究动力》(*The New Production of Knowledge: The Dynamics of Science and Research in Contemporary Societies*)一书中提出了知识生产模式 1 和模式 2 的理论。知识经济时代的到来,预示着知识的生产系统正在经历前所未有的变革,新的知识生产模式正在形成。这个所谓的新的知识生产模式并非是对现有学科理论、概念和方法的简单借用,而是超越原有学科范式[①]。

由此,学界形成了较为一致的共识,即以第一次"学术革命"下的知识生产模式为模式 1,或称"传统模式"或"洪堡模式";而第二次"学术革命"之下的大学逐渐打破传统知识生产中的诸多藩篱,被称为模式 2。通过对西方两次"学术革命"的阐释和对知识生产模式研究发展的梳理,我们能够更加清晰地把握新的知识生产模式的产生与发展,从而促进对该理论的解构与理解。

1. 新的知识生产模式的发展背景

自 19 世纪初,大学经历了从探索真理、"为知识而知识"到实用主义思潮下功利主义的变化。至 20 世纪以后,大学作为知识生产者逐渐走出了象牙塔,特别是美国"威斯康星思想"之后,大学的社会服务性开始彰显。随着大学与产业、市场联系的加强,知识突破了传统的认知桎梏,知识的内容与性质发生了极大的变化,大学失去了作为唯一知识生产者角色的地位。至 20 世纪 80 年代以来,大学、市场、国家形成了

---

① Gibbons M, Limoges C, Nowotny H, et al. The New Production of Knowledge: The Dynamics of Science and Research in Contemporary Societies [M]. Sage, London: 1994: 179.

稳定的结构，有研究称之成为"三重螺旋"结构。20世纪90年代以后，互联网的发展与信息技术的普及，知识生产与传播更加便捷与快速，知识生产开始趋向不确定性、竞争性与去正当性[①]。知识生产的历史嬗变过程表面明新的知识生产模式正在面临更加多样复杂的变化。

　　首先，知识的性质开始发生变化。随着时代与社会的发展，知识正在发生变化。一方面，知识经济时代的知识形态开始发生质的变化，复杂性与精细化程度不断增加，制度化的学科地位受到挑战，学科开始走向分化与交叉。另一方面，知识经济时代的知识超越了传统的固定的内涵认知，产生诸如技术知识、实践知识等新见解，延展出更加复杂庞大的体系，各种新的知识不断丰富了传统知识的结构与内容，并借此产生新的问题。其次，高等教育发展空前繁荣。工业时代以后，高等教育得以蓬勃发展，发达国家高等教育迈入大众化时代。一方面，学生规模与师资队伍不断扩大为大学科学研究提供了更多的相关资源，为知识生产奠定了更加坚实的基础。另一方面，大学学科得以快速发展，知识生产不再局限于科学的领域，相关研究诸如人文领域的知识均开始参与其中，大学的科学研究也在面临转型。特别是后现代观念的产生与传播，将破碎性、多元化、非一致性等特征慢慢融入主流话语，甚至成为知识分子的行话[②]。最后，社会经历转型变革。全球化趋势促进了知识经济时代的到来，而知识经济时代意味着知识将成为最有价值的生产要素加入经济社会的发展之中。由此，知识生产面临的社会语境发生了巨大的变化，特别是社会结构、经济需求与产业发展等方面都对传统模式提出了挑战。这些变化直接导致了人们必须要重新审视大学与社会的关系，特别是在社会转型期研究型大学将如何面对高度市场化的知识社会的到来，而大学科研活动如何进行从传统模式进行相应的变革等。吉本斯等人敏锐地发现了知识经济时代发生的这些变化，从而较为准确系统地建

---

① 蒋逸民. 新的知识生产模式及其对我国高等教育改革的启示 [J]. 外国教育研究，2009，36（6）：73-78.
② 安超. 知识生产模式的转型与大学的发展：模式1与模式2知识生产的联合 [J]. 现代教育管理，2015（9）：46-50.

构了从模式1到模式2的发展变迁过程。

2. 新的知识生产模式的典型特征

吉本斯等人在研究中系统地对比并区分了知识生产模式1与模式2的典型特征,从研究情境、学科领域、组织机构、研究文化、质量评价五个维度进行剖析,能够较为清晰全面地概括并构建模式2这种新的知识生产模式在关于大学科学研究中的范式转型。吉本斯认为,模式2作为区分模式1的新的模式,虽然在几乎所有方面都与模式1不同,但模式2并没有取代模式1,模式1仍然是传统科学研究的经典模式,而模式2则是正在发生和形成的一种新的模式[①]。事实上,从模式1到模式2的转型,研究者是基于实践经验所得出的判断,主要是在大学学术研究过程中学科领域发生的变化,包括自然科学、社会科学以及人文学科等领域。当这些变化的共通性共同汇聚呈现出某种特征,我们就能够阐释这些特征,并将模式1与模式2加以区分,如表2-1所示。

表2-1 模式1与模式2典型特征比较

维度	知识生产模式1	知识生产模式2
研究情境	学术共同体控制的规范	知识应用的情境
学科领域	基于学科	跨学科
组织机构	同质性、制度化	异质性、多样化
研究文化	自治文化	责任文化
质量评价	同行评议、学术研讨等	新的质量控制标准

资料来源:根据吉本斯等人原著及中文译著相关内容归纳整理而来。

第一,研究情境。知识生产模式1基于学术共同体控制的严格规范之下开展科学科研与知识生产。具体而言,一方面,大学的学科在过去相当长一段时间内形成了共同信奉相同准则的规范情境,因而在知识生

---

① 迈克尔·吉本斯. 知识生产的新模式:当代社会科学与研究的动力学[M]. 陈洪捷,沈文钦,译. 北京:北京大学出版社,2011:3.

产中他们依照学科的操作规则开展科学研究,这种权威的规范化或规则塑造了模式 1 的研究情境。另一方面,模式 1 的知识生产基于学科内部的研究性的问题展开,以知识本身为目的,与学科外有着清晰的界限,并不涉及应用。知识生产模式 2 则是围绕知识应用的情境展开科学研究,知识生产受到多种因素的共同作用与影响。在应用性导向的研究情境之下,大学知识生产过程与社会需求、产业发展、实际应用紧密联系起来,知识生产的目的不再是"为知识",而是转向"为应用",这一改变使得基础研究与应用研究、理论研究与实践研究的界限逐渐开始模糊,"知识生产开始在整个社会弥散,形成了社会弥散的知识"[1]。

第二,学科领域。从知识生产的学科领域层面来看,模式 1 是基于独立学科展开的,具有高度的学科性。这个特征主要体现在四个方面:其一是知识被置于学科之中讨论;其二是知识生产致力于对学科知识的贡献;其三是知识生产成果在学术共同体体制内进行传播;其四是问题的产生建立在已有发现之上,知识生产过程具有学科性。而模式 2 被认为是跨学科性的:其一,知识生产不必局限在固有学科内,而是指向应用情境下的问题解决;其二,基于理论与实践两个层面的问题解决并非致力于对学科知识的贡献,而是发展形成自身独特的知识结构、方法等内容,并不断得到累积和发展;其三,知识生产成果在生产过程中即得到传播,并不依赖于专业成果的正式发表;其四,知识生产与问题情境高度互动,研究发现突破了学科限制,亦无需获得学科权威确认,成果也难以确认与某一特定学科相符。

第三,组织机构。一方面,从学科组织角度来看,模式 1 的知识生产基于制度化的学科组织,主要集中在大学院系层面,并具有较为严格且层次分明的结构;另一方面,从研究者层面来看,模式 1 中的知识生产的团队或从业者是稳定的、同质的,其构成的网络一般是长久的。而

---

[1] 迈克尔·吉本斯. 知识生产的新模式:当代社会科学与研究的动力学 [M]. 陈洪捷,沈文钦,译. 北京:北京大学出版社,2011:4.

模式2则完全不同，具体而言，一方面，知识生产不再局限于大学和院系，知识生产的"社会弥散性"在这里的体现就是知识生产的场所的丰富与扩大，政府相关、企业相关的非大学机构甚至个人广泛参与其中，体现出知识生产组织的多样性。另一方面，从事或参与知识生产的团队不再囿于制度化和等级化的限制，呈现出非制度化、非等级式、临时性的异质特点。换言之，研究领域的逐渐细化，致使知识生产的组织与机构从稳定的结构过渡到不断重组的灵活结构。

第四，研究文化。由于模式1的知识生产组织与机构单一和同质，知识生产被中心系统控制，处于与社会其他部门较为疏远的自治空间，精英话语下的科学研究由此呈现明显的自治性。同时，较为封闭的情境也在客观上造成了知识生产的反思性不足。模式2知识生产的社会应用情境，逐渐塑造了知识生产过程中的社会问责文化。不断增多的组织机构背后蕴藏的实际上是利益关系的张力，知识生产承担了更广泛的社会责任，个人力量已经无法完成任务，由此带来的科学家、学者等互动、合作、协商等新变化。此外，人文学科在新的知识生产过程中的加入，促进了反思性（自反性）文化在整个知识生产过程的传播，这些共同构成了模式2的责任文化。

第五，质量评价。模式1的知识生产成果与质量主要依靠同行评议和专家研讨等方式，其关注点主要是学术研究本身的知识与个人在知识生产中的贡献率。这种质量评价方法在知识精英时代具有一定的意义，但也在一定程度造成了学术权力对知识的垄断等诸多问题。模式2则形成了一个新的质量控制标准。在这个标准之下，知识生产的质量不再由学科权威控制与决定而是转向在社会应用的情境下的多方参与的综合标准。事实上，这个综合标准并不排斥同行评价等传统方式，而是主张将市场、社会等要素纳入其中，考虑科学之外的诸如竞争力、效益等因素，从而构建更加多维的质量控制手段和评价标准。这个转变实际上重新定义了质量标准，在促进评价科学化与更符合发展需要的同时也造成某种意义上的问题。吉本斯等人也表示尽管新的评议体系吸纳了广泛的社会构成，但"质量控制是否会变弱"的担忧也随之产生，"好科学"

也更加难以确定①。

综上所述,知识生产模式2是在"应用的情境"中基于"跨学科"进行具有"异质性"特点的知识生产的新模式,其组织结构具有"多样性",且在知识生产过程中承担更加广泛的"社会责任",因而更具"反思性",并产生"新的质量控制"方法。简而言之,知识生产模式2的典型特征可以概括为应用的情境、跨学科、组织多样性与异质性、社会问责与反思性、新的质量控制。基于对模式1与模式2特征的对比分析,可以进行如下概括:模式1的知识生产是在严格的学术共同体组织规范之下,必须遵循已有学科范式,知识生产场所单一(大学),与社会、产业、市场等外部存在清晰界限;模式2打破了大学作为知识生产唯一场所的传统,政府、市场等外部因素共同参与其中,知识生产的学科与组织边界不断模糊。事实上,模式1作为经典的知识生产方式,为模式2提供了学科逻辑。按照吉本斯的观点,模式2脱胎于模式1的学科矩阵并将演化成为科学知识生产新的趋势,甚至可以被认为是模式1的衍生。同时,吉本斯也曾预测,尽管模式1与模式2作为两种知识生产的方式与体系同时存在,但模式1将被模式2合并,这也引起了关于新的知识生产模式的新的讨论。

3. 新的知识生产模式的论争与影响

(1) 论争

自吉本斯等人于1994年出版关于新的知识生产模式理论著作以来,经过学术界的讨论与反思,模式1与模式2已经成为相关研究领域影响深远的分析工具。然而,在收获广泛学术赞誉的同时,模式2理论也受到来自学术同行的质疑,从而形成了备受关注的学术争论。事实上,吉本斯本人对模式2的判断也发生了一定变化,对模式2是否会取代模式1,抑或是将和模式1进行合并等问题的态度和看法也并不一致。由此,学术界认为:知识生产模式转型理论正在不断地完善与发展过程中,并

---

① 迈克尔·吉本斯. 知识生产的新模式:当代社会科学与研究的动力学 [M] 陈洪捷,沈文钦,译. 北京:北京大学出版社,2011:8.

在社会转型与变迁实践中得到修正。

西方学者对模式2的质疑较为集中地体现在关于模式2知识生产的特征方面。例如，温格特（Peter Weingart）认为，模式2理论中提出的"应用的情境"这一概念失之偏颇，因为应用性蕴于学科实践中，从而缺乏稳定性，并不能广泛适用科学研究，而且所谓的跨学科性也并非新现象[1]。温格特从认识论角度出发，指出科学知识生产并未在根本上发生改变，批判模式2理论仍然只是停留在对现象的捕捉层面。戈丁（Godin）等人对"组织多样性"和"跨学科"提出质疑[2]，他们认为，知识生产系统的转变并不能得出大学失去了作为知识生产中心地位的结论。尽管在大学与市场、产业的联系及跨部门合作日益密切，但大学依然是作为主要参与方与合作者。而且他们也评判了关于模式2中的跨学科概念的模糊界定，认为学科性与多学科性并非如模式2理论所描述的那样二元对立，而是既相互独立又相互联系的。海姆琳（Hemlin）等人则注意到模式2质量控制手段中的要素并不完整，并提出新的质量控制应当由个人评估向组织评估转型，由科研终结评估向科研过程中评估转型[3]。

在学术界对新的知识生产模式进行广泛讨论的过程中，或是为了回应质疑，或是为了更新思考，吉本斯等人又相继出版和发表了新的论著。其中，2001年，由诺沃特尼（Helga Nowotny）、斯科特（Peter Scott）和吉本斯三人共同完成出版的《反思科学：不确定性时代的知识与公众》（*Re-thinking Science*：*Knowledge and the Public in an Age of Uncertainty*）一书影响较大。该著对科学实践与"社会情境"的建构进行了更深入的分析，试图超越大学系统去解释科学与社会动态互动

---

[1] Weingart P. From "Finalization" to "Mode 2"：Old wine in new bottles？ [J]. Social Science Information，1997，36（4）：591-613.

[2] Godin B，Gingras Y. The place of universities in the system of knowledge production [J]. Research Policy，2000，29（2）：273-278.

[3] Hemlin S，Rasmusen S B. The shift in academic quality control [J]. Science Technology and Human Values，2006，31（2）：173-198.

的关系。作者认为社会正在面临转型，提出用"知识社会"与"风险社会"两个概念来解释知识生产面临的背景变化，这变化过程充斥着不确定性与复杂性，并将模式2的科学知识生产扩展到具有"跨界性"的社会—经济—文化（和科学）的新形式之中。由此，他们提出了称之为"科学与公众相遇"的公共空间——"广场"，建构并分析了科学—社会互动的体系和协同演化过程，模式2也具备高度情境化的特征。简而言之：科学与社会之间更紧密的互动，标志着一种情境化的、或对情境具有敏感性的新科学的出现[1]。

事实上，该书在模式2理论的基础上开始更多关注大学之外的社会，各个领域（国家层面、市场与产业、文化）的分化已经成为客观事实。2003年，诺沃特尼等三人又发表文章《再论模式2：新的知识生产》("Mode 2" Revisited: The New Production of Knowledge)，该文实际上是对前两本著作的反思与补充，不仅对模式2的特征进行了再论证，提出了科学知识生产面临的新的背景变化，如掌控优先项、研究商业化、科学的社会责任等，而且也反思了学界对模式2的批评与评价。他们认为，模式2有更加开放的知识生产系统的特征，如社会弥散性、跨学科性、对社会稳健性的需求以及引以争议的创造潜力，因此，结束对模式2的争论既不可能，亦无必要[2]。

（2）影响

从知识生产模式1到模式2的转型，已经超越了最初的围绕科学知识生产这一话题的讨论，学界对模式2的研究与反思在不断变迁的社会发展实践中得以验证与勘误。新的变化正在发生，大学知识生产在整个社会的弥散，促成了更加深入的研究。可以说，模式2理论在西方学术界有着极高的关注度，研究的引证量较高，对拓展和深化相关研究起到了重要推动作用。

---

[1] 海格尔·诺沃特尼，彼得·斯科特·吉本斯，迈克尔·吉本斯. 知识生产的新模式：当代社会科学与研究的动力学 [M]. 冷名，译. 上海：上海交通大学出版社，2011：1.

[2] Nowotny H, Scott P, Gibbons M. "Mode 2" revisited: the new production of knowledge [J]. Minerva, 2003 (41): 179-194.

值得关注的是，基于知识生产模式转型理论，有研究系统探讨了知识生产的动力机制，从而构建了颇具影响力的"三螺旋"理论（Triple Helixes）。事实上，20世纪80年代，已有学者开始探讨经济高速发展过程中将科学研究成果转移到企业，技术转移能够支持国家工业生产计划，因而国家政府应当在促进产学合作方面充当支持者角色。代表作品是美国学者约翰斯顿（Robert F. Johnston）和爱德华兹（Christopher G. Edwards）于1987年出版的《创业型科学：企业、大学与政府的新联结》（*Entrepreneurial Science: New Links between Corporations, Universities, and Government*）一书。然而，最早提出这个概念的是美国学者埃兹科维茨（Henry Etzkowitz）和荷兰学者雷蒂斯托夫（L. A. Leydesdorf），他们在学术论文《大学—工业—政府三重螺旋的兴起》（*Emergence of a Triple Helix of University-Industry-Government Relations*）中较为系统地论述"三螺旋"这一命题，并在构建动力模型的基础上分析了大学的作用、模型分化与融合的进程以及带来的政策影响。"三重螺旋"模型以大学、产业和政府之间传统的制度分化形式为出发点，并增加了人类会自反性地重塑这些机构这一历史配置的概念。因此，该模型考虑到了知识部门在与更大社会的政治和经济基础设施相关的不断扩大的作用[1]。"三螺旋"对应知识生产模式2，是模式2的动力机制模型。换言之，知识生产模式2的出现，"大学—产业—政府"三螺旋关系网上升为国家创新模式，并强化了知识在经济效能中的正向作用[2]。此后，模式2理论与"三螺旋"理论逐渐成为相关研究的重要理论基础与分析框架，并产生了广泛的影响。

新的知识生产模式对我国学界亦产生了较大的影响，我国学界对新

---

[1] Leydesdorff L, Etzkowitz H. Emergence of a triple helix of University-Industry-Government Relations [J]. Science and Public Policy, 1996 (23): 279-286.

[2] Etzkowitz H, Leydesdorff L. The dynamics of innovation: from national systems and "Mode 2" to a triple helix of University-industry-government relations [J]. Res Policy, 2000 (29): 109-123.

的知识生产模式的研究形成较为丰富的研究成果,从研究指向来看,主要可以将其分为两个方面的研究:一是对新的知识生产模式的理论探讨;二是基于新的生产模式的实践研究。在理论探讨方面,樊春良基于科学社会学的视角,分析科学知识生产的学科模式与超学科模式,并得出"科学与社会的共生关系"[①] 这一结论,该研究是基于模式2的分析框架。武学超认同模式2理论中提出的社会转型时期大学知识生产发生深刻变革,从而影响大学与产业间的联系,并认为"大学应该积极与产业建立长期的战略伙伴关系"[②]。同时他也对模式2理论进行了系统分析,认为模式2知识生产观反映了"当代高等教育知识生产的根本特征和科学研究的根本转型"[③]。马万华在分析知识生产模式的基础上探讨了研究型大学既能够保持学术传统又灵活多样的多元发展机制的原因与现状[④]。我国学者对知识生产模式2的理论探讨主要持认可的观点,并针对模式2理论进行了本土化分析,从而使模式2理论与我国大学发展与改革议题的话语衔接更加通畅。在实践应用研究方面,陈洪捷通过对知识生产模式转型的分析,认为博士生教育必须要为回应知识生产模式的变化而进行改革,如增加学位类型、跨学科培养等,从而应对博士教育质量危机问题[⑤]。瞿振元将知识生产作为视角探讨大学学科建设,并提出大学应针对知识简单再生产、扩大再生产以及生产过程延续这三种知识体系采用不同的战略[⑥]。除此之外,我们还能看到将模式2理论运用在创业型大学"三螺旋"模式、大学学术职业发展、人才培养模式改革、课程教学改革、创新发生机制等诸多高等教育研究领域与议题

---

① 樊春良. 科学知识的生产模式分析 [J]. 科学学研究, 1997 (3): 10-16.
② 武学超. 知识生产方式转型及对大学与产业联系的影响 [J]. 教育发展研究, 2008 (21): 29-33.
③ 武学超. 模式Ⅱ知识生产观的提出与学术争论 [J]. 江苏高教, 2010 (3): 16-19.
④ 马万华. 研究型大学知识生产模式的变革与学术研究的多元发展机制 [J]. 北京大学教育评论, 2009, 7 (1): 44-51.
⑤ 陈洪捷. 知识生产模式的转变与博士质量的危机 [J]. 高等教育研究, 2010, 31 (1): 57-63.
⑥ 瞿振元. 知识生产视角下的学科建设 [J]. 中国高教研究, 2019 (9): 7-11.

之中。

综上，近年来随着西方对新的生产模式转型的研究愈加深入，在模式2理论最初提出之时，各方对模式2是否会取代模式1的讨论发展至今已经显得无关紧要。多样性发展的社会转型时期，对这一话题的知识论层面的哲学理论探讨既不能解释出现的更多的现象，亦无法准确预测知识生产的发展趋势，因而不再受到学者的过多关注。正如彼得·德鲁克（Peter F. Drucker）说的那样："在人类历史上从没有任何一个世纪像即将结束的20世纪一样发生了如此重要和迅速的社会转型变化。"而基于知识与科学研究层面，真正值得注意的是，面对更加复杂的形势变化，学界是否能够基于已有知识生产模式转型的理论提供更有说服力和解释力的分析工具，用以解释和预测新的变化。事实上，近些年，随着知识经济时代特征的逐步显现，经济竞争更加激烈，创新驱动新的认知与社会实践，模式2对"集群""生态网络"等新兴现象的解释力显得力不从心，由此开始逐渐催生超越模式2框架的新的知识生产模式。

四、知识生产模式3

新世纪的到来，全球化趋势更甚，各国经济交融更愈加紧密，社会在发展进程中涌现出诸多新兴产业，更多新要素开始融入知识生产过程，特别是"创新"这一要素在知识生产与经济发展中的重要性与参与度不断得以提高。在创新要素驱动下，知识生产组织、质量、效率等发生了深刻变化，人们对知识生产模式的认知发生新的改变。知识生产模式3较为系统与全面地掌握了新世纪以来知识生产的变化要素，成为近年来知识生产模式转型理论中最具有代表性的新模式。

1. 模式3研究的发展

2003年，美国学者卡拉雅尼斯发表学术文章《创造力＋创新力＝竞争力？》（Creativity ＋ Innovation ＝ Competitiveness），文中首谈关于知识创新的"模式3"思想。此后，卡拉雅尼斯先后撰文论述全球化的当下产业界正在发生的诸如"全球本土化""国际协同"等新变化。

2006年，卡拉雅尼斯与奥地利学者大卫·坎贝尔（David F. J. Campbell）在其《创新网络和知识集群中的知识生产、扩散和运用——一种横跨美国、欧洲和亚洲的比较体系方法》（*Knowledge Creation, Diffusion, and Use in Innovation Networks and Knowledge Clusters—A Comparative Systems Approach across the United States, Europe and Asia*）一书中正式将"模式3"作为学术概念来阐释社会转型下"创新网络""知识集群"等知识生产范式。

2007年，卡拉雅尼斯和克里斯多夫·菲茨姆诺威茨（Christopher Ziemnowicz）在《重新发现熊彼特：从"创造性破坏"演进至"模式3"》（*Rediscovering Schumpeter: Creative Destruction Evolving into "Mode 3"*）一书中，通过对熊彼特"创造性破坏理论"的解构分析，认可了其中关于资本主义经济发展过程中特征，并受其启发特别探讨了技术革命的变革过程，从而论证模式3的知识生产观及其发展逻辑。2009年，卡拉雅尼斯和坎贝尔在《模式3和四重螺旋：走向21世纪分形创新生态系统》（*"Mode 3" and "Quadruple Helix": toward a 21st Century Fractal Innovation Ecosystem*）一文中系统论述了模式3知识生产的概念，建构了一个称之为"四螺旋"的增强模型。这一模型将"公民社会"作为除大学、产业、政府之外的第四行动者纳入其中，形成了全新的创新系统框架①。实际上，模式3知识生产系统是在扩展与延伸了模式1与模式2的基础之上将这种动态的、复杂的、非线性的知识生产、扩散与使用的过程进行了建构，形成的架构与"螺旋形生态系统"相一致。

2011年，卡拉雅尼斯和坎贝尔发表了《开放创新外交与21世纪分形研究、教育与创新生态系统：基于四、五重螺旋创新概念和模式3知识生产系统》（*Open Innovation Diplomacy and a 21st Century Fractal*

---

① Carayannis E, Campbell D. "Mode 3" and "Quadruple Helix": toward a 21st century fractal innovation ecosystem [J]. International Journal of Technology Management, 2009 (46): 201-234.

Research, *Education and Innovation* (*FREIE*) *Ecosystem*: *Building on the Quadruple and Quintuple Helix Innovation Concepts and the "Mode 3" Knowledge Production System*),该文在教育、研究与创新的背景下阐述了分形创新生态系统的概念(FREIE)。2012年,两人出版合著《四重螺旋创新体系中的模式 3 知识生产:21 世纪发的民主、创新与创业》(*Mode 3 Knowledge Production in Quadruple Helix Innovation Systems*: *21st Century Democracy*, *Innovation*, *and Entrepreneurship for Development*),又一次系统论证了四螺旋创新系统框架,指出四螺旋更加注重创新领域的合作,并阐释在区域和部门创新生态系统内部和跨区域创新生态系统内相互竞争、共同进化和共同专业化的动态交织过程。

2016年,卡拉雅尼斯、坎贝尔等五人发表文章《模式 3 知识生产:系统与系统理论,集群与网络》(*Mode 3 Knowledge Production*: *Systems and Systems Theory*, *Clusters and Networks*);2017年,以卡拉雅尼斯为核心的研究团队发表数篇文章,如《"模式 3"大学与学术企业:在合作竞争的创业生态系统中思考超越框架的跨学科性和非线性创新动力学》(*"Mode 3" Universities and Academic Firms*: *Thinking beyond the Box Transdisciplinarity and Non-linear Innovation Dynamics within Co-opetitive Entrepreneurial Ecosystems*)、《复合创新指标:MCDA 和四重创新螺旋结构》(*Composite Innovation Metrics*: *MCDA and the Quadruple innovation Helix Framework*)等文章,不断充实与完善模式 3 理论与四重螺旋模型。

尽管学界对模式 3 的讨论不断,但毫无疑问模式 3 理论精准抓住了新时代的新变化,尤其是在模式 1 与模式 2 的架构之上建构了更符合知识生产的创新生态系统。至此,关于模式 3 理论的相关研究已形成了一批丰厚的研究成果,这些经典论作也成为学界开展相关研究重要的理论积淀与分析视角。

2. 模式 3 的知识生产观

(1)核心要素

知识生产模式 3 是建立在模式 1 与模式 2 之上的新模式,由"创新网络"和"知识集群"组成，用于知识创造、扩散和使用，从而扩展了模式 1 和模式 2 知识生产系统的概念。因此，想要分析模式 3 的知识生产系统，则必须要厘清构成模式 3 的核心要素。

第一，知识集群。模式 3 提出的"集群"的概念实际上具有三个层面的内涵：其一是地域集群，指地域和空间层面的组织联合，用以强化地域间各要素的知识互动，既包括以国家为单位的联合（地方性），也包括超国家的国际联合体（区域性）；其二是部门集群，指知识生产部门的多元化联合，包括各个大学、产业企业、科研部门等在内的相关主体部门，由此共同组成一种跨部门的联合体；其三是知识集群，也是模式 3 最为重要的核心要素，指由知识创新组织构成的联合体或联盟。知识集群具有"共属性"，在联盟内实现知识共享，同时，知识资产通过知识储存与流动的形式相互补充、相互增进，具有明显的自组织性、动态适应性、系统开放性的特征①。由此，不难发现，在全球化趋势下，科技高速更新换代，知识的传播与应用大大加快，知识生产的样态突破了原有的线性逻辑，正在构成新的系统。

第二，创新网络。在模式 3 知识生产中，创新网络将内外部集群联合在一起，通过将不同系统、不同层次、不同部门、不同模式的集群进行整合，从而构成协同创新共同体。因此，创新网络可以看作是模式 3 的"经脉"，整合协调了知识生产中的不同要素，使之能够有效运作。由此，各种要素构成的创新网络形成了模式 3 知识生产新的生态系统。

（2）结构逻辑

模式 3 之所以称之为超越模式 1 与模式 2 的新模式，主要在于其构建了新的知识生产系统——"研究—教育—创新分行生态系统"（Fractal Research，Education Innovation Ecosystem，FREIE）。这是一个多层次、多模态、多节点、多层次的系统，包括由人力资本和智力资

---

① Carayannis E, Campbell D. Mode 3: Meaning and implications from a knowledge systems perspective [C] // Carayannis E, Campbell D. Knowledge Creation, Diffusion, and Use in Innovation Networks and Knowledge Clusters: A Comparative Systems Approach across the United States, Europe and Asia. Westport, Connecticut: Praeger, 2006: 12.

本构成的由社会资本塑造、由金融资本支撑的相互补充、相互促进的创新网络和知识集群。模式 3 系统将公民社会这一主体纳入知识生产的序列之中，构建了基于大学、产业、政府、公民社会四位主体的知识创新生态系统。

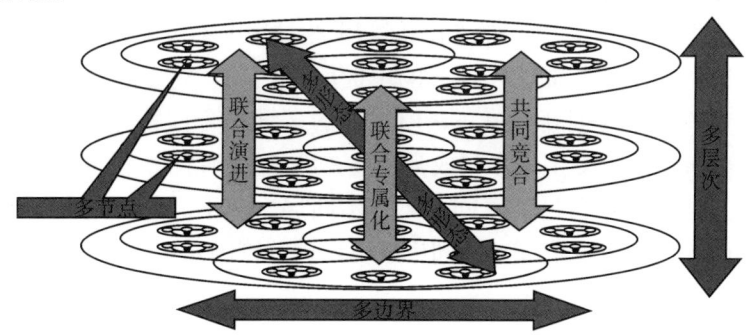

图 2-2　模式 3 知识生产创新生态系统结构

资料来源：Carayannis E. Quadruple Helix and "Mode 3" Knowledge Creation: Moving from tactical Fragmentation to Strategic Integration [R]. Thesaloniki, Second International Conference on Entrepreneurship, Innovation and Regional，2009（4）：26.

根据图 2-2 所示的结构，大学、产业、政府、公民社会四者之间以多元化的形式协同与汇聚，形成有效多层次的结构。其结构的主要特征是"多主体"（multi-agent）、"多模态"（multi-modal）、"多节点"（multi-nodal）、"多层次"（multi-level），而知识生产的系统运作逻辑则是"竞合博弈"（co-operation）、"共同专属化"（co-specialization）与"协同演化"（co-evolution），这也被认为是模式 3 的本质属性。模式 3 构建的知识创新生态系统打破了以模式 1 为代表的知识生产线形演进的结构逻辑，同时超越模式 2 知识生产横向协同等方面存在的诸多阻隔。总的来说，模式 3 更加注重创新领域的合作，特别是在区域和部门创新生态系统内部和跨区域创新生态系统内相互竞合、协同演化和共同专属化的动态交织过程。

（3）系统特征

模式 3 知识生产主要具备以下三点特征：第一，模式 3 具有延续性特点。模式3是在模式1与模式2的演进逻辑之上建立起来的,与模式1、模式2一脉相承,因而模式3的提出并非隐喻模式1、模式2的消退,也不存在模式3完全取代模式1、模式2的构想。反而,在实际情况中,模式3自模式2发展而来,与其呈现出共生统一的发展状态。第二,模式3具有非线性特点。模式3在知识创新生产过程中不仅超越了模式1的线性生产逻辑,而且突破了模式2的单向输出结构,在多维跨组织的基础上开展竞争合作与创新。第三,模式3的多维聚合性特点。公民社会概念的提出,无疑使多主体参与成为模式3最显著的特征。在模式3中,创新生态的结构模式满足了不同类型、不同层次、不同区域的集群在更广阔的层面(包括全球范围)协同生成更广域的跨国知识创新集群或网络。

3. 模式3与四重螺旋

在模式2的知识生产与三螺旋系统模型的基础上,卡拉雅尼斯和坎贝尔提出了模式3知识生产的四重螺旋模型。他们认为三螺旋是初级知识在经济发展中的发展形式。在敏锐捕捉到知识经济时代"创新创意"这一要素对社会经济发展的重要推力之后,他们将三螺旋知识生产情境化,分析高级知识的生产条件,提出了"适应性情境"的概念,并构建了四螺旋模型。"适应性情境"将知识生产纳入更广阔的空间,而公民社会作为新的群体域,成为参与高级知识生产的重要主体。所谓的第四螺旋,实际上是指公民社会的"公众",他们既是知识产品的使用者,也应当成为知识生产的参与者。公众在媒体和文化构建的现实情境中受到其价值思想的影响,因而公民社会理当给予回应。因此,四重螺旋创新模式将赋予三重螺旋的公民社会环境,使新知识生产具备了赖以生存的适应性情境,从而生成新知识创新生态系统图谱[①]。

对比来看,从模式2到模式3,知识生产的边界被进一步地拓展。模式2的知识生产基于"大学—产业—政府"三螺旋的系统结构,而模

---

① 武学超. 模式3知识生产的理论阐释:内涵、情境、特质与大学向度[J]. 科学学研究,2014,32(9):1297-1305.

式 3 将公民社会纳入其中，形成"大学—产业—政府—公民社会"四螺旋的创新生态系统。这一变化一方面表明知识生产的动力机制发生转变，另一方面也预示社会情境的创新驱动在知识生产中正发挥越来越大的影响。

第三节　知识生产模式转型对博士生培养的影响

就新的知识生产而言，现代社会还没有创造出任何可以与大学相提并论的机构①。诺沃特尼等人认为，尽管大学早已今非昔比，但作为科学机构与社会机构，大学在知识生产中的作用仍然不可忽视。在知识生产方面，大学至少具有两个方面的职能，第一是生产制造知识，第二是培养"知识丰富的人"。无论社会需求如何变化，大学这两项基本的功能始终不曾改变，尽管在实践中的形式、内容等不断一直处于变化之中。事实上，大学的知识生产从来都与博士生教育是密不可分的关系。高级知识生产往往与博士教育相伴而生。因此，从社会发展转型变迁历程中，我们可发现随着知识生产模式的转型，高校博士生培养经历的发展与变化。换言之，新的知识生产模式延展了大学的职能，带来了博士生培养的新变化，并由此为博士生培养提供了与时俱进的内涵。当然，在这一过程中，随之而来的问题与挑战亦不断涌现。

一、培养理念与目标逐渐分化

根据当前知识生产模式转型所带来的博士生教育新变化，我们能够发现，博士生培养一直伴随着大学知识生产观的转变、大学模式的转变而不断改革，以适应社会发展需要。无论是博士学位类型多样化、学科培养模式多元化，还是学术共同体知识生产等，都在经历前所未有的新的探索，而且正在发生。自 20 世纪 90 年代以来，特别是知识生产观转

---

① 海尔格·诺沃特尼. 反思科学：不确定性时代的知识与公众 [M]. 冷民，译. 上海：上海交通大学出版社，2011：89.

变以来，西方发达国家始终未曾停下博士生教育改革的步伐。尤其是在英美国家，在国家层面的基金支持下，囊括大学、科研院所、高等教育中介组织都在积极探索博士生教育改革与创新策略。学术界普遍认为，博士生教育改革发展的方向与知识生产模式转型趋势基本吻合。换言之，各国博士生教育的改革都是在回应社会转型背景下的知识生产转型。

纵观博士生培养的改革变化，博士学位种类增多是其中较为直观的新变化。传统学术型博士学位对应模式1的知识生产观，而日益普及的专业型博士学位则是模式2知识生产观的体现，这个观点基本受到了学界的认可。知识的社会弥散性早已突破了以学术为目的传统模式，因此研究生教育中的应用型学位不断增多，包括专业型博士学位的崛起，尽管这个过程中曾出现诸多质疑与批评。21世纪以来的我国博士生教育亦是如此，在高等教育大众化的背景下，研究生教育规模的大幅扩大，专业型学位增多，博士教育也不再是传统的学术培养，而是考虑到了社会应用性等因素，本研究所探讨的教育博士（Ed.D）即是专业型博士学位其中的一类。陈洪捷认为："专业型博士的崛起体现了新的知识主体（拥有研究技能的专业人士）、新的知识（与实践情境紧密结合的新的知识形式）和新的知识生产情境（工作场所与实践领域）三者的结合。"[①]

在博士学位不断多样发展的同时，大学等传统高等教育机构也失去了作为唯一的学位授予合法机构的地位，在模式3知识生产观的冲击下，学术企业出现，一些非大学的研究机构也能够开展博士生培养活动并进行学位授予。尽管这个变化尚未形成普遍的趋势，但不得不提的是博士培养与学位的边界正在不断被拓宽。在当下的中国，我们依然秉承着博士培养中学术型与专业型的二元划分观点，这也是西方高等教育发展的经验之一。然而，国际博士学位的变化远非如此，发展至今，已经

---

① 陈洪捷. 知识生产模式的转变与博士质量的危机 [J]. 高等教育研究，2010，31 (1)：57-63.

出现既非学术型学位,也非专业型学位的新模式,诸如"新制博士"(new route Ph. D)与"实践型哲学博士"(practice-based Ph. D)等。这些新变化尚处于讨论之中,也未必符合我国博士生教育实际。这些变化可以引起我国在博士教育改革方面的反思,以"培养学者"指向的博士教育传统思路正在不断被消解。

博士学位的多样性变化实际上为博士生培养理念与目标的多元化提供了制度基础与支持。毫无疑问,不同类型的博士学位应当具备不同的培养目标,而关于学术型与专业型这两个方向的培养目标,在学理层面各方也能够达成较为一致的意见,即学术型博士生以培养未来科研学者为导向,专业型博士则基于实践工作以培养高层次应用人才为导向。然而,实际层面的情况似乎并非如此。这种差异不仅体现在培养过程中,而且也体现在培养结果层面。例如,两种学位类型博士生培养的同质化现象;学术型博士毕业生从事非学术工作的比例持续走高现象。当然,这其中的原因绝非院校培养层面能够解释,而是与更复杂的社会转型、产业结构变迁、博士规模扩大等各种因素相关。

二、招考内容与形式有所侧重

知识生产模式的转型导致了大学发展模式的巨大变革及其人才培养的激烈震荡,前所未有的变化正在高层次高水平的博士教育层面发生。既有的研究将精力主要聚焦于新的知识生产观及其模式转型究竟在博士生培养中带来了哪些内容的变化,特别是对其培养过程中诸多环节的探讨,而往往忽略了博士生培养的"入口"环节,即与招考相关的内容。这是由于知识生产模式对培养过程带来的影响可能是直接的、强力的,但对人才招考形式与内容却总是呈现间接与滞后的特点。根据人才培养的规律而言,培养模式的系统变革涉及其中诸多环节与要素,无论从理念与目标到过程与制度的创新,还是评价体系的改革,招考似乎总是较为独立,受到培养模式变化的影响较小。然而,作为培养模式中的重要子系统,招考的形式与内容直接且客观反映了博士生培养的理念及其衍生的诸多目标，是讨论培养模式不可忽视的重要内容。

就我国博士生教育而言，我国博士生的招考制度长期以来以"普通招考"的形式为主，贯通式人才培养模式下催生了所谓的"本科直接攻博"以及"硕博连读"形式，并在培养院校办学实践中打造的各种"人才培养计划"的基础上形成了多样化的选拔方式。可见，根据人才培养内容与形式安排，招考制度相应地进行调整与配合，以确保培养模式具有整体性、统一性，或者说使人才培养过程更加通畅。近年来，博士生招考"申请—考核制"开始在我国大学流行，并逐渐发展成为一种未来趋势。这种博士招考制度普遍见诸世界一流大学，不仅是博士教育招考的通行方式，而且在本科、硕士教育层面也被广泛采用。从知识生产转型的视角来看，博士教育的模式正在发生深刻变革，倒逼招考制度的创新。"普通招考"将博士生选拔具象化在"知识—考试"的困境中，实际上反映的是传统知识生产模式的学科逻辑，学界通过多种研究论证了这种考试制选拔方式的科学性、合理性，结果似乎并不令人满意。而"申请—考核制"在招考中首先设定了一种人才培养的情境，对申请对象的"输入性能力与素养"作出了规定，能够更加精准地选拔最适合培养模式的对象，同时招考的内容也更加开放与多元，体现了新的知识生产观的元素。可见，在博士生培养的实践层面，招考制度的变化在一定程度上实际反映了知识生产模式转型对博士生院校培养模式带来的影响。

在我国，教育博士专业学位研究生的招考一直以传统普通招考的方式为主，随着近年来"申请—考核制"在博士教育中的流行，部分培养院校开始探索这一新模式。一方面，这种招考方式变化直接反映了教育博士专业学位研究生培养模式呼唤更加合理与适切的招考制度，使其能够更好地服务于培养过程。另一方面，就招考内容而言，注重学科知识考察的传统模式似乎正在消退。在知识经济社会，博士生培养中以学科性知识为主的考试或考核内容的时代已经一去不复返。知识应用情境的加深、跨学科范式的普及以及教育博士专业学位的特殊性，直接导致其招考内容发生了巨大变化,融入了更多跨学科的、教育实践性的考察内容。

三、培养过程与制度分类转型

知识生产模式转型下的学科组织正在出现分化与泛化的现象,模式1大学的以学科专业为中心、以学院为主导的范式已经被打破。学科与学科组织曾是传统学术博士培养的基本单位,直至今日依然富有生命力。而新的知识生产观促进了学科组织的跨学科、超学科的知识集群,从而打破单一学科内的局限,并在培养博士生的多重视野和素养。因而,在此基础上的博士生培养发生了相适应的转变。

学科组织变化带来的培养过程与制度的变化。新的知识生产模式鼓励学科之间的交往,在这一发展过程中,知识生产赖以存在的学科组织开始分化。在学科之间,跨学科研究在当下已非新兴事物,而是发展成为一种共识。尽管跨学科组织并未普及,但基于不同研究目的多主体知识生产正在发生,或是基于模式1的纯科学式的基础研究,或是基于模式2和模式3致力于经济发展的应用研究,抑或是处于二者状态之间的科学研究,这些都在延展学科组织的多样性,从而在研究中衍生出更多样的交叉学科和专业。在学科内,哪怕是单一学科也正处于泛化的趋势之中,特别是科学研究背景的变化,带来的新的研究领域,引起了学科内研究视角的扩展。因此,学科专业的多样性和交叉性赋予了博士生培养具备跨学科性质和实践内容。与此同时,博士生的课程与教学内容与方式随之发生改变。一方面,学科内容的交互使得课程的内容更具跨学科性与异质性,博士培养中的课程设计与设置因而要兼顾基础学科课程、拓展学科课程以及方法类学科课程;另一方面,应用性导向的学科专业也决定了课程内容将关注点集中在实践领域,教学方式也在更关注实践问题解决的情境中不断调整和适应,由此博士生培养中的教学场域也不再是某种单一形式。

传统模式下的博士生培养是将个人科学研究与导师指导进行结合。随着知识生产模式转型下科研与市场的联系日益密切,传统一对一师徒制的导师指导模式也出现了变化。特别是在"学术资本主义"的影响下,与产业界合作紧密的学科专业,特别是理工科类,形成了与企业公司相类似的"老板—雇员"式的师生关系。这种导师指导制度基于科学研究项目与经费支持,从某种程度上可以认为是模式2和模式3主导下的博士生培养制度。尽管这种制度在某些方面体现出较高的科研效率与经济产出效率,但是这种制度一直受到较多的批判。批判者更多是从传统模式1的学术层面进行解释,指责这种指导方式在对学术追求、学术互动方面的漠视和更多地追求经济效益。

事实上,在知识生产模式转型背景下,博士生的培养制度与方式发生了深刻变化。不同学位类型学位呈现出分类培养的趋势。如前章所述,就我国而言,诸多研究已经探讨了学术型学位与专业型学位博士生培养的异同与现状。尽管从实际情况来看,不同学位类型博士生培养之间的同质化等问题依然严重,尤其是在人文社科类专业中更是如此。在我国,教育博士专业学位研究生的培养起步较晚,自2010年以来也不过短短十余年,院校培养中不可避免地面临知识生产转型所引发的诸多问题。然而,这些在培养过程中暴露的问题不仅当前要着手解决,亦是未来改革的重点。

四、质量评价与保障亟待重建

有研究指出,博士生教育的质量危机是世界范围的普遍现象,一方面,体现在博士生教育规模扩大和类型多样化背景下传统以单一学科为中心,仅注重学术原创性的质量观受到挑战;另一方面,知识生产方式转型对作为未来知识工作者的博士生提出了诸多要求[①]。因此,博士生培养必须直面当前存在的问题,以提高培养质量为中心,推行有效的改革措施。

从知识生产观的角度来看,博士生教育质量评价与保障的也正在经

---

① 陈洪捷. 知识生产模式的转变与博士质量的危机[J]. 高等教育研究,2010,31(1):57-63.

历从模式1到模式2与模式3的转变。在模式1知识生产观下,传统学术博士培养质量以学术论文的形式进行评价,受到学科与学术同行的严格把控。换言之,对博士培养的评价可以转化为对知识生产的评价,而这个过程在学术共同体内完成。在实践层面上,甚至可以直接将博士论文质量等同于培养质量,二者并没有明确的边界。时至今日,新的知识生产观认为学科的标准、同行的权威并不是博士生培养质量的唯一评价方式,而是需要纳入更加多元的因素对培养的整个过程进行科学的评价。以博士论文为唯一标准的质量评价应该作出让步,学术训练、研究技能、职业胜任也应成为博士教育质量评价的重要维度,因为高深学术训练所获得的技能、方法具有可迁移性,在以后的学术抑或生活中都可以发挥作用[①]。也就是说,学位论文可以作为培养质量水平的依据,但应当只是依据之一,更多指标正在成为评价的重要内容。

然而,学科依然是博士生培养的重要组织基础,博士生质量评价与保障需要适应知识生产模式的转型,因而必须要应对这个问题。一方面,知识的弥散性形成的跨学科模式,尚未成为稳定的通行模式,仅仅是在博士生培养过程中开始呈现的某一特点。因此,博士生培养质量评价方式势必难以突破既有的桎梏。另一方面,在学位类型的多样化发展趋势下,学术型学位的博士培养质量评价标准与专业型博士学位之间的差异难以厘清。人们普遍认同专业型博士应当以职业能力、专业能力发展为培养导向,却难以构建与承认与此相对应的评价指标。这可能是由于长久以来,哲学博士学位的高深知识性已经深入人心,哲学博士的学术标准垄断了质量评价体系。由此,甚至引发了对专业学位博士质量的质疑与批判。然而,换个角度来看,学术型的哲学博士培养质量标准奉行模式1的严格规范,受到学界在内各方的广泛认可,因此,引入其他指标进行专业型博士的质量评价是否会淡化对博士培养规范的严格要求,以及这样的标准能否科学衡量培养质量,是否会导致博士教育质量

---

① 陈小明. 知识生产现代性扩展背景下的博士教育变革[J]. 高教探索, 2014 (6): 102-107.

的整体下滑，这些都是值得探讨的理论问题。

就我国博士生培养实际来看，一方面，对学术型博士的培养评价尚未普遍突破模式1的知识生产规范，对哲学博士的评价依然奉行传统的规范；另一方面，对专业型博士培养质量的评价反而与哲学博士趋同，没有形成较为独立与科学合理的评价标准。当前，我国专业型博士学位发展较美国而言相对落后，但正处于高速发展时期。就教育博士专业学位而言，培养单位的不断增加、招生规模的持续扩大已经成为未来发展趋势。因此，以新的知识生产模式理念重新构建教育博士专业学位研究生培养质量与评价标准，应对专业型博士培养质量危机，是我国未来我国进行教育博士专业学位改革，乃至专业博士学位教育改革不可忽视的重要方向。

第四节　知识生产模式转型与教育博士专业学位研究生培养模式

无论高等教育在社会发展变迁过程中如何转型，大学的职能与使命如何扩大和丰富，人才培养始终是高等教育不可改变的逻辑起点与中心任务。纵观20世纪以来的知识生产观的变迁，人们对大学及其发展的理解更加深刻，对大学未来发展的期待也更加清晰。通过前文所述，本研究关注了高等教育最高学位层次的博士研究生培养，在知识生产模式转型理论的观照下，发现学术型学位与专业型学位分类培养正在成为世界一流大学博士生教育的发展趋势。在我国，博士生培养前景并不乐观，培养过程中不断涌现的诸多问题严重影响了博士教育的整体质量，特别是专业型学位博士生的培养，问题突出，亟待解决。教育博士专业学位是我国目前开设的六种专业型博士学位之一，在借鉴美国等发达国家的建设经验上，近年来取得了较快速的发展。然而，结合文献研究，发现国内关于教育博士专业学位研究生培养的系统性研究依然不足，这为本研究的深入留下了可能的空间。

一、系统集群：构建利益相关共同体

知识生产模式转型为分析大学发展模式转型、科学研究范式变迁提供了新颖的理论视角。在本研究中，一方面，知识生产观的变迁能够解释专业型博士学位的发展与分类人才培养的改革；另一方面，多重螺旋的创新生态系统也为构建更趋科学合理的培养模式提供了成熟的模型。具体而言，知识生产模式3整合了模式1与模式2的结构与系统，建构了适应性的应用情境，创造了多层次、多主体、多形态与多节点的创新生态系统。从系统结构的静态状态上看，这种创新生态系统呈现出多维聚合的特征，通过知识集群表征出来；从系统结构的动态上看，则呈现出非线性的协同特征，通过创新网络表征出来。系统运转的动力逻辑则基于"竞合博弈""共同专属化"与"协同演进"。基于的新知识生产观的理论视角，结合教育博士专业学位的本质属性与价值特点，我们可以尝试解构与教育博士院校培养实践相关的利益主体，并构建与教育博士专业学位研究生培养模式相适应的系统集群。

就知识集群模型结构而言，高校、政府、市场、社会作为新的知识生产模式中的四大主体，各主体彼此之间进行协同与联合。教育博士专业学位研究生培养的完整理论模型应该是一个四维立体结构，是基于新的知识生产模式理论所构建多主体、多层次、多样态、多层次的生态系统。多个知识集群汇聚构成的创新生态系统是新的知识生产模式的基本范式。有鉴于此，在教育博士专业学位研究生培养模式的系统集群构建中，也应该将由不同培养单位主体为核心形成的"培养集群"联系起来，贯通成为"创新培养系统"。由于对教育博士专业学位研究生培养的利益相关者与影响因素并非与知识生产新模式的框架一一对应，因此在本研究中四大主要的参与主体也应当作出相应的调整与说明。第一，高校层面。高校是教育博士的培养单位，必然是主要的参与方。根据新的知识生产观，大学必须要对外部环境的改变作出相应的调整，从而使内外部达到相适应的状态。因此，教育博士学位作为一种专业博士学位必须要突破模式1的限制，也就是向区别于教育学博士的范式进行转换，而转型的依据来自其他参与主体。第二，政府层面。对专业型博士学位的顶层设计与政策实践是关乎培养模式的重要因素，因此来自政府层面的教育主管部门（包括"教指委"）对教育博士专业学位研究生培养的政策设计与制度安排，实际上将在很大程度上决定我国教育博士院校培养的发展方向与水平。第三，市场层面。由于教育博士并非如工程博士、兽医博士等专业博士学位具备强烈的经济市场性、行业性与产业性，教育博士专业学位的特殊性体现在人才培养在高校进行，人才应用也将回归教育领域的学校机构与系统。因此，教育博士生培养的市场主体实际上就是教育系统。这种特殊性不仅决定了教育博士生在院校培养过程中的知识生产（学术研究），而且也决定了教育博士院校培养质量的评价标准与方式。换言之，教育博士专业学位作为一种指向教育实践领域的专业型博士学位，因其培养对象与人才流向的特殊性，其培养模式应当区别于其他类型的专业博士。特别需要指出的是，教育博士的工作场所（市场）应当成为除了其培养单位（高校）以外的第二培养单位，双方的"协同演进"符合新的知识生产观在人才培养层面的主张。第四，公民社会层面。公民社会的提出是模式3理论将创新要素纳入了模型之中，认为社会公众与公民社会都是知识的使用者，与知识的传播与应用密切相关，因而理应成为知识生产系统中的重要影响因素。事实上，公民社会的纳入为模型构建了一个"创造性知识环境"。从广域的角度来说，社会环境的变化将导致整个教育系统内外部环境的变化，因而教育系统的人才需求与结构亦会有所变化。所以，社会因素在教育博士生的院校培养中也具有较大的相关性，应当成为系统集群中的一个部分。由此，新的知识生产模型最初所构建的四螺旋动力的"研究共同体"或"知识生产共同体"转化成为基于教育博士专业学位研究生培养模式系统集群的"培养共同体"。

根据新的知识生产模型可知，教育博士院校培养的创新生态系统的动力机制应当具备"竞合博弈""共同专属性"与"协同演进"三重逻辑。第一，"竞合博弈"。"竞合博弈"在模式3中原指知识集群中的不同主体之间既存在战略合作也面临竞争，因而当各方所持有的资源超过自身需求或与自身相斥但却能够互补对方之时，竞合博弈将会发生，这是系统动力的其中一个部分。将这一观点引入高等教育领域，大学发展过程中如果始终封闭守旧、不主动适应环境的变化，也将会面临诸多困境。在教育博士生的培养方面，我国必须建设具有中国特色的专业博士学位制度，并开展具有中国特色的院校培养实践，因此在寻求各方的优质、互补资源，形成竞合博弈生态成为必要的选择。融合创新的生态系统能够为模型内各方提供异质性资源的平台，在教育博士生培养中达到互补与共享的作用。第二，"共同专属性"。"共同专属性"在模式 3 的动力系统中强调的是各方相互依赖、共同专属的一种属性或状态，这种属性强调各方的互补性资源，尤其是稀缺资源。在培养模式系统模型中，可以看出，各方能够提供的互补资源体现了这种状态。例如，教育博士生的工作单位（市场）为院校培养提供了"实践性情境"（"应用性情境"），从而使教育博士生的知识生产能够将理论运用于教育实践，这种资源是不可替代的，而政府组织则从政策支持的层面影响培养过程。第三，"协同演进"。"协同演进"又称"共同演进"，在模式 3 中描绘的是创新系统的多主体、多层次等共同集成与合作，从而产生系统的增值效应。从当前实践中不难发现，不仅是高校的培养模式，社会经济转型等诸多因素都对教育博士生的培养都具有影响作用。因此，基于新的知识生产观，必须要对模型系统中的各种要素进行多维度的融合与集成，以此实现"竞合博弈"与"共同专属性"的功能。

综上所述，本研究构建了在新的知识生产模式观照下教育博士专业学位研究生培养模式的系统集群，分析了多主体参与的角色与必要性，并对系统运行的动力机制进行了说明，从而使理论模型更具适切性与解释力。事实上，新的知识生产观构建的生态创新系统原本是被用作中观层面的大学发展模式进行的理论框架设计。近年来，随着理论研究的深入与大学实践改革样态的丰富，新的知识生产模式逐渐被应用于大学治理结构调整、学科建设、人才培养模式改革等诸多中观和微观层面的议题研究之中。本研究立足于教育博士专业学位研究生培养，将新的知识生产模式理论之下的新知识生产观、创新生态系统模型进行了降维与迁移,使之能够分析并解释院校培养层面的微观现象与问题。这种尝试将理论的高度下降至教育博士生培养的具体的真实情境中,满足了理论基础与研究问题在逻辑与分析层次上的一致性,为本研究深入田野寻找真问题提供了强有力的支持。

二、结构要素:培养模式内涵的变革

纵观知识生产模式1到模式2与模式3,知识生产观在大学的变迁,不仅促进了大学功能的拓展,同时也在深刻影响院校培养的内容与方式。尤其是与高级知识生产与高级人才培养的密不可分的博士教育,对知识生产模式转型的回应将不可避免。根据前文对模式1、模式2与模式3的理论探讨,可以发现,知识生产模式的变迁是继承与创新的变革过程,从理论上看,模式3延续了前两种模式的结构与模型,并拓展了系统与功能;从实践上来看,三种模式都普遍存在于当下大学的人才培养过程中,有的是三种模式之间彼此较为独立的发展模式,更多的是合并、融合的发展模式。

表2-2 不同知识生产观下的教育博士生培养模式部分结构要素比较

维度	模式1	新模式(模式2、3)	修正后
培养目标	学术人	应用人	学术实践者
培养主体	大学学院制	多部门协同联合	多主体、部门协同联合
培养方式	学科	跨学科(超学科)	以学科为基础的跨学科迁移
培养过程	学术能力(基础学科)	跨学科应用能力(合作、创新等)	基于专业发展的学术应用与实践能力
培养评价	同行评议(学术论文)	社会问责	新的多要素、评价标准

然而，教育博士专业学位在专业博士学位中有其特殊性，主要体现在教育博士的生源主要来自教育系统，更具体而言即是来自学校机构，在人才培养的专业发展层面不同于面向市场、产业的其他类型高级应用型人才。因此，运用新的知识生产观来分析教育博士专业学位研究生培养模式必须予以科学合理的区分与修正。有鉴于此，本研究通过三种知识生产观在教育博士专业学位研究生培养模式各个子系统与要素的比较中得出能够融合的理论视角及其结构要素。本研究综合模式1知识生产观与新的知识生产观（模式2、模式3）在博士生培养层面的主要观点，结合教育博士生培养特点，融合并修正了三种知识生产观的主张，以更加适应我国当前教育博士专业学位研究生培养的发展阶段和实际状况。如表2-2所示，呈现的是教育博士专业学位研究生培养模式各个子系统及其要素中需要修正的内容。

具体而言，第一，在理念与目标系统式中，模式1的培养目标旨在培养"纯科学"的学术人、知识人；新模式则导向"应用情境"中的应用人；修正的培养目标结合教育博士生培养的应用情境是学校这一特点，因此将基于学术开展的职业应用培养作为主要的理念。第二，在培养过程与制度系统中，就培养主体而言，模式1主张在学院体制的学科内进行较为封闭培养；新模式主张产学研多重协同联合；修正后的培养主体立足于大学与工作单位两个主要的培养主体，将教育博士生的培养置于多主体的联合协同之中，并将利益相关部门也纳入其中。在培养方式与内容方面，模式1是基于学科，尤其是基础学科进行学术能力的培养；新模式关注了培养中跨学科应用能力的塑造，如团队合作、应用创新等。而修正后的培养方式与内容更加聚焦，集中于教育博士工作情境中的专业能力发展。第三，在评价与保障系统中，从培养评价方面来看，模式1奉行传统的、严格的学术评价，一般是同行评议，以规范的学术论文为代表；新模式倡导问责文化，提出需要结合社会反馈、经济效益等元素进行问责评价；修正后的培养评价认为教育博士作为博士学位类型，既不能完全放弃模式1倡导的学术规范，也不能完全迎合市场的需求，而是需要针对具体工作情境（一般是学校机构）建立科学的多元的评价标准,这种评价标准不以牺牲博士教育规范性为代价,而是探索学术泛化背景下专业学术标准。

由此可知,知识生产转型理论为教育博士专业学位研究生培养模式提供了一个与时俱进的视角,但在高校培养实践中为了回应知识经济社会转型的变化,是否需要完全迎合新的知识生产观的观点,这个问题仍然值得商榷。在本研究中,特别考虑到教育博士专业学位较之其他专业博士学位的特殊性,结合知识生产模式转型变迁中的主要观点,借鉴、融合并修正了新的知识生产观在院校培养中的主张,为本研究提供了较为全面的理论视角。

三、"系统集群—结构要素"分析框架

教育博士专业学位是我国专业博士学位建设体系中的重要组成部分,探索教育博士生培养的理论与实践不仅能够为专业博士学位研究生培养体系的发展与改革积累经验、厘清思路,而且对国家高层次研究生教育全局具有重要意义,将在我国建设世界一流研究生教育进程中起到重要支持作用。纵观世界一流大学博士生教育,专业博士学位的发展既是其题中应有之义,而且大有拓展深化发展态势。人才培养是高等教育的核心与旨归,因此,借鉴、融合并修正新知识生产模式理论对教育博士专业学位研究生培养模式研究具有重要的启发意义。本研究结合前文中对知识生产观及其模式转型的剖析,在对理论视角的调适和模型的修正基础上,试图建构新的人才培养模式。这是一个复杂的教育过程,教育过程的研究不仅依赖理论反思,而且需要通过进入教育的现场寻找问题、探寻解决策略。基于知识生产模式转型理论,本研究依据经典的"发现问题—分析问题—解决问题"的研究思路,构建了基于多主体参与的教育博士专业学位研生培养模式的"系统集群",同时进一步确立了培养模式的"结构要素"。在宏观视角层面,高校作为教育博士的培养单位在培养过程中是否受到来自其他各方的影响,如何能够使得教育博士的培养形成合力,培养模式系统集群中的各方主体应该如何发挥支持作用,解答这些问题对教育博士生的培养具有重要意义。在微观视角

层面,教育博士生的院校培养现状究竟如何,已提供的教育是否能够满足教育博士生个体的专业发展需求以及其工作单位的实践需要,教育博士专业学位研究生培养模式的结构要素中的各个环节是否存在亟待破除的障碍与困境,这是关涉教育博士院校培养质量的关键内容。

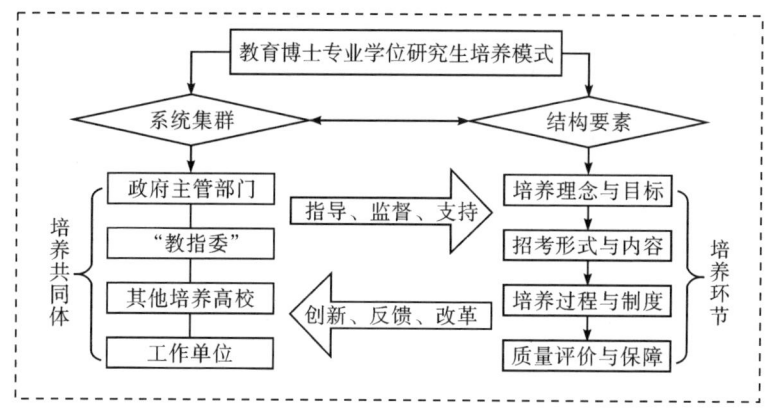

图 2-3　本研究分析框架

有鉴于此,在系统分析教育博士专业学位研究生培养模式中,运用新的知识生产观及其模式转型的理论对其"系统集群"与"结构要素"进行系统的"解构",有助于完整、真实地描绘教育博士院校培养的整个过程,也有助于将培养过程中涉及的分析内容进行量化或指标化。因此,本研究拟从教育博士专业学位研究生培养模式的"系统集群"与"结构要素"两个维度着手,最终形成"系统集群—结构要素"的培养模式分析框架。此举有助于将教育博士的院校培养实践中涉及的要素尽可能纳入研究的范畴中。在此基础上,本研究通过"制度环境—群体经验—就读体验"三个层面挖掘、考察与分析培养模式的运行现状及其存在的问题,在充分观照培养质量的基础上,总结教育博士生的院校培养经验,并为未来我国教育博士乃至专业型博士培养模式的改革提供可资借鉴的思路与方向。

第三章 我国教育博士专业学位研究生培养模式的历史分析

美国著名学者伊曼纽尔·沃勒斯坦曾坦言:"对历史的关注并不是那群被称为历史学家的专利,而是所有社会学科研究者的义务。"因此,对我国教育博士专业学位及其人才培养的发展与演进进行历史分析应当成为本研究的重要问题之一,此举不仅能够梳理教育博士专业学位在我国的产生与发展过程,以历史发展的视角考察教育博士专业学位研究生培养模式的形成,同时也为展开后续的研究奠定了重要基础。具体而言,本研究首先梳理了我国教育博士专业学位创设前后及其人才培养发展至今的历程;同时对教育博士专业学位及其人才培养在我国的发展动力与机制进行系统分析,尝试以历史发展的整体视角"解构"我国教育博士专业学位及其人才培养发展之过程,旨在总结教育博士专业学位研究生培养实践的历史发展经验,以探求其发展过程中呈现出的逻辑与规律。此外,本研究亦对在此过程中逐渐形成的"学术趋同"培养模式的生成路径进行分析,从而为本研究后续进行的现状分析论证等提供清晰的历史镜鉴。

第一节 我国教育博士专业学位及其人才培养的发展历程

自改革开放以来,我国在不断探索中逐渐建立起具有中国特色的学位与研究生教育体系。伴随着高等教育大众化的持续深入,博士生教育的结构与类型更趋多元。自20世纪90年代以来，我国陆续探索专业博士教育的试点工作，积累了一定的办学经验与教训。进入21世纪以来，产业经济的快速发展、互联网信息技术的迅速普及，直接导致我国社会正在发生深刻的变化。知识经济时代的到来呼唤更具高层次、高水平的专业型人才。基于此，博士教育作为国家最高层次与规格的精英教育，已不可能固守传统的学术培养模式。由此，我国传统学术型人才的博士学位体系已然不能够满足社会发展的需要，亟待变革。具体到教育领域，一方面，高等教育的快速发展，衍生出巨大的行业市场，对高水平的专业实践者的需求更甚，需要与之相匹配的专业博士学位；另一方面，教育领域机构的从业者也需要通过有针对性的博士学位教育提高专业水平与业务能力。由此，教育博士专业学位成为我国教育发展过程中亟待探索的重要内容。与此同时，新世纪以来，我国一直倡导建立健全的现代大学制度，纵观世界一流大学，完善的博士学位制度具有显著的多元发展化属性。因此，探索设立教育博士专业学位也是完善我国学位制度的必然环节。本研究将我国教育博士专业学位的发展历程进行梳理与划分的主要依据是作为一种新学位的制度化过程。这是由于我国教育博士设置时间不长，总体上仍然处于探索期。梳理前制度阶段到制度化阶段的过程，有助于推演教育博士专业学位研究生教育的生成与发展过程，亦对探索教育博士专业学位及其人才培养的未来发展有所启发。

一、发轫期：显现需求（20世纪90年代至2008年）

由于世界各国社会发展水平不同，高等教育所处发展阶段并不一致，因而学位体系与制度也存在较大的差异。我国目前的三级学位体系确立于1980年，《中华人民共和国学位条例》的颁布对学士—硕士—博士的学位制度进行了规范化的说明。自20世纪90年代以来，我国在高等教育大众化与社会转型发展背景下，开始探索专业学位的教育实践。1992年，我国颁布《关于学位与研究生教育改革和发展的若干意见》，开始重视培养高层次应用型人才，研究生教育改革随之展开，逐渐形成以培养科研型人才为主的学术型学位和以培养应用型人才为主的专业学位并存的局面①。具体而言，在专业硕士学位层面，探索设立工商管理硕士（MBA）、法律硕士（J. M）等学位；在专业博士学位层面，先后于 1997 年设立临床医学博士（M. D）、2000 年设立口腔医学博士（S. M. D）等学位。由此可见，我国在改革开放以来迅速建立起较为科学且符合国家教育发展实际的学位制度，并根据国家教育发展方向与趋势开始探索应用型研究生学位的人才培养工作。

长期以来，我国研究生教育领域以学术型学位为主导，教育学科的研究生培养一直以学术型人才为中心。1996 年，国务院学位委员会通过了《关于设置和试办教育硕士专业学位的报告》，并于次年正式开展招生工作，由此拉开了试办教育硕士专业学位的序幕，开始为基础教育领域的管理干部与教师提供专业化的学位教育。自此，我国教育学领域在硕士层面形成学术学位与专业学位相对应的体系。试办教育硕士主要得益于我国教育事业的持续繁荣发展，教育领域实践者需要更深入的专业发展。然而，随着时代的发展与进步，教育专业硕士学位很难满足更高层次机构从业者诸如高校高级管理干部的发展需求。姚启和与康翠萍在 2000 年已经敏锐地认识到"我国教育管理干部的系统培养和正规教育还相当落后，大学校长绝大多数是从其他学科的学者中选拔的，他们在工作中往往要经过一段长时间的摸索以后才能逐渐地了解和掌握教育规律……硕士层次的专业教育毕竟不能满足大学校长从事教育行政管理工作所必须具备的知识结构和能力结构的基本要求"②。事实上，20 世纪 90 年代后，我国教育领域的很多学者都开始意识到教育事业的发展迫切需要对现有学位制度进行改革，教育专业高层次人才的培养正在成为国家发展的需求，而未来回应这种需求则需要确立官方的、正式的学位制度，这为后来的教育专业博士学位的设置提供了先期的基础。

---

① 叶晓力. 我国研究生培养机制：演进、困境与方向 [J]. 黑龙江高教研究，2019，37（1）：58-61.

② 姚启和，康翠萍. 学位制度改革的一项新课题：论设置教育管理博士专业学位培训大学校长的必要性和可行性 [J]. 高等教育研究，2000（6）：64-66.

实际上，高校对高素质管理者的需求早已有所体现，并通过有计划、有组织的各类培训呈现出来，主要是政府或高校通过组织相关的培训活动，旨在提高高校管理者的管理能力与水平。例如，在全国较有影响力的组织——由教育部人事司于1982年正式牵头发起成立的华中师范大学管理的"教育部中南教育管理干部培训中心"（中南干训中心），其主要职责是"负责培训中南地区六省（区）高校中层干部和后备干部以及地、市、县教育行政领导干部"。该中心在数十年里参与培训了大量的高校、教育部门的领导干部，为提高相关领域与单位的管理水平发挥了积极的作用。时至今日，该中心的培训功能依然保持活力，每年组织开展相应的培训班。如果以当时的社会需求来看，在一定程度上可以说明当时我国对教育领域的更高层次专业教育已有较大的需求。由此可见，改革开放以后，我国已经开始注意到对高校管理者的专业教育，并通过开展培训的形式进行相应的探索。

根据相关资料记载，为解决我国在教育领域高级管理人才的迫切需要，华中理工大学（华中科技大学前身）高等教育研究所于1999年开始举办高等教育学专业博士学位课程大学校长进修班。该进修班面向高校的校级管理者（如校长、副校长、书记、副书记等），主要对他们进行高等教育管理层面的理论与实践的指导与培训，不仅推出了对口适合的理论课程（高教基本理论专题、教育科研方法专题等），还邀请诸多国内知名大学校长讲授高教实务及其自身的管理经验（如朱九思、杨叔子、章开沅等），引起了社会的极大关注和学员的广泛欢迎。面向高校的高级管理者，华中理工大学依托高教资源举办的进修班在严格意义上而言并非博士学位教育，而是通过类似于专业性的职业培训的方式提供学员普遍需要的专业博士学位教育的课程内容。这项试点探索就当时国内的办学实践而言极具前瞻性，不仅在其培养模式上具有当下专业博士学位的诸多特征，而且其确立的高层次应用型人才的教育目标也与当下相关思想与理念不谋而合。最为重要的是，进修班的学员本身已经是高校的掌权者，一般而言均在自己的专业领域取得了相当的成就，参与进修最主要的目的是专业能力的提高，而这个专业能力显然是指高教管理的能力与素养。不言而喻，这也是华中理工大学举办博士进修班的初衷，既符合我国博士学位教育探索专业化类型发展的未来趋势，也极大地体现出教育领域相关各方对专业博士教育的需求。

2001年，教育部与国务院学位委员会召开了首次全国专业教育工作会议①，旨在集合各方研讨我国探索专业学位教育的第一个十年所面临的问题、困难以及今后的发展方向。与会代表普遍认为国家应当统筹规划专业学位教育的发展，并在扩大规模、完善制度等诸多方面达成了共识。由此可知，专业学位教育已经在国家政策层面获得认可。尽管当时我国专业学位教育的发展才刚刚起步，但从另一方面而言，专业学位体系的完善与创新将成为未来发展的重要内容与方向。特别是在探索专业硕士学位取得了一定成效后，临床医学等专业博士学位的试办为我国专业博士学位的发展再一次积累了经验、奠定了基础。

2002年，北京师范大学举办了教育学博士的学位项目，主要是针对高校的管理者，旨在培养高校专业型高级管理者②。虽然北师大的这项探索并没有改变博士学位制度的基本框架与内容，但显然已经开始注意到高层次的应用型人才需要借助博士教育进行培养，其采取的在职攻读方式也成为之后教育博士专业学位制度建设重要的参考与借鉴。2003年，北京大学教育学院、国家教育行政学院与美国宾西法尼亚大学启动"高级教育行政管理博士"合作项目③。该项目是北京大学教育学院参考美国的Ed.D.学位开展的联合项目，在借鉴美国教育博士培养模式的基础上，旨在培养我国高层次教育管理人才。可见，这项合作式的探索较之以往迈出了一大步，因为该项目试图突破当时国内现有的博士学位制度架构，尝试探索一种新的独立的教育类专业博士学位的培

---

① 吕东伟. 加快发展专业学位教育，稳步提高培养质量：首次全国专业学位教育工作会议综述[J]. 中国高等教育，2002（1）：33-34.

② 马健生，滕珺. 论我国教育博士（Ed.D）专业学位设置的迫切性和可行性[J]. 学位与研究生教育，2007（8）：64-70.

③ 文东茅，阎凤桥. 美国"教育博士"（Ed.D）的培养及其启示[J]. 国家教育行政学院学报，2004（3）：97-100.

养体系。受制于当时国内专业学位发展的阶段与水平，设置教育博士专业学位的时机尚未成熟，因此联合国外大学合作办学成为一种折中的选择。例如，华东师范大学也于2004年探索与宾夕法尼亚大学合作开展相类似的博士学位项目。这些与国外较为成熟的高校开展教育博士专业学位的合作培养项目，不仅对我国汲取国外相关人才培养经验大有助益，而且也在项目开展过程中积累了我国本土的实践经验。

进入21世纪以后，我国已经开始酝酿拓展专业博士的学位体系，结合国际博士学位发展的历史经验与当代潮流设置符合我国国情与教情的新学位。显然，在国家教育事业大发展时期，教育博士专业学位是较为合适的对象。2005年，国务院学位委员会办公室委托中国学位与研究生教育学会开展国外学科专业设置情况的调研工作，主要是调研研究生教育比较发达的国家和地区，包括美国、欧洲（英、法、德等）、俄罗斯、日本、印度等，对授予学位的形式与种类、学科专业设置的形成机制及演化、学科专业设置的现状构成及存在问题与发展趋势进行考察，对开展各国（地区）学科专业设置情况与我国的比较研究。这次调研为我国学位制度与体系创新的顺利开展奠定了较为全面的基础，不仅系统地了解了国际上发达国家与地区的学位制度现状，为参考借鉴提供了国外基础资源，而且也促进了学界开展相关的国际比较研究，积累了更具学理的创新路径与策略。同年，全国教育硕士专业学位教育指导委员会组织相关人员，包括"教指委"的部分委员和12所教育硕士培养单位主管研究生教育的领导共15人，重点调研考察了澳大利亚墨尔本大学、昆士兰大学、悉尼大学、伊迪斯科文大学四所大学教育博士学位的发展与运作，发现澳大利亚高校教育博士的培养体制十分灵活，高校教育学院一般都可开展该项目[1]。澳大利亚的教育博士项目初设于1992年，最早是由布里斯托大学开设的课程项目，一经推出就广受欢迎。我国派出专家组对澳大利亚教育博士学位项目进行考察，一方面澳方已经

---

[1] 马健生，滕珺. 论我国教育博士（Ed.D）专业学位设置的迫切性和可行性 [J]. 学位与研究生教育，2007（8）：64-70.

积累了相当的办学经验、产生一定的社会反响；另一方面澳方教育博士项目仍然尚处于试办阶段，能够为我国提供相类似的办学经验，对培养中出现的相近问题也能够得到较好的把控。显然，全国教育硕士专业学位"教指委"牵头成立的赴澳考察组释放了我国拟在教育学科领域设置专业博士学位的政策信号，此次的国际调研无疑是为政策实践积累域外经验。

2007年，国务院学位委员会办公室决定成立教育博士专业学位论证专家小组，时任北京师范大学校长、"教指委"主任委员钟秉林教授和时任北京大学党委书记闵维方教授为专家小组顾问，时任"教指委"副主任委员、华东师范大学叶澜教授为组长，专家组成员包括来自北京大学、北京师范大学、华东师范大学、浙江大学、东北师范大学、华中师范大学、西南大学7所高校的13名专家。经过近一年的紧张工作，专家组于2008年向国务院学位委员会办公室提交了论证报告，通过对我国教育发展对高层次应用型人才的需求和开展高层次应用型人才培养条件的分析，充分借鉴发达国家教育博士专业学位发展的经验与教训，专家组建议设立教育博士专业学位[①]。自20世纪90年代以来，我国相关各方对教育学科专业博士人才培养的酝酿建设探索汇聚形成了正式的专家论证报告，并交由国家主管部门审查。由此，经过相关各方数年摸索、专家组科学论证后建议的教育博士专业学位呼之欲出。

二、实践期：试点培养（2008年至2015年）

在教育博士专业学位论证专家小组提交报告后，国务院学位委员会于2008年12月30日召开的第26次会议上审批通过了教育博士专业学位设置方案，并研究讨论了我国博士质量、专业学位发展的总体设计等问题。自此，教育博士专业学位获得了国家政府主管部门的官方授

---

① 张斌贤，文东茅，翟东升. 我国教育博士专业学位教育的回顾与前瞻[J]. 学位与研究生教育，2016（2）：1-6.

权，正式成为我国博士学位制度体系中的重要组成部分。该方案对我国教育博士专业学位进行了较为详细的规定。例如：在培养目标方面，其规定是"造就教育、教学和教育管理领域的复合型、职业型的高级专门人才"；招生对象是"具有硕士学位、有5年以上教育及相关领域全职工作经历、具有相当成就的中小学教师和各级各类学校管理人员"；并对人才培养方面的课程教学体系、学位论文、导师制等作出了规定。教育博士专业学位是继1996年我国设置教育硕士专业学位以来教育学科专业学位在博士教育层次的新突破，是国家教育事业发展的一大进步，在我国学位与研究生教育史上具有积极的划时代意义。

国务院学位委员会审议通过《教育博士专业学位设置方案》后，于2009年2月20日下发了该方案。该方案对教育博士专业学位的英文名称、教育博士专业学位研究生的培养目标、教育博士专业学位获得者应具有的基本素质、教育博士专业学位研究生的招收对象、教育博士专业学位研究生的课程体系、教育博士学位论文的要求、教育博士专业学位研究生的培养制度、教育博士专业学位研究生的培养单位及教育博士专业学位证书等事项进行了规定。可以说，该方案不仅作为教育博士专业学位进入培养院校办学实践领域的"通行证"，而且也是其作为新设置的专业博士学位的"身份证"，体现经过官方审议通过的对教育博士专业学位人才培养的目标定位、价值向度与实践规范。与此同时，国务院也公布了经过专家组论证的对该方案的说明。该说明主要围绕设置教育博士专业学位的必要性、可行性、开展试点工作的思路三个方面进行展开[①]。首先，在设置教育博士专业学位的必要性方面，该说明分别从培养目标、培养对象、课程设置、教学方式、论文要求等方面论证了教育博士与教育学博士的区别，得出教育博士"具有鲜明的时间特征与职业导向"；同时对设置教育博士专业学位能够"贯彻科学发展观、主动适

---

① 钟秉林，张斌贤. 我国专业学位教育发展的新突破：写在教育博士专业学位诞生之际[J]. 中国高等教育，2009 (Z1)：37-39.

应经济社会发展的客观需求""推进教师教育创新与教育管理者职业持续发展""深化学位与研究生教育改革"等进行了阐释。其次,在设置教育博士专业学位的可行性方面,该说明围绕丰富的培养经验、良好的培养条件、充分的生源保障、国际经验的借鉴四个方面进行了论证。最后,该说明指出了开展教育博士试点工作的思路,强调系统建构教育标准、严格遴选培养院校、积极树立品牌意识、拟改组教育专业学位"教指委"等内容。

2009年2月10至11日,"教指委"组织部分委员和专家在山东师范大学召开会议,专题讨论教育博士专业学位教育试点工作的政策建议,并于2009年2月24日向国务院学位委员会办公室提交了《关于开展教育博士专业学位教育的若干政策建议》。2009年6月30日,国务院学位委员会办公室组织教育博士专业学位申报单位答辩。经过专家组评审,国务院学位委员会办公室于7月21日批准了北京大学等15所研究生培养单位作为首批教育博士专业学位教育试点院校,开展教育博士人才培养工作。根据专家组建议与"教指委"的研究,经国务院学位委员会批准,教育博士专业学位主要在三个专业方向招生,分别是教育领导与管理、学校课程与教学、学生发展与教育,并对报考条件作出了相应规定。

2009年9月15日,国务院学位委员会、教育部下发通知,决定在第二届全国教育硕士专业学位教育指导委员会的基础上,组成第三届"全国教育专业学位教育指导委员会"。"教指委"主要负责统筹指导和协调全国教育博士、教育硕士专业学位研究生教育工作,下设教育博士分委员会和教育硕士分委员会,具体承担指导、协调工作;秘书处设在北京师范大学;"教指委"由钟秉林任主任委员,叶澜、朱慕菊、宋永刚及谢维和任副主任委员;教育博士分委员会的召集人为谢维和、刘海峰,成员有马云鹏等11人,教育硕士分委员会的召集人为叶澜、宋永刚,成员为马重奇等14人,秘书长为张斌贤。同年12月7日,国务院学位委员会办公室在京召开全国教育专业学位教育指导委员会成立会议,会上正式成立了全国教育专业学位教育指导委员会,讨论了《全国教育专业学位教育指导委员会章程》，并对"教指委"的有关工作进行了研讨。

　　2010年，获得教育博士专业学位授予权的首批15所培养单位，于2010年起正式开始进行教育博士研究生的招生与培养工作。为进一步指导各院校的培养实践工作，同年11月10日，国务院学位委员会办公室转发了《教育博士专业学位研究生指导性培养方案（试行稿）》，供各教育博士专业学位培养单位参考。自2010年我国正式开始教育博士的院校培养后，各培养单位在"教指委"的科学领导下，积极主动探索创新培养模式，破除培养过程中存在的壁垒。为加强交流与合作，部分院校开始组织校际关于教育博士研究生培养的活动，鼓励各校教育博士研究生之间的联系与交往。这些学校之间的活动获得了明显的效果，不仅促进了培养院校之间的交流，而且对扩大教育博士专业学位在全国的影响力也产生了积极作用。鉴于此，在充分吸收各校办学经验与创新举措的基础上，"教指委"倡议于2013年起每年开展"全国教育博士专业学位研究生论坛"，通过主题报告、专家评讲、论文评奖等方式促进全国相关培养单位教育博士研究生的学术交流，同时也加强了各校师生之间的联系与合作。该论坛至2019年已成功举办7届，每届都围绕与教育博士密切相关的不同主题展开，如表3-1所示①。来自全国各校参会教育博士研究生提交的论文，经过了论坛组委会组织的专家评审，形成了成果丰硕的论文集，不仅对我国教育领域的重大实际问题作出了深刻的反思，而且对我国教育实践领域的改革也具有一定的推动作用。如《首届全国教育博士专业学位研究生论坛优秀论文集》于2014年由西南师范大学出版社（今西南大学出版社）公开出版发行，在学界引起了较大的反响。该论坛每年由"教指委"委托教育博士专业学位培养单位轮流举办，经过数届的发展，已经较为稳定与成熟，无疑已成为我国教育博士专业学位实践改革探索中极富影响力的重大活动与独具

---

① 2020年第八届"全国教育博士专业学位研究生论坛"原定由华中师范大学举办，受新冠疫情的持续影响，经"教指委"商定暂缓举办，顺延至2021年择期举办。

特色的品牌活动，对各校教育博士研究生的院校培养产生了积极的指导作用。

表 3-1　历届全国教育博士专业学位研究生论坛举办单位与主题

界别	时间	举办单位	论坛主题
首届	2013.10.11—13	西南大学	在职学习与专业发展
第二届	2014.11.20—22	浙江大学	变革时代的学校与教育
第三届	2015.12.11—13	南京师范大学	学校教育创新：实践与案例
第四届	2017.01.06—08	华中科技大学	坚守与前行：中国教育改革方向探寻
第五届	2017.11.23—25	东北师范大学	核心素养与学校变革
第六届	2018.12.06—08	华南师范大学	新时代　新教育：探索与创新
第七届	2019.12.06—08	厦门大学	行动研究：促进人才培养质量的提升

资料来源：根据全国教育专业学位"教指委"历年工作通知文件资料整理而来。

经过数年的招生培养，"教指委"通过调研发现，尽管各培养院校总体上能够按照国务院学位委员会、教育部的有关文件精神规范办学，但部分院校办学实践出现了亟待解决与更正的问题，例如擅自扩大招生对象范围、擅自更改招生条件等。由此，2014年9月12日，"教指委"专门发函要求各培养单位严格规范教育博士招生工作，重申了专业方向的招生要求，并明确提出在试点阶段"为了保证培养质量，培养院校要控制招生规模，每校每年招生专业领域不超过2个，每校每年招收教育博士不超过20人"，以维护教育博士专业学位的声誉，促进其可持续发展[1]。从"教指委"发布的这则通知可以看出，我国教育博士专业学位在院校办学实践层面开始出现问题，而解决当下的问题则必须要从规范培养院校的招生与培养秩序。同时，通过该通知的内容，"教指委"对培养院校的招生指标等事项进行了规定，也体现出这一阶段我国教育博

---

[1]　全国教育专业学位研究生教育指导委员会. 关于严格教育博士专业学位研究生招生工作规范的通知 [EB/OL]. (2014-09-13) [2020-04-06]. http://edm.eduwest.com/viewnews.jsp? id=208.

士专业学位院校培养工作虽然取了较大发展且日趋稳定,但国家政策依然以试点为主、以稳定发展为导向。

截至2015年教育博士培养试点工作第一个5年期满,据统计全国获得教育博士专业学位录取总人数为959人,获得学位人数为90人。根据国务院学位委员会与教育部工作安排,"教指委"在北京组织召开了教育博士评估工作会议,经过专家审阅材料、院校汇报情况、专家会议评审三个环节,试点高校顺利通过"教指委"组织的专家审核评估。由此,我国教育博士专业学位发展已初具规模,试点工作取得了一定的成绩,达到了预期目标。评估工作的顺利开展也标志着我国教育博士专业学位研究生教育的试点培养工作告一段落,正式进入常态化发展的时期。2015年4月1日,由各专业学位研究生教育指导委员会编写的、按专业学位类别制定的《专业学位类别(领域)博士、硕士学位基本要求》由高等教育出版社公开出版,该要求于同年7月1日被国务院学位委员会、教育部发布,各相关部门、院校以及个人可以参考学习。事实上,博士、硕士学位的基本要求针对学术学位与专业学位分别有两个版本,是在我国学位制度及其实施办法与细则的基础上,结合学术学位与专业学位的不同特点分别制定的,指导性与针对性十分显著。据悉,与学术学位相对应的基本要求文件已于2013年发布。至此,我国研究生教育学术学位与专业学位分类培养模式获得了国家的顶层设计规划与部署。

具体关注该要求中涉及的教育博士专业学位可以发现,教育博士专业学位基本要求主要从五个方面着手,分别阐述了获得专业博士学位应具备的基本素质、应掌握的基本知识、应接受的实践训练、应具备的基本能力以及学位论文的基本要求,并提出了教育博士专业学位教育的未来发展方向:以进一步提高培养质量为核心、以创新培养模式为关键、以规范培养过程为重点,为教育领域输送大批高素质、专业化的教师和教育管理人员,为我国教育改革发展做出新的贡献①。该要求的编写者都是我国教育学科相关领域著名学者,分别是马明刚、马云鹏、卢家楣、叶澜、石鸥、阴国恩、吴康宁、宋永刚、张斌贤、李继凯、钟秉林、涂艳国、戚万学、蒋春澜、翟东升。通过教育博士专业学位基本要求的具体内容,我们可以发现其中不仅凝结了学位核心的理念目标与价值诉求,充分结合了我国已开展办学院校积累的实践经验,而且也反映了专家学者对教育博士专业学位未来发展的肯定与期待。可以说,该要求既是教育博士专业学位院校培养的技术指导手册,为培养院校制订并创新培养方案和学位授予标准提供科学依据,为导师指导学生提供了参考,为教育行政部门开展质量监督提供标准,而且展现了我国教育博士专业学位研究生教育"从无到有""从有到精"过程中一代教育学人的心血与智慧。

总的来看,自 2010 年起,15 所试点招生院校每年在正式统一规定的三个专业方向招收教育博士专业学位研究生,并开展院校培养工作。至 2017 年,各培养院校已招收 7 届教育博士研究生,共招收了1304 人,每年招生人数稳定在 160 人左右。2013 年,"教指委"换届组建了第四届专家成员,并不再设教育硕士、教育博士分委员会,而是进行了整体融合,并于 2014 年探索成立了专家工作小组。"教指委"共成立 9 个专家工作小组,以专业领域为单位开展工作,其中包括教育博士专家工作小组。同时,我国也对原教育硕士专业学位"教指委"进行了改组,从制度层面完善了教育博士专业学位的全国性专家指导组织。各培养院校在我国教育领域各级各类学校机构或管理机构的进行招生与培养,在很大程度上促进了我国教育博士专业学位的影响力。

---

① 全国专业学位研究生教育指导委员会. 专业学位类别(领域)博士、硕士学位基本要求[M]. 北京:高等教育出版社,2015:49-52.

三、改革期：探索创新（2015 年至今）

自 2015 年评估工作顺利结束，首批试点的 15 所高校开展进入教育博士专业学位研究生培养的常态化发展阶段。2018 年 3 月，国务院学位委员会公布批准新增授权点、授权学科和专业学位类别名单，其中教育博士专业学位授权单位增列了 12 所地方高校，如表 3-2 所示。从两批教育博士培养院校的类型上可见，第一批教育博士培养院校以 6 所部属师范大学以及教育学科和综合实力较强的综合性大学为主，只有 3 所地方院校，而新增院校几乎都是省属的地方师范类院校。这一改变对无疑对破除教育博士专业学位授权点过少的发展性困境起到了积极的推动作用，使我国教育博士专业学位在全国的布局更趋合理与规范。

表 3-2 我国教育博士招生培养单位名单

试点批次	试点高校
2009 年首批教育博士专业学位试点高校（15 所）	北京大学；清华大学；北京师范大学；华东师范大学；南京大学；南京师范大学；华中师范大学；华中科技大学；厦门大学；浙江大学；陕西师范大学；西北师范大学；华南师范大学；东北师范大学；西南大学
2018 年增列的教育博士专业学位地方高校（12 所）	广州大学；扬州大学；新疆师范大学；河北师范大学；天津师范大学；浙江师范大学；首都师范大学；河南师范大学；曲阜师范大学；湖南师范大学；云南师范大学；辽宁师范大学

实际上，关于教育博士专业学位培养院校新增的议题早在 2013 年就曾被杭州师范大学向"教指委"咨询过，这说明社会对教育博士专业学位的院校培养工作较为认可，教育博士专业学位在社会上的认可度正在提升，加之教育领域对教育博士的需求不断增多，因而地方院校也开始希望能够加入教育博士的培养院校行列。张斌贤等人在我国教育博士

第一轮试点工作结束以后提出建议："为使教育博士专业学位教育的健康发展，建议通过一定的程序，结束教育博士专业学位研究生培养的试点，使之转入正常发展阶段。"① 由此可知，国务院学位委员会通过逐步新增培养院校的举措，似乎正在从政策层面预示我国教育博士专业学位教育开始进入新的发展阶段。

2018年4月，新增教育博士专业学位培养院校研讨会在长沙市召开，"教指委"的专家对教育博士的相关政策及其总体发展历程进行了回顾，并结合教育博士专业学位设置多年来的发展经验对新增院校提出了相应的建议；同时"教指委"也邀请了首批培养院校的相关学者、导师参会，他们在会上分享了教育博士办学的实践经验以及导师指导经验等等。这次会议对新增院校的培养实践工作起到了一定的指导作用。据悉，之后，"教指委"还通过线上平台的方式与新增院校分享与交流信息，以保证新增院校能够尽快进入教育博士培养的队伍中。

2018年5月，为贯彻落实中办、国办《关于推进孔子学院改革发展的指导意见》，国务院"学位办"专门召开会议，研究讨论在教育博士专业学位下为汉语国际教育培养专业博士研究生的工作。部分试点高校于当年在"学校课程与教学领域"专业下开设了"国际汉语教育"方向，北京大学、华东师范大学等7所院校首次共招生22名学生。由此，我国教育博士专业学位的培养单位增至27所，正式的招生专业方向增至4个。由于新增培养院校在2018年首次招生，存在经验尚缺的情况，在招生环节暴露出了一定的问题，为此，"教指委"下发了《关于下发重申教育博士专业学位设置领域招生对象规定工作的通知》②，以规范教育博士的招生与培养工作。根据"教指委"的统计，2018年面向新

---

① 张斌贤，文东茅，翟东升. 我国教育博士专业学位教育的回顾与前瞻［J］. 学位与研究生教育，2016（2）：1-6.
② 全国教育专业学位研究生教育指导委员会秘书处. 关于下发重申教育博士专业学位设置领域招生对象规定工作的通知［EB/OL］.（2018-05-16）［2020-04-06］. http://edm.eduwest.com/viewnews.jsp? id=1192.

增 12 所教育博士研究生培养院校统计的报名数据，共有 1174 名报名（扣除 40%资格审查不过关，实际参加考试 700 多人），共录取 116 人，报录比 9.9%，考录比 16.3%。

近两年，开始拓展教育博士专业学位培养方向的院校探索越来越多，部分院校开始基于本校的办学资源与实际情况在教育博士的培养中寻找新的发展"增长点"。除了上述响应国家汉语国际教育发展而在汉语国际教育领域进行教育博士培养并授予学位的试点以外，2019 年清华大学也开展了首届"思政课骨干教师提升计划教育博士项目"[①]。该项目规定招生对象主要面向中小学思想政治理论课程一线优秀教师，行政管理人员、德育教师、辅导员、高校思政课教师不在本次招生计划范围内。清华大学的这个项目在教育博士专业学位中的"学生发展与教育"方向进行招生，由马克思主义学院负责培养，实际上是在传统教育博士专业学位基础上开展的校际实践创新。该项目明确指向中小学思政课一线教师群体，利用教育博士专业学位的培养平台，不仅有助于对基础教育思政骨干教师专业能力与水平的提升，而且也是教育博士专业学位在人才培养中的又一次尝试，可能将会在拓展教育博士的专业方向方面起到积极的促进作用。

实际上，除了各校自发探索的教育博士项目外，近年来，有学者开始思考并向"教指委"建言是否能够打通"教育硕士专业学位—教育博士专业学位"两级学位的人才培养，并建议可以从公费师范生教育硕士群里中试点招收学生攻读教育博士专业学位。这种设想无疑是对教育博士专业学位及其培养工作进一步发展的一种构想，一方面扩大了教育博士院校培养的受众，促进了国家公费师范生教育政策的深入推进，为在基础教育领域服务的公费师范生建立"本—硕—博"三级的完整专业发展体系；另一方面也是对我国教育博士专业学位多元拓展起到了积极作

---

① 清华大学研究生招生办公室. 清华大学思政课骨干教师提升计划教育博士项目常见问题[EB/OL].（2019-04-02）[2020-04-06］. https://www.tsinghua.edu.cn/publish/yjszs/8546/2019/20190402164819817598198/20190402164819817598198_.html.

用。尽管目前这种构想尚存诸多问题,但从教育博士院校培养的过程中发出的这种声音实际上也反映了一定的实践需求。在未来,经过学者的论证或将成为教育博士专业学位新的发展方向之一。

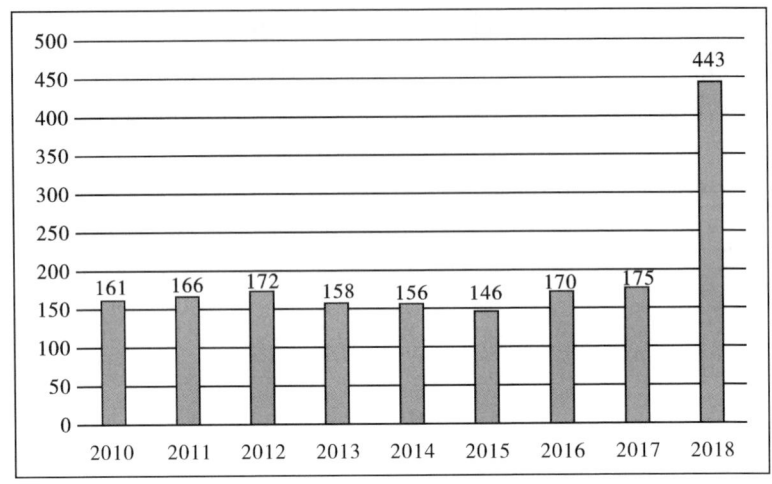

图 3-1　2010—2018 年我国教育博士招生数量

资料来源:根据全国教育专业学位"教指委"统计资料整理而来。

根据"教指委"的统计,2010 年 15 所试点院校首届在教育领导与管理、学校课程与教学、学生发展与教育 3 个专业领域招生共计招生 159 人。截至 2018 年年底,教育博士总录取人数为 1747 人,其中 376 人获得教育博士学位。如图 3-1 所示,2010 年至 2017 年,我国教育博士的招生人数较为稳定,约为 160 人,这与我国设置教育博士专业学位伊始主管部门要求试点工作稳定发展有关。随着教育博士院校培养工作的深化发展,2018 年我国增列了 12 所地方高校参与教育博士的培养工作,同时探索汉语国际教育专业领域的教育博士专业学位,因此全国招生指标有所增加。这不仅体现出国家教育领域对教育博士的人才需求旺盛,而且也从侧面反映了我国教育博士专业学位发展正在从探索试点阶段向改革发展阶段过渡。

除了探索全国教育博士培养院校的办学经验交流与教育博士生之间

的学术交流之外,"教指委"在借鉴全国优秀教育硕士专业学位论文评选的基础上,结合我国教育博士专业学位人才培养实际,于2018年决定开展首届全国优秀教育博士专业学位论文评选工作,遴选2017年12月31日前通过论文答辩、获得教育博士专业学位的优秀学位论文。经过各院校推荐,"教指委"组织专家评审,评选结果于2019年1月29日公示,共评选出包括北京师范大学汪正贵《学校决策的价值取向研究》、浙江大学沈佳乐《教师共同体的构建与成长研究——基于三个案例的观察》等在内的共计10篇教育博士专业学位论文。评选全国优秀教育博士专业学位论文是"教指委"探索教育博士专业学位院校培养质量保障与激励机制的重要实践,旨在回应近年来社会各界对我国教育博士专业学位学位论文、人才培养质量的担忧与质疑。同时,这项工作也能够促进培养院校更加重视对教育博士培养过程,尽可能破除培养过程中的障碍与壁垒,并在一定程度上激励教育博士研究生的学习与专业发展。由此,"教指委"在我国教育专业学位研究生教育的两个层次(教育硕士、教育博士),都开始了在全国范围的培养院校中遴选优秀学位论文,这项实践也开始融入教育博士的院校培养过程之中,并逐渐形成常态化的机制。

  随着近些年我国博士招生制度的改革与创新,许多高校一改传统的"普通招考"方式,探索施行世界一流大学普遍采用的"申请—审核制"招考方式。"申请—考核制"一般由考生提出申请,提交相关材料,再由招生单位审核通过后组织相应的综合考试来决定是否录取,在此过程中培养单位和导师发挥着重要作用;这种模式可以打破僵化封闭的笔试分数局限,对考生在学期间等情况进行综合评价,再结合面试全面考察,最终选拔出最优异和有潜力的学生。长期以来我国博士生招考形式单一、模式刻板,"申请—考核制"被认为是世界一流大学博士生选拔的科学有效方式,将其引入国内大学有助于建构更趋合理的招考模式,有助于提高博士生源质量，为优质的博士教育奠定基础①。尽管博士生招考"申请—审核制"是最近几年才开始普遍流行于各大学，但有些高校在教育博士专业学位研究生招生中施行"申请—审核制"的探索较早，诸多高校教育博士的招生考试探索尝试"申请—审核制"的形式，一方面将有助于进一步扩大招生培养单位招考自主权，另一方面也将更大发挥竞争机制的作用，要求招生培养单位提供更加优质的博士教育来吸引人才，这对提高教育博士培养质量大有助益。

自 2018 年以来，我国教育博士专业学位的发展开始从稳定发展的试点阶段进入探索拓展的新阶段。一方面，国务院学位委员会审议通过了更多的教育博士专业学位培养院校，每年招生指标也随之扩增，为人才培养工作奠定了更加广泛的基础；另一方面，"教指委"、各培养院校也在积极地探索教育博士培养的创新发展模式，无论是"教指委"创造提供的支持系统，还是培养院校在培养过程中的内部改革，都最终指向教育博士专业学位及其院校培养的初衷，即致力于提高培养质量，为教育领域打造高水平人才。

总之，回顾我国教育博士专业学位自设置以来的十余年历程，在人才培养的制度建设方面取得了长足的发展与突出的成就。无论是在政策与制度规范、组织管理体系、培养院校设置等方面，还是在培养过程、学生专业发展等方面，都积累了丰富的经验。作为在我国尚属"年轻"的专业博士学位，教育博士专业学位经过各方的努力探索，在我国博士教育领域可谓已经"落地生根"。尽管在院校培养实践中，十余年来涌现出诸多各样的问题，但我国教育主管部门、"教指委"、培养院校等各方都在不断地致力于完善教育博士专业学位的制度体系、培养过程与评价机制。从整体上而言，我国教育博士专业学位经历了试点探索的阶段，正在全力全速地迈向更加规范与高质量、高水平的内涵式创新发展。

---

① 叶晓力，欧阳光华. 我国博士研究生招考制度：历史、现状及趋势 [J]. 研究生教育研究，2017（3）：26-30.

第二节 我国教育博士专业学位及其人才培养的发展动力与机制

教育博士专业学位在我国的创设与发展并非是偶然的历史事件，其人才培养实践亦不是盲目、无序和自发的活动。对我国而言，教育博士专业学位在高等教育领域的设置，既是时代发展过程中满足国家教育事业深化前行的现实需求，也是高等教育现代化建设轨道中的重要一环。尤其是作为一种全新的专业型博士学位，教育博士专业学位及其人才培养也反映了作为一门学科的教育学未来发展的诸多可能。

一、发展动力

1. 社会动力：知识经济时代教育事业大发展

知识经济快速发展的时期，社会、行业等面临转型，但传统学术博士培养难以有效支持社会发展与职业领域的需要，指向应用型的高级人才培养成为高等教育必须回应与探索的重要问题。以知识生产转型的视角分析，可以认为，知识经济时代的大学发展模式、博士生教育模式都在经历重大变革，我国正在经历从传统知识生产模式向新的知识生产模式的过渡阶段。传统知识生产模式秉承学术导向的理念，基于学科自身发展的逻辑开展科学知识生产与人才培养，对社会发展需求的考虑不足，与社会等相关方联系松散。在此过程中，大学长期以来的学术型博士培养的单一模式致使行业发展受限、劳动力市场不平衡。换言之，学术型博士人才培养得以学术劳动力市场为目标导向，以培养"未来学者"为最终旨归，对接产业市场的专业性需求不足。在此背景下，社会发展需求催生了大学的专业博士学位教育。

新的知识生产观特别强调大学知识生产与人才培养的社会应用情境，其显著特征即在于跨学科与应用性，大学在新知识生产模式的影响发展中衍生出创业型大学与学术企业等多元发展模式与创新路径。显然，新的知识生产观之下的大学人才培养能够极大地满足知识经济时代社会发展所催生的人才需求。自我国改革开放以来,作为社会诸多领域其中之一的教育领域,呈现出持续繁荣发展的景象,尤其是高等教育取得了前所未有的大发展,从学校数量、类型、规模到学生人数、师资队伍等各个方面都取得了长足的发展。学校教育的巨大发展代表着作为行业的教育领域开始对更高水平与规格专业人员产生更大的需求,以满足并促进国家教育事业的快速、健康、可持续发展。从我国教育博士的发展历程的分析可知,一方面,教育硕士专业学位越来越难以满足学校高级管理者的专业发展需求;另一方面,部分大学自发地开展了相关的专业发展培训或中外联合项目,试图探索学校高级管理者的培养模式,这实际上可以认为是我国教育博士专业学位院校培养的雏形或萌芽。由此可见,知识经济时代教育大发展需要教育博士专业学位。为满足我国教育大发展时期对国家教育领域高级复合型人才的需求,从而推动国家教育从业者专业能力的发展与提升,是教育博士专业学位在我国产生与发展的社会需求动因。

2. 制度动力:现代大学制度建设的客观需要

自大学在人类社会产生以来,一直作为社会知识生产的重要场所。知识经济时代的来临,大学的职能与使命得到了更加广泛的拓展。尽管作为唯一的知识生产场所这一地位已经成为历史,但大学作为社会知识生产链条中的环节之一却"摇身一变",逐渐从社会边缘走向社会的中心。由此,大学发展面临更加复杂的社会环境,大学及其组织结构也面临亟须转型的困境,现代大学制度建设由此提上日程。2010年5月,我国发布《国家中长期教育改革和发展规划纲要(2010—2020年)》,明确提出"完善中国特色现代大学制度"的要求[①]。学界对现代大学制度的界说形成了很多观点,史静寰认为:"现代大学制度与治理体系建设,虽然指向与内涵不同,但其基础和解决的核心问题是共同的:即面

---

① 中华人民共和国教育部. 国家中长期教育改革和发展规划纲要(2010—2020年)[EB/OL].(2010-07-29)[2020-04-10]. http://www.moe.gov.cn/srcsite/A01/s7048/201007/t20100729_171904.html.

对急剧变化的社会环境，回应冲突和多元的利益要求，大学必须确立组织的合法性基础，明晰使命战略定位，形成有效运行机制。"① 从研究层面而言，各方对我国现代大学制度建设的论证大多集中于制度领域，关注的多是制度建设议题，如大学治理及其衍生的相关问题。事实上，现代大学制度建设不只是大学治理的建设，更应该包括大学学科发展与人才培养的建设。换言之，只有大学处理好科学研究与人才培养的关键问题，才能够更好地与应对社会发展变化，才能够满足社会发展需求。

由此可知，我国现代大学制度建设的内涵应当包括学位制度的发展与完善。而学位制度的发展与完善要求我国必须逐步建立健全成熟全面的学位体系，在博士教育层面将学术型学位与专业型学位协同发展应当是极其重要的工作部署。自20世纪90年代以来，我国在探索临床医学等专业博士学位之后，专业博士学位教育自此登上学位与研究生教育的舞台。经过多年的探索实践，专业博士学位的多元拓展已经逐渐成为学位制度建设与发展的题中应有之义。因此，教育博士专业学位作为我国探索设立的又一种专业博士学位，不仅体现着我国专业博士学位正朝着多元方向发展，而且也可以看出国家通过学位教育改革支持现代大学制度建设与大学改革的具体实践。现代大学制度建设是一项系统复杂的工程，并非是大学制度变革本身，而是贯通于大学的办学实践、发展创新的方方面面，既是大学建设的重要目标与任务，也可以作为大学开展相关改革的重要基础条件。因此，现代大学建设在我国应当是一项长期的工作。教育博士专业学位的设立及其背后的学位与研究生教育发展，在某种意义上而言已经成为我国现代大学制度建设中的一项内容。

新时代以来，我国高等教育发展得到进一步深化，专业学位研究生教育体系不断完善，专业博士教育体系在大发展背景下亟须拓展。目前而言，我国专业博士教育的专业方向仍然较为零散，探索深化教育博士的改革能够有效为专业博士体系的发展作出积极的示范先锋作用。特别

---

① 史静寰. 现代大学制度建设需要"根""魂"及"骨架"[J]. 中国高教研究，2014（4）：1-6.

是在我国推行"双一流"大学建设的宏观背景下，一流的博士教育应当成为保障国家创新能力与水平可持续发展的重要基础。同时，纵观国外博士教育可知，世界一流的博士教育呈现显著的多元深化发展的样态，不仅体现在学科专业领域的逐渐细化与交叉，也体现在不同博士学位类型在发展过程中的有机统一。具体到教育博士专业学位而言，学术型与专业型两种类型博士学位的发展应当协调、和谐、共生。因此，教育博士学专业位的改革是国家教育战略宏观大背景下必然选择。

自我国开展教育博士专业学位院校培养工作以来，经过"教指委"、培养院校的积极努力，已经在诸多方面取得了长足的进步与突出的成就。首先，我国基本建立起教育博士专业学位研究生培养的一整套制度规范与组织体系，包括国家政策层面的相关制度以及培养院校层面的规章制度，使教育博士的人才培养"有法可依""有章可循"，我国教育博士专业学位在学位与研究生教育领域的合法地位逐渐被确立。其次，在"教指委"的积极协调与组织下，全国教育博士培养单位形成了较为稳定的交流与合作机制，并对教育博士人才培养起到了积极的促进作用。最后，各培养院校在教育博士培养过程中能够较为规范地开展相关活动，对教育博士生的专业能力发展起到了正向影响，基本符合培养目标的预期。由此可知，在经历了数届教育博士专业学位办学实践与发展以后，一方面，包括"教指委"与各培养院校在内的各方都积累了较为丰富的经验基础，为跨越试点时期的改革奠定了坚实的制度与组织基础；另一方面，教育博士专业学位在试点阶段实行稳定发展策略在一定程度上对提高其社会声誉起到了积极的影响，在历时不长的十年左右时间里，教育博士专业学位已经成为我国博士教育领域内较为"主流"的专业博士学位，未来发展可期。

然而，在充分认可我国教育博士专业学位发展所取得的成就的基础上，我们也必须要认识到近年来我国教育博士在人才培养方面开始暴露出的种种问题。我国教育事业持续发展，行业领域对教育博士专业学位的需求空间广阔，这一点毋庸置疑。但实际上，我国教育博士在试点培养以来发展一直较为保守，学位授权点较少，招生规模较小。从横向比较来看，首批 15 所试点高校中只有 3 所是地方院校，而且三个专业方向招生的学生规模也存在严重的失衡问题。纵向进行比较，教育博士专业学位相较临床医学博士等专业博士学位发展起步较晚，且在目前我国已设置的 6 种专业博士学位中，教育博士专业学位的授予单位也相对较少。不破除这些制约发展的关键性结构问题，教育博士专业学位就难以获得可持续性的发展，用长远的视角来看，就不利于国家致力于改善提高教育领域师资与管理者素质与能力的总体行动。由此可知，基于教育博士专业学位在前期试点发展过程中已经取得了较大的进步，且在未来仍有较大发展的前景与空间，作为新兴专业博士学位，其发展初期构建的学位制度要素已经难以满足未来发展之需要。立足于办学实践领域及教育发展之需要，教育博士专业学位的发展面临转型，迫切需要破除制约发展的制度性障碍。

综上而言，设置教育博士专业学位一方面是完善我国的学位与研究生教育体系的需要，同时也拓展了专业博士的学位类型，从而促使专业学位教育在人才培养中的科学化。自我国教育硕士专业学位设置以来，培养了一大批优秀的基础教育领域师资与管理人员，推动了教师队伍专业化的发展，但显然专业硕士学位教育难以满足行业对更高层次教育管理人才要求，尤其是高等教育领域的从业者。教育博士专业学位的设置是将教育学科领域专业教育又一次提升，以博士教育的规格与水准进行人才培养，能够更好地满足教育相关领域的人才需求，促进专业发展。由此可知，我国教育事业，尤其是高等教育正处于发展变革时期，迫切需要建立健全现代大学制度，以保障大学办学的科学有效运转。同时，现代大学制度的建设又反向促进了大学在专业设置、培养等方面获得更大的办学自主权。特别是我国高度重视专业学位研究生教育的时期，在提高招生比重、改革培养模式等方面进行了巨大的投入，不论是政策支持、经费资助，还是在对相关院校的帮助与支持方面都给予了较大的倾斜。

3. 制度动力：现代大学制度建设的客观需要

教育学作为人文社会科学领域中的一门学科，一直以来处于较为边缘的地位。无论是科学研究还是人才培养始终给人留下尚不成熟的刻板印象。实际上，美国教育学科也曾经历作为边缘学科而不受重视，被学界所谓的正统学科排斥在博士人才培养与科学研究之外。纵观美国学位发展史，我们可以发现，美国教育博士专业学位的发展机制实际上就是高校教育学院及其学科的合法化与专业化的过程。换言之，如果教育学院的组建是教育学科及其研究在美国学位制度、学术研究层面的正式亮相，那么教育博士专业学位则是在这个过程中衍生的最佳成果之一。在我国，教育学科及其组织的合法化来自官方的正式授权，在政策与制度层面确立了相应的地位，但问题的关键在于教育学科如何能够获得持续性的发展。

自改革开放以来，特别是到了新世纪，我国教育事业取得了举世瞩目的成就，教育领域市场发展前景十分广阔，教育学科的发展在日趋复杂的教育市场需求下呈现出多元发展的趋势。这一趋势也预示着我国高校教育学科正在面临自身发展的迫切需要。一般而言，学科的发展主要可以从三个层面进行分析，一是科学研究的进展，主要是指学科是否形成较为成熟稳定的理论体系与方法论体系等；二是学科的体系是否发展完善，形成独立、完整的学科专业系统；三是学科人才培养的规模是否可持续，包括学位授权点的数量、招生人数指标等。具体分析教育学科在我国的发展状况，在学科整体"本—硕—博"三级学位制度体系下，教育学科已经形成了三级学位结构，并且在1996年正式发展形成"学术型—专业型"两种研究生教育学位，符合国内外学位制度发展的大方向。实际上，自1996年正式设置了教育硕士专业学位以来，在教育学科专业硕士层面陆续部署了相关的专业方向，如教育管理、学科教学等，专业硕士学位的结构与内容日趋丰富多样。然而，教育学科的专业研究生教育一直未能在层次结构上所有突破，即两种学位类型的发展一直留在硕士学位教育阶段，并未涉及博士学位教育层面。因此，从学科发展角度而言，专业博士学位教育成为教育学科自身发展的内在需求和重要方向。

从我国学位发展的现实情况来看，在"学术型学位—专业型学位"

共同发展的趋势下，就某单一学科而言，在博士阶段实施统一学术导向的培养并非科学合理之举。尤其是在知识经济时代新的知识生产观的冲击下，学术型博士学位教育已经开始从内部开始消解传统的"纯科学"倾向，而转向与非学术劳动力市场接轨，从而越来越具备显著的应用特征。基于此，科学论证设置专业博士学位应当是社会发展的需要、大学发展变革的需要，同时也满足了学科内在发展的需求。教育博士专业学位作为教育学科在博士教育层次开发的专业学位已于20世纪产生并普遍流行于发达国家，为我国提供了较为丰富的经验与案例。因此，20世纪90年代我国探索教育硕士专业学位以来，随着学位制度发展的深入、教育事业的持续繁荣，设置教育学科专业博士学位的时机与条件已经渐趋成熟。从整体发展而言，这似乎是我国教育学科规划发展之必然，既是对教育学科及其学位制度体系的完善，也成为我国专业博士学位建设不可或缺的一部分。

事实上，我国教育博士设置的背景似乎与美国当时所面临的情况相类似，但两国高等教育体制、学位制度体系、学科类型等诸多方面都存在较大的差异。教育博士专业学位在哈佛大学出世并迅速在其他大学引起反响，可能是美国当时特定情境之下的产物。就我国学位体系发展而言，研究生培养的多元化发展，既是实践层面的发展需要，也符合国际发展趋势。综合来看，我国教育博士专业学位设置所处的社会背景与制度环境总体上较为稳定与适宜，相关各方都致力于集合优势与经验，在政府主管部门的组织下，专家团队科学论证，共同参与创造这种新的专业博士学位。

二、发展机制

作为21世纪10年代前后才开始在我国"落地生根"的专业型博士学位，教育博士专业学位的产生与发展既是我国社会发展的需求，也是我国学位制度体系走向更加成熟多元的重要体现。扎根于中国特色高等教育体制的土壤里，作为西方学位制度"舶来品"的教育博士专业学位，其产生与发展呈现出较为明显的中国特色。虽然我国教育博士的院校培养较晚，其发展路径与西方发达国家也显著不同，但这并不影响我国教育博士专业学位的快速成长。从美国教育博士专业学位的百年争论中可知，其发展并非一帆顺风，而是充满了批评与质疑。但从历史发展的整体视角观之，尽管院校培养中涌现出大量的问题，但总体上教育博士专业学位却始终呈现不断发展的态势，这证明了教育博士专业学位在现代学位教育体系中的生命力。我国教育博士院校培养期不长，但也开始出现与国外教育博士培养相类似的问题与困境，同时还有带有本土特征的特殊性问题亟待解决。基于此，对教育博士专业学位及其人才培养在我国的发展机制进行分析既是必要的，又显得十分重要。我们可以通过归纳教育博士专业学位的发展机制，管窥其历史演进过程的利益相关各方，尤其是"规则制定者"采取的策略及其偏好，从而为分析教育博士专业学位研究生培养的发展脉络厘清思路。

1. 发展之初：稳定性为主

改革开放以后，我国逐步建立起现代学位与研究生教育制度，教育事业发展迅猛，教育领域对高级实践人才的需求超越了当时现有的人才培养供给，尽管专业学位的研究生教育开始为基础教育机构从业者的专业发展提供了教育硕士学位，但依旧难以满足诸如高校管理者等专业人员的发展需求。因此，许多大学（如华中科技大学、北京大学）开始自发探索类似于博士学位层次与规格的人才培养方式，以满足相关方面的专业发展需求。这种教育形式没有国家授权，依托项目培训、中外项目合作等形式展开，并由此积累了一定的办学经验。此后，国家在探索了专业博士的部分专业办学的基础上委派相关专家团队通过赴国外大学调研、对国内办学基础展开调查，由此形成专家论证报告，并形成建议设置教育博士学位的最终结论。这个过程是在国家教育主管部门的牵头主导下，由专家进行科学论证，专家组一致认为我国教育博士培养的时机已经成熟。在充分考虑专家团队论证报告及学者建议的基础上，国务院学位委员会通过了设置教育博士学位的相关文件，并组织首批15所高校进行先行试点。在教育博士的培养过程中，各校接受全国教育专业学位"教指委"这一专家组织的指导与监督。由此可知，我国教育博士专业学位的发展反映了具有中国特色的高等教育管理体制与学位制度体系。教育博士学位伴随着专业学位的发展而兴起，在我国现代大学制度建设的浪潮中逐渐站稳脚跟。纵观教育博士学位在我国产生与发展的历程，可以归纳其发展初期的机制为市场需求下的高校自发探索，教育主管部门组织的专家调研论证，国家审议后的部分高校先行试点。

从整体上看，教育博士专业学位的发展在首批试点时期，无论是招生规模、学科专业，还是在培养模式等方面都发展较为稳定。"教指委"为保障培养院校教育博士的培养质量采取了控制招生规模与专业方向等措施，以维护教育博士专业学位的社会声誉。实际上，作为新设的博士学位，且作为当时我国为数不多的专业博士学位，"教指委"对教育博士专业学位的发展采取谨慎、稳定的策略是较为合理的选择。如果教育博士专业学位的人才培养在办学初期就大肆扩张，一方面，培养院校的办学经验缺乏，恐难以应对，造成培养质量难以保障；另一方面，社会各方也难以对教育博士这种新兴专业博士学位产生较大的信任。因此，在试点阶段，以稳定性为主的发展机制既能够为培养院校及相关各方提供探索办学的保障，也能够试探教育市场对新学位的反应，从而为未来发展奠定基础。

纵观我国教育博士学位研究生培养的发展机制与过程，不难发现教育博士专业学位在我国的产生与发展具有较为浓厚的中国特色。基于教育实践领域的发展需要，高校在办学自主权范围内开展先行探索，在国家统一设计与部署下开展试点工作，我国教育博士的设置具有十分典型的高等教育集权制特色。现代大学发展语境下，各国国情与教情不同，大学治理呈现多元发展的趋势。因此，具有中国特色的大学治理体系更加适合中国的本土实际，而且正在彰显其独特的制度优越性。实际上，我国教育博士的产生与发展在较短时间内迅速走上正轨，在探索试点过程中取得了长足发展，并为未来发展打下坚实的基础。由此，在教育博士专业学位的发展过程中，我们能够看到"自上而下"的发展性结构，具有明显的"统一性""外生性"与"依赖性"的特征。同时，我们也必须认识到，我国教育博士专业学位发轫较晚，较之于美、澳、英等发达国家发展仍然尚不完善，诸多制度设计与培养经验都取自国际上教育博士学位办学卓有成效的域外高校。因此，较之于欧美国家，我国教育博士专业学位还具有"后发性"的特点。虽然我国教育博士院校培养开展得较晚，但充分学习了欧美等国多年来在教育博士培养中曾遇到的困境，并借鉴各国教育博士培养实践中积累的丰富经验，从而在我国教育博士专业学位及其人才培养的发展过程中规避了许多问题与矛盾，既和国际先进的经验与思想接轨，也融合了本土的现状与特色理念。

2. 稳定以后：渐进性改革

经过首批试点以后，在教育主管部门的统筹安排下，"教指委"于2015年对首批试点高校的人才培养工作进行了评估，专家普遍认为培养院校完成了教育博士专业学位设置以来的发展目标，人才培养工作也符合相关的标准，达到了发展预期，可以通过此次评估。事实上，在经过数年的稳定发展以来，一方面，培养院校严格遵守"教指委"要求，科学安排人才培养工作，办学实践取得了显著的成效；另一方面，"教指委"也全程参与了教育博士的发展过程，从外部体制等各方面尽可能为培养院校提供积极的支持，并尝试探索有利于人才培养的实践活动。这些努力使我国教育博士专业学位在初设数年后，随即迅速在博士教育体系中"站稳脚跟"，在社会上赢得了较高的声誉，同时也在各界受到了更加广泛的认可。

随着我国教育博士专业学位的发展渐趋成熟与规范，院校培养实践开始面临更多发展性困境。从前文我国教育博士的发展历程来看，自2018年以来，以稳定性为主的发展策略已经不能够满足教育博士的发展性需求。造成这种困境的原因主要可以从两个方面来讨论：一方面，在稳定性战略指导下，教育博士的培养院校普遍存在部属院校过多、地方院校过少，以及整体招生规模过小、专业布局不足等制约发展的问题；另一方面，教育博士专业学位的办学实践已经在数年的试点工作中收获了一定的社会声誉，尽管有质疑的声音，但总体上各方对教育博士发展前景及其培养质量的较有信心，因此教育博士专业学位的发展空间广阔。由此，在新的历史发展阶段，稳定性发展机制无疑在"内困外需"的新背景下逐渐被排斥，滑向"保守性"的困顿之中。当然，教育博士专业学位在发展中所遇到的问题绝不止如此，除发展性问题以外，还包括在院校培养与中产生的诸多微观困境，但这些问题之间实际上都隐藏着更加深层的原因，不止在制度性层面，也包括理念、目标等思想观念层面。

我国教育博士专业学位研究生教育的发展步入新的阶段，得益于数年来的稳定发展奠定的坚实基础。在稳定发展期之后，各方都试图探索教育博士发展的新路径。就教育主管部门与"教指委"而言，通过院校申请—专家论证—研讨审议等环节确立了新增列的12所地方大学，同时与相关专业"教指委"联合探索增设"汉语国际教育"专业方向。这些政策措施无疑是对教育博士专业学位发展的制度性障碍进行的一次有力破除，不仅有助于扩大授权点、增多招生指标，而且为专业方向的拓展开了"一扇窗"，为后来之探索提供了案例蓝本。就培养院校而言，部分综合实力较强的大学基于"教指委"对教育博士院校培养的规范，开始探索将有内在学科关联性的专业进行项目化融合，如清华大学的思政骨干教师提升计划。实际上，这种项目形式是利用了教育博士专业学位的授权点平台，开发了对口培养的专业，却也在一定程度上拓展了教育博士的专业内涵，为其他院校的人才培养工作提供了一定的参考。

综合来看，教育博士专业学位在经过了我国统一计划部署的试点初期，以稳定性为主的发展机制为其迅速发展建制提供了保障，也符合其发展的规律。步入新阶段后，在"教指委"的指导与规范下，培养院校开始自发地进行培养实践等方面的探索。可以看出，有学者曾建言在试点工作期满后可以尝试将教育博士培养工作逐渐转型为正常发展状态的相关建议正在逐步实现。尽管当时学界多集中讨论教育博士专业学位试点阶段的发展策略，并未过多论及此后正常发展阶段的发展方向，但就目前而言，实践领域的改革探索已经先行，并正在反向推动我国教育博士专业学位及其人才培养相关政策的发展与革新，并呈现出显著的渐进性的发展特征。由此，增设地方培养院校、试点新的专业方向、提高招生规模等，成为破除障碍、部署教育博士专业学位发展新阶段关键的一步。由此可见，我国教育博士专业学位的发展正在各方密切的配合下跨越初设时期以稳定甚至保守的发展模式，迈向更成熟的发展与运行阶段。

第三节 我国教育博士专业学位研究生培养模式的生成路径

我国学位与研究生教育体系的发展为教育博士专业学位在我国的本土化提供了良好的制度环境与组织基础。自首批培养院校试点以来，到国务院学位委员会综合考量新增列培养院校，这一过程可谓发展迅速、成绩斐然，正如前文所言，教育博士专业学位发展及其院校人才培养正在进入改革新阶段。然而，改革本身即带有突破困境的意蕴。因此，在充分肯定教育博士专业学位发展成就的同时，我们也必须承认并关注教育博士专业学位及其院校人才培养中逐渐涌现的质量问题，特别是教育博士专业学位研究生培养模式的学术趋同问题及其呈现出的院校培养学术化问题。从教育博士专业学位在我国创设，从试点高校正式开展教育博士的人才培养工作，教育博士专业学位研究生培养模式亦伴随着国家相关政策的实施、"教指委"的制度设计、培养院校自发的实践探索而得以逐渐形成与发展，这一过程大致可以根据其发展历程总结为"学术模仿—学术漂移—学术趋同"的生成路径。

一、早期探索的"学术模仿"

考察我国教育博士专业学位研究生培养模式的生成，毫无疑问从教育博士专业学位在我国的创设开始着手是正确的选择，但如果仅仅将目光投向教育博士专业学位制度化阶段以后，则或将难以避免地忽视在教育博士专业学位及其人才培养正式推行之前相关各方所做出的积极探索与努力。因此，对教育博士专业学位在我国的前制度化时期的实践进行探讨，能够更好地挖掘与总结本研究所提出的"学术趋同"模式的前期实践形态与生成过程。

根据对我国教育博士专业学位及其人才培养发展历程的梳理，我们提出自 20 世纪 90 年代开始，随着我国教育事业的逐步发展与三级学位制度的总体确立，国家与社会对专业学位研究生教育的需求逐渐开始显现。具体到教育领域，有学者开始提出我国教育系统中管理干部的培养问题，倡议在改革学位制度体系的基础上建立一种能够满足培养高层次教育领导者目标需求的专业博士学位，这可以看作是学界对我国教育博士专业学位及其培养目标与实践早期的理解与呼吁。当然，在实践层面，各类有计划、有组织的培训、研修、访学等活动本质上都是指向为教育领域培养高级领导者与管理者这一目标，从华中理工大学（华中科技大学前身）高等教育研究所于 1999 年开始举办高等教育学专业博士学位课程大学校长进修班等诸多实践活动中可见一斑。在此之后，随着社会需要的逐渐扩大，特别是 21 世纪以来我国高等教育事业的快速扩张，对系统培养教育领域的高级专门人才的政策需求与制度实践更是到达了前所未有的程度。随之而来的北京师范大学于 2002 年举办了主要针对高校的管理者，旨在培养高校专业型高级管理者的教育学博士的学位项目；北京大学教育学院、国家教育行政学院于 2003 年与美国宾西法尼亚大学启动"高级教育行政管理博士"合作项目，这些人才培养项目都类似于当下教育博士专业学位的一种实践探索，都指向了培养我国高层次教育管理人才，尤其"高级教育行政管理博士"合作项目更是参考与借鉴了美国高校教育博士学位（Ed.D）项目的培养经验。

纵观教育博士专业学位在我国前制度化阶段的实践，结合其历史发展过程中关于其发展动力与机制的讨论，不难发现这一时期的我国相关各方对培养教育领域高级专门人才的理论认知与实践探索明显具有自发性、借鉴性与不成熟性等特点。各方已经开始认识到培养教育领域高级专门人才需要专门的博士学位教育，但相关的实践活动由于缺乏理论指导、政策支持、经验参考等，在具体的过程中呈现出"学术模仿"的实践特征。举例而言，当时部分高校开展的诸如大学校长进修班等活动，主要相关方面体察到我国高等教育的领导者、管理者虽然大多在其专业方向已经有所建树，但普遍缺乏教育管理学科的专业素养，由此希望依托在高等教育管理领域具有坚实学科基础的相关平台对这些领导者、管理者进行教育专业上的"职后培训"。然而，这种对已经位居"高校管理干部"职位的校级领导进行理论培训，本质上是一种模仿教育学博士培养的实践，试图通过短期研修形式授予他们学术博士的理论课程，虽然对提高他们教育管理素养有所助益，但难以实现系统培养高层次应用型人才的教育目标，以当下的眼光来看，无疑只能是一种极具前瞻性的实践探索。还有北京师范大学举办的教育学博士的学位项目更加体现了"学术模仿"的特征，这种以在职攻读为主要形式的博士教育，并未改变学术博士学位的本质特点，只是在培养形式与目标上有所改动，亦是对培养教育高层次应用型人才一次探索。

由此可知，教育博士专业学位在我国落地生根之前，与之相关的各项政策制度尚未出台，但各方已经开始借助已有的资源、平台与经验展开了实践探索。根据具体的实践活动分析，本研究认为学界对教育博士专业学位的开展的理论研究与相关各方对培养教育领域高层次应用型专门人才所展开的实践探索与尝试对后来我国教育主管部门将创建教育博士专业学位提上日程起到了十分关键的推动作用，亦为后来我国教育博士专业学位创设后的人才培养工作奠定了坚实的经验基础。尽管这一时期的诸多探索并未跳出传统学术博士培养的既有逻辑，依然遵循的是学术博士培养的传统路径，带有较为明显的"学术模仿"特征，但"模仿"本身意味着"积淀"，"学术模仿"更是综合复杂因素交织影响下的结果，其价值并不能简单以消极论定，相反在那个时期反而极具前瞻性与实用性，需要放置于更长的历史发展历程中进行综合评价。

二、试点培养的"学术漂移"

随着教育博士专业学位在我国的正式确立，政策驱动的"自上而下"发展路径最初以求稳、试点的方式展开，人才培养工作最早则由15所试点高校承担。尽管在主管部门的政策设计、"教指委"的具体指导以及国外办学情况调研的支持之下，经由多项考察与评估，试点高校均具备较为成熟的培养条件、资源等基础，但教育博士作为专业博士学位在国内仍然尚属首创，试点院校的人才培养实践无疑是"摸着石头过河",难免出现或多或少的阻碍与困难,既有普遍性的问题,也有不同学校在办学中发现的特殊问题。实际上,在试点培养阶段,各方对教育博士专业学位已经具备了较为清晰的认知,"应用性"等属性也被尽可能地嵌入人才培养的各项政策与制度规范之中,但不可否认的是,理论乃至政策层面的考量在院校培养实践中并非都能够——实现,教育博士专业学位的院校人才培养则是出现了较为明显的"学术漂移"的趋向,这无疑成为试点培养阶段最为突出的问题。

"学术漂移"(academic drift)作为一种现象被理论研究者所关注距今已有近百年,特别是在高等教育研究领域,高等教育机构的"学术漂移"趋向已然成为全球性难题。在高等教育领域,"学术漂移"作为一种发展趋向,普遍被认为或将影响高等教育发展的多样性,经过多年的理论探讨,学者们基于政治学、社会学、经济学、管理学等不同的学科与理论视角赋予了"学术漂移"各有侧重的概念与特征,并由此形成了较为丰富的"学术漂移"理论。尽管"学术漂移"的内涵多样,其适用的场域以及学者们用以解释的现象也各有不同,但其思想都难以回避"学术化倾向"这一核心内涵。作为一种可检验的理论,"学术漂移"已经在世界诸多国家的高等教育发展中得到验证。教育博士专业学位在我国的试点办学,不仅仅是教育博士专业学位在我国本土化的起步,其中人才培养实践的正式开始也意味着院校培养模式的逐渐生成。事实上,在经历了"学术模仿"的自发探索,一种院校培养实践的"学术漂移"正在发生。克威克(Kyvik)将"学术漂移"划分出6个分析层次,包括"政策漂移""部门漂移""机构漂移""课程漂移""教师漂移"和"学生漂移"[1]。如果从这几个层面进行考察,教育博士专业学位院校培养的"学术漂移"则将会更加具体与明显。一方面,在政策、部门与机构层面,教育博士专业学位及其人才培养的政策设计虽然考虑到了专业

---

① Kyvik S. Academic drift: A reinterpretation [A]. In: Centre for Higher Education Policy Studies, ed. Towards a cartography of higher education policy change: A Festschrift in honour of Guy Neave (C). Enschede: Center for Higher Education Policy Studies (CHEPS), 2007: 333-338.

博士的"应用性"属性,但在具体人才培养的制度安排上依然有很大程度是遵循的学术传统,甚至可以认为是脱胎于学术博士培养的既有范式;培养院校及其专业学院作为主要的培养主体无疑是将教育博士专业学位放置于博士教育的"边缘",甚至作为其"附属品",而将更多的资源投入到学术博士的培养中,无形中形塑了教育博士培养追求学术品质的漂移特征。另一方面,在课程、教师与学生层面,培养院校的课程设计过于学术化,其标准难以界定,实践性导向的课程体系尚未形成特色、发挥其作用;无论是导师还是授课教师基本上来自学术博士培养的教师队伍,属于学术教师序列,与教育博士相匹配的实践型教师队伍建设尚未形成成熟的机制;学生自身也尚未真正意识到教育博士专业学位的价值,而是追求博士学位本身可能带来的学术价值,尽管作为一名专业型博士生,但却主动弱化"应用性"的属性,追求与学术型博士生的"同质化"。

因此,在试点培养阶段,教育博士专业学位研究生培养模式的形成之中,"学术漂移"一直伴随其中。虽然"学术漂移"的倾向导致我国教育博士专业学位及其人才培养在一定程度上消解了作为专业博士学位的本质属性,加剧了"学术化"的发展程度,但在某种意义上却也为院校试点培养提供了一条可以参考与模仿的路径,使其能够迅速稳定下来并形成体系。"学术漂移"作为一种教育现象,本身究竟"功过几何"在学界亦难下定论,需要结合具体的情境与结果具体考量与讨论。就我国教育博士专业学位研究生培养模式的形成过程而言,"学术漂移"既是院校培养过程中的一种实践倾向,亦导致了一种"学术趋同"培养模式的生成。

三、培养模式的"学术趋同"

尽管专业硕士、博士学位在我国早已进入培养院校的办学实践场域,人才培养工作也已经开展多年。但是长期以来,我国研究生教育却仍然一直存在严重的学术化倾向。造成这种现象的原因可能是复杂的、多元的,既有制度体系层面的因素,也有长期思想观念的影响。加之,我国高校在专业博士人才培养的办学实践方面历时不长，教育博士专业学位在院校试点办学过程中并未形成与之适切的、典型的专业博士培养模式，而是在学术博士既有的培养模式之下逐渐被同质化，院校培养实践的"学术漂移"最终导致整个培养过程与培养质量始终难以获得认可。实际上，教育博士专业学位研究生培养的学术化趋同是国际上普遍存在的问题，我国教育博士与教育学博士的培养趋同亦是各培养院校自试点办学以来逐渐出现并日益凸显的重要问题。这一"学术趋同"现象集中体现在教育博士专业学位研究生培养模式与教育学学术型博士学位培养模式相类似，在院校具体的培养实践过程中二者也没有清晰合理的界限。而且更有甚者，我国教育博士的院校培养似乎从一开始便是脱胎于教育学博士的培养，沿袭传统学术博士的培养规则，共用一套或几无差别的培养与评价体系，从而作为一种专业博士学位的教育博士的院校培养难以被认可，既影响其社会声誉，也阻碍了其未来持续发展。

虽然教育博士专业学位自产生以来一直处于不断的探索改革之中，但真正产生深刻的影响的实践性改革则是在新世纪以后。美国学界在 21 世纪初曾展开的几次关于教育博士的辩论对之后卡耐基教育博士项目、哈佛大学教育领域博士项目改革等都产生了深刻影响。美国教育博士关于培养哲学化的世纪争论也影响了我国的教育博士培养，我国在教育博士办学实践中已经开始面临人们对教育博士专业学位的质疑及对院校培养质量不信任的困境。由于美国近百年来教育博士项目的哲学化倾向，加之教育博士与教育学哲学博士都同属研究性学位，直接导致了教育博士专业学位的特征在人才培养中更易造成模糊性。尽管我国在设置教育博士学位伊始即充分论证了该学位的专业性、实践性特征，因此相较于美国而言并没有在理念上出现较为严重的哲学化倾向，然而真正主要的问题是在于我国培养高校在教育博士专业学位研究生培养模式的构建中未能够建立具有自身特色的、符合专业学位本质的本土化模式，教育博士的培养实践在学术型博士培养的既有框架下难以摆脱传统培养范式的影响，从而致使教育博士的院校培养囿于既无特色，又无标准，且失规范的多重困局之中。在这一过程中形成的教育博士专业学位研究生培养模式则逐渐呈现"学术趋同"的特征，院校的培养实践亦或多或少带有"学术化"的价值倾向。

2015年试点培养专项评估结束以后，教育博士专业学位在我国的发展进入常态化阶段，院校人才培养工作随之正常化。在布局教育博士专业学位在我国的持续发展时，包括"教指委"等在内的相关各方意识到教育博士专业学位研究生培养模式学术趋同的现象及其可能产生的严重后果，开始探索各种有助于破解困境的改革路径。有别于试点培养时期的稳定与保守，各方对教育博士专业学位的改革都具有显著的发展性特点，特别是2018年以后大幅增加培养规模、增设学位授权点等策略，既有国家经济社会发展、高等教育环境变化等因素的影响，更为重要的是教育博士专业学位及其人才培养自身的内在发展需求，体现了相关各方对改变教育博士专业学位研究生培养模式的"学术趋同"，破解院校培养实践过程的严重学术化倾向、"学术漂移"制度性壁垒等方面所作出的积极努力与不懈探索。事实上，新的知识生产观及其生产模式在博士教育领域的深入发展与专业博士学位代际嬗变亦步亦趋，教育博士的未来发展也势必将在不断改革中明确方向，在不断实践中寻找机遇。我国教育博士专业学位研究生教育面临发展性问题困扰，包括培养模式的学术化问题，这些办学实践中涌现出的问题一方面制约着教育博士专业学位的发展及其人才培养质量的提升，另一方面也突出反映我国专业博士学位制度建设中的症结之所在。

纵观十年来的发展历程，自我国教育博士专业学位设置以来，试点高校的办学工作一直具有稳定性特点。作为一项新的专业博士学位，其发展过程中不可避免地将出现诸多问题。尽管作为"后发外生型"的专业博士学位在我国本土化发展中吸纳了丰富的域外经验，但是仍然涌现亟待解决的重要问题。这些在院校培养中汇聚的矛盾与困境呼唤我国教育博士专业学位制度建设迈上新台阶，而持续的改革将是发展新阶段永恒不变的主旋律。根据我国教育博士专业学位的发轫发展史，虽然创设办学体现了"自上而下"的鲜明特征，但改革实践却在一定程度上体现了培养院校的办学自主性。例如，首批试点高校在办学过程中根据博士招生考试制度的发展趋势,在教育博士招考中顺势而为采取"申请—审核制",取得了显著的成效与各方的认可;又如近年来部分院校试点新增设了国际汉语教育专业的培养方向,以及"教指委"等专家组考虑展开对原有三个专业方向的名称调整、方向重塑等研究,这些都是结合我国教育博士培养实践中日趋复杂多元的变化而"自下而上"进行调整与修正的探索,亦是为了破解教育博士专业学位研究生培养模式"学术趋同"所作出的努力。

教育博士专业学位既是一个古老的学位,也是一个新兴的学位。之所以说教育博士很古老,是由于其最早始于20世纪20年代初的美国,如果采用学界普遍认可的说法,即教育博士专业学位是哈佛大学于1920年设立的,那么距今已有100年的历史。即使和美国最早的教育学哲学博士学位相比较,也仅仅只是晚了不足30年。而说其是新兴的学位,主要是因为该学位真正开始流行于世界各国大学,是在20世纪90年代以后,特别是在21世纪之后得到了更加广泛的发展。我国开始教育博士院校培养刚刚10余年,和美国相比较,可谓晚了近一个世纪,在此意义上,教育博士在我国无疑又是一个新兴学位。就目前而言,我国教育博士专业学位研究生教育已取得了较大的发展,正在迈入新阶段。尽管我国教育博士专业学位被认为是"后发外生型"学位,但在发展与改革过程中的某些方面却呈现出较为稳定、前沿的特征,发展策略更加符合我国的本土情境。由此可见,教育博士专业学位在我国的本土化发展进程中也逐渐开始形成自身的特色。通过历史分析肯定我国教育博士专业学位及其人才培养十年来取得成就的同时,我们也必须要正视与重视教育博士专业学位在我国产生与发展过程中逐渐产生的院校培养模式学术化趋同的问题。我国教育博士院校人才培养从顶层设计"自上而下"试点到常态化发展再到有序地渐进性改革,这一过程亦伴随着教育博士专业学位研究生培养模式的形成、发展与改革,从前制度化阶段的"学术模仿"实践到制度化以后培养院校的"学术漂移","学术趋同"培养模式逐渐具象化,给教育博士院校培养质量的提升提出了更大的挑战,同时也在催促各院校在培养实践中不断探索改革与创新,从而构建具有中国本土特色与符合专业博士学位定位的教育博士专业学位研究生培养模式。如果用发展的眼光审视，可以发现，无论是从政策设计、院校实践的层面来考察，抑或是预测教育博士生培养的未来发展趋势，"学术趋同"模式正在知识生产模式转型的发展背景中逐渐消解，这一模式既不符合国家关于专业博士学位顶层设计的理念构想，也在院校培养的实践环节中产生诸多困境。而新的知识生产模式或许能够为破解学术趋同困境提供更加清晰的理论指导与实践路径。由此，建立在历史分析的基础之上，以知识生产模式转型为视角考察当前我国教育博士专业学位研究生培养模式的运行现状应当成为本研究接下来的重点内容。

第四章　制度环境考察：我国教育博士专业学位研究生培养模式的文本分析

　　教育博士专业学位研究生培养模式是一项集科学化、系统化、特殊性于一体的复杂构成，囊括关涉其中的诸多环节与影响因素。就我国现阶段的院校培养实践而言，诸如政府教育主管部门、"教指委"、培养院校及其各二级培养单位等都在其中充当了不可或缺的角色，并在构建基于培养共同体的系统集群中发挥独特的作用。经过十余年的发展，我国基本形成了较为完善与稳定的宏观政策规范系统与微观规章制度体系。一方面，主管部门先后出台了一系列政策性与指导性文件；另一方面，培养院校则根据相关要求制定了严格的培养方案并衍生了相应的工作细则等。这些与教育博士专业学位研究生培养模式密切相关的规范性文本无疑成为各院校开展培养实践工作重要且实质的指导性文件，并由此构成较为稳定的制度环境与培养模式。有鉴于此，对当前我国教育博士专业学位研究生培养模式的制度环境现状进行系统分析是进一步深入解构分析其培养模式的重要基础。本研究主要从"宏观—微观"两个层面系统考察教育博士专业学位研究生培养模式的制度环境现状，对宏观制度环境的分析主要通过对相关政策文件的考察，而对微观制度环境的分析则通过招生与培养方案等院校规章制度文本的分析，以此全面探讨教育博士专业学位研究生培养模式及其运行过程中的制度安排，以期在制度层面发现并反思当前可能存在的困境与问题。

第一节　资料的来源与选取

一、案例学校的确立

关注当前我国教育博士专业学位研究生培养模式的制度运行现状必须着眼于培养院校的具体实践。就目前而言，我国首批试点 15 所高校以及 2018 年新增列的 12 所地方高校根据上级主管部门的统一部署均正常开展招生培养工作。首批试点高校经过多年的实践办学，在教育博士培养过程中，积累了一定的经验，也形成了自身特色；而新增列的高校虽然在近两年才开始教育博士的招生培养，但无疑借鉴了首批试点高校的经验，正在探索符合地方高校办学实际、具有地方高校特色的办学发展路径。因此，本研究选取我国开展教育博士培养的部分院校作为案例，用于探究院校培养过程中的制度环境。具体而言，在招考制度方面，本研究将上述 27 所培养院校均纳入其中，分析各校关于教育博士的招生对象、资格条件、考试形式等方面的异同，从而呈现教育博士院校培养在"入口"环节的情况；同时，在教育博士院校培养过程方面，本研究针对性地重点考察首批试点的高校，对其开展教育博士培养的制度规范进行分析，从而还原我国教育博士院校培养关键环节的基本过程与特征。

本研究选取的教育博士培养院校如表 4-1 所示，根据目的性抽样原则，在我国首批试点院校中共选取 8 所，包括 5 所双一流建设大学与 3 所一流学科建设大学，且其中有 4 所大学是教育部直属师范大学。从学校类型层面来看，选取的试点高校是我国高等教育领域具有较高声誉的院校，在科学研究与人才培养等方面受到广泛的认可；同时，案例中也包括了 4 所部属师范大学，这些院校在教育学科领域处于全国高校的前列。最后，本研究选取的案例学院涵盖了目前教育博士专业学位招生培养中的四个专业方向（含汉语国际教育），因此能够较为完整地呈现教育博士专业学位研究生培养模式涉及的各个专业领域的制度现状全貌。

表 4-1 选取的教育博士培养院校基本情况

序号	案例学校	学校类型	招生专业方向（领域）
1	清华大学	双一流建设高校	教育领导与管理①
2	南京大学	双一流建设高校	学生发展与教育，教育领导与管理
3	厦门大学	双一流建设高校	学生发展与教育，教育领导与管理
4	华中科技大学	双一流建设高校	学生发展与教育，教育领导与管理
5	北京师范大学	双一流建设高校 教育部直属师范大学	教育领导与管理，学校课程与教学 汉语国际教育
6	华中师范大学	一流学科建设高校 教育部直属师范大学	教育领导与管理，学校课程与教学 学生发展与教育，汉语国际教育
7	东北师范大学	一流学科建设高校 教育部直属师范大学	学校课程与教学，教育领导与管理， 汉语国际教育
8	西南大学	一流学科建设高校 教育部直属师范大学	学校课程与教学，教育领导与管理， 汉语国际教育

资料来源：根据各校 2020 年发布的教育博士专业学位研究生招生简章内容整理。

二、制度文本的选择

为更加全面地基于制度环境维度考察我国教育博士专业学位研究生培养模式的运行现状，本研究认为可以从宏观与微观两个层面进行分析。宏观制度环境需要从政府主管部门颁发施行的政策性文件等着手。因此，本研究通过官方门户网站搜集我国教育主管部门（主要是教育部及其职能单位）颁发的关于专业博士学位及其人才培养、教育博士专业学位及其人才培养的政策性文件，通过中国教育专业学位研究生教育网搜集"教指委"发布的关于教育博士专业学位及其人才培养的指导性文件与方案等，并对其内容指向做出文本分析，以勾勒当前我国教育博士

---

① 本研究选取的清华大学教育博士培养方案是由教育研究院制定与执行，面向该院的教育领导与管理专业，不含清华大学于 2019 年首期招生的"思政课骨干教师提升计划教育博士项目"。

专业学位研究生培养模式的宏观制度环境。

微观制度环境则需要具体考察案例学校的相关规章制度。一般而言，研究生招生与培养的规范化制度体现在不同的文本中，分析招生制度可以从招生简章文本入手，而人才培养则可以分析院校培养方案文本。因此，本研究探讨教育博士专业学位研究生培养模式的微观制度环境，需要从各校招生简章与培养方案的具体文本着手。为确保研究资料的即时性，本研究通过 27 所教育博士培养院校的官网，搜索获取各校 2020 年官方发布的教育博士招生简章。由于各校招生传统、形式等方面的差异，关于教育博士专业学位研究生的招生文件并非只有一份文件，教育博士专业学位不同专业方向的招生细则可能在不同二级培养单位发布的简章文件中。例如，东北师范大学"学校课程与教学"与"教育领导与管理"的招生工作细则由教育学部发布，而"汉语国际教育"的招生实施细则则由国际汉学院发布。鉴于此，本研究系统梳理了各院校的招生文件，并对其进行了归纳与总结，以保证研究资料的准确性与完整性。

同时，本研究通过搜集上述 8 所案例学校的培养方案及其相关的规章制度文本，用以重点考察案例学校培养模式的微观制度现状。国外关于教育博士专业学位的研究非常重视实证调查，美国教育博士专业学位发展史上曾产生过巨大影响的研究就包括以案例形式对比分析教育博士与教育学博士之间差异的调查研究。实际上，在教育博士专业学位快速发展时期，美国学界出现许多与之相类似的研究，旨在回答教育博士究竟是何种学位、与传统哲学博士学位的区别到底在哪里等问题，用以厘清这两种博士学位的属性与差异。因此，本研究在归纳分析教育博士院校培养过程的基础上，另外搜集了 8 所案例学校教育学博士学位（学术学位）的培养方案，在制度困境分析与原因探讨部分试图结合教育博士与教育学博士这两种学位培养模式各要素中的异同来发现其中的矛盾与问题，为验证本研究发现的教育博士专业学位研究生培养模式的"学术趋同"提供证据，并在此基础上为回应"中国语境"下教育博士专业学位的本质属性与培养指向等问题奠定一定的基础。

第二节　宏观制度环境：基于政策与指导性文件的考察

通过搜集我国教育主管部门关于教育博士专业学位研究生培养相关的政策文本，结合本研究关于培养模式"系统集群"的分析框架，对其文本内容进行培养层面的制度分析，旨在基于"系统集群"培养共同体，从制度设计角度考察教育博士院校培养中关涉的利益相关主体的功能作用与行动选择，特别是关于政府主管部门、"教指委"的情况，以此系统剖析当前我国教育博士专业学位研究生培养模式的宏观制度环境。基于上述研究设计，结合政策文本在具体研究中的价值作用与适用性，本研究在分析宏观制度环境时主要是考察政策文件颁发主体的顶层设计，即教育主管部门与"教指委"构建的培养制度环境，而"系统集群"中关涉的培养院校的联合以及工作单位的作用的制度设计则在政策文本中较少被提及，需要结合具体情境加以具体分析。

一、政策性文件的文本分析

我国教育主管部门是教育博士专业学位研究生培养模式宏观制度环境的直接建构者，在较大程度上影响着院校培养的设计、形成、发展与改革。根据本研究历史分析的结论可知，教育博士专业学位在我国的产生与发展遵循的是"自上而下"的逻辑与路径，政府主管部门对相关制度的顶层设计决定了教育博士及其院校培养的发展路向，也正是由于政府主管部门在构建一种新的专业博士学位中的持续"在场"，使得我国教育博士专业学位能够在短时间内迅速发展、形成体系并逐渐走向成熟。因此，教育博士专业学位研究生培养模式所处的宏观制度环境实际上即是由政府主管部门颁发的政策性文件等构成的，考察所谓的宏观制度环境无疑需要对这些文件文本及其内容指向进行梳理、归纳与分析。

从政府教育主管部门颁布的政策性文件层面而言，这些政策性文件为教育博士专业学位及其院校人才培养提供了国家政策依据与合法性基础。2008 年 12 月国务院学位委员会第二十六次会议审议通过并于次年 2 月下文的《教育博士专业学位设置方案》，正式确立教育博士专业学位在我国的法律地位，为教育博士的人才培养提供了政策来源与支持。该方案是经由"教指委"的专家工作组反复论证提交的关于教育博士在我国本土化发展的思想结晶，对教育博士专业学位的发展定位、理念目标、培养对象、课程体系、学位论文、导师指导等关键内容均进行了较为宏观的规范性说明与原则性界定，成为后来各培养院校开展人才培养工作的主要依据与标准。为了使各方更加明晰，国务院学位委员会办公室又公布《关于〈教育博士专业学位设置方案〉的说明》，主要是为了对教育博士专业学位的本质与特征进行系统阐述，并将其与教育学博士学位（学术学位）加以区分。随后，国务院学位委员会办公室下发了《关于开展教育博士专业学位教育试点工作的通知》，通过申报、评审程序，正式批准首批 15 所高校教育博士专业学位的授权资格，试点办学工作由此拉开帷幕。由此可知，上述由国务院学位委员会下发的若干政策性文件为教育博士专业学位及其院校人才培养提供了宏观制度环境，基本实现了关于教育博士专业学位研究生培养模式在我国本土的顶层制度设计。

2010 年 9 月，国务院学位委员会第 27 次会议审议通过《硕士、博士专业学位研究生教育发展总体方案》和《硕士、博士专业学位设置与授权审核办法》。《硕士、博士专业学位研究生教育发展总体方案》中明确指出"专业学位研究生教育在培养目标、课程设置、教学理念、培养模式、质量标准和师资队伍建设等方面，与学术型研究生完全不同"，并提出创新人才培养模式等具体的行动策略。《硕士、博士专业学位设置与授权审核办法》则是对硕士、博士专业学位的设置条件、授权审核等内容进行了规定。虽然这两份文件并非直指教育博士专业学位，而是关于国家专业学位研究生教育的相关政策，体现未来一段时期内国家对专业学位研究生教育的系统规划，但从本质上而言亦为教育博士专业学位构建了更广阔的政策环境。具体而言，前者肯定了专业学位研究生教育的发展方向，为教育博士专业学位的发展路径提供了宏观指导；后者则是为教育博士专业学位未来常态化发展提供了政策支持，主要是指之后增设培养院校、扩大培养规模等。

2013年11月,教育部、人力资源社会保障部发布《关于深入推进专业学位研究生培养模式改革的意见》,提出"发展专业学位研究生教育,要深入推进培养模式改革,加快完善体制机制,不断提高教育质量",并就深入推进专业学位研究生培养模式改革提出具体的意见。根据对该文件内容的分析,发现其中具有三点特色:一是全面性,该文件对专业学位研究生培养模式的各个方面提出的改革意见,包括招生制度、培养方案、课程教学、实践基地建设、学位论文导向、师资队伍建设等等,涉及院校培养中各环节,十分全面;二是分类性,该文件的改革意见在考试招生、培养设计、学位论文等方面都明确提出专业学位与学术学位的分类设计,体现出"分类"特点;三是应用性,该文件明确指出专业学位的应用性本质属性,如提出学位论文的应用性导向、推进与职业资格衔接等策略。由此可知,该文件为我国专业学位研究生培养模式改革提供了普遍意义上的路径与策略。其中提出的许多意见对教育博士专业学位研究生培养模式改革也具有积极意义与启发。例如,在学位论文方面,提出"选题应来源于应用课题或现实问题,要有明确的职业背景和行业应用价值";在鼓励联合培养方面,提出"构建人才培养、科学研究、社会服务等多元一体的合作培养模式"。

2015年7月,国务院学位委员会、教育部发布《专业学位类别(领域)博士、硕士学位基本要求》,博士、硕士学位基本要求是在《中华人民共和国学位条例》及其暂行实施办法有关规定的基础上,根据学术学位和专业学位特点分别制定,具有较强的指导性和针对性,是各类研究生学位授予应该达到的基本标准,学术学位《一级学科博士、硕士学位基本要求》于2013年发布。具体到教育博士专业学位方面,该《要求》从5个方面对教育博士专业学位基本要求进行了具体化操作:一是获教育博士专业学位应具备的基本素质,分别从学术道德、专业素养、职业精神三个层面进行详细阐述;二是获教育博士专业学位应掌握的基本知识,分别从基础知识、专业知识两个层面进行了详细阐述;三是获教育博士专业学位应接受的实践训练,提出应加强具有创新特征改革性质的教育实践训练，以使学习者增强引领教育教学改革的领导力和通过实践研究促进自身专业发展的意识和能力；四是获教育博士专业学位应具备的基本能力，提出要提高洞察力、创造力和实践性的研究能力，成为研究型、务实型教育工作者，以及提高研究和解决现实复杂问题的能力；五是学位论文基本要求，对学位论文选题、学位论文形式和规范要求以及学位论文整体水平要求提出具体的规范说明。由此可知，该文件的发布是贯彻落实教育规划纲要的重要举措，不仅有助于支持教育行政部门开展质量监督、保障学位授予单位保证学位授予质量，而且能够为培养院校设计培养过程制度、导师指导研究生工作以及研究生自主学习等诸多方面提供参考依据。

2020年9月，国务院学位委员会、教育部印发《专业学位研究生教育发展方案（2020—2025）》，为未来5年我国专业学位研究生教育的发展制定了总体规划。在博士专业学位方面，该方案明确提出："加快发展博士专业学位研究生教育"，并在明确博士专业学位研究生教育定位、完善博士专业学位类别设置标准、健全博士专业学位类别设置程序与扩大博士专业学位研究生教育规模的方面作出了具体规划；在涉及教育博士专业学位方面，该方案提出："在确保质量的基础上，以临床医学博士专业学位、工程类博士专业学位、教育博士专业学位为重点，增设一批博士专业学位授权点，快速提升培养能力。"该方案的颁布表明国家对专业学位研究生教育、博士专业学位发展的重点关注与统筹规划，为教育博士专业学位在内的专业学位教育的未来改革提供了更加科学与系统的宏观制度环境。

二、指导性文件的文本分析

在政府教育主管部门颁发政策性文件构建宏观制度这一过程中，"教指委"作为政府教育主管部门赋权设置的执行"委托代理人"，全权负责对教育博士专业学位及其院校人才培养工作的指导、监督与调整，充分且有效发挥了作为专家组织的积极功能。在指导教育博士专业学位培养院校开展人才培养工作时，"教指委"一方面召集同行专家，组建专家工作小组，通过研讨、论证、咨询等方式，实现相关政策的科学决策；另一方面，相关决策通过在其工作中下发的指导性文件得以传达至各培养院校，实现对培养院校人才培养工作的参与、指导与监督。

为配合教育部等政府主管部门关于教育博士专业学位及其人才培养的政策规划与设计，"教指委"基于相关的宏观政策布局，为政策落实与培养高校执行之间建起了必要的桥梁，其主要的措施一是通过制定与政策相匹配的、具有一定解释能力的、可供培养高校具体参考的方案，二是通过下发相应的工作通知，从而为培养高校提供办学指导。事实上，在《教育博士专业学位设置方案》等政策文件颁布后，"教指委"在2010年至2011年先后制定并发布《教育博士专业学位研究生指导性培养方案》《关于教育博士专业学位研究生培养工作的指导意见》《教育博士专业学位研究生论文要求》等诸多配套方案，以确保首批15所试点高校在办学过程中能够有所依据，从而规范人才培养工作。也正是在这些文件的指导下，各培养院校才能够进一步在院校办学的微观层面制定与实施有关教育博士专业学位研究生培养模式的规章制度。

《教育博士专业学位研究生指导性培养方案》是"教指委"为更加科学规范地指导培养院校开展教育博士人才培养工作所制定的具有较大影响力的指导性制度文本。该文件十分全面与系统地为各培养院校制定本校教育博士专业学位研究生培养方案提供了指导原则与具体规范，直接影响了各培养院校教育博士专业学位研究生培养模式的制度设计与实施。该文件首先从总体上确立了教育博士专业学位研究生培养方案的具体要素，从培养目标、招生对象、专业方向、学习年限与培养方式、课程设置与教学、中期考核、开题报告和学位论文、论文答辩与学位授予这8个方面提出了一般意义上的指导性要求；同时，该文件基于总体要求的框架与内容又分别对教育博士专业学位各专业方向（教育领导与管理、学校课程与教学、学生发展与教育）提供了7个方面具有针对性的指导性培养方案，具体内容如下分析：

第一，培养目标。该方案提出："教育博士专业学位获得者应对教育事业具有强烈的责任感和使命感,具有较高的人文与科学素养、扎实宽广的教育专业知识和较高的教育理论水平。"其中,教育领导与管理专业方向的培养目标定为"造就各级各类学校复合型、职业型的领导与管理的专门人才",学校课程与教学专业方向的培养目标定为"造就基础教育复合型、职业型的学校课程与教学领域专门人才",学生发展与教育专业方向的培养目标定为"造就适应各级各类学校从事思想品德教育、心理健康教育和学生管理工作的复合型、职业型的高级专门人才",并针对这3个专业方向提出:"能有效运用科学方法研究和解决教育领导与管理/基础教育学校课程与教学/学生发展与教育中的复杂问题,创造性地开展教育领导与管理/教学、管理和研究/教育、指导和服务工作。"从上述规定可见,培养目标最终指向"复合型"与"职业型"的"专门人才",对各专业方向也具有限定,如学校课程与教学专业方向是面向基础教育学校的课程与教学。

第二,招生对象。根据《教育博士专业学位设置方案》以及培养目标,该方案对招生对象进行了限定:"具有硕士学位、有5年以上教育及相关领域全职工作经历、具有相当成就和较强研究能力的中小学教师和学校教学管理人员。"这一限定无疑是有所指向的,从"教指委"的后续文件中可知:实际上,教育领导与管理专业方向招生对象是面向各级各类学校的管理人员,而学校课程与教学则是面向的中小学教师。但这一规定在培养院校实践存在一定的模糊地带,这也导致部分学校在招生过程中出现问题。就目前而言,随着招生规模的扩大与复杂问题的出现,"教指委"也正在重新评估关于招生对象的相关规定。

第三,学习年限与培养方式。该方案规定的教育博士专业学位研究生的学习年限与培养方式是一致的,"培养采用学分制和弹性学制,基本学制为四年;脱产在校学习和研究时间累计不少于一年;培养过程包括课程学习、中期考核、开题报告、论文写作和论文答辩等环节",并提出"实行集体培养和导师指导相结合的培养方式"。这些规定为后来培养院校制定培养方案提供了基准参考,例如各校弹性学制以4年为基础,一般设置为4—6年或4—8年。

表 4-2 《教育博士专业学位研究生各专业方向指导性培养方案》中的推荐课程

课程模块	教育领导与管理专业	学校课程与教学专业	学生发展与教育专业
公共课模块	外语、政治理论、学术前沿讲座等	外语、政治理论、学术前沿讲座等	外语、政治理论、学术前沿讲座等
教育理论模块	教育管理理论、教育行政、教育法律法规、教育管理史、教育政策分析、国际教育发展、信息社会与教育管理、教育领导学等	基础教育的历史、现状与未来发展，基础教育学校课程的理论与方法，基础教育学校教学的理论与方法，基础教育学校课程与教学前沿问题，基础教育学校学科课程与教学改革等	学校教育原理、学生身心发展、学生发展与教育理论前沿、学生发展与教育政策法规、学校心理健康教育、国际青少年教育比较、学校社会工作等
教育研究方法模块	教育研究方法论、定量研究方法、质性研究方法、教育统计及相关软件运用等	教育研究方法论、定量研究方法、质性研究方法、教育统计及相关软件运用等	教育研究方法论、定量研究方法、质性研究方法、学生发展与教育研究案例分析、教育统计及相关软件运用等
教育实务与实践研究模块	教育领导与教育变革、著名校长研究、院校研究、学校危机管理、学校管理案例分析、教育领导与管理专题研究等	基础教育学校课程设计与开发实务，基础教育学校教学改革设计与实践，基础教育学校课程改革案例分析，基础教育学校教学改革案例分析等	学生发展与教育案例分析、学生发展与教育活动设计与实施、学生心理问题与危机干预、学校心理健康教育实践指导、学生组织与管理实务等

第四，课程设置与教学。在课程设置方面，该方案规定课程总量应不少于 20 学分，强调"课程体系应符合教育发展对专业化管理者、专

家型教师及教育家培养的总体要求，课程内容应反映教育理论研究的最新进展，课程结构应体现综合性、专业性，突出实践研究特点，课程教学应采用模块课程和学分制"，并将课程模块划分为公共课模块（≥4学分）、教育理论模块（≥6学分）、教育研究方法模块（≥4学分）、教育实务与实践研究模块（≥6学分），并在各个课程模块提供了参考课程，如表4-2所示；在教学方面，提出"应重视运用团队学习、专题研讨、现场研究、案例分析及教育调查等方法，加强自学、作业、辅导和文献阅读等环节，提高学生实际运用所学知识的能力"。

第五，中期考核。该方案明确提出了应在课程学习阶段结束后开展中期考核，以考察教育博士生是否具备学位论文写作能力。三个专业方向的中期考核要求在内容与程序上是一致的，均是"在理论、文献综述、实践研究三方面各完成一篇不少于8000字的研究报告"，基本的程序是"由培养单位成立相关领域专家组成的考核委员会负责中期考核，考核委员会应综合学生思想品德、课程学习、研究报告和现场答辩等方面情况，对学生是否具备学位论文写作能力进行评判"，对于考核未通过者提出可再次申请，但"第二次未通过中期考核或四年内未通过中期考核者，将被中止学业"。

第六，开题报告与学位论文。该方案确立了学位论文篇幅一般不少于8万字的基本要求，建议论文选题来源于"教育、教学和管理实践中具有重要现实意义和应用价值的关键问题"，并与教育博士生的本职工作密切结合，强调"综合运用相关理论和科学方法分析""解决实践问题""注重实践意义"以及"通过实践探索创生知识"等。

第七，论文答辩与学位授予。在论文评审与答辩方面，该方案规定："评阅人和答辩委员会成员中，至少应有一名具有高级专业技术职务的实践领域的专家。"在学位授予方面，该方案规定："课程学习、修满学分，按规定完成学位论文并通过学位论文答辩者，授予教育博士专业学位，颁发教育博士研究生毕业证书。"

《关于教育博士专业学位研究生培养工作的指导意见》这一文件在《教育博士专业学位研究生各专业方向指导性培养方案》的基础之上，

进一步从 7 个方面较为全面地为试点院校教育博士专业学位研究生培养工作提出了总结性的具体规范与标准，其内容更加全面、指导性作用亦更加突出，分别是教师队伍、课程设置、教学过程、中期考核、学位论文、教学管理、条件保障，核心内容如表 4-3 所示。

表 4-3 《关于教育博士专业学位研究生培养工作的指导意见》结构与内容

主要维度	核心内容
教师队伍	·指导教师：较高学术水平，富有科研活力，熟悉教育改革发展实际，积极参加教育教学研究，把握工作特点，提供参与课题研究的机会 ·兼职导师：应具有博士学位和高级专业技术职务，能实际承担课程讲授和专题讲座，参与学位论文指导工作 ·授课教师：应由具有高级专业技术职务教师负责讲授，部分课程应有实践领域的专家 ·其他：应大力支持导师和任课教师积极探索该工作的特点和规律，促进教师的专业发展
课程设置	·总体要求：充分体现综合性、专业性、注重实践研究的特点，课程应采用模块课程和学分制，课程总学分不少于 20 学分 ·课程模块包括：公共课模块（≥4 学分）；教育理论模块（≥6 学分）；教育研究方法模块（≥4 学分）；教育实践研究模块（≥6 学分） ·其他：可根据学科特色确定各课程模块实际开设的课程及学分数，应反映当代教育理论的前沿水平和教育实践的发展趋势，注意课程之间的有机联系，反映培养院校的学科优势
教学过程	·总体要求：应有完整的教学大纲，内容包括教学目的与要求、教学内容、教学进度安排、教学方式、考核方式、先修课程要求、参考文献等 ·教学方式：采用集中授课与平时自学和研究相结合的方式，学制 4—6 年，脱产在校学习和研究时间累计不少于一年 ·教学方法：应注重运用专题研讨、案例分析、现场研究、团队学习及教育调查等方法，加强自学、作业、辅导和文献阅读等环节，提高课程教学质量 ·其他：应加强教育理论和研究方法的学习，理论联系实际，加强对教育实践经验的反思，提高研究和解决问题的能力

续表

主要维度	核心内容
中期考核	·总体要求：应根据专业方向的培养要求，在理论运用、文献述评、实践研究三方面各完成一篇不少于 8000 字的研究报告 ·考核过程：应成立由相关领域专家组成的考核委员会负责中期考核。考核委员会应综合学生思想品德、课程学习、研究报告和现场答辩等方面情况，对学生是否具有学位论文写作能力进行评判 ·结果运用：未能通过中期考核者，可申请再次进行中期考核；第二次仍未通过中期考核或四年内未通过中期考核且无特殊理由者，将被中止学业
学位论文	·开题报告：通过开题报告确定选题，审核通过方可进入论文撰写阶段 ·选题要求：选题应来源于教育、教学和教育管理实践中具有重要现实意义和应用价值的关键问题 ·论文要求：应有较高的学术水平和应用价值，应严格遵守学术研究的基本规范，主题明确，观点鲜明，内容充实，方法科学，文字流畅，理论联系实际，突出实践特色，学位论文篇幅一般不少于 8 万字 ·论文指导：应实行个人指导与集体指导相结合，指导教师承担主要指导责任，由相关领域专家组成的指导小组对论文工作进行全程指导 ·评审答辩：学位论文评阅人和答辩委员会中，至少应有一名具有高级专业技术职务的实践领域的专家
教学管理	·应建立相应的教学管理机构，配备教学秘书，职责明确；教育博士专业学位研究生的日常管理与服务应纳入全日制研究生管理体系 ·建立健全教育博士专业学位研究生教学管理制度 ·应完整保存学籍档案、培养方案、教学大纲、成绩登记表、试卷或作业、论文开题报告、论文答辩记录等文档，并加强数字化管理 ·应提供充足的专项经费
条件保障	·基础资源：应有较丰富的专业图书资料和数字化资源，实现校、院（系）资源共建、共享；图书资料室开放时间应兼顾培养方式与教学安排特点 ·学习共同体：倡导教育博士专业学位研究生与教师共建网络交流平台，促进网络学习资源共享，形成教育博士专业学位研究生的学习共同体 ·应投入一定经费用于学习资源的开发与建设，资助教师编写教育博士专业学位研究生教育教学参考资料和建设案例库 ·应发挥自身优势，与有关学校和教育行政部门合作建立教育博士实践研修基地

事实上，除了由"教指委"牵头制定的诸如指导性培养方案等制度文件用以指导各院校的人才工作以外，以"工作通知"的形式指导、监督、调控各院校的培养实践亦是"教指委"工作的重要方式。通过统计我国自设立教育博士专业学位以来由"教指委"下发的关于教育博士的"工作通知"文件①，如表4-4所示，并参考"教指委"每年公开发布的"工作纪事"文本，可以发现十余年来"教指委"有关教育博士专业学位及其人才培养中的工作重点及其走向。

表4-4 "教指委"关于教育博士工作的相关通知文件

日期	工作通知
2013.09	关于报送教育博士研究生招生考试工作有关材料的通知
2013.09	关于举办首届全国教育博士论坛的通知
2014.09	关于严格教育博士专业学位研究生招生工作规范的通知
2014.11	关于报送教育专业学位研究生教育有关数据工作的通知
2014.12	"教育博士学术论坛"——第二届全国教育博士论坛会议通知
2015.07	全国教育博士专业学位授权点专项评估工作会议通知
2015.08	"第三届全国教育博士论坛"会议通知
2015.11	教育博士专家工作小组会议暨"第三届全国教育博士论坛"会议通知
2016.10	"第四届全国教育博士论坛"会议通知
2017.07	"第五届全国教育博士论坛"会议预通知
2018.03	关于开展首届全国优秀教育博士专业学位论文评选工作的通知
2018.04	2018年新增教育博士研究生培养院校研讨会通知
2018.05	关于下发重申教育博士专业学位设置领域招生对象规定工作的通知
2018.06	关于报送教育博士专业学位院校基础数据（录取、学位）工作的通知

---

① 本研究统计的"教指委"工作通知文件是从全国教育专业学位研究生教育指导委员会官网中国教育专业学位研究生教育网采集的。由于部分工作通知可能是通过"教指委"内部的群组下发等原因，因此本研究统计的工作通知可能遗漏部分文件。

续表

日期	工作通知
2018.09	"第六届全国教育博士论坛"会议通知
2019.01	关于全国首届优秀教育博士专业学位论文评审决定工作通知
2019.09	"第七届全国教育博士论坛"预通知
2020.05	关于成立相关专家工作小组的通知
2020.05	关于报送教育博士专业学位基础数据工作的通知
2020.08	关于下发教育博士研究生招生对象情况的问卷调查工作的通知
2020.11	教育博士培养专项工作研讨会通知

尽管上述统计的"教指委"关于教育博士工作通知文件可能并非全样本，但从统计结果呈现来看，"教指委"每年的工作重点依然有所体现，可以大致归纳为四个主要的板块：其一是数据的采集，主要是指"教指委"每年对各培养院校教育博士生的相关数据进行采集与归档，包括录取数据库、报名情况统计等，具体设计的指标包括招生数、工作单位、学位授予等。其二是开展"全国教育博士论坛"与"全国首届优秀教育博士专业学位论文评审"等活动，这是由"教指委"主办的全国品牌性活动，目前在全国范围内已具有较高的参与度，形成了较大影响力。其三是举办教育博士相关的研讨会，这是由"教指委"组织召开的关于教育博士专业学位及其人才培养展开的研讨会，研讨内容根据培养实践中具体的需求而定，大致包括专家小组研讨、培养院校参与的交流研讨等形式。其四是组织指向问题的调研工作，这是"教指委"结合各校培养中呈现出的问题，向各培养院校展开调研、征求意见等。此外，"教指委"通过下发工作通知的形式强调以往下发的制度文件中的规范，从而对各培养院校在办学实践中出现的不规范现象进行纠偏。通过对"教指委"的历年"工作记事"的分析，发现"教指委"还通过委托课题的方式对教育博士专业学位及人才培养问题展开研究，从而依托课题研究发现问题、探索其未来发展与改革的路径与策略。由此可知，"教指委"通过上述方式对培养院校的办学实践进行指导与监督，在

一定程度上实现了构建教育博士专业学位研究生培养模式的宏观制度环境。

第三节 微观制度环境：基于培养院校规章制度的考察

通过搜集案例高校教育博士专业学位研究生培养相关的制度文本，结合本研究关于培养模式"结构要素"的分析框架，对其文本内容进行培养层面的制度分析，旨在从理念目标、招考制度、培养过程与考核评价等方面系统剖析当前我国教育博士专业学位研究生培养模式的微观制度环境。实际上，探讨教育博士的院校培养议题，从制度文本入手展开质的研究应当是恰当的选择，相较于直接从学生视角切入，制度环境分析能够为之后群体培养经验与个体就读经历的呈现提供更加清晰的背景。同时，结合具有一定代表性的案例学校样本，也能够在较大程度上反映出当前我国较高水平的院校培养现状，从而为进一步发掘可能普遍存在的共性问题提供重要的基础资料与特色案例。

一、培养理念与目标的文本分析

在教育博士专业学位研究生培养模式的制度设计中，如果说招考制度是人才培养的"入口"环节，那么培养理念与目标的定位则是整个培养体系与过程的逻辑起点与价值终点，不仅关涉教育博士专业学位的本质属性，而且决定了培养模式的核心内容与基本方向。由此，本研究对8所案例院校教育博士专业学位研究生培养方案文本中关于培养理念与目标的表述进行系统剖析，一方面旨在从案例院校的目标设计管窥当前我国教育博士培养理念与目标的整体情况，另一方面也能够在对比分析中发现各校培养理念与目标的特点、异同与问题，为本研究探讨院校培养模式在思想理念层面的内涵提供制度性的载体。事实上，培养理念与目标作为培养模式的核心子系统，其自身亦是较为复杂的系统，呈现出一定的价值特征与倾向。一般而言，培养目标更易操作化、更易表述，因而成为制度设计中较多采用的表述方式。尽管各校在培养方案中关于理念与目标的表述不尽相同，但作为制度载体的培养方案，其中培养理念总是孕育在目标之中。2008年审议通过的《教育博士专业学位设置方案》（下称《方案》）中明确规定了"教育博士专业学位教育的培养目标是造就教育、教学和教育管理领域的复合型、职业型的高级专门人才"。显然，各校在培养理念与目标的设计上是基于上述内容进行展开的。但也必须要认可，在数十年探索与改革中，我国开始逐渐形成了具有中国特色的专业学位研究生教育的理念，并在各校教育博士的培养目标中有所体现。

根据对8所培养院校培养方案的解构分析，可以将教育博士各院校培养目标的内容进行具体化，主要在两个方面进行呈现，分别为人才类型与素质结构。一方面，在人才类型上，《方案》为各校提供了框架与规范，各校基本沿袭"复合型""职业型""高级专门人才"这三个关键要素，但部分院校并不仅限于此，而是对其进行了内涵的拓展与补充。这主要是由于作为顶层设计的三要素过于宏观，不利于实践层面的理解与执行，且教育博士院校培养中不同专业领域也需要针对性的阐释。

表4-5 案例院校确立的教育博士专业学位人才培养类型

案例学校	培养目标·人才类型
清华大学	研究性专业化的教育管理高级人才
南京大学	实践领域的专家：高层次、应用型专门人才
厦门大学	复合型、职业型的高级专门人才（分专业具体表述）
华中科技大学	复合型、职业型的高级专门人才
北京师范大学	复合型、职业型的高级专门人才
华中师范大学	复合型、职业型的高级专门人才（分专业具体表述）
东北师范大学	复合型、职业型高级专门人才：实践改革创新的先行者和引领者
西南大学	复合型、职业型高级专门人才

如表 4-5 所示，除了南京大学、华中科技大学、北京师范大学、西南大学对教育博士的人才类型沿用了《方案》的规定之外，其他学校都进行了一定的"调整"与"改造"。厦门大学与华中师范大学基于"三要素"分别对不同专业领域进行分开表述。以华中师范大学为例，其在"学生发展与教育"专业中提出了培养"高层次、综合型的专门人才和学术骨干"，在"汉语国际教育"专业领域提出了培养"高层次、应用性、复合型、国际化的专门人才"。此外，清华大学提出的"研究性专业化"、南京大学提出的"实践领域的专家"、东北师范大学提出的"实践改革创新的先行者和引领者"，这些都是在"教指委"指导下教育博士人才培养类型"统一"之下的院校"变式"。

另一方面，在人才素质结构上，《方案》提出了"人文科学素养""教育专业知识""实践问题解决"三个方面的要求。从各校所拟定培养目标的内涵阐释来看，基本是围绕这个思路进行的构建。例如，东北师范大学强调的教育博士的人才素质结构即是基于上述内容的拓展与丰富，包括"热爱教育事业，具有社会责任感和团队合作精神；恪守学术道德，具有严谨的科研作风和锲而不舍的钻研精神"；"具备宽广的人文与社会科学视野和系统扎实的教育学科理论素养，深入了解本专业领域的基本问题和学术研究前沿"；"能有效运用科学方法研究和解决教育实践中的复杂问题，能够胜任和引领教育、教学和教育管理等领域改革创新的高层次实践工作"。同时，也有院校结合本校开设专业及其特色与优势对人才素质内涵进行了自身的解读，如清华大学教育研究院将教育领导与管理专业教育博士的素质结构分解为"宽广的教育管理理论及相关学科的知识""熟练掌握统计分析、教育评估、质化研究等方法和技术""解读、分析和制定相关教育政策、规章、制度的能力""组织领导与科学决策能力""能在相关领域研究性地改进管理工作"五个方面的内容。

二、招考形式与内容的文本分析

本研究对我国现阶段开展教育博士招生培养高校（共计 27 所）的

招生简章进行了梳理，发现就文本内容而言，其结构具有较大的相似性。因此，为使对各培养院校教育博士招考形式与内容的制度分析更加清晰、直观与全面，本研究基于对各校招生简章的整理性把握，尝试建立能够涵盖招生制度核心内容的观测指标。

表 4-6 教育博士生招考制度观测指标

一级指标	二级指标
基本信息	报考类别，专业方向，学习方式，学制
报考条件	政治要求，学历要求，工作要求，外语要求，科研要求
选拔方式	普通招考，"申请—考核制"
评分方式	评分标准，具体指标
监督保障	领导组织，监督机制，申诉机制

如表 4-6 所示，本研究共建立 5 个一级观测指标，分别是基本信息、报考条件、选拔方式、评分方式、监督保障；同时，每个一级指标之下分为若干个二级指标，用以将一级指标的内容具体化。由此，招考制度文本的观测指标基本建立。从上述维度及其具体指标出发，归纳培养院校教育博士招生简章文本中设计的相关内容，能够更加全面与准确地呈现教育博士招考制度的院校特及其差异。实际上，通过各个培养院校招考形式与内容的考察不仅能够较为直观与客观地呈现各校招考制度的实践现状，而且也在一定程度上能够对其制度设计中的价值导向等内容有所掌握。

1. 基本信息

通过归纳与对比 27 所培养院校招生简章中关于"基本信息"指标的相关内容，统计发现，教育博士招生制度在"报考类别"方面主要分为"定向"与"非定向"两种。学习方式主要分为"全日制"与"非全日制"两种。学制一般在 4—6 年，以 4 年制为主，但修业年限较为宽松，各校的实际要求并不一致。招生专业以经过"教指委"审议并报国务院学位委员会通过的三个方向为主，分别是"学校课程与教学"

（A），"教育领导与管理"（B），"学生发展与教育"（C）。部分院校近年来开始探索"汉语国际教育"（D）专业领域的招生与培养工作。

表 4-7 27 所培养院校 2020 年教育博士招考基本信息统计

培养学校（27所）	专业				就读方式		培养类别		学制（年）
	A	B	C	D	全日制	非全	定向	非定向	
北京大学		△		△		△	△		4
清华大学		△	△			△		○	4
南京大学		△	△			△		○	4
浙江大学	△	△			△		△		4
华中科技大学		△	△		△		△	△	4—6
厦门大学		△	△			△	△		4—8
北京师范大学	△	△				△	△		4
华东师范大学	△	△	△		△		△		4—6
华中师范大学	△	△	△			△	△		4
东北师范大学	△	△	△			△	△		4
陕西师范大学	△	△	△			○	○		4
西南大学	△	△	△		△		△		4
华南师范大学	△	△	△			○	△		4
南京师范大学	△	△	△			○	△		4—7
西北师范大学	△	△				△	△		4
广州大学		△	△			△	△		4
扬州大学	△	△	△		○	○		○	4
河北师范大学	△	△			○	○			4—6
河南师范大学	△	△	△		△		△	△	4
湖南师范大学		△	△	△		○	△		4

续表

培养学校（27所）	专业				就读方式		培养类别		学制（年）
	A	B	C	D	全日制	非全	定向	非定向	
辽宁师范大学		△		△		△	△		5
曲阜师范大学	△	△		△	△		△		4—6
首都师范大学		△	△	△		△	△	△	4
天津师范大学	△		△	△	○		△		4—6
新疆师范大学	△	△			△	△	○		4—6
云南师范大学	△		△		△		○		4—6
浙江师范大学	△	△	△	△	△		△		4

注：△表示招生简章中明确规定，○表示招生简章中未作说明。

如表4-7所示，根据2020年各校招生简章统计，27所培养院校在上述4个专业进行招生，大部分院校主要在其中2个或3个专业招生。在首批院校试点时期，"教指委"为保证培养质量，曾发文规定各培养院校只能在"学校课程与教学""教育领导与管理""学生发展与教育"3个专业的其中2个专业方向进行招生。2018年，在全国汉语国际教育专业学位研究生"教指委"和全国教育专业学位研究生"教指委"的共同倡导下，7所院校在"学校课程与教学"专业下开展了"汉语国际教育"领域的试点招生，由此部分院校教育博士的招生方向扩展到3个。值得注意的是，华中师范大学在4个专业方向均有招生。至2020年，共有19所院校在"汉语国际教育"专业招生，该专业基本已形成独立的专业方向，在大部分院校的招生简章中不再设于"学校课程与教学"之下。

根据报考类别指标的统计，大部分培养院校规定了录取培养形式为定向培养，如北京大学、清华大学等；而部分培养院校则在简章中注明了该校有定向与非定向两种形式报考类别，如华中科技大学、首都师范大学，河南大学在简章中注明了"若现工作单位同意，可录取为非定向类别"。根据就读方式指标的统计，培养院校主要规定以非全日制方式进行培养,如北京大学、清华大学、厦门大学等;也有培养院校的就读方式提供了全日制的形式,如华中科技大学、西南大学、浙江大学等;还有高校同时进行两种方式的培养,如华中师范大学、西北师范大学、首都师范大学等。

2. 报考条件

根据国务院学位委员会通过的相关政策以及"教指委"的相关规定,教育博士专业学位研究生的招生对象需要满足一定的条件,符合条件的考生方可报考。从政策规定来看,四个专业方向都有各自的严格要求。同时,各培养院校对考生的思想政治、学历、工作经历、外语水平、科研经历等都有一定的要求。

第一,在思想政治条件方面,绝大部分院校都在招生简章中进行了说明,主要涉及的要素包括:"拥护中国共产党的领导,愿意服务国家";"品德良好,遵纪守法,学风端正";"无任何考试作弊、学术剽窃及其他违法违纪行为"等。

第二,在学历要求方面,一般要求具有硕士学位,北京大学教育学院要求具有硕士学位或博士学位。可知,教育博士报考者需具有硕士及以上的学位,但对学位所述的学科并未有明确的规定,这也较为符合教育博士报考者群体的实际情况与教育博士专业学位的特点。

第三,在工作经历方面,培养院校在"学校课程与教学""教育领导与管理""学生发展与教育"三个专业的规定均为5年及以上相应教育领域全职工作经历。其中,"学校课程与教学"招收具有相当成就和较强研究能力的中小学教师;"教育领导与管理"领域招收具有相当成就和较强研究能力的各级各类学校管理人员;"学生发展与教育"领域招收各级各类学校从事思想品德教育、心理健康教育和学生管理的教师与工作人员。上述关于工作经历的要求是"教指委"相关规定的基本内容,但部分院校在招生时进行了一定的"改造",总体上看或是将这些指标进行了具体化描述,或是在此基础上提出了更高的要求。例如,北京大学教育学院要求"教育领导与管理"专业报考者需是"学校的中高层管理人员";北京师范大学规定"教育领导与管理领域限招高等学校的中高层管理人员，以及初等、中等学校（含幼儿园）的高层管理人员"；华东师范大学规定"教育领导与管理领域限招高等学校的管理人员和中小学校级领导"；厦门大学规定招生的两个专业只面向"高等学校管理人员"。"汉语国际教育"专业领域主要是招收具有相当成就的、从事汉语国际教育的教师，部分院校强调了海外汉语教学经历，各院校对招生对象的工作年限要求不一，有院校要求为 2 年，如天津师范大学、华南师范大学（共 2 所）；有院校要求为 3 年，如西北师范大学、首都师范大学等（共 7 所）；有院校要求为 5 年，如北京大学、华东师范大学等（共 9 所）。

第四，在外语水平要求方面，各培养院校均对报考者的外语水平进行了一定程度上的规定，一般都要求达到 CET4≥425，或其他考试的相当及以上水平（如雅思、托福等），或其他语种相当及以上的水平。根据各校招生简章的要求，发现部分学校对外语水平要求较高，如北京大学教育学院要求 CET6≥500，但对英语水平证明提供了共 8 种类型可选，包括参加北京大学组织的博士生英语水平考试达 60 分及以上、国家英语专业八级考试合格证书等；部分地方院校对外语水平只是要求了 CET4 合格或同等水平其他考试成绩即可，如浙江师范大学。对外语成绩有明确要求的院校一般采取的是"申请—考核制"的招考方式，同时还有一些院校在简章中并未对外语成绩所有规定，而是要求报考者统一参加学校组织的初试，其中包含了外语水平的考试，如河南师范大学、河北师范大学等，这些学校普遍采用的是"普通招考"的形式。

第五，在科研经历要求方面，部分院校对报考者的科研经历、学术成果有一定的要求，旨在判断报考者是否具备一定的研究能力。根据招生简章的规定，科研要求一般体现在三个方面的内容：其一是公开发表学术论文，部分院校对期刊级别有所要求（如 CSSCI 源刊、北大中文核心期刊等）；其二是主持省部级相关的课题（科研项目、教改项目等），或相应的科研获奖等；其三是两位与所报学科相关的专家推荐（一般需要具备副教授及以上或相当职称）。当然，部分院校对科研成果所列的要求是"证明性"的，旨在证明报考者在相关领域的成就；而部分院校所提出的科研成果要求则是"准入性"的,如果报考者没有达到将会被"拒之门外"。综合来看,实行"申请—考核制"的院校普遍对科研经历提出了"准入性"要求,并纳入综合评分;而实行"普通招考"的院校则更多是"证明性"的科研要求。陕西师范大学教育学院特别注明了如果报考者"业务水平"(科研成果、获奖、职称等)未达到学校要求,则需要参加该院组织的业务水平测试。

3. 选拔方式

目前来看,各校在教育博士招考中普遍采用"普通招考"与"申请—考核制"两种形式。如上所述涉及的,两种招考方式在报考时的相关要求可能存在一定的差异。而最直接的不同在于,"申请—考核制"设定的要求一般比"普通招考"更高,如外语水平、科研要求,甚至会对职称提出要求。这是博士生招考"申请—考核制"的特点,主要是为了提高"准入门槛"以保障生源质量。这种方式在我国兴起始于学术型博士生招考实践,在教育博士专业学位研究生招考时采用"申请—考核制"是培养院校近年来尝试与探索。客观而言,这项实践的确在一定程度上提高了生源质量,但诸多院校在教育学博士与教育博士两种学位类型招生时均采用"申请—考核制",对相关指标的混用是否合理,值得商榷。

表4-8 27所培养院校教育博士招考选拔方式统计

选拔方式	院校数量(所)	比例(%)
普通招考	12	44.44
"申请—考核制"	14	51.86
二者兼有	1	3.7

根据统计显示,如表4-8所示,2020年27所招生培养院校中,12所院校采用"普通招考"的选拔形式,占比44.44%;14所院校采用"申请—考核制"的选拔形式,占比51.86%;1所高校兼用两种形式进行招生,占比3.7%,该高校是浙江师范大学,其简章中明确说明

该校"学校课程与教学""教育领导与管理""汉语国际教育"三个专业方向均采用"普通招考"方式,但"学校课程与教学"专业亦可采用"申请—考核制"。上述统计结果表明,普通招考与"申请—审核制"这两种不同的招考形式在27所培养院校中基本处于各占"半壁江山"的状态。

表4-9 27所培养院校招考选拔方式的院校数量分布统计

培养院校		"申请—考核制"	普通招考	二者兼有
以学校类型划分	双一流建设高校（含一流学科建设高校）	12	4	0
	非双一流的地方高校	2	8	1
以试点批次划分	首批15所高校	12	3	0
	新增12所高校	2	9	1

如表4-9所示,从学校类型方面来看,27所培养院校中共有16所双一流建设高校（含一流学科建设高校）与11所非双一流地方高校,其中12所双一流建设高校采取"申请—考核制",11所非双一流的地方高校中有8所采用"普通招考";从培养院校的试点批次方面来看,首批15所试点高校中有12所高校采用"申请—考核制",新增列的12所高校中有9所高校采用"普通招考"。实际上,首批15所高校均为双一流建设高校,新增列的12所高校中有11所属于非双一流建设的地方院校,综上可见,采取"申请—考核制"的院校主要是首批试点的双一流建设高校,而采取"普通招考"的则主要是新增列的非双一流的地方高校。

4. 评分方式

各校在教育博士招考中的核心环节应当是考试（考核）与评分（评价）。鉴于培养院校主要采用"普通招考"与"申请—考核制"两种方式进行选拔,在评分方式维度可以从这两个方面进行分析。具体而言,采取"普通招考"的院校一般设"初试—复试"的环节,报考者通过初试,方可进入复试环节,初试一般是采取笔试形式,复试一般采取综合面试形式,也有院校结合"笔试—面试"的形式,最后通过规定的计算公式核算考生各个环节的分数进行录取。采取"申请—考核制"的院校一般在考生申请环节设置了一定的"门槛",如上所述的外语水平、科研经历等,通过材料审核方能进入考核阶段,考核一般采取笔试与面试结合的形式,最后按照加权公式折算综合成绩择优录取。由此可见,"申请—考核制"相较"普通招考"而言,在对报考者的资格条件作出了更高要求的同时,并未在综合考核阶段放弃笔试—面试的传统形式,在某种意义上而言,"申请—考核制"对报考者的要求更高、筛选性功能也更强。

在"申请—考核制"评分方式方面,以北京大学教育学院为例:首先,专家小组根据申请人提交的材料进行初选,并根据招生计划择优确定进入考核的候选人;第二,考核采取笔试＋面试的形式,笔试科目为《教育管理综合》(满分100分,设合格线),面试内容包括学习工作经历、研究计划等(满分100分,需高于及格线60分),综合考核主要涉及专业知识、研究能力、管理能力等等,最后按照笔面试各占总成绩50%计算,择优录取。在"普通招考"评分方式方面,以湖南师范大学为例:首先,考生在满足教育博士报考资格条件下进行考试报名,并参加初试笔试,初试科目设外国语与两门专业课(满分均为100分),其中"学生发展与教育"的专业课为"教育理论综合"与"心理学综合","教育领导与管理"的专业课为"教育理论综合"与"教育管理学原理","汉语国际教育"专业课为"语言综合与文化传播"与"汉语国际教育理论与实践";根据初试成绩由高到低确定进入复试人选(3∶1的比例),最后综合计算成绩由高到低进行录取。

5. 监督保障

教育博士招生环节是保障院校培养质量的第一步,不仅需要设计科学合理的考试或考核内容与形式,监督保障也应该是制度设计重要因素。监督保障因素的设计应当包括在招考过程中负主要责任的组织领导机构、招考各环节的监督机制以及保障考生合法合理权利的申诉机制。教育博士培养院校在招考环节对招生简章的设计主要有两种形式:一是独立的教育博士招生简章文本;二是由学校研究生院统一发布的全校博士生招生简章的文本。在第二种形式之下也有诸多"变式",例如,有院校统一发布全校博士生招考简章,而负责教育博士培养的二级学院同时会根据学校文件精神发布具体针对教育博士招考的工作细则,但有部分院校只发布学校层面的总的简章,并没有独立的教育博士的招生文件。这是由于当下教育博士专业学位的各个专业可能分散不同的二级培养单位,因而各个培养院校在招生简章方面的差异较大。

基于此,通过对27所培养院校招生简章的系统梳理与统计,各高校在教育博士招考制度中普遍都不具备完整监督保障体系设计,但也有部分高校在招考过程中考虑到了这一要素。例如,南京大学教育研究院在教育博士的"申请—考核制"实施办法中明确提出了监督保障机制,包括领导机制与申诉机制,提供了相关负责人的联系方式,内容较为完善。此外,北京大学在简章中明确规定了"违规处理"与"信息公开与监督"的内容,辽宁师范大学的招生简章中列有"监督监察"栏目,广州大学招生简章中设有"信息公开与监督"。总的来看,一方面,各培养院校在招考环节的差异性较大,监督保障机制存在普遍缺失的情况;另一方面,部分院校在招考制度中提及了监督保障机制,但对具体的内容诠释过少,且难以形成具体可操作化的指标。

三、培养过程与制度的文本分析

基于培养理念与目标的设计,从教育博士培养过程与制度着手分析,能够在较大程度上管窥当前我国各培养院校教育博士院校培养的整体环节及其呈现出的共性特征。从案例学校文本的结构来看,教育博士院校培养过程与制度层面的内容主要可从培养方式设计、课程体系设计、教学过程设计、学位资格设计进行归纳与呈现,这四方面的内容基本能够涵盖教育博士专业学位研究生培养模式的过程制度要素,从而为本研究描述院校层面教育博士培养过程的现状与全景提供支持。

1. 培养方式设计

一般而言,在当今世界各国博士生教育中,导师负责制是院校培养的通行模式、并形成较为科学完善的制度,理工科常以实验室为单位开展培养与科研工作，而人文社科则通常更多地在"师门"中开展相关的活动。教育博士作为专业博士学位，其院校培养具有特殊性，加之大部分培养院校主要提供非全日制的就读形式，这无疑给教育博士的院校培养带来了更多的挑战与不确定性。因此，培养院校在教育博士培养方式设计中更倾向于寻找更适合本校实际情况的策略。从文本资料显示来看，各校培养实践主要采用集中学习与分散自主学习相结合的形式，集中学习主要是完成学位规定的课程任务、科研任务等；分散自主学习主要是指学生通过网络形式在线参与各类相关的课程、学术活动等，以及学生不在校集中期间开展的学习活动。在导师指导制度上，各培养院校多采用导师组指导制，但导师组制本身在内涵与形式上也存在一定的差异。通过制度文本内容对教育博士专业学位研究生的培养方式进行梳理与归纳，对从整体上呈现其培养过程具有重要的作用。

表 4-10 案例院校教育博士专业学位培养方式设计

培养院校	培养形式	指导形式
清华大学	集中学习与分散学习结合	导师负责的导师组指导制
南京大学	集中授课、平时自学和研究性学习相结合	集体培养、导师指导相辅相成的"专—兼—副导师制"
厦门大学	集中教学、分散研究	导师组制
华中科技大学	脱产在校学习与分散学习	集体培养和导师指导相结合
北京师范大学	脱产在校学习与分散学习	导师负责制
华中师范大学	集中学习与分散学习结合	导师小组集体指导
东北师范大学	脱产集中学习与分散自主学习相结合	导师组制
西南大学	集中学习与自学相结合	导师小组集体指导

如表 4-10 所示，在培养形式方面，尽管表述不尽相同，但培养院校主要采用集中学习与分散学习相结合的形式。部分院校对在校集中学习的时间进行规定，如厦门大学规定"在校集中教学时间累积不少于一学年"，华中科技大学与华中师范大学规定"脱产在校学习和研究时间

累计不少于一年",东北师范大学、西南大学等都有类似规定。在导师指导形式方面,基于传统导师制的模式,培养院校多普遍采用导师组指导的模式,但其内涵也各有特点。例如,清华大学实行的是"导师负责的导师组指导制",即"由导师根据博士生的研究方向和需要,聘请1—2名相关领域的专家参与指导,组成联合指导小组",厦门大学的导师组制与之相类似。南京大学采取的是"专—兼—副"导师制,即"导师组集体培养和主、副导师制相结合"。实际上,这种模式中呈现出的"集体培养"与"导师指导"内涵与特征与华中师范大学、西南大学的形式较为类似,即在培养方案制定、课程教学等方面采用集体培养的形式(导师组集体指导),而课题研究、论文选题与研究等方面则是由个人导师主要负责。然而,南京大学更具特色之处在于"专门聘请具有兼职导师资格、来自教育实践领域的校外人员担任实务导师,与校内导师合作共同组成导师组",即"兼职导师",这项尝试无疑能够使教育博士能够培养过程中更加贴近实践教育领域;同时,"院学术委员会聘请本院具有博士学位的年轻教师为副导师,全程参与博士生的培养",这项实践探索一方面强化了教育博士的导师指导团队,另一方面也对青年教师的专业成长与职业发展大有助益,可谓实现在资源最大化利用的基础上达到了"双赢"。

2. 课程体系设计

作为顶层设计的《方案》对教育博士的课程体系及其设置有较为完整全面的规范性说明:在课程体系方面,强调需"符合教育发展对专业化管理者和决策者、专家型教师及教育家培养的总体要求";在课程内容方面,强调能够"反映当代教育理论与实践的前沿水平";在课程结构方面,强调"应体现综合性、专业性和实用性";在课程学习方面,则推荐采用"模块课程和学分制"。基于上述规范化要求的指导下,培养院校在课程体系设计方面进行了各自的实践探索,在指导框架内又显现出不同的特征。

根据案例学校的文本内容,教育博士的课程设计主要通过课程内容与设置加以呈现。横向归纳与比较,发现课程设置主要在学分制下采用模块式或专题式的形式,课程内容一般而言可分为公共课程、专业课程与实践课程三大类型。具体而言,公共课程通常是思政课程与外国语课程,多是学位要求必修类型的课程;专业课程通常有必修与选修两种类型,学生可在专业规定的必修课之外选修相关专业课,且对专业实践课有一定的规定与要求(多为必修);实践课程各校规定并不一致,但多以在专业实践领域开展的活动为主。基于此,结合各校的课程设置与学分要求的实际情况,总结各类型课程结构如下表所示。

表 4-11 案例学校教育博士专业学位课程结构及学分设计

案例院校	公共课程模块	专业理论课模块	专业方法课模块	专业实践模块	总学分要求(≥)
清华大学	4	14	4	4	26
南京大学	4	8	4	6	22
厦门大学	4	6	4	6	21
华中科技大学	4	6	4	6	20
北京师范大学	4	6	6	4	20
华中师范大学	4	12	2	4	22
东北师范大学	4	9	4	6	23
西南大学	6	6	4	5	20

在上述三种课程类型之中,各校普遍将专业课进一步分解为专业理论课程与专业方法课程,由此形成了如表 4-11 所示的教育博士专业学位课程体系中新的课程结构,学位最低学分要求集中在 22 分左右(平均数为 21.75)。具体分析而言,首先,在公共课程模块,各校主要是以必修形式规定的博士生外语(专业外语、学术外语)与思政课(中国马克思主义与当代)一般各 2 学分,共 4 学分。部分学校形式与之不同,如华中科技大学设置为英语和学术前沿讲座;北京师范大学设置为外语与人文社会科学前沿讲座;东北师范大学则将专业外语设置为专业

选修课（非公共课程），而公共课程只有一项，即人文社会科学专题；西南大学公共课程安排了6学分，除了外国语、政治理论（专家系列讲座）外，将教育理论前沿讲座也纳入公共课程的范畴。第二，在专业理论课程模块，各校主要根据专业方向、师资结构及学科特色开发了较为不同的理论课程，从结构上而言，可将其主要分为基础理论课与核心理论课，基础理论课主要基于一级学科范畴，多开设专业所需的教育类基础理论，核心理论课程则类似于针对二级学科层次，开始课程与专业方向密切相关。华中师范大学的专业理论模块最为典型，其在基础理论课（一级学科）层面安排了"教育发展与改革基本问题研究"等4门必修课程，核心理论课（二级学科）则主要由承担不同专业方向具体培养工作的二级学院负责开设，分必修与选修两种类型。例如，教育学院开设教育领导与管理专业，提供了"教育领导学""教育政策学"等二级必修课，"学校案例管理"等选修课；文学院开设学校课程与教学（语文方向），提供了"语言研究方法论"等二级必修课，以及"语文教育史与语文教学"等必修课。第三，在专业方法课模块，多数培养院校专门构建了独立的专业研究方法课程，课程结构上一般都涉及了方法论与具体的研究方法两个层面内容。例如，南京大学的教育研究方法模块在教育定量研究与质性研究方法之外设计了方法论课程"高等教育研究方法：原理与应用"；而清华大学的研究方法类课除了教育定量研究与质性研究之外则还专门开设了"博士论文研究专题"与"教育评估理论与方法"，从而使研究方法课将理论与实务进行更好的结合。第四，在专业实践模块，各校的设计存在一定的差异。部分院校将专业实践模块的内容以指向教育实践领域的课程形式开展，以南京大学、厦门大学为代表。如南京大学的教育实践研究模块除了"教育实习与实践"之外，开设了"中外教育史专题""学校发展战略规划案例研究""教育管理专题调查"，厦门大学的教育实务和实践研究则共提供"院校发展专题""高校管理实务""高等教育政策与法规"等在内的8门课程。另一部分院校的专业实践课程模块则是以参与教育实践活动的形式开展，以清华大学、华中科技大学等为代表。如清华大学将专业实践活动中的文献综述与选题报告、学术活动与学术报告、资格考试纳入了必修环节,并给予学分;华中科技大学的实践研究环节包括了文献阅读与选题报告、学术报告、学位论文;东北师范大学的教育实践环节则设计为三个学期分别开展的Workshop(工作坊),并分别提供2个学分。

3. 教学过程设计

如前文所述,教育博士的院校培养主要采取的是全日制与非全日制的形式,且主要以非全日制培养为主。因此,各校在教育博士培养的教学环节与传统的全日制学术型博士生具有显著的差异,集中授课与分散学习是当前教育博士培养的一般模式。同时,为保障教育博士培养的系统性、连续性与完整性,诸多院校都在培养方案的设计中明确规定了在校脱产学习实践不少于一年,为教育博士的培养质量提供了制度保障。这些培养方式、就读形式等方面的特殊性直接决定教育博士培养中教学过程及其方法的设计,当然也影响了课程设置等密切相关的因素。本研究通过对案例院校的文本内容进行归纳比较分析,发现在培养方案设计中大多院校并未单独设计关于教学及其过程的相关内容,而是多集中于对课程体系的相关内容进行规范化说明,这可能是由于课程与教学在一定视角下能够互相替代。由此,本研究在探讨教学层面的内容则希望能够通过教学过程及其采用的主要方法进行一定的突破,以涵盖课程与教学实践范畴中更多正在发生的要素。

尽管培养院校对教育博士培养中教学层面规定不多,但从部分学校的表述中能够对其教学过程与方法的内容框架有所掌握。例如,清华大学规定:"采取课程学习与案例讨论相结合,讲授与自学相结合,导师指导与团队学习相结合的方式进行;集中面授一般在假期进行。同时,充分利用网络平台进行交流和学习。"南京大学规定第一学年第一学期学生必须脱产在校上课,第二学期采用集中授课,而此后则在导师(组)指导下进行个别化研修,并强调:"课程教学注重运用专题研讨、案例分析、现场研究、团队学习及教育调查等方法,加强自学、作业、辅导和文献阅读等环节。"厦门大学教育博士的集中教学主要安排在学制前两年的第一周、寒暑假、周末、长假等时间段,在教学方法上提出可采用"专题研讨、团队学习、案例分析、教育调查等"。东北师范大学教育博士的集中教学实践主要在第一、二学年内完成,并强调"课程实施方式灵活多样,一般以专题研讨为主"。西南大学也规定课程教学在2年内完成,其后进入学位论文撰写阶段,在教学方法层面提出"要重视运用团队学习、专题研讨、现场研究、案例分析及教育调查等方法,并加强课前自学、课后作业和网上辅导等环节,提高课程教学质量"。

  由此可知,培养院校在教学过程设计中普遍采取集中教学策略,至于"何时集中""如何集中"等问题,各校的安排可谓各异,从整体上看主要有两种形式:第一种是非连续性集中,即在学制内(一般前两年)的假期(寒暑假等)集中返校授课,如厦门大学等;第二种是连续性集中,即在较长一段时间内在校脱产学习,如南京大学等。无论是这两种中的哪种形式,分散自主学习实际上都是其重要的组成部分,直接影响了教学过程,而更为重要的是影响了教学方法及其形式。一方面,研究性教学(学习)成为主要的教学方法,多采用专题、案例、团队合作等主要形式,这无疑是与模块式或专题式课程体系遥相呼应;另一方面,分散自主学习为网络在线教学与研讨提供了契机,在互联网时代拓展了"课程教学"的边界,使教学过程连接了"线上"与"线下"以及"课内"与"课外",从而丰富了院校培养的教学内涵。

  4. 学位资格设计

  根据培养院校关于教育博士专业学位培养方案内容的总体设计与具体规划,可以发现,除了上述作出严格规定的学位课程修习(学分要求)等之外,在培养过程中,各校亦通过其他相关的资格资格设计来确保实现教育博士的培养目标。从文本所反映出的制度规范与要求层面来看,主要体现三个方面的内容,分别是中期考核制度、学术(实践)活动要求、学位论文要求。

  第一,中期考核制度。博士生中期考核制度兴起于美国大学,具体形式被称为"博士候选人资格考试"(Doctoral Candidate Qualifying

Examination），目的在于对博士生进行分流，及时淘汰在博士学习过程中表现不佳并被认定为不适合继续攻读博士学位的学生。在美国大学中，博士生中期考核一般而言在入学后第二学年结束前完成，通过考核的学生进入下阶段的学习和研究，被称为"博士候选人"（Doctoral candidate），未通过考核的学生或是退学，或是分流进入硕士项目。目前，这种制度已经成为世界一流大学博士生教育的通行做法，得到了广泛的认可。关于我国博士生教育中期考核的内容，早在20世纪八九十年代的相关政策文件中已经有所表述。近年来，我国诸多大学在博士生教育改革中探索施行中期考核，并通过制度化的形式加以确立，以期加强博士生培养的科学化、规范化与专业化。特别是在"双一流"建设的推动下，一些院校在博士生教育改革过程对中期考核进行了更加深入的探索，取得较为显著的成效，中期考核制度也在实践中日趋成熟。就目前而言，在教育博士专业学位研究生培养模式中引入中期考核制度已经成为各校较为普遍的实践做法，尽管形式和内容各有不同，但其目的与价值指向都在于对教育博士研究生学业的督促与支持。

通过对实施教育博士中期考核制度的院校相关文本进行分析，发现中期考核主要呈现两种不同的形式：一是资格型中期考核，即学生必须通过培养单位组织的考核才能进入下一阶段的学习（主要是论文研究阶段）。例如，清华大学安排在第二学年的"资格考试"，其制度规定了"考试内容包括基础理论和专业知识以及研究方法，考试形式为笔试和口试；考试由三到五位博士生导师组成的考核小组主持进行；资格考试合格后才能进入论文开题与写作阶段"。而且在考试之前，学生需"在规定时间内独立完成两篇论文的写作，一篇反映教育研究方法、一篇体现文献分析能力"，两篇文章提交考核小组审阅后，由考核小组集体打分（考核）并进行口试。南京大学的资格考试旨在"对博士生专业理论水平、实践研究能力、学位论文写作能力等进行的综合考核"，该制度要求教育博士在入学第三学期参加首轮考核，若结果为暂缓通过，则在学6年之内仍有2次机会考核机会，只有通过考核方能进入论文研究和撰写阶段。二是开题型中期考核，即将中期考核与开题答辩进行融合，学生需同时达到中期学习要求和通过学位论文开题答辩以后才能进入下一学习阶段。例如，华中科技大学规定："在课程学习阶段结束后，学生根据专业方向的培养要求，在理论、文献综述、实践研究三方面各完成一篇不少于 8000 字的研究报告，并由导师组织相关领域专家对学生进行中期考核，主要考核学生思想品德、课程学习、开题研究报告和现场答辩等方面。"厦门大学对教育博士研究生的中期考核："重在考查博士生对本学科基础理论和专门知识的掌握程度、学业进展情况，以及是否具备创新性的分析问题、解决问题的能力"，并确立了书面报告形式的学业进展和文献综述两部分的考核内容。其中，文献综述部分应围绕确定的博士学位论文选题方向，完成不少于 2 万字的文献综述报告；学业进展部分包含修课情况和在学科研履历。由此，教育博士研究生可在通过书面材料审核后直接进入学位论文开题阶段。无论是上述这两种形式的哪一种，各校都提供了至少两次的考核机会，用以督促和支持教育博士专业学位研究生的学业。

  第二，学术（实践）活动要求。高校在开展博士教育过程中普遍对学生的学术与实践活动提出了一定的要求，甚至这些要求在执行层面被量化为具体的指标，直接影响着博士生是否能完成学业并申请学位。教育博士作为专业型博士学位在院校培养过程中沿袭了这一传统，培养院校普遍对博士生的学术与实践两个层面都提出了一定的要求，并融入培养模式之中，由此构成教育博士学业生涯中重要的学位资格。一方面，在学术资格要求方面，培养院校对教育博士在学期间的学术成果产出作出了一定的要求，一般以学术论文的量化指标进行衡量。例如南京大学对教育博士在学期间的学术论文发表与科研成果规定为"至少发表 2 篇论文，其中至少有 1 篇为 CSSCI 期刊论文，1 篇（主题必须与专业相关，并由院学术委员会认可）为公开刊物论文。所发表论文本人应为第一作者，且南京大学为第一署名单位"。清华大学在培养方案中也规定："博士生在读期间至少公开在教育类 CSSCI 期刊上发表 1 篇与自身管理工作或博士论文相关学术论文。"① 此外,华中师范大学、东北师范大学等院校对于教育博士在读期间的学术论文产出都有类似的规定,只是在学术论文数量以及级别上有所不同。另一方面,在学术或实践活动方面,鉴于教育博士专业学位的实践性与应用性导向,培养院校普遍设计了关于学术实践活动或专业实践活动等相关的实践性内容,以突出专业博士学位的基本属性与价值。例如,清华大学要求:"教育博士专业学位研究生在论文工作期间每学年至少在本学科范围内做一次学术报告(包括在全国性或国际性学术会议上宣读自己撰写的学术论文),同时博士生在学期间应听取 10 次以上学术报告。"这些实践活动参与均需要进行记载,并由导师签字后计入成绩(专业实践课程模块)。厦门大学也是对学术活动进行了要求:"每学年至少参加 4 次教育相关的专题讲座、学术报告、研究生论坛或实践活动,且在每次学术或实践活动之后向主导师提交学术活动心得或调研报告。"东北师范大学则是在校内设置"教育博士研究生论坛",要求教育博士研究生"在读期间需要在该论坛上完成不少于 2 次本领域相关学术报告"。值得注意的是,南京大学特别提出了教育博士研究生在社会实践上的要求,建议他们要"适时参加本校、本省或省外其他高校、教育研究机构开展的社会实践活动",指出"社会实践活动在校内各机关部门实践、考察,到我院教育实践基地实践、考察,参加有关部门组织的社会调查以及其他实践活动,到本省或省外其他高校、教育研究机构调研和考察";同时,南京大学教育研究院将组织的教育管理专题调查的实践活动作为必修课程,要求教育博士研究生并按时参与完成教育实践活动报告;此外,依托建立的"专—兼—副"导师制度,南京大学要求教育博士研究生必须在兼职导师处完成实习("历事")任务,并于论文答辩前提交由兼职导师签字、兼职导师所在单位盖章的《教育博士实习(兼职导师处)情况

---

① 近年来社会各界对博士生在读期间是否必须发表学术论文以及将此类科研成果作为获取博士学位的资格条件等问题展开了激烈的讨论。清华大学于 2019 年宣布在校级层面取消博士生在学期间学术创新成果的统一要求,改为"博士生在学期间学术创新成果达到所在学科要求,方可提出学位申请",这一举措引发广泛热议。

表》，内容包括实习时间、内容、结果以及兼职导师评语与评分等项目。

　　第三，学位论文要求。实际上，《设置方案》对教育博士研究生的学位论文早已作出了说明，在选题方面，要求其来源于"教育、教学和教育管理实践中具有重要现实意义和应用价值的关键问题"；在论文内容方面，要求其"应具有较高的难度和创新性，反映学位申请人综合运用理论和科学方法探索与解决教育实践问题的能力"。由此可见，该要求体现了十分明显的实践性、应用性的导向特征。从案例学校制度文本反映的基本事实来看，各校普遍建议教育博士学位论文的选题从其自身的教育实践工作领域中寻找与确定，并对他们从事学位论文研究工作期间的规范性以及学位论文本身的规范等内容进行了一定要求，对学位论文的预答辩、送审、答辩等也有规定。具体举例而言：一是选题方面体现出实践应用、专业为本等特点，如东北师范大学要求学位论文选题"应密切结合学生的本职工作"，清华大学的要求是"在自身从事的教育管理相关的实践中提炼研究问题"；二是学位论文研究阶段具有严格规范，如南京大学强调"论文中调查研究涉及的原始材料，如访谈录音与文字转录、调查问卷及相关的影像或书面材料均需妥善保存，并在论文预答辩之前上交核查"，同时多数学校都规定了教育博士生研究必须定期与导师汇报论文进展等事项，部分学校还要求学生在规定时间节点进行书面的论文工作总结；三是学位论文研究中强调理论、方法与问题解决等要素，如清华大学提出的"在系统掌握有关研究方法的基础上，进行深入的理论分析，创造性地解决教育管理中的实际问题"，西南大学提出的"应强调综合运用相关理论和科学方法分析、解决教育实践中的真实问题"。值得关注的是，尽管培养院校在学位论文层面进行诸多规定与说明，但对学位论文的形式则语焉不详，从其制度设计来看，一般遵循的是学术论文的传统范式，而华中师范大学则另辟蹊径地在培养方案中明确提出"在论文形式上允许有案例分析、调研报告、教育改革方案等多种形式"，这是教育博士学位论文在院校制度设计上的一大特色，但具体的实施情况则还需要深入的考察。

四、质量评价与保障的文本分析

教育博士的院校培养需要科学合理的评价，而培养过程则需要得到切实的保障，在此基础上才能够确保院校培养质量能够达到培养目标设计的要求。由此，质量评价与保障应当是教育博士专业学位研究生培养模式的重要组成部分。通过对院校制度文本的解构与分析，在制度内容与结构设计层面，各校普遍没有设计独立的评价与保障模块，更多的是在培养过程与制度的设计环节进行了融合。换言之，质量评价与保障的制度设计更多的是分散体现在院校培养过程中的诸多环节。

一方面，在质量评价层面。教育博士院校培养质量评价秉承了传统的博士教育评价理念与体系，其建构的评价机制可主要分为课程学习评价、学术成果评价与学位论文评价三个方面的内容。在课程学习上，各校普遍构建了较为完整、系统的课程计划体系，以学分制基础，以课程学习结果为评价的结果。从资料显示来看，教育博士专业学位的课程涉及较多形式，教学方式也较为多元。在学术成果上，各校普遍对教育博士在读期间的学术成果有所要求，且多以学术论文的形式量化评价，部分院校将其纳入申请学位的必要资格之中。在学位论文上，各校对教育博士学位论文的要求均较为严格，将其视为教育博士院校培养质量的主要评价指标，直接决定是否能够授予学位，这与当前我国博士教育的现状相一致。由此，从质量评价体系标准层面来看，教育博士院校培养评价属于基于学科（学术）共同体的以结果导向为主的质量评价。

另一方面，在质量保障层面。就当前培养院校在质量保障上的策略而言，制度层面进行规范的事项主要是基于教育博士院校培养过程中各环节而展开的，如各校对课程教学环节的规定、学术与实践活动参与的要求等。除此之外，关于质量保障的规范化制度则多集中于对学位论文的要求。从各校对教育博士学位论文要求的分析，可以发现，学位论文的研究阶段、预答辩阶段、送审阶段、评审阶段、答辩阶段都具有较为严格、规范的流程和要求。以南京大学为例，前文已对南京大学在教育博士学位论文研究阶段的规范进行了一定的解读，包括选题与开题、论文规范要求、研究过程的规范等。而通过对此后数个阶段的归纳，能够更加清晰地呈现出培养院校在学位论文方面的质量保障基本策略与过程。在预答辩阶段，南京大学研究生院每年提供 4 次论文送审安排（每个季度末），要求学位论文送审前必须提前一个月进行预答辩，此举也是各校的通行做法，用以保障送审论文的质量；在送审阶段，南京大学通过教育部学位中心"学位论文网上送审平台"安排 3 位专家进行盲审，并对评审结果进行了规定，简言之即全部通过评审方可申请答辩；在答辩阶段，则采取的是"导师回避、公开答辩"的形式，并规定："答辩委员会由教授或相当专业技术职务的专家 5 人组成，其中博士生导师至少 3 人，校外专家至少 2 人（须有实务部门专家）。"结合各校培养方案的相关具体内容，值得关注的是，近年来，部分培养院校积极探索培养过程中的中期考核制度，这无疑是质量保障建设中的重要进步，表明培养院校开始从教育博士院校培养的中间环节着手干预，更加关注其培养的过程性质量。

第四节　制度困境分析：基于制度环境现状的反思

教育博士专业学位研究生的培养实践经过首批试点高校十余年来的实践探索，基本形成了集统一规范要求与各校自身办学特色相结合的培养模式，并集中体现在与之相关的制度设计中，而本研究关注、考察的文本则是其培养模式主要的制度性文本载体。通过前文对案例院校教育博士专业学位研究生培养模式文本内容的系统梳理、归纳与分析，基本已经能够描绘出当前我国教育博士专业学位在院校层面的培养实践及其制度环境。教育博士的院校培养作为系统性、过程性与特殊性并存的育人实践活动，其培养模式的制度困境则是由多种影响因素的共同作用下导致的。基于知识生产模式转型视角，可以发现，新的知识生产观之于教育博士专业学位的培养理念与路径在一定程度上与当前我国教育博士的院校培养现状存在诸多相左之处，院校层面教育博士培养塑造的制度环境正在面临难以回避、复杂交织的困境。

一、理念目标定位：学术性与应用性的博弈

传统研究型大学在知识生产模式1理念的指导下，以培养"未来学者"为目标开展博士教育，学术性成为博士生培养的逻辑旨归与价值载体。随着20世纪以来社会生产力的空前发展，生产关系从传统限制中挣脱出来，知识生产模式转型进一步造就了大学功能的延展，博士教育的学术性边界被不断地消解与重构，其内涵要素则被不断地扩大与丰富。特别是在专业型博士学位产生并得到巨大发展以后，人们对博士教育的学术性与应用性开始产生更多的疑惑。就当下学术性博士培养而言，新的知识生产观在继承科学研究学术性传统的基础上，强调其与社会互动的应用性特征，而对于专业型博士教育而言，学界对应用性与实践性导向的理念似乎已经早已能够达成共识，但对专业型博士学术性的关注与解释却有些语焉不详。由此，在我国教育博士专业学位院校培养实践中，培养理念与目标能够较为清晰、直观地表述为"复合型、职业型高级专门人才"，但所谓的"复合型"与"职业型"究竟在多大程度上能够反映与解释"学术性"与"应用性"的互动关系及其内涵，这是培养理念层面值得深思的关键问题。

根据本研究对培养院校制度文本中关于培养目标的内容梳理，发现各方对教育博士的人才类型普遍聚焦于教育实践领域的专业性层面，新的知识生产模式也促成了应用型人才成为各院校主要的培养目标定位与选择。然而，尽管作为专业博士学位，应用性的确应当是教育博士专业学位研究生培养的基本属性，但应用性作为培养理念的范畴过于宽泛，且内涵并不甚明朗，学界与培养院校通过不同角度对应用性的阐释亦不尽相同。就当前的文本表述而言，除了部分院校采取的较为笼统且宏大叙事的规定以外，亦有部分院校将培养目标表述为"研究性专业化""学术实践性"等，而且这种提法似乎正在获得更多认同。这些新的概念直接反映了培养院校正在形成关于教育博士专业学位院校培养的新理念，这是一种试图将研究型博士教育的学术性传统与专业型博士教育的应用性特征进行融合的创新探索。然而，当学术性开始融入应用性之中

时，教育博士专业学位作为实践型学位开始转向实践型研究者的人才培养，在此过程中，知识范式的差异无疑将会导致人才培养理念出现前所未有的变化。这种变化就体现在学术性与应用性的相互博弈之中。

实际上，当今社会高等教育市场化发展趋势更甚，教育博士专业学位研究生培养模式在坚持应用性导向的同时，正在积极尝试将学术性的要素纳入其培养目标之中，这也就出现了部分培养院校与相关学者提出的"实践型学者"与"实践型研究者"等人才类型的新概念。而其中的矛盾之处则在于，长期以来学术性与应用性的二元对立传统以及学术博士培养的思维惯性，限制了一种新的培养理念的成熟，任一导向的片面的价值取向极有可能进一步导致教育博士专业学位育人理念的模糊与泛化。换言之，学术与应用的关系、理论与实践的关系等关键问题，都在不同程度地影响教育博士院校培养理念及其目标的价值旨趣与发展走向。

二、招生考试安排：专业性与发展性的偏颇

教育博士专业学位研究生的院校招生考试正在伴随国家博士教育的发展变革而发生巨大的调整与变迁，新的知识生产模式的转型正在塑造我国博士生教育的内涵要素，从而反向影响其准入环节。在制度安排与实践现状上，可以说，我国教育博士专业学位的招考制度正处于新旧知识生产模式的融合与创新之中。因此，在具体的操作层面，内生性的排斥与外生性的矛盾逐渐显现出来，并正在产生更大的消极影响。

从文本资料分析来看，27所培养院校中双一流建设大学（含一流学科建设大学）基本都施行"申请—考核"的招生制度。新的知识生产观主张破除以学科知识为招考逻辑的选拔方式，无疑是对"申请—考核制"的肯定。实际上，"申请—考核制"相较于普通招考而言无论是选拔方式还是招考内容都并无环节上的简化，真正有所区别的地方在于对报考者（申请者）专业能力结构与水平的甄别方式。本研究更倾向教育博士专业学位招考采用"申请—考核制"主要也是基于该制度在对申请者既有工作经历、专业发展与素质结构具有更加精准的识别和筛选能

力，而传统以考试为主的方式则在很大程度难以通过试题考查的方式进行有效的遴选，招考环节的第一关很难发挥其应有的功能。目前新增列的高校大部分采取的依旧是普通招考的方式，而对报考者既定统一的资格规定相对而言较为宏观与宽松，对其既有的详细工作经历及其素质并不关注，"笔试＋面试"的招考形式似乎在一定程度上正影响更加适合攻读教育博士专业学位的所谓的"优质生源"的准入。有学者指出"教育博士不是培养新手，而是提升能手，使之成为专家"[①]，这实际上就要求培养院校在招考环节必须对报考者的专业能力进行有效的考察，而非过分强调其他非必要性因素。

在教育博士院校招考制度的内容上，无论是何种选拔方式，培养院校对报考者更倾向于提出学术资格要求，以此考察报考者的科研能力。特别是实施"申请—考核制"的双一流建设高校普遍提出了更高的科研资格要求，如一定级别的学术论文、一定级别的科研项目（课题），甚至学术性的职称有所要求。科研资格要求在"申请—考核制"的选拔方式之下直接成为重要的筛选性要素，将不符合要求者"拒之门外"。然而，细数部分培养院校设计的科研经历与要求，其合理性与适切性尚存在巨大的疑问。通过文本对比，发现诸多学校对教育博士专业学位报考者的学术资格要求甚至与学术型教育学博士报考者要求相同或几近相同，这显然不符合专业型博士学位人才标准观。而反观培养院校对报考者工作经历的要求，大多局限于国家统一规定的既定框架下，部分院校结合自身学科特色与培养实际，仅是在报考者的单位类型、职位上作出调整。因此，可以说，当前培养院校对教育博士报考者的能力与素养的考查并未系统且集中地关注报考者在其实践工作领域的专业能力与水平，现有的招考内容在统一既定的框架下被设计，在可供发挥的空间中左右摇摆，难以科学合理考察报考者的专业发展能力。换言之，教育博士招考方式的多元直接影响了其招考内容上的差异，但总的来说，除了

---

① 孙友莲. 实践中的质量保证：教育博士"专业性"[J]. 教师教育研究，2014，26（5）：1-6.

见之于传统知识逻辑主导的考试之外，培养院校对报考者素质结构的认定存在有失偏颇的情况，整体上呈现出过于重视对学术素养的考评，而非专业素养的考查。实际上，也有部分院校试图将科研能力与专业实践进行结合（如有学校将"教改项目"等纳入学术资格范畴），尽管专业素养的结构远不止如此，但这些探索似乎也正在消解学术性与专业能力之间的界限。

在当前我国教育博士专业学位招考制度的院校设计层面，真正值得注意且十分吊诡的现象是，实行普通招考的非双一流建设高校对报考者的学术资格要求并不是"准入性"的，更多的是"证明性"的，而双一流建设高校普遍采用当下备受推崇的"申请—考核制"，其对申请者的学术资格要求十分高，而且多是"准入式"的。这一现象既是对教育博士专业学位本质属性的游离，亦给各方对教育博士专业学位研究生培养模式造成了疑问。事实上，这些问题在某种意义上都共同指向了一个方面，那就是培养院校的招考制度是否能够在实践场域真实地、精准地考察与评价报考者的专业素质，而不是盲目模仿学术性博士学位研究生招考制度，最终导致院校招考环节出现严重的学术性导向。

三、过程制度设计：系统性与协同性的忽视

教育博士专业学位研究生培养过程是其培养模式制度设计的中心环节与核心内容，不仅直接囊括了院校培养的关键阶段与流程，而且也能够客观地反映院校培养的主要理念与价值。本研究将教育博士院校培养的过程制度划分为培养方式设计、课程体系设计、教学过程设计、学位资格设计四个方面的内容，通过对这四方面内容的系统梳理，基本呈现出当前培养院校层面的教育博士研究生培养过程及其制度环境。从文本内容所体现出的基本事实，发现培养院校总体上对教育博士研究生培养缺乏系统性与协同性的"共生理念"，从而导致培养过程的各个环节或多或少存在一定的局限，甚至走向闭门造车的窘境。

新的知识生产模式强调在应用性情境下积极调动与社会、市场等各方面的互动与联系，知识的生产、应用与传播在合作共生的系统网络与

知识集群中发生。知识经济高速发展的时代背景下,教育博士专业学位与学术型博士学位共同脱胎于传统知识生产模式的理论框架中,并逐渐在社会生产关系与方式变革的推动下发生本质性的变革。就教育博士专业学位院校培养的过程制度层面而言,新的知识生产观下的培养模式及其制度设计的症结所在具体可以从以下三个方面进行探索性地阐释。其一,校际培养主体之间。我国教育博士院校培养具有一定的特殊性,其中之一就在于攻读教育博士专业学位者都是在教育工作岗位具有一定经验甚至取得一定成就的在职人员,且培养院校多采用定向与非全日制形式开展人才培养活动。因此,教育博士研究生的培养主体绝非只有培养院校,还应该包括与之密切相关的利益相关主体,如教育博士研究生的工作单位等。然而,从现有制度文本反映的事实来看,教育博士研究生的培养院校与工作单位之间显然缺乏必要的联系,更无所谓开展培养工作层面的合作。尽管部分院校试图探索校外导师制以加强对教育博士研究生的实践性指导,但这种尝试的并非学校层面关于人次培养的设计,难以统筹安排,只能在院校培养过程的某个环节有限性发挥作用。此外,培养院校之间的协同与合作似乎也只是停留在活动参与和经验交流等层面,并未深入到更深层次、共生性的与人才培养的制度层面。其二,培养环节的制度设计。从培养过程与制度方面来看,目前各校的培养实践已经开始逐渐形成各自的特色,如弹性学制的采用、模块化课程的设计、研究性学习的重视等,这些探索都为形成兼具科学性与特色的教育博士专业学位研究生培养模式带来了积极的推动作用。然而,教育博士院校培养过程的各个环节之间可能存在相割裂的现象,难以形成人才培养合力。例如,培养院校的理论型师资队伍是否能够满足实践课程模块教学的需要,研究方法课程虽然较为前沿系统,但对于实践领域的应用研究是否适切,这些问题都值得深入关注。其三,培养内容的价值倾向。教育博士专业学位培养理念与目标的价值内涵将直接影响培养过程与内容。学术性与应用性的理念博弈无疑对教育博士生培养的具体内容造成了巨大的影响。从现状来看,集中体现在人才培养的理论价值倾向与实践价值倾向的协同与平衡问题。换言之,在教育博士院校培养过程的诸多环节学术性的理论价值倾向相较于应用性的实践交织倾向更甚，这显然与教育博士专业学位的本质属性不符。具体而言，在培养方式上，以学术见长的理论型导师组依然是教育博士专业学位师资队伍的主体，实践型导师仍未切实融入导师队伍中；在课程与教学体系上，实践性课程模块的设计明显不足，且多是"自定义"式的形式，缺乏系统完善的规划；在学位资格上，包括中期考核、学术资格要求，乃至学位论文相关的要求都呈现出极强的学术倾向，在一定程度上存在学术型博士学位培养范式的影子。上述问题从制度层面反映了教育学领域两种类型博士学位在院校培养制度设计层面的趋同性现状与价值混淆，而制度实践所呈现的现状问题则还需要进一步厘清。

四、评价保障体系：形成性与终结性的失衡

如果说招考制度为教育博士专业学位的院校培养质量守好了"入口"环节的第一道关卡，那么评价保障机制则可视教育博士专业学位人才培养质量"出口"环节的最后一道防线。因此，培养质量评价与保障是教育博士专业学位研究生培养模式及其体系中至关重要的组成部分，在制度设计中应当给予足够的重视。就我国当前培养院校的制度环境而言，对于教育博士专业学位院校培养质量的评价与保障制度，主要涉及内外部两个层面：一是来自我国教育主管部门、全国教育专业学位研究生"教指委"的指导与监督，二是来自培养院校在培养过程的制度层面进行的规范化设计。

就系统集群层面而言，尽管培养院校的培养方案作为院校办学的制度设计一般而言并不未涉及来自教育主管部门以及专业性的行业组织的支持，但这些部门与组织对教育博士院校培养质量方面所发挥的作用却是不容忽视的。从其发挥作用形式来看，教育主管部门、"教指委"等主要在监管、监督、指导、支持等方面发挥对教育博士培养质量形成影响。例如，教育主管部门在试点院校的遴选与增设、教育质量的专项评估、学位论文规定等方面起到监管与监督作用；"教指委"在招生制度规范、培养方案设计、院校交流与合作等方面起到指导与支持作用。由

此可知，实践层面的系统支持对教育博士专业学位研究生培养的评价保障具有积极意义。就结构要素层面而言，各院校在培养模式的制度设计上对于教育博士院校培养质量关注度不够，各个培养环节的联系与指向缺乏以培养质量保障为核心的必要观照。同时，带有强烈学术性倾向的相关制度要求也将教育博士院校培养评价囿于结果导向的策略体系中，致使形成性评价的影响难以发挥，从而导致两种评价导向的失衡。

具体而言，从各校文本反映的培养现状上看，一方面，部分院校的评价体系不甚健全，缺失形成性评价的制度设计，对教育博士专业学位研究生的培养过程关注度不足，特别是在学术成果产出方面要求进一步加剧了终结性评价的导向；另一方面，部分院校虽然在形成性评价方面采取了一定了探索性策略，如实行中期考核制度等，但总体上各校对教育博士专业学位论文质量评价依然在很大程度上沿袭学术型博士的范式与要求，从而使适切的评价制度难以有效嵌入教育博士专业学位研究生的培养模式之中。在此基础上，对教育博士院校培养过程及其质量的保障措施将会随着评价制度导向的失衡随之浮于规范化的工具性策略层面，而难以与评价制度共同形成科学化体系为教育博士专业学位的培养理念与目标的实现提供制度支撑。换言之，评价与保障体系似乎游离于教育博士专业学位研究生培养模式之外，正处于规范性不足、适切性有待商榷的困境中，而最为直接与严重的可能影响即是教育博士专业学位研究生培养质量的最后一道防线正在面临"失守"的危机。

第五节　制度困境的原因探讨

教育博士专业学位在我国的制度化历时不长，从发轫到发展均体现着明显的"自上而下"的特征。正如第三章历史分析部分所述，教育博士专业学位在我国高校的本土化演进历程与西方发达国家具有明显不同的发展路径，院校层面的人才培养因而面临不同的制度环境。不可否认，教育博士专业学位在任何不同国家高校的发展都存在或多或少的矛盾与问题，这与不同社会的背景是密切相关的，特别是高等教育体制的差异对其院校培养模式影响更甚。因此，我国教育博士专业学位研究生培养模式的制度现状存在亟待关注并解决的问题是其发展过程中的必然，而真正值得深入探讨的是对正在面临的制度困境原因进行全面的分析，从而为未来发展方向廓清思路。

一、统筹试点与"被平庸"的制度

我国教育博士专业学位的产生与发展具有"自上而下"的特点，且采取的是"统一安排、部分试点"的形式与策略。统筹试点的发展路径使教育博士专业学位于初创时期迅速在我国顶尖高校"扎根"，并在统一的指导与支持下开展人才培养活动。历时十余年探索，试点高校为教育实践领域输送了一大批对口的高层次人才，无疑在促进我国教师队伍结构优化、教育管理水平提高乃至教育事业发展等方面起到了积极的作用。

然而，随着我国教育事业大发展，社会或行业的发展需求对教育博士专业学位提出了更高的要求，统筹试点的弊端开展逐渐显现，最直接的表现即是制度供给不足导致的发展动力不足。具体而言，试点政策之下，少数重点高校开展人才培养，招生对象、招生规模、招生专业等发展性要素在我国长期以来一直保持不变，这无疑限制了教育博士专业学位的进一步发展。换言之，政策制度的既有框架在新的发展阶段，反而成为教育博士专业学位深化发展的制度性局限与障碍，而院校层面"整齐划一"式与"均衡平稳"式的培养实践也似乎正在使我国教育博士专业学位的政策与制度陷入"被平庸"的局限。正如有学者指出："长期以来我们的教育政策制度设计有一种倾向，就是抓重点、抓关键少数。"[①] 尽管这是针对更加宏观层面的现代大学制度所作出的判断，却也能够折射当前我国教育领域政策制度的一般意义上的共性问题。事实上，教育博士专业学位在我国已经经历十余年时间的发展，其社会声誉也在试点院校多年来的共同努力下取得了较大的提升。在既有统筹试点

---

① 卢晓中. 现代大学制度构建的人文向度 [J]. 中国高教研究，2020 (5)：37-39.

的框架下，院校层面的培养模式及其过程似乎也正在"被平庸"的制度设计中产生诸多矛盾，例如招考制度改革的受限、培养理念与目标的革新等问题。

通过历史分析可以发现，我国相关部门近年来也逐渐意识到这一问题，加之教育博士院校培养实践经验的逐渐丰富，增设培养院校的时机已经渐趋成熟。因此，自2018年开始，我国教育博士专业学位的培养院校已增设至27所，而且专业方向有所扩展，招生规模也逐渐壮大。毫无疑问，新的制度的出台无疑将对教育博士专业学位实践领域产生新的影响，对破解"被平庸"的制度倾向具有积极意义。然而值得警惕的是，目前我国增设的培养院校在培养模式与首批试点院校相比而言呈现出一些显著性的制度差异，如招考制度、学位资格要求等方面，这些差异是否反映了我国教育博士专业学位的院校培养实践正在出现制度性分层。换言之，双一流建设大学与非双一流大学、首批试点高校与新增设高校的培养实践会否造成不同类型培养院校培养质量的差异问题，从而在另一个层面出现部分院校"被平庸"的现象。实际上，从确立首批15所试点高校到新增12所高校，可以发现我国教育博士专业学位的"统筹试点"建设战略已经迈向"渐进性改革"时期，开始从1.0阶段进入了2.0阶段，"被平庸"的制度倾向得到一定程度的扭转。但在新的发展阶段，培养院校的数量有所扩增、类型渐趋多样，招生培养专业方向正在拓展，学生规模大幅增加，这些新的变化同时也意味着新的挑战的出现，需要相关各方的持续关注。

二、治理机制与"割裂"的共同体

我国高等教育管理体制的独特性等因素决定了教育博士专业学位的本土化发展路径，"自上而下"的治理逻辑与机制忽视了教育博士院校培养中作为系统有机组成部分的各要素及其之间的联合。正如前文所言，教育博士专业学位研究生培养模式的培养共同体是包括教育主管部门、全国教育专业学位"教指委"、相关院校在内的"系统集群"，反映在培养模式的结构要素层面，则体现在培养主体的多元与系统协同，这也是新的知识生产观之于教育博士培养模式所强调的与实践情境紧密结合的重要内容。

事实上，自教育博士专业学位在我国设置以来，在较长时间内其培养模式是在学科共同体范式下基于院校单一培养的学科逻辑。为数不多的试点院校在教育博士研究生培养过程中更多地采取"各自为政"的策略，在教育部以及"教指委"的指导监督下开展培养活动，制度层面的互动并不充分。尽管随着学界对教育博士专业学位的研究逐渐深入、对国外一流高校的培养实践经验理解渐趋成熟，但本土化改造，尤其是在国家主导下的教育政策制度层面的改造向来不是一件易事。因此，就制度层面而言，对教育博士专业学位培养院校的治理机制尚未完全形成科学规范、系统协同的体系。具体而言，教育部作为主管部门主要在学位授权点增设、专项评估等方面发挥宏观性的监管与监督职能；全国教育专业学位研究生"教指委"则主要扮演专家组织的角色，对培养院校的实践过程提供指导、支持并开展监督。无疑，这两大利益相关方，尤其是"教指委"在教育博士院校培养层面发挥了巨大的指导作用，作为专家组织为教育主管部门决策提供了大量的支撑性决策依据与创新观点。然而，教育博士专业学位研究生的工作单位（实践领域的工作场所）却普遍在培养过程中缺位，各培养院校之间也普遍未能形成有机联合体。这些现实情况实际上反映了我国教育博士专业学位的培养院校及利益相关"共同体"处于相"割裂"的状态，并由此引发了实际培养环节中诸多矛盾与困境的产生。

值得注意的是，在制度实践层面，全国教育专业学位研究生"教指委"作为连接教育主管部门与培养院校之间的桥梁，在对院校培养情况与需求展开系统研究的基础上，对上直接反馈建议、影响主管部门决策，对下设法提供支持、探索纾困策略路径。而且，"教指委"还致力于加强培养院校之间的联系，共同分享与探讨教育博士人才培养的经验与举措。从某种意义上而言，经过十余年的发展，培养院校在"教指委"指导下开展的合作与交流的实践似乎正在成为教育博士专业学位院校培养"共同体"建设的先期基础。因此，新的知识生产观视角下的教育博士专业学位研究生培养模式的系统集群构建具有较为良好的制度环境，同时也积累了一定的实践经验。这无疑对纾解"割裂"的培养共同体困境以及构建科学合理的治理机制提供了方向与思路。

三、文化惯性与制度的"路径依赖"

综合教育博士专业学位在我国的历史演进过程与培养院校的制度设计两方面的内容来看，教育博士院校培养在我国高等教育领域文化惯性的影响下具有较为显著的路径依赖特点。具体的路径依赖主要发生在两个方面：其一是国家宏观建制层面，表现为教育主管部门主导下的试点工作的开展；其二是院校中微观培养层面，表现为院校培养模式的制度设计。具体而言，一方面，教育博士专业学位在我国高等教育领域的建制，无疑是专业博士学位制度建设的重要内容，其制度建制路径与此前的临床医学博士专业学位相同，基本沿袭了我国专业博士学位产生与发展的制度传统。另一方面，教育博士专业学位在培养院校的"落地生根"也沿袭了传统的学术建制路径，以学科为中心的发展逻辑。这主要是由于我国的试点院校一般具有教育学一级学科的硕士或博士学位授权资格，具有学科逻辑的教育学博士学位的人才培养路径为教育博士专业学位提供了既有的范式。同一学科之下授予学术型与专业型两种博士学位，势必其中一方将会受到影响，尤其是新建制的一方对已发展较为成熟的一方的产生路径依赖。

当然，制度的路径依赖在既往文化惯性的影响之下也呈现出二重性特征：一是教育博士专业学位在我国高校的迅速部署与规范化开展院校培养实践活动具有积极影响，不仅有效地降低了政策与制度失误的风险，极大地提高了学位制度建设的效率，而且渐进式的试点策略为保障教育博士院校培养质量、提高其社会声誉的确发挥了一定作用；二是我国教育博士专业学位的发展趋缓、转型艰难，人才培养出现同质化，尤其是在学术制度牵引下的学术路径依赖，正在从内部消解教育博士专业学位及其院校培养的合法性。作为专业博士学位，教育博士研究生的培养一直以来被赋予区别于学术博士的价值理念与目标，而院校层面培养实践的学术制度路径依赖直接在学位本质属性层面引发了合法性危机。从实践现状层面来看，培养院校长期以来的学术文化惯性不仅强化了教育博士专业学位的学术性倾向，使具有明显学术价值倾向的相关制度规定内嵌至人才培养的具体过程与环节中，形成了制度性约束，而且在文化观念层面潜移默化地形塑了相关各方的行为选择，并为教育博士院校培养的学术路径依赖寻求话语支持。

新的知识生产模式转型变革为分析高等教育领域的新事物及其变化提供了丰富的视角，其中之一即是西方学者基于专业博士学位教育理念与实践特征而形成的专业博士代际嬗变理论（详见本研究文献综述）。基于该理论观照我国教育博士专业学位研究生培养模式，发现其仍然带有传统学术博士的诸多特征，在理念与目标定位、过程与制度设计等方面仍旧带有对教育学博士的模仿与趋同特征。尽管部分院校的实践改革试图引入应用性、实践性的培养内容，强调工作实践情境中的问题解决，但却可能走向了另一个极端。从制度文本来看，出现的问题主要体现为在路径依赖的影响下，教育博士专业学位研究生培养模式不仅带有第一代专业博士的学科、学术逻辑，而且在某些方面强调第二代专业博士的实践知识与经验，并在制度设计中有所关涉，同时还试图探索将学术与实践进行结合的第三代教育博士的培养路径。鉴于制度安排现状，我国教育博士专业学位的院校培养实践显然超出了西方专业博士代际嬗变理论的解释范畴，这可能与我国教育博士发展路径从创设伊始即与西方国家不同有关，加之文化背景的悬殊、管理体制的差异与培养环境的区别，在这些影响因素的共同作用下致使当前我国教育博士专业学位研究生培养模式出现显著不同的代际特征。

第五章　群体经验调查：我国教育博士专业学位研究生培养模式的量化分析

　　通过对我国教育博士专业学位研究生培养模式的制度环境要素进行拆解分析，能够还原在教育主管部门及其相关政策规约下培养院校采取的实践行动的制度逻辑与规范，并能够在较为宏观的层面发现顶层设计中可能存在的漏洞或缺陷。然而，对教育博士专业学位研究生培养模式制度环境的探讨却难以在实践培养层面直接反映各个环节的培养经验，特别是教育博士（含在读）群体对院校现行的培养模式及其实践运行系统的认知与评价。因此，在廓清制度环境的基础上，本研究采用问卷调查的研究方法对教育博士专业学位研究生群体进行抽样调查，通过对培养模式运行现状进行量化数据分析，能够更加直观地呈现当前我国教育博士专业学位研究生院校培养的群体性经验，从而在群体培养层面探讨院校培养实践中存在的重点突出问题及其特点，为厘清并完善院校培养模式及其子系统在实践运行中的不足之处提供数据支持。

第一节　研究假设

　　通过对教育博士专业学位研究生培养模式及其子系统的归纳与建构，基于本研究的理论基础与分析框架、文献综述与实地调研，探讨教育博士专业学位研究生培养模式运行现状的发展水平、子系统之间的相关关系以及对培养质量与成效的影响是本部分关注的重点。鉴于此，本研究拟将教育博士专业学位研究生培养模式及其子系统通过统计方法纳入自变量（解释变量），并将"培养质量与成效"作为因变量。结合相关研究结论、先期研究基础以及田野调查与同行研讨，提出如下假设，以期考察教育博士专业学位研究生培养模式运行现状反映出的群体经验。

第一，在教育博士专业学位研究生培养模式的结构要素方面。H1：教育博士专业学位研究生培养模式的各结构要素之间呈显著的正相关关系。H2：教育博士专业学位研究生培养模式各结构要素对培养质量与成效具有显著的正向预测作用。第二，在教育博士专业学位研究生培养模式的系统集群方面。H3：教育博士专业学位研究生培养模式系统集群中各主体作用呈显著的正相关关系。H4：教育博士专业学位研究生培养模式系统集群对培养质量与成效具有显著的正向预测作用。第三，在教育博士专业学位研究生培养质量与成效方面。H5：院校维度变量（如就读院校类型、专业方向、年级）在培养质量与成效上存在显著差异。H6：个体维度变量（如性别、年龄、就读形式、培养方式、入学前工作年限等）在培养质量与成效上存在显著差异。第四，在教育博士生培养现状与教育学博士生培养现状的趋同性方面。H7：院校维度与个体维度的相关变量在教育博士生培养现状的学术趋同上存在差异性。

第二节 研究设计

一、问卷编制

本研究采用问卷调查法对教育博士专业学位研究生培养模式及其子系统的运行现状进行调查与分析，旨在进一步深入探讨培养模式运行过程中的教育博士生群体的就读体验及其评价。通过文献综述发现，聚焦教育博士专业学位研究生培养实践的相关研究在国内并不多见，尤其是通过量化调查方式展开的研究更是凤毛麟角，因此，国内鲜见关于这一议题成熟可用的问卷量表。加之，研究的偏好与差异，自编适切于本研究主题的问卷量表成为必然的选择。鉴于此，本研究初步设计并编制了《教育博士专业学位研究生培养模式运行现状调查问卷》。该问卷主要对教育博士专业学位研究生培养模式及其子系统的核心构成要素进行提取，从而设计相应的变量因子，以确保教育博士专业学位研究生培养模式作为一个完整的框架，还原院校培养实践过程的主要与关键环节。

本研究问卷量表是在已有相关研究分析、理论基础与分析框架、前期田野调查经验、学术同行研讨等基础上综合设计而成。首先，本研究对相关研究的调查问卷及其变量要素进行了归纳与借鉴，国外的调查主要参考了2014年由佩里（Perry）团队发起的对美国卡耐基教育博士计划（CPED）盟校的调查研究，该研究以在线问卷形式抽样调查了参与CPED的21所培养院校的296名教育博士研究生，旨在从学生评价层面探讨CPED的改革成效[①]。国内的调查主要参考了全国教育博士专业学位研究生教育指导委员会（"教指委"）委托华南师范大学谢少华教授课题组展开的"教育博士专业学位研究生教育改革与发展"课题，该课题编制问卷中的"教育博士卷"旨在调查在籍和已毕业的教育博士的就读体验，该课题于2018年12月形成了详实的调研报告。其次，本研究的问卷设计充分结合了知识生产转型理论的视角与分析框架，从教育博士专业学位研究生培养模式的"系统集群—结构要素"维度设计量表因子，同时以新的知识生产观与多元学术观的核心概念观照对培养现状的描述。例如，在教育博士专业学位研究生培养模式的结构要素方面，以"学术应用性"为核心的培养理念与目标，发掘专业潜力导向的招考形式与内容，采用跨学科、应用性导向等策略的培养过程与制度，以及探索适切的培养评价制度与健全完善的保障体系。第三，本研究在设计问卷之前对一所院校的教育博士专业学位研究生的培养实践进行了调研，主要是采用参与式观察的方式进行入院校培养的"田野"与"现场"。2019年9月—2020年1月，研究者通过在X大学"教育部博士生访学基地（高等教育学）"访学的机会，参与到X大学教育研究院2019级教育博士专业学位研究生为期一个学期的集中培养过程，全

[①] Zambo R, Zambo D, Buss R R, et al. Seven Years After the Call: Students' and Graduates' Perceptions of the Re-en-visioned Ed. D [J]. Journal of Higher Education, 2014, 39(2): 123-137.

程参与其中 2 门专业必修课的学习、1 门方法类课程的学习，旁听 1 门专业选修课程，多次参与每周一次的院学术例会活动，以及旁听了 4 名教育博士专业学位研究生的毕业论文答辩会。在此过程中，研究者积累了教育博士专业学位院校培养实践层面的丰富资料，特别是在多次与在读的教育博士研究生进行的开放式交流中对本研究所关涉的问题产生了更加深刻的理解。第四，本研究问卷设计过程中也充分参考吸收了来自学术同行专家以及在读教育博士研究生的意见与建议。在问卷初步编制后，通过开展研讨会等形式向 5 位教育领域专家学者、5 位教育学研究者征求意见，并在此基础上对问卷题项等内容进行了修订。同时，邀请 3 所学校共计 30 名在读教育博士研究生试填答，结合反馈意见，对问卷中难以理解以及不恰当的题项进行了进一步的修订。

二、调查工具

表 5-1 《教育博士专业学位研究生培养模式运行现状调查问卷》结构与维度

框架结构	要素维度	
第一部分：基本信息	性别、年龄、就读院校、专业方向、年级、就读方式、培养形式、本科/硕士毕业院校类型、本科/硕士专业学科、工作单位类型、工作岗位类型、入学前工作年限、行政职级、专业技术职称	
第二部分：教育博士专业学位研究生培养模式的结构要素	培养理念与目标	培养理念
		培养目标
	招考方式与内容	报考条件
		选拔方式
		保障机制
	培养过程与制度	导师（组）指导
		课程体系设计
		教学过程设计
		学位论文规范
	质量评价与保障	质量评价体系
		质量保障机制

续表

框架结构	要素维度
第三部分：教育博士专业学位研究生培养模式的系统集群	主管部门与"教指委"指导
	各培养院校合作
	工作单位支持
第四部分：教育博士专业学位研究生培养质量与成效	理论素养
	应用能力
	职业发展
第五部分：两种学位培养现状的趋同性程度及其相关调查	集中考察培养模式结构要素学术化程度（目标、招考、过程制度与评价保障）

在上述基础上，本研究最终完成了对《教育博士专业学位研究生培养状调查问卷》的编制。该问卷对教育博士专业学位研究生培养模式进行系统的解构，充分结合本研究的理论视角与分析框架，形成了较为完整的要素框架体系，旨在全面地探讨当前我国教育博士专业学位研究生院校培养的现状及其运行水平。如表5-1所示，该问卷主要由5个部分组成。第一部分为基本信息，主要包括填答者的性别、年龄、就读院校、专业方向等。第二部分是围绕教育博士专业研究生培养模式的结构要素设计的测评量表，包括4个量表，分别对培养理念与目标、招考形式与内容、培养过程与制度以及质量评价与保障这4个方面进行测量。第三部分是围绕教育博士专业研究生培养模式的系统集群主体设计的测评量表，对院校教育博士专业学位研究生培养的主要利益相关方的指导、合作与支持程度进行测量。第四部分是围绕教育博士专业学位研究生培养质量与成效设计的量表，主要对理论素养、应用能力、职业发展3个方面进行测量。第五部分是本研究为调查当前教育学科两种不同类型博士学位人才培养现状趋同程度设计的问卷题项，主要围绕培养模式的结构要素及其相关问题展开。

三、调查取样

本研究面向全国教育博士专业学位研究生展开随机抽样调查，既包括在读的教育博士研究生，也包括已毕业的教育博士。目前而言，我国正式开展教育博士专业学位研究生培养的院校共计 27 所，含首批试点的 15 所院校，以及 2018 年新增列的 12 所地方院校。调查样本的专业方向包括已被正式授权招生的"教育领导与管理""学校课程与教学""学生发展与教育"以及"汉语国际教育"。

本研究于 2020 年 6—7 月正式向教育博士专业学位研究生群体发放问卷，受新冠肺炎疫情的影响，主要采用线上方式回收问卷与采集数据，问卷全部填答完毕需要 12—20 分钟左右，技术平台采用的是问卷星调查平台。具体问卷投放途径是：一方面，通过华中师范大学高等教育研究所及研究生院与相关培养院校取得联系，并发起调查；另一方面，通过全国教育专业学位研究生教育指导委员会主办的"全国教育博士专业学位研究生论坛"的线上交流平台直接向教育博士研究生发放调查问卷。需要指出的是，本研究问卷发放的时间节点确保了"博一"的学生已经完成了第一年的学业，他们对各自院校的培养现状已经形成较为清晰的认知与体验，由此确保了他们对本研究问卷填答的时效与质量。本研究共回收问卷 216 份，通过剔除不合格问卷，如填答者身份不符、填答时间过快、有明显填答规律以及关键值缺失等，最终得到有效问卷 206 份，问卷回收的有效率约为 95.37%。

四、探索性因子分析与信效度检验

根据调查工具中涉及的量表，本研究通过探索性因素分析降维析出相关的因子，并对样本数据及其因子进行信效度检验，以确保问卷量表的内部一致性与测量目标的准确真实，同时为接下来的统计分析奠定基础。本研究量表采用的是李克特 5 点计分法（1＝十分不符合、2＝不符合、3＝不确定、4＝符合、5＝十分符合）。

1. 教育博士专业学位研究生培养模式的结构要素

关于教育博士专业学位研究生培养模式的结构要素的量表共有 4 个，分别测量"培养理念与目标""招考内容与方式""培养过程与制度""质量评价与保障" 4 个方面的内容。

具体而言，首先，关于"培养理念与目标"的量表包含 6 道题项。通过主成分分析法进行提取，并通过最大方差法进行旋转，结果显示，KMO 值为 0.874，Bartlett's 球形检验近似卡方值为 817.962，并达到显著（$p=0.000$）。由此进一步在"培养理念与目标"上萃取 2 个因子，如表 5-2 所示，分别命名为"培养理念"与"培养目标"。"培养理念"因子主要是测量培养院校在教育博士专业学位研究生培养实践中是否有效秉持的关于"学术应用性"相关的理念；"培养目标"因子则是测量"复合型""职业型"以及"学术实践者"的目标与培养院校实际对教育博士专业学位研究生培养方向的符合程度。萃取因子较为理想，该量表具有较好的结构效度。这 2 个因子的 Cronbach's α 值分别为 0.816 与 0.890，表明量表信度较高。这 2 个因子累积解释了总方差 78.611% 的变异量。

表 5-2 "培养理念与目标"因子分析结果（旋转后的成分矩阵）

题项	成分	
	培养理念	培养目标
17-1	0.801	
17-2	0.798	
17-3	0.742	
17-4		0.676
17-5		0.868
17-6		0.850

注：根据 SPSS 统计结果制表，隐去了低于 0.5 的系数。

其次，关于"招考内容与形式"的量表包含 12 道题项，分别为 18-1—18-12。在第一次因子分析中，将提取的因子数设为与预设目标相对应的 3 个，发现存在 18-1、18-9 两道题项在多个因子上荷载量较高，考虑尝试将这两道题项逐个剔除并观察新的因素模型。在剔除这两道题项后，结果显示的 KMO 值为 0.919，Bartlett's 球形检验近似卡方值为 1515.214，并达到显著（$p=0.000$）。采用主成分分析法，最大方差法旋转，进一步萃取 3 个因子，旋转后的成分负荷矩阵如表 5-3 所示，将因子分别命名为"报考条件""识别与筛选功能"以及"招考保障机制"。其中，"报考条件"因子是指排除教育博士专业学位招生中的必备条件（如思想政治条件、学历条件等），测量学生对"科研成果要求""外语水平要求"合理性的评价；"识别与筛选功能"因子主要是测量学生对当前普遍采用的普通招考与"申请—考核"两种招考制度对于能否有效识别报考者专业理论与能力素养并筛选最具未来发展潜力的报考者以及各个环节科学合理性的评价；"招考保障机制"因子主要是测量培养院校在招考过程中的是否建立了科学完备的组织机制、监督机制、申诉机制以及招考过程的公开透明程度。萃取因子较为理想，该量表具有较好的结构效度。这 3 个因子的 Cronbach's α 值分别为 0.624、0.909、0.920，表明量表信度较高。此外，3 个因子累积解释了总方差 79.194% 的变异量。

表 5-3 "招考内容与方式"因子分析结果（旋转后的成分矩阵）

题项	成分		
	报考条件	识别与筛选功能	招考保障机制
18-2	0.908		
18-3	0.668		
18-4		0.747	
18-5		0.772	
18-6		0.828	
18-7		0.701	
18-8			0.687
18-10			0.834

题项	成分		
	报考条件	识别与筛选功能	招考保障机制
18-11			0.884
18-12			0.874

注：根据SPSS统计结果制表，隐去了低于0.5的系数。

第三，关于"培养过程与制度"的量表共有17道题项，分别为19-1—19-17。根据预设目标，在探索性因子分析中，将提取的因子数设置为4个，为优化模型，先后逐个剔除了19-1、19-2、19-6、19-17共计4道题项，因子模型由此达到最优状态。因子分析结果显示，KMO值为0.912，Bartlett's球形检验近似卡方值为1797.412，并达到显著（$p=0.000$）。

表5-4 "培养过程与制度"因子分析结果（旋转后的成分矩阵）

题项	成分			
	导师（组）指导	课程体系设计	教学过程设计	学位论文规范
19-3	0.814			
19-4	0.827			
19-5	0.592			
19-7		0.781		
19-8		0.785		
19-9		0.734		
19-10			0.659	
19-11			0.651	
19-12			0.789	
19-13			0.556	
19-14				0.739
19-15				0.880
19-16				0.789

注：根据SPSS统计结果制表，隐去了低于0.5的系数。

如表 5-4 所示，采用主成分分析法、最大方差法旋转，进一步将萃取 4 个因子，分别命名为"导师（组）指导""课程体系设计""教学过程设计""学位论文规范"。其中，"导师（组）指导"因子主要测量学生对培养过程中的导师指导制度创新、师资队伍建设、导师（组）指导有效性等的评价；"课程体系设计"因子主要测量学生对课程价值、课程内容、课程形式等方面的评价；"教学过程设计"因子主要测量学生对教学形式、教学方法、教学有效性等方面的评价；"学位论文规范"因子主要测量学生对教育博士专业学位论文的价值特点、研究过程及其方法的规范等内容的评价。萃取因子较为理想，该量表的结构效度较高。根据信度检验结果显示，这 4 个因子的 Cronbach's α 值分别为 0.803、0.929、0.852、0.821，表明量表信度较高。此外，4 个因子累积解释了总方差 76.712% 的变异量。

第四，关于"质量评价与保障"的量表共有 9 道题项，分别为 20-1—20-9。在第一次探索性因子分析中，将提取的因子数设置为 2 个，发现题项 20-6 在 2 个因子上的荷载量过高，考虑将其剔除后再分析。第二次探索性因子分析结果显示，KMO 值为 0.933，Bartlett's 球形检验近似卡方值为 1873.747，并达到显著（$p=0.000$）。如表 5-5 所示，采用主成分分析法、最大方差法旋转，进一步萃取了 2 个因子，将其分别命名为"质量保障机制"与"质量评价体系"。其中，"质量评价体系"因子主要测量院校培养实践中与构建"完备的课程学习评价体系""专业成果评价体系""专业能力评价体系"以及"学位论文评价体系"的符合程度；"质量保障机制"因子主要测量培养院校培养实践中与有效实施了过程性评价制度（如中期考核）、学位论文质量保障策略以及培养质量保障的制度机制的符合程度。萃取因子较为理想，该量表的结构效度较高。根据信度检验结果显示，这 2 个因子的 Cronbach's α 值分别为 0.957 与 0.915，量表信度较高。这 2 个因子累积解释了总方差 86.283% 的变异量。

表 5-5 "质量评价与保障"因子分析结果（旋转后的成分矩阵）

题项	成分	
	质量评价体系	质量保障机制
20-1	0.850	
20-2	0.882	
20-3	0.873	
20-4	0.690	
20-5	0.724	
20-7		0.850
20-8		0.856
20-9		0.761

注：根据 SPSS 统计结果制表，隐去了低于 0.5 的系数。

2. 教育博士专业学位研究生培养模式的系统集群

关于"教育博士专业学位研究生培养模式的系统集群"的量表共有 14 道题，分别为 21-1—21-14。通过探索性因子分析，采用主成分分析法，最大方差法旋转，将特征值设置为大于 1，结果显示 KMO 值为 0.909，Bartlett's 球形检验近似卡方值为 2690.204，并达到显著（$p=0.000$），且提取了 3 个因子。

如表 5-6 所示，将 3 个因子分别命名为"主管部门与'教指委'指导""培养院校间合作"以及"工作单位支持"。其中，"主管部门与'教指委'指导"因子主要测量主管部门（如教育部等）与"教指委"对教育博士专业学位的重视与指导程度；"培养院校间合作"因子主要测量各个培养院校之间的相互联系、交流合作、资源共享等；"工作单位支持"因子主要测量工作单位对攻读教育博士专业学位的支持程度及其参与培养过程程度。根据信度检验结果显示，这 3 个因子的 Cronbach's α 值分别为 0.947、0.928 与 0.853，表明量表信度较高。3 个因子累积解释了总方差 77.940% 的变异量。

表 5-6 "系统集群"各因子分析结果（旋转后的成分矩阵）

题项	成分		
	主管部门与"教指委"指导	培养院校间合作	工作单位支持
21-1	0.694		
21-2	0.859		
21-3	0.853		
21-4	0.817		
21-5	0.813		
21-6	0.806		
21-7		0.693	
21-8		0.813	
21-9		0.862	
21-10		0.844	
21-11			0.758
21-12			0.789
21-13			0.853
21-14			0.795

注：根据 SPSS 统计结果制表，隐去了低于 0.5 的系数。

3. 教育博士专业学位研究生培养质量与成效

表 5-7 "培养质量与成效"因子分析结果（旋转后的成分矩阵）

题项	成分		
	学术理论素养	专业应用能力	职业发展水平
22-1	0.869		
22-2	0.886		

续表

题项	成分		
	学术理论素养	专业应用能力	职业发展水平
22-3	0.851		
22-4		0.687	
22-5		0.693	
22-6		0.776	
22-7		0.772	
22-8		0.735	
22-10			0.664
22-11			0.858
22-12			0.804
22-13			0.855

注：根据SPSS统计结果制表，隐去了低于0.55的系数。

关于"教育博士专业学位研究生培养质量与成效"的量表共有13道题项，分别为22-1—22-13。通过探索性因子分析，采用主成分分析法，最大方差法旋转，将因子数设置为3个。为优化因子模型，剔除了题项22-9，结果显示 KMO 值为 0.925，Bartlett's 球形检验近似卡方值为 2321.336，并达到显著（$p=0.000$）。如表5-7所示，将提取的3个因子分别命名为"学术理论素养""专业应用能力"与"职业发展水平"。其中，"学术理论素养"因子旨在测量教育博士研究生专业学术理论素养及其学术思维的发展水平；"专业应用能力"因子旨在测量教育博士研究生学术实践能力、问题解决能力、通用能力、可迁移能力等的发展；"职业发展水平"因子旨在测量教育博士研究生的职业发展空间与前景、待遇、认可度以及未来发展机会的变化。这3个因子的 Cronbach's α 值分别为 0.938、0.938 与

0.896，表明量表信度较高。此外，3个因子累积解释了总方差82.413%的变异量。

4. 教育博士生培养现状学术趋同程度及其相关调查

该部分主要从教育博士专业学位研究生培养模式的结构要素出发，调查教育博士生的培养实践中各要素与教育学博士生的趋同性程度。趋同程度量表含7道题项，采用李克特5点计分法，由1至5分别表示趋同程度的递增，即1分表示"完全不趋同"，5分表示"完全趋同"。通过因子分析，结果显示，KMO值为0.761，Bartlett's球形检验近似卡方值为363.056，并达到显著（$p=0.000$）；提取1个因子，将其命名为"两种学位培养现状趋同程度"，在测量教育博士专业学位研究生培养的理念目标、招考环节、导师（组）指导、课程体系、教学过程、学位论文标准以及质量评价与保障等方面与教育学博士学位的趋同性程度。该因子累积解释了总方差57.700%的变异量。信度检验结果显示，Cronbach's α值为0.815，表明信度较高。此外，该部分还通过一些题项的设计，用于调查与两种学位培养现状趋同性等相关的问题，以补充与辅助解释两种博士学位在培养实践中各个方面存在的趋同性问题。

第三节 描述性统计

一、样本描述性统计

表5-8 样本数据基本特征（1）

项目类型		样本量（比例）	项目类型	样本量（比例）
性别	男	112(54.4%)	本科就读院校	双一流高校	76(36.9%)
	女	94(45.6%)		非双一流高校	130(63.1%)

续表

项目类型		样本量（比例）	项目类型		样本量（比例）
年龄	30岁及以下	5(2.5%)	硕士就读院校	双一流高校	122(59.2%)
	31—40岁	125(60.7%)		非双一流高校	84(40.8%)
	41—50岁	71(34.4%)	年级	博一	33(16%)
	50岁以上	5(2.5%)		博二	71(34.5%)
攻读院校	首批试点院校	167(81.1%)		博三	41(19.9%)
	新增列院校	39(18.9%)		博四	23(11.2%)
专业方向	教育领导与管理	136(66%)		博五及以上	11(5.3%)
	学校课程与教学	41(19.9%)		已毕业	27(13.1%)
	学生发展与教育	18(8.7%)	行政职级	副厅级及以上	2(1%)
	汉语国际教育	11(5.3%)		正处级	18(8.7%)
就读方式	全日制	85(41.3%)		副处级	50(24.3%)
	非全日制	121(58.7%)		正科级	45(21.8%)
培养形式	定向培养	180(87.4%)		副科级及以下	23(11.2%)
	非定向培养	26(12.6%)		无	68(33%)
入学前工作年限	5—7年	41(19.9%)	专业技术职称	正高	18(8.7%)
	8—10年	42(20.4%)		副高	77(37.4%)
	11—13年	37(18%)		中级	94(45.6%)
	14—16年	32(15.5%)		初级	12(5.8%)
	17年及以上	54(26.2%)		无	5(2.4%)

如表5-8所示，基于对206份有效样本的描述统计可知，在性别方

面，男性112人，占比54.4%；女性94人，占比45.6%。在年龄方面，样本年龄主要集中于30—50岁，占总样本的95.1%，具体为：30岁及以下的有5人，占比2.5%；31—40岁的有125人，占比60.7%；41—50岁的有71人，占比34.4%；50岁以上的有5人，占比2.5%。在攻读教育博士专业学位的院校方面，就读于首批15所试点院校的有167人，占总样本的81.1%；就读于新增列的地方高校的有39人，占总样本的18.9%。在专业方向上，攻读教育领导与管理专业的有136人，占比66%；攻读学校课程与教学的有41人，占比19.9%；攻读学生发展与教育的有18人，占比8.7%；攻读汉语国际教育的有11人，占比5.3%。在就读方式上，全日制的有85人，占总样本的41.3%；非全日制的有121人，占总样本的58.7%。在培养形式上，定向培养的有180人，占总样本的87.4%；非定向培养的有26人，占总样本的12.6%。在入学前工作年限方面，5—7年工作经验的有41人，占比19.9%；8—10年工作经验的有42人，占比20.4%；11—13年工作经验的有37人，占比18%；14—16年工作经验的有32人，占比15.5%；17年及以上工作经验的有54人，占比26.2%。在年级方面，博一有33人，占比16%；博二有71人，占比34.5%；博三有41人，占比19.9%；博四有23人，占比11.2%；博五及以上（延期）的有11人，占比5.3%；已毕业的有27人，占比13.1%。在行政职级方面，副厅级及以上的有2人，占比1%；正处级的有18人，占比8.7%；副处级的有50人，占比24.35；正科级的有45人，占比21.8%；副科级及以下的有23人，占比11.2%；另有68人无行政职级。在专业技术职称方面，正高职称的有18人，占比8.7%；副高职称的有77人，占比37.4%；中级职称的有94人，占比45.65%；初级职称的有12人，占比5.8%；另有5人尚无职称。

表 5-9 样本数据基本特征（2）

专业学科	本科	硕士	工作单位	样本量	工作岗位	样本量
哲学	10(4.9%)	1(0.5%)	学前教育学校	3(1.5%)	专任教师岗	3(1.5%)
经济学	—	3(1.5%)			管理岗	—
法学	13(6.3%)	13(6.3%)	中小学校（含中职）	54(26.2%)	专任教师岗	41(19.9%)
教育学	57(27.7%)	112(54.4%)			管理岗	13(6.3%)
文学	57(27.7%)	27(13.1%)	高等院校	137(66%)	专任教师岗	28(13.6%)
历史学	4(1.9%)	—			管理岗	109(52.9%)
理学	29(14.1%)	10(4.9%)	特殊教育学校	2(1%)	专任教师岗	2(1%)
工学	17(8.3%)	14(6.8%)			管理岗	—
农学	2(1%)	3(1.5%)	科研机构	7(3.4%)	科研岗	5(2.4%)
医学	3(1.5%)	1(0.5%)			管理岗	3(1.5%)
军事学	—	—	教育行政部门	1(0.5%)	管理岗	1(0.5%)
管理学	13(6.3%)	20(9.7%)				
艺术学	1(0.5%)	2(1%)	其他	2(1%)	其他	2(1%)

如表 5-9 所示，样本的本科与硕士阶段的专业学科基本涉及我国当前实行的 13 个一级学科类型（除军事学外）。本科阶段的专业学科主要集中在教育学（57 人，占比 27.7%）、文学（57 人，占比 27.7%）、理学（29 人，占比 14.1%）；硕士阶段的专业学科主要集中在教育学（112 人，占比 54.4%）、文学（27 人，占比 13.15%）、管理学（20 人，占比 9.7%）。样本的工作单位涉及各级各类学校，主要集中高等院校（含成人高等教育院校）与中小学（含中职学校），分别是 137 人（占比 66%）与 54 人（占比 26.2%）。样本的工作岗位主要是各级各类学校的专任教师岗与管理岗，其中：中小学校专任教师岗有 41 人，占比 19.9%，管理岗有 13 人，占比 6.3%；高等院校管理岗有 109 人，占比 52.9%，专任教师岗有 28 人，占比 13.6%。此外，样本中还有部分来

自学前教育学校、特殊教育学校、科研机构以及教育行政部门。值得关注的是样本中部分工作单位及其岗位并不符合我国教育博士专业学位研究生的招考条件[①]，在院校招生与培养实践中出现了不符合规定的情况。结合"教指委"曾多次发文敦促培养单位规范招生制度的事实，以及本研究开展的进一步随访调查，发现制度层面对培养院校招生的规范与实践层面的复杂情况存在一定的张力，并随之产生了一定的"灰色空间"，简单地作出培养院校在招生中可能存在"违规"的判断并不合理。实际上，造成"不符合报考条件"的考生进入教育博士专业学位的人才培养中，这与我国复杂的高等教育发展态势以及相关制度设计的模糊性密不可分。

二、变量描述性统计

1. 解释变量描述性统计

结合探索性因子分析，本研究所采集的样本数据结果如表 5-10 所示。首先，在教育博士专业学位研究生培养模式的结构要素方面，"培养理念"与"培养目标"的因子得分较高，均值分别为 4.08 与 4.13，表明教育博士研究生对当前培养院校确立的培养理念与目标较为认可；招考内容与形式上的 3 个因子中，"识别与筛选功能"的因子得分略低，均值为 3.89，表明教育博士专业学位招考制度对于精准遴选应用能力突出的报考者还有进步空间；培养过程与制度上的 4 个因子，"学位论文规范"因子的得分最高，均值为 4.15，"导师（组）指导"因子的得分最低，均值为 3.67，但超过了理论中值 3 分，表明在培养过程中导师（组）指导的有效性与适切性需要关注；在质量评价与保障上的 2 个因子的均值分别为 3.79 与 3.93，表明培养院校基本已经建立了教育博士专业学位研究生培养质量的评价体系与保障机制，但仍有发展的空间。第二，在教育博士专业学位研究生培养模式的系统集群方面，"主

[①] 2008 年国务院学位委员会审议通过的《教育博士专业学位设置方案》规定：各培养院校的教育博士专业学位招收对象须为中小学教师和各级各类学校管理人员。

管部门与教指导指导"因子与"培养院校间合作"因子的得分相当,均值分别为 3.69 与 3.70,"工作单位参与"因子得分最低,均值为 3.29,仅略超过理论中值,表明工作单位在教育博士培养的实践层面参与度在利益相关者中较低。第三,在教育博士专业学位研究生培养质量与成效方面,"学术理论素养"与"专业应用能力"2 个因子的得分均超过 4 分,均值分别为 4.24 与 4.09,表明教育博士研究生对入学后自身学术素养与实践能力的提升具有较高的评价,但"职业发展水平"因子得分较低,均值为 3.65,表明教育博士研究生对攻读学位后的职业发展前景与空间持并不乐观的态度。

表 5-10 各维度因子均值与标准差

因子	平均值（M）	标准差（SD）
1. 培养理念	4.08	0.68
2. 培养目标	4.13	0.69
3. 报考条件	4.14	0.72
4. 识别与筛选功能	3.89	0.74
5. 报考保障机制	4.02	0.81
6. 导师（组）指导	3.62	0.95
7. 课程体系设计	3.86	0.89
8. 教学过程设计	3.91	0.74
9. 学位论文规范	4.15	0.67
10. 质量评价体系	3.79	0.83
11. 质量保障机制	3.93	0.82
12. 主管部门与"教指委"支持	3.69	0.83
13. 培养院校间合作	3.70	0.89
14. 工作单位参与	3.28	1.03
15. 学术理论素养	4.24	0.66
16. 专业应用能力	4.09	0.67
17. 职业发展水平	3.65	0.88

2. 趋同性相关问题描述性统计

本研究通过设置关于教育博士与教育学博士两种类型博士学位人才培养现状的趋同性题项，测量培养实践层面两种学位的趋同程度。结果显示，该因子的得分均值为 3.79，标准差为 0.72，表明两种博士学位在人才培养实践中呈现中高度趋同状态。就各个题项具体而言，在"培养理念与目标"题项上的趋同程度得分最低，均值为 2.65，标准差为 0.53，表明教育博士研究生对当前培养实践中两种博士学位的分类培养理念与目标较为认可，两种博士学位在理念与目标层面的趋同性最低；在"导师（组）指导"与"学位论文标准与要求"题项上的得分最高，均值分别为 4.03 与 3.98，标准差分别为 0.83 与 0.90，表明在教育博士专业学位研究生培养实践中导师或导师组的具体指导以及两种类型博士学位论文标准存在较高的趋同性。其他题项的得分大体相当，"招考制度及其过程"题项上的均值为 3.77，"课程体系"与"教学方法与过程"题项上的均值分别为 3.68 与 3.69，"质量评价与保障"题项上的均值为 3.85，均超过了中值，表明在这些方面两种博士学位的趋同性问题也较为明显。

根据对"当前教育博士专业学位研究生培养实践更倾向于下列哪一种类型？"题项的统计，如图 5-1 所示，6 人选择"完全学术型"，占总样本的 2.9%；1 人选择"完全实践型"，占总样本的 0.5%；10 人选择"重实践、轻学术"，占总样本的 4.9%；83 人选择"重学术、轻实践"，占总样本的 40.3%；106 人选择"兼顾学术与实践"，占总样本的 51.5%。该结果表明，从教育博士研究生的就读体验来看，当前培养院校的培养实践主要呈现"重学术、轻实践"与"兼顾学术与实践"两种主要的倾向。一方面，"重学术、轻实践"的倾向预示了两种博士学位在实践层面可能存在的趋同性问题，教育博士专业学位在一定程度上受到学术博士学位培养传统的影响，存在学术路径依赖与惯性；另一方面，"兼顾学术与实践"的倾向占较大比例，似乎也预示着培养院校在教育博士培养实践层面正在探索平衡学术性与应用性的路径，致力于改革教育博士专业学位的培养实践，以建立与之相适切、独立且自成体系

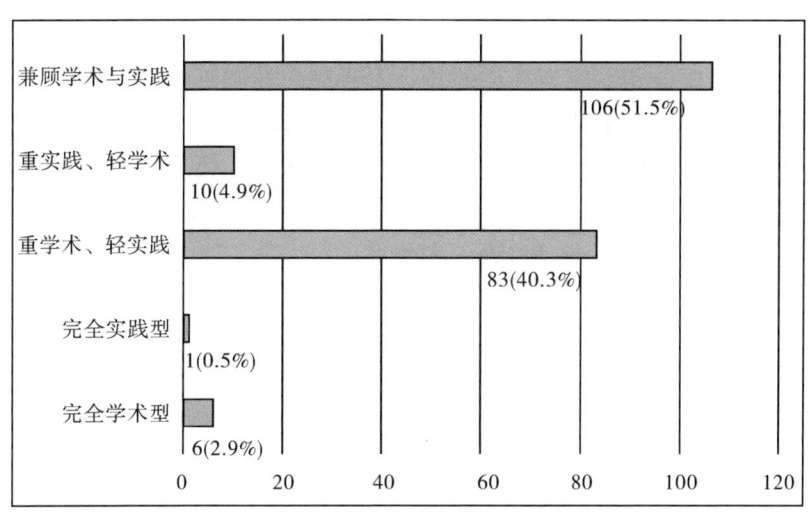

图 5-1 关于教育博士专业学位研究生培养实践现状的倾向性的统计

的培养模式。

根据对"哪种制度对教育博士专业学位研究生招考而言更有利于科学选才?"题项的统计,如图5-2所示,21人选择了"普通招考",占总样本的10.2%;69人选择了"申请—考核制",占总样本的33.5%;116人选择了"二者相结合",占总样本的56.3%。该结果表明,教育博士研究生对当前实施的招考制度的看法更趋向于将"普通招考"与"申请—考核制"两种形式进行有效结合。作为招考制度,无论是当前正在博士生招生中流行的"申请—考核制",还是传统的普通招考,在教育博士专业学位研究生培养院校中都被广泛采用。根据前文的制度分析可知,首批试点院校以及双一流建设高校更多采用"申请—考核制",新增列高校以及非双一流建设的地方高校更多采用"普通招考";根据本研究的田野调查发现,采用"申请—考核制"的院校大多拥有教育学的博士学位点,教育博士专业学位研究生招考采用"申请—考核制"在一定程度上受到教育学博士学位研究生招考的影响,因此,"申请—考核制"呈现一定的学术倾向。换言之,尽管当前越来越多培养院校在教育博士研究生的招考中探索"申请—考核制",但如何将"申请—考核制"分类设计运用于两种不同类型博士学位的招生中,这是招考环节应当关注的重要议题。应当关注的是,本研究问卷调研中,半数以上的填答者认为应该将"申请—考核制"与普通招考将结合,实际上表明了在读学生对独单一使用"申请—考核制"的担忧。尤其是田野调查中受访者提及的"申请—考核制"所设立的高学术门槛,使诸多在专业实践领域表现出色的报考者难以达到入围条件。

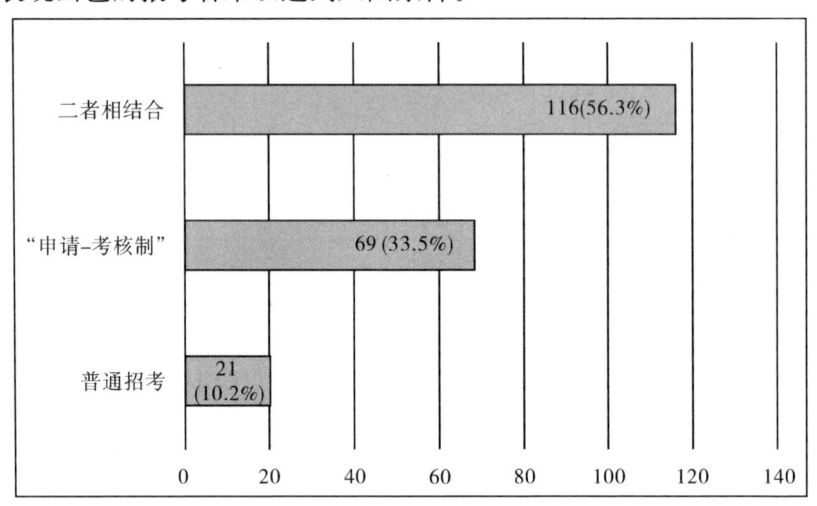

图 5-2 关于更有利于教育博士专业学位科学选才的招考制度的统计

根据"您对当前教育博士专业学位论文标准及要求的评价"题项的统计,采用李克特 5 点计分法,"1—5"分别表示从"十分不满意"到"十分满意"。结果显示,样本均值为 3.59,标准差为 0.93,表明总体而言教育博士研究生对学位论文的评价趋向正面。通过田野调查发现,诸多受访者表示教育博士专业学位论文的标准与教育学博士学位的标准存在同质化,均是以严格统一学术指标作为标准。尽管受访者学生与教师都明确表示教育博士专业学位区别于学术型的教育学博士学位,认可教育博士专业学位论文应当有其独立的价值标准,但受制于当前学术同行评议的制度传统与文化氛围,难以在短期内得到改变。更重要的是,基于应用性或实践性的教育博士专业学位论文,无论是内容形式上的求新,抑或是评审标准的革新,都难以形成广受认可的质量标准保障。传统形态的博士学位论文及其同行评审标准与规则依然在培养院校与教育博士研究生中产生巨大的影响作用。庆幸的是,尽管各方以及逐渐认识到教育博士专业学位论文的特殊性,因此更多的教育博士研究生开始基于自身专业实践领域发现研究问题,尝试基于实践问题解决的学位论文研究。

第四节 差异性分析

本研究通过独立样本 T 检验与单因素方差分析等方法,对样本涉及的相关变量进行差异性检验,以反映教育博士专业学位研究生培养现状在群体经验维度上的差异性特征。结合相关研究基础与实际调研,本研究主要从样本的院校维度与个体维度两个方面探讨其在各相关变量上的差异。具体而言,在院校维度方面,主要检验与探讨"就读院校类型"变量(首批试点院校与新增列院校)、"专业方向"变量,在教育博士专业学位研究生培养模式分析框架各要素因子得分现状以及培养质量与成效上的差异性情况;在个体维度方面,主要检验与探讨教育博士研究生样本中的"性别"变量、"年级"变量、"就读方式"变量、"培养形式"变量、"入学前工作年限"变量等,在教育博士专业学位研究生培养质量与成效上的差异性情况。

一、教育博士专业学位研究生培养模式运行现状的院校维度差异

1. 基于院校类型的差异

表5-11 质量评价体系在院校类型上差异

变量		频数(人)	均值	标准差	t
质量评价体系	首批试点高校	167	3.85	0.81	2.02*
	新增列高校	39	3.55	0.87	

将样本中就读院校类型划分为首批试点高校与新增列高校两类,采

用独立样本 T 检验，分析两类院校在教育博士专业学位研究生培养模式运行现状上的差异性。如表 5-11 所示，就读院校类型在教育博士专业学位培养模式的各维度因子上，只有"质量评价体系"因子通过显著性检验（$p<0.05$），首批试点高校在"质量评价体系"上的得分均值为 3.85，新增列高校在"质量评价体系"上的得分均值为 3.55，表明首批试点高校在教育博士专业学位研究生培养模式中质量评价体系相较于新增列高校更加完善。

表 5-12　培养质量与成效在院校类型上差异

变量		频数（人）	均值	标准差	t
学术理论素养	首批试点高校	167	4.26	0.67	1.08
	新增列高校	39	4.14	0.61	
专业应用能力	首批试点高校	167	4.10	0.67	0.60
	新增列高校	39	4.03	0.67	
职业发展水平	首批试点高校	167	3.63	0.92	−0.63
	新增列高校	39	3.73	0.71	

此外，通过独立样本 T 检验不同培养院校类型对"培养质量与成效"维度上的 3 个因子"学术理论素养""专业应用能力"与"职业发展水平"进行了差异性检验，如表 5-12 所示，结果显示不同培养院校类型在培养质量与成效上也并没有呈现出显著性差异。

2. 基于专业方向的差异

在教育博士专业学位的专业方向中，汉语国际教育专业是 2018 年最新开设并开始招生的专业，首年招生人数较少，且部分院校是通过挂靠学校课程与教学专业进行的招生。因此，考虑到汉语国际教育专业在教育博士专业学位的培养中起步较晚，以及研究样本的实际情况，本研究将汉语国际教育专业划入学校课程与教学专业中，分析教育领导与管理、学校课程与教学、汉语国际教育在教育博士专业学位培养模式实践现状上的差异性。单因素方差分析结果显示，不同专业方向在教育博士专业学位培养模式的各维度变量上均未能通过 ANOVA 显著性检验，表明不同专业方向在其培养模式实践现状的各个维度并不存在显著的差异。

表 5-13 培养质量与成效的专业方向差异

变量	学术理论素养		专业应用能力		职业发展水平	
	均值	标准差	均值	标准差	均值	标准差
教育领导与管理	4.21	0.67	4.06	0.68	3.71	0.83
学校课程与教学	4.28	0.69	4.15	0.69	3.51	1.03
学生发展与教育	4.31	0.50	4.13	0.45	3.56	0.80
F	0.38		0.39		1.08	

此外，通过单因素方差分析检验不同专业方向在教育博士专业学位培养质量与成效 3 个因子"学术理论素养""专业应用能力"与"职业发展水平"上的差异性，如表 5-13 所示，结果显示不同专业方向"教育领导与管理""学校课程与教学（含汉语国际教育）"与"学生发展与教育"在"学术理论素养""专业应用能力"与"职业发展水平上"并没有呈现出显著的差异性。

3. 基于年级的差异

表 5-14 培养质量与成效的年级差异

变量	学术理论素养		专业应用能力		职业发展水平	
	均值	标准差	均值	标准差	均值	标准差
博一	4.15	0.65	4.01	0.64	3.79	0.63
博二	4.25	0.66	4.08	0.63	3.60	0.87
博三	4.14	0.70	3.96	0.73	3.48	1.02
博四	4.13	0.62	3.93	0.68	3.42	0.85

续表

变量	学术理论素养		专业应用能力		职业发展水平	
	均值	标准差	均值	标准差	均值	标准差
博五及以上	4.39	0.57	4.22	0.55	3.52	0.96
已毕业	4.49	0.68	4.47	0.64	4.14	0.84
F	1.36		2.55*		2.63*	

如表 5-14 所示,采用单因素方差分析年级变量对教育博士专业学位研究生培养质量与成效的 3 个因子表现上的差异进行考察。结果显示,年级变量在学术理论素养上的差异性未能通过 ANOVA 显著性检验,表明在各个年级在学术理论素养的培养质量与成效上没有显著的差异;年级变量在专业应用能力上存在显著性差异($p<0.05$),在职业发展水平上也存在显著性差异($p<0.05$)。进一步采用 LSD 事后检验法进行多重比较,结果显示,在专业应用能力方面,已毕业教育博士的专业应用能力显著高于博一($p<0.01$)、博二($p<0.05$)、博三($p<0.01$)与博四($p<0.01$);在职业发展水平方面,已毕业教育博士的职业发展水平显著高于博二($p<0.01$)、博三($p<0.01$)、博四($p<0.01$)以及博五及以上($p<0.05$)。

二、教育博士专业学位研究生培养质量与成效的个体维度差异

1. 基于性别的差异

表 5-15　培养质量与成效的性别差异

变量	男（N=112）		女（N=94）		t
	均值	标准差	均值	标准差	
学术理论素养	4.31	0.65	4.16	0.68	1.66
专业应用能力	4.17	0.63	3.99	0.70	1.96*
职业发展水平	3.86	0.76	3.40	0.95	3.75***

如表 5-15 所示，采用独立样本 T 检验对性别变量在教育博士专业学位研究生培养质量与成效的 3 个因子表现上的差异进行考察。结果显示，在教育博士研究生的样本中，男性与女性在学术理论素养上的得分均值分别为 4.31 与 4.16，但没有通过显著性检验，表明在"培养质量与成效"的"学术理论素养"提升方面不存在显著的性别差异；男性与女性在"专业应用能力"上的得分均值分别为 4.17 与 3.99，且通过了显著性检验（$p<0.05$），表明在"培养质量与成效"的"专业应用能力提升"方面存在显著的性别差异，男性的表现要优于女性；男性与女性在职业发展水平上的得分均值分别为 3.86 与 3.40，且通过了显著性检验（$p<0.001$），表明在培养质量与成效的职业发展水平提升方面存在显著的性别差异，男性的表现要优于女性。

2. 基于年龄的差异

表 5-16 培养质量与成效的年龄差异

变量	学术理论素养		专业应用能力		职业发展水平	
	均值	标准差	均值	标准差	均值	标准差
30 岁及以下	4.13	0.51	3.92	0.18	3.75	1.45
31—40 岁	4.19	0.68	4.03	0.67	3.57	0.86
41—50 岁	4.31	0.64	4.17	0.69	3.84	0.85
50 岁以上	4.47	0.77	4.56	0.52	2.80	0.57
F	0.69		1.61		3.15*	

如表 5-16 所示，将样本中的年龄变量划分为 5 个区间，分别为 30 岁及以下、31—40 岁、41—50 岁、51 岁以上，采用单因素方差分析检验不同年龄阶段在教育博士专业学位研究生培养质量与成效 3 个因子上的差异性。结果显示，在学术理论素养与专业应用能力上，不同年龄阶段不存在显著性差异；但在职业发展水平上，不同年龄阶段通过 ANOVA 显著性水平检验（$p<0.05$），表明存在显著性差异。进一步采用 LSD 事后检验法进行多重比较，结果显示，在职业发展水平方面，

41—50 岁年龄阶段的教育博士研究生的职业发展水平显著高于 31—40 岁年龄阶段的教育博士研究生（$p<0.05$），也显著高于 50 岁以上年龄阶段的教育博士研究生（$p<0.01$）。

3. 基于就读方式与培养形式的差异

表 5-17　培养质量与成效的就读方式、培养形式差异

变量	全日制（$N=85$）		非全日制（$N=121$）		T
	均值	标准差	均值	标准差	
学术理论素养	4.16	0.64	4.30	0.67	−1.50
专业应用能力	4.10	0.63	4.08	0.69	1.46
职业发展水平	3.71	0.82	3.60	0.93	0.83
变量	定向（$N=180$）		非定向（$N=26$）		t
	均值	标准差	均值	标准差	
学术理论素养	4.21	0.64	4.42	0.77	−1.51
专业应用能力	4.08	0.64	4.10	0.85	−0.77
职业发展水平	3.65	0.82	3.62	1.25	0.12

如表 5-17 所示，将就读方式划分为全日制与非全日制，将培养形式划分为定向与非定向，分别采用独立样本 T 检验考察其在培养质量与成效 3 个因子上的差异性。结果显示，全日制的教育博士研究生在专业应用能力与职业发展水平上的得分均值均略高于非全日制的教育博士研究生，在学术理论素养上的得分均值略低于非全日制的教育博士研究生，但不同就读方式在教育博士专业学位研究生培养质量与成效上并不存在显著的差异。非定向培养的教育博士研究生在学术理论素养与专业应用能力上的得分均值略高于定向培养的教育博士研究生，在职业发展水平上的得分均值则略低于定向培养的教育博士研究生，但不同培养方式在教育博士专业学位研究生培养质量与成效上并不存在显著的差异。

4. 基于入学前工作年限的差异

如表 5-18 所示，将样本中的入学前工作年限划分为 5 个区间，分别为 5—7 年、8—10 年、11—13 年、14—16 年以及 17 年及上，并采用单因素方差分析检验入学前不同工作年限在教育博士专业学位研究生培养质量与成效 3 个因子上的差异性。结果显示，在学术理论素养方面，入学前工作年限在 14—16 年的教育博士研究生得分均值最高，为 4.43，入学前工作年限在 5—7 年的教育博士研究生得分均值最低，为 3.76，且入学前不同工作年限在学术理论素养上具有显著的差异（$p<0.05$）。进一步采用 LSD 事后检验法进行多重比较，结果显示，入学前工作年限在 5—7 年的教育博士研究生在学术理论素养提升上显著低于入学前工作年限在 11—13 年（$p<0.05$）、14—16 年（$p<0.01$）以及 17 年及以上（$p<0.01$）的教育博士研究生。在专业应用能力与职业发展水平方面，入学前不同工作年限均未能通过 ANOVA 显著性水平检验，表明不存在显著的差异。

表 5-18 培养质量与成效的入学前工作年限差异

变量	学术理论素养		专业应用能力		职业发展水平	
	均值	标准差	均值	标准差	均值	标准差
5—7 年	3.96	0.70	3.89	0.70	3.63	0.95
8—10 年	4.17	0.63	4.02	0.58	3.48	0.89
11—13 年	4.29	0.74	4.09	0.69	3.53	0.90
14—16 年	4.43	0.56	4.16	0.64	3.92	0.68
17 年以上	4.36	0.61	4.25	0.69	3.73	0.91
F	3.18*		1.11		1.48	

三、教育博士专业学位研究生培养现状学术趋同的差异分析

通过逐一进行差异性分析，发现教育博士专业学位研究生培养现状的趋同程度在专业方向上存在差异，如表 5-19 所示。学校课程与教学

专业（含汉语国际教育）在趋同程度上的得分均值最高，为 4.00，教育领导与管理专业在趋同程度上的得分均值略低，为 3.75，学生发展与教育专业在趋同程度上的得分均值最低，为 3.56。通过单因素方差分析，不同专业在培养现状的趋同程度上存在显著差异（$p<0.05$）。进一步采用 LSD 事后检验法进行多重比较，结果显示，学校课程与教学专业（含汉语国际教育）在培养现状上的学术趋同程度上显著高于教育领导与管理专业（$p<0.05$）、显著高于学生发展与教育专业（$p<0.05$）。

表 5-19　两种博士学位培养现状趋同程度的专业方向差异

变量	培养现状趋同程度		F
	均值	标准差	
教育领导与管理	3.75	0.69	
学校课程与教学（含汉语国际教育）	4.00	0.70	3.45*
学生发展与教育	3.56	0.93	

第五节　相关性分析

本研究采用皮尔逊（Pearson）相关系数法，用以测量各维度因子的相关关系。如表 5-20 所示，相关性结果显示，培养理念与目的维度上的 2 个因子"培养理念"与"培养目标"，招考内容与形式维度上的 3 个因子"招考条件""识别与筛选功能""招考保障机制"，培养过程与制度维度上的 4 个因子"导师（组）指导""课程体系设计""教学过程设计""学位论文规范"，质量评价与保障维度上的 2 个因子"质量评价"与"质量保障"，系统集群维度上的 3 个因子"主管部门与'教指委'支持""培养院校间合作""工作单位参与"，彼此之间呈中等正相关关系（$ps<0.01$）。

第五章 群体经验调查：我国教育博士专业学位研究生培养模式的量化分析

表 5-20 各变量相关系数

因子	1	2	3	4	5	6	7	8	9	10	11	12	13	14	15	16	17
1. 培养理念																	
2. 培养目标	.797**																
3. 报考条件	.277**	.257**															
4. 识别与筛选功能	.456**	.451**	.545**														
5. 报考保障机制	.497**	.535**	.416**	.748**													
6. 导师（组）指导	.476**	.442**	.243**	.439**	.478**												
7. 课程体系设计	.553**	.478**	.320**	.498**	.523**	.685**											
8. 教学过程设计	.589**	.493**	.260**	.451**	.486**	.663**	.788**										
9. 学位论文规范	.476**	.412**	.460**	.413**	.482**	.381**	.545**	.536**									
10. 质量评价体系	.626**	.546**	.280**	.511**	.598**	.652**	.727**	.747**	.498**								
11. 质量保障机制	.613**	.567**	.317**	.511**	.639**	.544**	.640**	.622**	.558**	.823**							
12. 主管部门与"教指委"指导	.525**	.498**	.312**	.452**	.472**	.442**	.511**	.598**	.414**	.563**	.578**						
13. 培养院校间合作	.549**	.480**	.264**	.421**	.469**	.538**	.585**	.698**	.428**	.702**	.626**	.720**					
14. 工作单位参与	.356**	.355**	.245**	.369**	.423**	.457**	.392**	.422**	.248**	.445**	.438**	.505**	.479**				
15. 学术理论素养	.504**	.430**	.320**	.335**	.303**	.365**	.543**	.468**	.572**	.507**	.543**	.419**	.430**	.311**			
16. 专业应用能力	.469**	.481**	.277**	.298**	.347**	.449**	.434**	.484**	.409**	.575**	.575**	.480**	.517**	.358**	.762**		
17. 职业发展水平	.395**	.467**	.131**	.335**	.371**	.430**	.356**	.472**	.287**	.581**	.546**	.544**	.550**	.520**	.428**	.654**	

注：** 表示在 $P<0.01$ 级别（双尾）相关性显著。

同时，除"招考条件"因子外，其他所有因子均与培养质量与成效维度上的3个因子"学术理论素养""专业应用能力""职业发展水平"呈中等正相关关系（$ps<0.01$）。"招考条件"因子与"职业发展水平"不存在相关关系，但与"学术理论素养""专业应用能力"因子呈中等正相关关系（$ps<0.01$）。由此可知，本研究中提取的各因子变量之间的相关关系良好，适合进一步开展回归统计分析。

第六节　回归分析

一、变量界定

基于对各维度变量之间相关关系的分析结果，本研究进一步对各变量进行回归分析。在回归分析之前，需要对变量进行一定的界定，以确保模型的清晰与准确。一方面，将"培养质量与成效"确立为因变量，该维度共析出3个因子，分别为"学术理论素养""专业应用能力"与"职业发展水平"。为方便模型统计，通过变量转换，将二阶潜变量进一步降维，主要方式是取上述3个显变量因子的均值，作为降维后新的潜变量的值，命名为"培养质量与成效"。"培养质量与成效"因子的均值为3.99，标准差为0.63。

另一方面，解释变量主要输入的是教育博士专业学位培养模式析出相关的因子，结构要素的因子分别为"培养理念""培养目标""报考条件""识别与筛选功能""报考组织保障""导师（组）指导""课程体系设计""教学过程设计""学位论文规范""质量评价""质量保障"；系统集群的因子分别为"主管部门与教指导支持""培养院校间合作"与"工作单位参与"。本研究在回归分析中主要致力于讨论教育博士专业学位研究生培养模式各维度因子对其培养质量与成效的影响，因此输入的解释变量与控制变量主要采用的是上述范围内的因子。通过探索性回归分析发现，将样本中采集的人口学变量对纳入回归模型，调整后的R

方值较低。相较而言，人口学变量对培养质量与成效的解释程度较低，对模型解释量贡献有限。考虑到回归模型中解释变量的因子较多，因此综合考虑不建议将人口学变量纳入回归模型分析之中。

二、回归模型

本研究采用的多元线性回归分析教育博士专业学位结构要素变量与系统集群变量对培养质量与成效的预测作用。计量回归模型的数学方程表达式可列为：

$$Q_i = \beta_0 + \beta_j \sum_{j=1}^{J} M_{ji} + \beta_k \sum_{k=J+1}^{K} E_{ki} + \beta_l \sum_{l=K+1}^{L} P_{li} + \beta_n \sum_{n=L+1}^{N} G_{ni} + \beta_t \sum_{t=N+1}^{T} S_{ti} + \varepsilon_i$$

Q 表示教育博士专业学位研究生培养质量与成效，M 表示"培养理念与目标"维度的变量，E 表示"招考内容与形式"维度的变量，P 表示"培养过程与制度"维度的变量，G 表示"质量评价与保障"维度的变量，S 表示"系统集群"维度的变量。J、K、L、N、T 分别表示"培养理念与目标""招考内容与形式""培养过程与制度""质量评价与保障"以及"系统集群"维度的变量个数，j、k、l、n、t 分别表示第 j、k、l、n、t 个自变量。β 是指回归模型中自变量对因变量产生的偏效应，ε 是指回归模型无法解释的随机误差。

三、回归结果

在使用 SPSS 进行回归分析时，本研究先采用逐步法（步进法），旨在探索并验证各个解释变量与被解释变量之间影响关系的相对强弱，以决定各个解释变量是否适合纳入回归方程。结合逐步回归分析结果以及本研究的分析框架，再采用解释性回归分析。具体方法是，使用输入法，将教育博士专业学位研究生培养模式的结构要素因子、系统集群因子分别纳入回归模型。由于回归模型中的解释变量之间并非独立发生作用而是相互影响，因此每个维度解释变量纳入回归模型后，其对模型的解释力都会发生变化。基于此，本研究试图关注、理解并积极解释每个维度解释变量的个别解释力及其在不同各个回归方程模型中发生的变化。

如表 5-21 所示,分别将"培养理念与目标""招考内容与形式""培养过程与制度""质量评价与保障""系统集群"维度涉及的因子分别递增地纳入回归模型,共产生 5 个模型。除模型 2 的 F 检验值未达到显著,其他 4 个模型 F 检验值均达到了显著性水平($p=0.000$)。德宾-沃森(Durbin-Watson)的值为 2.098,介于 1.5—2.5 理论可接受范围内,表明残差相互独立,序列相关性较弱。添加了所有解释变量后模型 5 的调整后 R 方为 0.538,自变量能够解释因变量 53.8%的变异性,表明该模型的拟合较好。多重共线性检验结果显示,5 个模型的容差在 0.306—0.646 之间,方差膨胀系数 VIF 最大值为 5.038,表明模型不存在严重多重共线性问题。

表 5-21 回归模型汇总摘要

模型	R	R 方	调整后 R 方	变化量统计			德宾-沃森 (Durbin-Watson)
				R 方变化量	F 变化量	Sig. F 变化量	
1	0.559[a]	0.313	0.306	0.313	46.202	0.000	
2	0.578[b]	0.334	0.318	0.021	2.140	0.096	
3	0.659[c]	0.434	0.408	0.100	8.688	0.000	
4	0.724[d]	0.525	0.498	0.090	18.464	0.000	
5	0.755[e]	0.569	0.538	0.044	6.570	0.000	2.098

本研究设计的解释变量(自变量)包括各维度共计的 14 个因子变量,将各个维度涉及的变量分别依次纳入多元线性回归方程模型,回归系数与显著性检验结果如表 5-22 所示。具体而言,模型 1 是将培养理念与目标维度的 2 个变量纳入回归方程,模型通过显著性检验($p<0.001$),调整后 R 方的值为 0.306,表明"培养理念"与"培养目标"这两个变量能够解释培养质量与成效 30.6%的变异量。回归结果显示,

"培养理念"变量能够显著正向预测教育博士专业学位研究生的培养质量与成效（$\beta=0.249$，$p<0.01$），"培养目标"变量也能够显著正向预测教育博士专业学位研究生培养质量与成效（$\beta=0.297$，$p<0.001$）。模型2是在模型1变量基础上将招考内容与形式涉及的3个因子纳入回归方程，结果发现，调整后的R方只增加了0.021，回归方程也未能通过显著性检验（$p=0.096$），表明该维度的各因子在模型2中难以直接预测教育博士专业学位研究生培养质量与成效。由此，本研究试图将该维度的3个变量因子单独纳入回归方程，发现模型通过显著检验，各项指标良好，但只有"报考保障机制"变量通过了模型回归的显著性检验（$p=0.006$）。

模型3是在模型2的基础上将培养过程与制度维度的4个变量因子纳入回归方程，模型通过显著性检验（$p<0.001$），调整后R方的值为0.408，增加了0.100个单位，表明模型3的各变量累计解释了教育博士专业学位研究生培养质量与成效40.8%的变异量。具体而言，在模型3中的基础变量方面，"培养理念"因子的非标准化系数β由模型2中的0.208减小为0.025，且在模型中对因变量的显著性消失了，而"培养目标"因子的β系数相较模型2变化不大，且通过显著性检验（$\beta=0.258$，$p<0.01$）。由此可知，将培养过程与制度的变量纳入模型后在一定程度上影响了"培养理念"对因变量的作用，但"培养目标"变量则呈现出较为稳定的特征。招考内容与方式维度的变量仍然未能通过回归显著性检验。在模型3中的新纳入的培养过程与制度维度的变量方面，"导师（组）指导"（$\beta=0.098$）与"教学过程设计"（$\beta=0.182$）两个变量通过了$p<0.05$水平上的显著性检验，"学位论文规范"变量（0.174）则通过了$p<0.05$水平上的显著性检验，表明这3个变量能够显著正向预测教育博士专业学位研究生培养质量与成效；"课程体系设计"变量（$\beta=0.056$）虽然对因变量略有影响，但未能通过模型回归显著性检验。

表 5-22　模型回归系数与显著性检验（$N=206$）

变量维度		解释变量	因变量:教育博士专业学位研究生培养质量与成效				
			模型 1	模型 2	模型 3	模型 4	模型 5
教育博士专业学位研究生培养模式结构要素	培养理念与目标(M)	培养理念	0.249**	0.208*	0.025	−0.072	−0.083
			(0.090)	(0.091)	(0.091)	(0.085)	(0.082)
		培养目标	0.297***	0.255**	0.258**	0.246**	0.220**
			(0.089)	(0.901)	(0.085)	(0.079)	(0.076)
	招考内容与形式(E)	招考条件		0.068	0.018	0.031	0.005
				(0.061)	(0.060)	(0.055)	(0.034)
		识别与筛选功能		0.053	0.033	0.046	0.034
				(0.082)	(0.077)	(0.071)	(0.069)
		报考保障机制		0.049	0.047	0.166*	0.185*
				(0.072)	(0.069)	(0.067)	(0.065)
	培养过程与制度(P)	导师(组)指导			0.098*	0.058	0.032
					(0.052)	(0.049)	(0.048)
		课程体系设计			0.056	0.026	0.002
					(0.069)	(0.065)	(0.063)
		教学过程设计			0.182*	0.084	0.007
					(0.082)	(0.080)	(0.081)
		学位论文规范			0.174**	0.130*	0.154*
					(0.069)	(0.065)	(0.062)
	质量评价与保障(G)	质量评价				0.215**	0.203*
						(0.082)	(0.081)
		质量保障				0.224**	0.170*
						(0.075)	(0.073)

续表

变量维度	解释变量	因变量:教育博士专业学位研究生培养质量与成效				
		模型1	模型2	模型3	模型4	模型5
教育博士专业学位研究生培养模式系统集群（S）	主管部门与"教指委"支持					0.102* (0.058)
	培养院校间合作					0.052 (0.059)
	工作单位参与					0.100* (0.036)
	常数项	1.750*** (0.236)	1.408*** (0.280)	1.031*** (0.278)	1.149*** (0.257)	1.169*** (0.247)
	调整后R方	0.306	0.318	0.408	0.498	0.538

注：* 表示在 0.05 水平上显著，** 表示在 0.01 水平上显著，*** 表示在 0.001 水平上显著，表中为未标准化 β 系数，括号内为标准误差值。

模型4是在模型3的基础上将质量评价与保障维度的2个变量因子纳入回归方程，模型通过显著性检验（$p<0.001$），调整后 R 方的值为 0.498，增加了 0.090 个单位，表明模型4的各变量累计解释了教育博士专业学位研究生培养质量与成效 49.8% 的变异量。具体而言，在模型4的基础变量方面，培养理念与目标维度上的"培养理念"变量依然未能通过回归显著性检验，"培养目标"变量的 β 系数相较模型3变化不大（由 0.258 略减为 0.246），且通过回归显著性检验（$p<0.01$），再次表明"培养目标"对因变量影响的稳定性。在招考内容与方式维度上，"招考保障机制"变量 β 系数增加为 0.166，并通过 $p<0.05$ 水平上的回归显著性检验，由此产生对因变量培养质量与成效的正向预测作用。在培养过程与制度维度上，尽管4个变量对因变量有所影响，但 β 系数都有所减小，表明影响程度在减弱。其中"导师（组）指导"变量由 0.098 减少为 0.058，"课程体系设计"变量由 0.056 减少为 0.026，"教学过程设计"变量由 0.182 减少为 0.084，"学位论文规范"变量由

0.174 减少为 0.130，且只有"学位论文规范"变量通过回归显著性检验（$p<0.05$），这表明新纳入的变量在一定程度上调节了培养过程与制度维度各变量对因变量的作用。在模型 4 新纳入的质量评价与保障维度的变量方面，"质量评价体系"通过了模型回归显著性检验（$\beta=0.215$，$p<0.05$），"质量保障机制"则通过了模型回归显著性检验（$\beta=0.224$，$p<0.01$），表明这两个变量能够显著正向预测因变量教育博士专业学位研究生培养质量与成效。

模型 5 是在模型 4 的基础上将系统集群维度的 3 个变量因子纳入回归方程，模型通过显著性检验（$p<0.001$），调整后 R 方的值为 0.538，增加了 0.044 个单位，表明模型 5 的各变量累计解释了因变量教育博士专业学位研究生培养质量与成效 53.8% 的变异量。具体而言，在模型 5 的基础变量方面，培养理念与目标维度上"培养目标"变量通过回归显著性检验（$p<0.01$），β 系数被调整为 0.220，实际变化不大。在招考内容与方式维度上，"招考保障机制"变量与模型 4 相比对因变量的影响有所提升，进一步通过 $p<0.01$ 水平上的回归显著性检验。在培养过程与制度维度上，与模型 4 相比，"学位论文规范"变量的 β 系数有所增加，由 0.130 变为 0.154，并通过回归显著性检验（$p<0.05$），其他 3 个变量未能通过回归显著性检验。在质量评价与保障维度上，与模型 4 相比相差不大，尽管 β 系数有所减小，分别从 0.215 减小为 0.203、0.224 减小为 0.170，但两个变量均通过回归显著性检验（$p<0.05$），表明对因变量的正向预测作用较为稳定。在新纳入的系统集群维度因子方面，"培养院校间合作"变量对因变量有所影响（$\beta=0.052$），但未能通过模型回归显著性检验；"主管部门与'教指委'指导"变量通过了模型回归显著性检验（$\beta=0.102$，$p<0.05$），"工作单位支持"变量通过了模型回归显著性检验（$\beta=0.100$，$p<0.01$），表明这两个变量能够显著正向预测因变量教育博士专业学位研究生培养质量与成效。

第七节 结论与讨论

本研究在该部分主要采用量化统计方法对我国教育博士专业学位研究生培养模式的运行现状、培养质量与成效以及培养学术化倾向进行群体经验层面的调查与分析。基于新的知识生产观的理论视角与分析框架编制调查问卷,本研究在教育博士专业学位研究生培养模式的系统结构设计上,全面统筹考虑了其结构要素与系统集群。在结构要素方面,将学术应用观融入培养理念与目标,将专业能力导向融入招考环节,将创新导师指导制度、跨学科多学科视角、多元混合教学方法、创新学位论文标准等融入培养过程的制度设计,将创新分类与过程性评价融入的质量评价与保障机制,并将教育博士专业学位研究生院校培养实践中的主要利益相关者纳入系统集群的培养共同体,包括主管部门与"教指委"、各培养院校以及工作单位。问卷调查来自24所教育博士专业学位研究生培养院校的206份有效问卷样本,基于教育博士(包括在读与已毕业)的视角,通过描述性统计、相关分析、差异性分析与多元回归分析等方法,本研究对当前相关院校教育博士专业学位研究生培养模式的实践现状在数据层面进行归纳、验证与分析,形成了一定的研究结论;同时,在数据分析与结论验证的过程中,结合文献研究与调研经验,在一些方面形成的结论值得进一步讨论。

一、基本结论

第一,在教育博士专业学位研究生培养模式的结构要素方面,"培养理念与目标""招考内容与形式""培养过程与制度"以及"质量评价与保障"维度的各因子之间呈显著的正相关关系。通过差异性分析发现,不同培养院校类型(首批试点院校与新增列院校)在教育博士专业学位研究生培养模式运行现状的"质量评价体系"因子上存在显著差异($p<0.05$),主要体现为首批试点高校在培养质量评价体系方面要优于新增列高校,更趋完善,在其他维度因子的表现上则不存在显著差异。

通过多元线性回归分析发现，在模型1中，"培养理念"（$\beta=0.249$，$p<0.01$）与"培养目标"（$\beta=0.297$，$p<0.001$）因子能够显著正向预测培养质量与成效。将"招考内容与形式"维度因子纳入模型后，模型2中，虽然招考环节的3个因子均对培养质量与成效有正向影响，但模型并未显著，表明招考维度变量无法直接预测因变量。将"培养过程与制度"维度因子纳入模型后，模型3通过检验，招考维度的因子仍未通过回归检验，"培养理念"因子系数大幅降低（$\beta=0.025$），且显著性消失，但"培养目标"因子系数变化不大（$\beta=0.258$）；同时"导师（组）指导""教学过程设计"与"学位论文规范"因子都通过回归检验，能够对显著正向预测培养质量与成效，"课程体系设计"因子虽然对因变量有所影响，但未能通过回归检验。将"质量评价与保障"维度因子纳入模型后，模型4通过显著性检验，且两个因子"质量评价体系"（$\beta=0.215$，$p<0.01$）与"质量保障机制"（$\beta=0.224$，$p<0.01$）都通过回归检验，能够显著正向预测培养质量与成效。"质量评价与保障"维度因子的加入，使"导师（组）指导"与"教学过程设计"因子β系数值渐减，显著性也消失了，表明培养质量评价与保障相关变量的加入调节了培养过程对培养质量的影响程度。教育博士专业学位研究生培养模式的结构要素各维度因子共解释了回归模型因变量培养质量与成效49.8%的变异量。

第二，在教育博士专业学位研究生培养模式的系统集群方面，通过相关分析，"主管部门与'教指委'支持""工作单位间合作"与"工作单位参与"各因子之间呈显著的正相关关系。通过差异性分析，结果发现，不同院校类型、不同专业方向在系统集群各因子上并未呈现出显著的差异。将系统集群维度的变量进一步纳入回归模型后，模型5自变量解释的因变量的变异程度从49.8%上升到53.8%。其中，"主管部门与'教指委'指导"（$\beta=0.102$，$p<0.05$）对培养质量与成效具有显著的正向预测作用，"工作单位参与"（$\beta=0.100$，$p<0.05$）对培养质量与成效具有显著的正向预测作用。"培养院校间合作"对因变量有一定影响（$\beta=0.062$），但未能通过回归检验。

第三，在教育博士专业学位研究生培养质量与成效方面，通过差异性分析，结果发现，不同性别教育博士专业学位研究生在"学术理论素养"上并没有表现出显著的差异，但在"专业应用能力"（$p<0.05$）与"职业发展水平"（$p<0.001$）上都呈现出男性表现要优于女性，体现了显著的性别差异。不同年龄阶段的教育博士专业学位研究生在"学术理论素养"与"专业应用能力"上并未表现出显著的差异，但在"职业发展水平"上呈现了一定的差异，主要体现在41—50岁年龄阶段的教育博士研究生的职业发展水平显著高于31—40岁年龄阶段（$p<0.05$）与50岁以上年龄阶段（$p<0.01$）的教育博士研究生。不同就读方式（全日制与非全日制）与不同培养形式（定向与非定向）在教育博士专业学位研究生培养质量与成效上没有表现出显著差异。入学前不同的工作年限在教育博士专业学位研究生在"专业应用能力"与"职业发展水平"上没有呈现出显著差异，但在"学术理论素养"的表现上呈现出显著差异（$p<0.05$），主要体现在入学前工作年限在5—7年的教育博士研究生在学术理论素养提升上显著低于入学前工作年限在11—13年（$p<0.05$）、14—16年（$p<0.01$）以及17年及以上（$p<0.01$）的教育博士研究生。

第四，在教育博士生培养现状与教育学博士生的趋同现状方面，研究发现，教育博士生培养现状存在较大程度的学术趋同性问题（$M=3.79$，$SD=0.72$）。通过差异性检验，发现不同专业方向在培养现状的学术趋同程度上存在显著差异（$p<0.05$），主要体现在学校课程与教学专业（含汉语国际教育）在培养现状学术趋同程度上显著高于教育领导与管理专业（$p<0.05$）、显著高于学生发展与教育专业（$p<0.05$）。不同院校类型（首批试点院校与新增列院校）、不同年级等在培养现状的学术趋同程度上则没有呈现出显著性差异。

二、反思讨论

1. 关于教育博士专业学位研究生培养模式的结构要素

第一，在培养理念与目标层面。根据样本数据的统计，培养理念

（$M=4.08$）与培养目标（$M=4.13$）因子的得分均值在 4 分之上，表明教育博士专业学位研究生群体对培养院校在培养实践中践行的理念与目标的评价更趋向正面。换言之，培养院校在秉持与践行"应用性学术观"的培养理念，以及致力于培养"学术型实践者"或"学术性应用人才"等方面取得了较受认可的评价。而且，在不同的回归模型中，随着诸如招考环节、过程环节的变量的加入，虽然培养理念在回归模型中的影响系数不断减小，且显著性逐渐消失，但培养目标在回归模型中则显现出更强的稳定性，模型 1—模型 5 的变化中，β 系数降幅较低且维持在较高水平，始终对培养质量与成效具有显著的正向预测作用，由此表明培养目标在教育博士专业学位研究生的培养中发挥的积极作用，特别是其对培养质量与成效的影响。因此，确立科学、明晰、适切的培养目标应当成为教育博士专业学位人才培养的重点内容。结合本研究在制度分析中的归纳，虽然我国在制度层面一直以来规定的教育博士"复合型人才"的培养目标具有高层次、应用性的特点，"复合型"的表述以当下视角审视也并无不妥且依然适用，但该规定过于模糊与笼统，对于何为"复合型"，教育博士"复合型"人才的核心特征为何，都难以作出清晰地界定。事实上，教育博士专业学位在我国初设之际，学界相关研究者即对其培养理念与目标进行了过广泛的讨论，并普遍认可教育博士专业学位作为专业博士学位，"实践性"应当作为其培养的价值取向[①]。而本章通过量化调查的方式发现，新的知识生产观所推崇的学术知识的应用性特征正在教育博士专业学位研究生的培养实践中真实发生，应用性学术的观念正在深入人心，"实践性"的内涵不断延展。教育博士专业学位的培养理念与目标既不可以传统的学术逻辑为中心，亦不能完全划入实践性的单极。而对于当前学界较受认可的"学术型实践者"的培养目标在院校培养实践层面则获得较为良好的评价与支持。

第二，在招考内容与形式层面。本研究对教育博士专业学位研究生

---

① 李森，王振华. 中美教育专业学位研究生培养模式比较研究 [J]. 中国高教研究，2011（2）：37-40.

招考环节的调查主要从报考条件的合理性、招考制度的识别与筛选功能以及招考的保障机制3个方面着手,旨在考察培养院校的招考实践现状。结果显示,教育博士研究生对报考条件合理性持积极态度($M=4.14$),表明他们对条件中规定的外语要求与学术要求总体而言能够接受。尽管相关研究曾明确质疑教育博士专业学位报考条件中的外语要求以及"具有相当成就"的要求存在不合理之处[①],但在本研究调查中相关报考条件似乎已经成为院校招考制度(特别是"申请—考核制")中重要的"门槛",其合理性还需要进行深入讨论。同时,报考保障机制($M=4.02$)的评价也较高,表明培养院校在招考环节总体而言具备较为完善的组织保障、监督与申诉机制等。但在识别与筛选功能($M=3.89$)上得分略低,表明他们对招考制度能否精准遴选最具潜力和符合条件的报考者的态度较为谨慎。在回归分析中,加入招考内容与形式维度的变量后,模型2并未通过显著性检验,且3个因子均未能通过回归检验,自变量的对因变量变异程度的解释量仅从模型1的30.6%上升至31.8%,表明在整个回归模型中,招考环节对因变量的贡献率较低,招考内容与形式对培养质量与成效的影响并不显著。然而,招考是教育博士专业学位研究生培养的第一道关卡,应当对培养质量与成效具有较大的影响作用。究其原因,一方面,这可能是由于本研究在对招考环节的变量设计上存在一定的偏误,未能准确测量招考环节中与培养质量具有强相关的变量因子;另一方面,也是本研究认为可能的主要原因,即招考环节作为院校培养的第一步,并不能直接对培养质量与成效产生显著的直接影响,在经历了一定培养过程与评价等环节之后,才会对培养质量产生较大影响,因此,从这个角度理解,招考环节更可能是作为一种中介或者调节变量,对教育博士专业学位研究生的培养质量产生间接性的或调节性的影响。

第三,在培养过程与制度层面。本研究将教育博士专业学位研究生

[①] 周晓芳. 我国教育博士专业学位研究生招生工作的思考 [J]. 清华大学教育研究,2010,31(2):109-112.

培养过程聚焦在四个方面的制度设计与规范上，分别从导师（组）指导（$M=3.62$）、课程体系设计（$M=3.86$）、教学过程设计（$M=3.91$）与学位论文规范（$M=4.15$）着手考察院校层面多教育博士研究生的培养实践过程。结果发现，"培养过程与制度"维度的"导师（组）指导"因子、"课程体系设计"因子、"教学过程设计因子"的均值都处于4分之下，表明在教育博士专业学位研究生培养的实践现状上，导师（组）指导的有效性、课程体系的跨学科与应用性以及教学模式的多元性等都存在一定的不足之处。特别是"导师（组）指导"因子的得分最低（$M=3.62$），表明在院校实际的培养过程中导师（组）指导在教育博士研究生的就读体验中评价较之其他方面略差，导师与教育博士研究生之间的互动交流以及学业指导过程应当引起各方的关注。有研究指出，我国教育博士专业学位的课程体系设置多停留在理论研究阶段，对教育实践问题缺乏关注，与学术型博士学位同质，导师资格及其对学生的指导也存在诸多不合理地方，导致培养目标的异化与专业方向异位[①]。值得关注的是，尽管本章量化调查已经发现在教育博士专业学位研究生培养过程与制度设计上导师（组）指导层面存在一定的问题，但难以从中观的群体调查中厘清这一过程中导学双方可能面临的实际困境，因此还需要后续研究中进行更加微观的叙说，从而进一步阐明具体情境与问题指向。在差异性分析中，并未发现不同院校类型（首批试点高校与新增列高校）、不同专业之间在教育博士专业学位研究生培养过程维度存在显著性差异。原因可能来自两个方面：一方面首批试点高校经过十余年的培养实践已经形成较为稳定的培养模式与规范，培养过程的差异性较小；另一方面则是2018年开始正式招生的12所新增列高校无论是在前期申报还是在招生后培养的各个环节主要都是借鉴甚至模仿首批试点高校的办学经验。而且，通过前期研究可知，教育博士专业学位的3个专业方向（不含2018年新设的汉语国际教育）在诸多培养院校办学实践

---

① 罗生全，程芳芳. 香港地区教育博士培养体系及借鉴[J]. 教师教育研究，2012，24(3)：49-53.

中都是集中于一个学院具体培养（主要是教育学院/教育研究院等），即使某些专业进一步分化研究方向而分散在其他学院，也多是由教育学院/教育研究院负责其培养方案等核心制度文本的编制与修订。因此，这些办学实际可能导致教育博士专业学位不同专业方向在培养过程与制度上的同质化。通过回归分析发现，在模型3中，导师（组）指导、教学过程设计与学位论文规范均对培养质量与成效具有显著的正向预测作用，课程体系设计虽然对因变量有所影响，但并未通过回归检验。实际上，课程与教学本来即是培养过程中的一体两面，二者的影响力可被认为是共同发生的，课程体系设计正向预测作用可能被教学过程设计以及其他相关因子调节了。

第四，在质量评价与保障层面。教育博士专业学位研究生培养质量评价与保障实际上并非独立于培养过程环节之外，而是在理念与目标的引导下贯穿于整个培养过程实践环节及其制度设计中。从调查结果可知，参与调查的教育博士（在读与已毕业）对院校培养实践现状层面的质量评价体系（$M=3.79$）与质量保障机制（$M=3.93$）的均值低于4分。虽然两项均高于理论中值，但根据前期调研发现，教育博士专业学位研究生的培养质量评价标准一直受到各方的广泛关注，特别是学术型博士学位质量标准作为质量"金标准"长期以来对专业博士学位培养实践产生了深刻影响。教育博士专业学位的质量标准也在较长时期内遵循传统知识生产模式的逻辑与规则，不仅难以使应用性学术观理念真正落实于院校培养实践，而且导致质量评价与保障没有科学统一的标准，最终致使教育博士专业学位的质量评价体系迷失于对学术博士学位质量标准的机械模仿中，亦使质量保障机制难以切实在教育博士研究生培养过程与评价中发挥实效。值得关注的是，在质量评价体系方面，培养院校似乎主要还是以学术同行评价主导下的学位论文评价为主要方式，过程性评价制度尚未完全形成，更别提促进评价重点从成果型评价向能力型评价转型的构想。全国教育专业学位研究生"教指委"的专家也指出"教育博士专业学位论文的标准还不够清晰，受教育学博士研究生培养惯性的影响，难以充分体现教育专业博士生培养的特点"，并认为这是导致教育博士专业学位研究生普遍毕业率不高的重要原因①。值得庆幸的是，近年来我国学界一直在探讨关于教育博士专业学位论文的变革，引介了包括美国在内的诸多世界一流大学教育博士专业学位的论文标准及其实践改革策略②，对我国培养院校层面的探索起到了一定的借鉴作用。通过差异性分析发现，目前首批试点高校在教育博士专业学位研究生培养模式的质量评价体系上显著优于新增列高校，这一发现说明质量评价体系可能是新增列高校教育博士专业学位研究生培养现状的短板，需要引起相关高校的关注。通过回归分析发现，将质量评价与保障维度因子纳入回归方程模型后，不仅能够显著正向预测培养质量与成效，而且有效地调节培养过程与制度维度变量对因变量的影响程度，使导师（组）指导、教学过程设计两个变量的β减小、显著性消失，模型变化表明培养质量评价与保障在教育博士专业学位研究生培养模式中至关重要。

2. 关于教育博士专业学位研究生培养模式的系统集群

文献研究发现，已有研究普遍关注教育博士专业学位研究生的培养模式的结构要素，聚焦培养目标的适切性、招考制度的合理性、培养过程的有效性以及评价标准的科学性等领域，却普遍忽视了院校培养实践层面利益相关主体参与培养的系统集群及其应有的功能。本研究基于分析框架的设计对教育博士专业学位研究生培养模式系统集群的培养共同体的实践现状进行考察，确立了主管部门与"教指委"支持、培养院校间合作与工作单位参与三个方面的利益相关主体，并通过量化调查方式分析院校在对教育博士专业学位研究生进行培养的实践层面各利益相关者参与的具体表现。一方面，"主管部门与'教指委'支持"因子、"培养院校间合作"因子、"工作单位参与"因子的得分均值分别为3.69、

---

① 张斌贤，文东茅，翟东升. 我国教育博士专业学位教育的回顾与前瞻[J]. 学位与研究生教育，2016（2）：1-6.
② 谢冉，石芳华. 美国高校教育博士学位论文改革实践及其启示[J]. 外国教育研究，2015，42（10）：63-73.

3.70与3.28，由此可知，虽然各利益相关者表现的均值超过理论均值，但仍在4分之下，表明各主体之间的协同、合作与参与仍有较大的发展空间。其中，工作单位参与方面的得分最低，仅略高于理论中值，表明教育博士研究生的工作单位与培养单位之间的联系与合作较为薄弱。教育博士专业学位研究生一般是以定向与非全日制进行培养，定向的方式要求培养院校、工作单位与学生之间达成一定的协议，而普遍采用的非全日制就读方式则确保了教育博士研究生能够保持在工作单位的在职状态。事实上，在职攻读的实际情况是教育博士研究生的攻读博士学位的普遍状态，这种现实状态也直接影响了整个培养过程与制度安排，包括导师制、课程与教学，以及评价与保障等具体环节。通过本研究前期调研发现，工作单位作为教育博士研究生的就业单位，在其攻读博士学位期间除了在协议支持方面，并未有效参与培养院校的实践培养过程中，工作单位作为教育博士专业学位研究生培养的主要利益相关者的地位与作用似乎并没有得到应有的重视。

另一方面，通过差异性分析显示，首批试点高校与新增列高校之间、不同专业方向之间在教育博士专业学位研究生培养模式的系统集群各主体上并没有呈现出显著差异。通过回归分析，将系统集群关涉的3个因子变量纳入回归方程后，模型5自变量对因变量变异程度的解释量进一步得到提升，由49.8%增加至53.8%，表明教育博士专业学位研究生培养模式的系统集群对其培养质量与成效提升具有一定的贡献率。同时，回归检验发现，主管部门与"教指委"支持、工作单位参与对教育博士专业学位研究生培养质量与成效具有显著的正向预测作用，该结论提示相关各方，在教育博士专业学位研究生培养的实践层面必须引导与加强利益相关各方的切实参与，形成高效协同、合作创新与常态稳定的利益相关系统，即培养共同体。尽管各培养院校间合作并未在回归模型中通过显著性检验，但该变量对于构建教育博士专业学位研究生培养的培养共同体能够起到重要的支持作用，并可能通过协同一致的系统集群对培养质量与成效产生积极影响。因此，将教育博士专业学位研究生培养模式的系统集群作为一个有机协同的整体系统予以重视，才能充分发挥其在院校培养实践层面的正向功能。

3. 关于教育博士专业学位研究生培养质量与成效

为探讨教育博士专业学位研究生培养模式的结构要素与系统集群在院校培养实践层面的作用，本研究引入了教育博士专业学位研究生培养质量与成效作为结果变量，并探讨其中的变量关系，特别是关注作为解释变量的教育博士专业学位研究生培养模式对结果变量的影响。基于此，本研究将教育博士专业学位研究生培养质量与成效聚焦为三个方面的具体内容，分别是学术理论素养、专业应用能力与职业发展水平，并通过量化方法在院校培养层面对教育博士专业学位研究生群体的培养质量与成效进行调查与分析。总体而言，教育博士专业学位研究生培养质量与成效的因子得分均值均超过了理论中值，评价总体上趋于正面。在具体因子表现上，学术理论素养（$M=4.24$）、专业应用能力（$M=4.09$）的得分均值在 4 分之上，表明教育博士研究生群体对自身学术理论素养与专业应用能力的提升具有较高的评价，但在职业发展水平（$M=3.65$）上则表现欠佳，特别是对自身职业发展前景与空间持并不乐观态度。

差异性分析结果显示，已毕业的教育博士在专业应用能力与职业发展水平上显著较高，这表明成功获得教育博士专业学位以后，教育博士在专业实践领域的表现更加优异。这一差异的原因一方面可能是学业压力不再，另一方面是完成学业后教育博士能够将在读期间所学真正应用于专业实践领域，所以已毕业教育博士的评价更趋正面。同时，不同性别的教育博士研究生在专业应用能力与职业发展水平上的表现也有所差异，具体表现为男性要明显优于女性。造成这一差异的原因可能是复杂的，诸多研究表明女性在攻读博士学位期间面临相较于男性更多的压力与困境，而且女性在职业发展过程中似乎也面临更多的潜在制约。此外，不同年龄阶段教育博士研究生在职业发展水平上也呈现出显著性差异，主要表现为 41—50 岁年龄阶段的教育博士研究生在职业发展水平上要显著高于其他年龄阶段的教育博士研究生。这表明 41—50 岁年龄阶段是教育博士研究生职业生涯发展的黄金时期，该结论提示相关各方应当重视该阶段的人才培养与职业发展，教育博士研究生个体需要抓住时机、努力提升专业理论素养与能力,而工作单位与培养单位则应当展开针对性培养与锻炼,提供职业发展机会。入学前不同工作年限的教育博士研究生在学术理论素养层面表现上呈现出一定的差异性,主要体现在入学前工作年限在5—7年的教育博士研究生在学术理论素养的表现上最为不佳,这可能是工作年限尚短、理论运用尚不熟练等原因的综合影响。该结论提示培养院校在实际的培养过程中应当更多地关注工作年限较短的教育博士研究生,特别是在其学术理论素养提升方面给予一定的相关支持。

4. 关于教育博士生培养现状的学术性趋同问题

通过文献研究与调研发现,长期以来,教育博士专业学位研究生培养模式在院校实践场域一直存在与学术型博士学位的趋同性问题[1],这一问题并非是我国培养院校的特殊性问题,而是在国外相关高校教育博士专业学位研究生培养面临的共性问题。特别是在美国,关于教育博士专业学位的学术性倾向曾在学界与培养院校间引起长期、激烈的争论,时至今日依然处于不断的改革探索中。本研究在借鉴美国相关学者对卡耐基教育博士计划盟校问卷调查的基础上,通过设计本土化的相关问题,旨在调查当前我国教育博士专业学位在院校培养层面可能呈现出的与教育学博士学位趋同的现状。调查结果显示,两种博士学位培养现状($M=3.79$)呈现出中高度趋同态势。通过在教育博士专业学位研究生培养模式的各个维度设置趋同性题项,发现当前在我国培养院校的实践层面,尽管教育博士专业学位的培养理念与目标在较大程度上已经能够与教育学博士学位相区别开来,但在具体培养过程中教育博士专业学位的学术性倾向依然颇为严重,尤其是在导师(组)指导层面,两种博士学位的趋同程度非常高。实际上,在多数培养院校,特别是首批试点高校,具体承担教育博士专业学位招生培养的二级学院大多具备教育学博士学位的授予资格。因此,教育学博士生的指导教师理所应当地承担了

---

[1] 熊倪娟,袁本涛. 教育博士培养模式:问题与变革[J]. 高等工程教育研究,2015 (4):104-110.

教育博士研究生的培养与指导工作，这在院校培养层面普遍形成了共识。然而，在这种情况下，长期专攻于学术研究与教学的学术型导师必须同时参与指导学术型与专业型两种不同类型的博士生，其中可能既往存在或新产生的诸多问题，特别是对两种类型博士生的培养与指导难以有效区分。有研究通过问卷调查的形式发现在教育博士专业学位研究生的培养中导师指导更偏向于学术化[①]。根据研究调查，40.3%的被调查者认为当前我国教育博士专业学位研究生培养倾向于"重学术、轻实践"在一定程度上也能够反映这种现状。

另一个值得讨论的方面则是关于教育博士专业学位论文标准的学术性趋同问题。作为培养质量与成效的重要衡量标准，学位论文质量直接决定教育博士研究生能够获得博士学位。然而，在当前院校培养现状普遍存在学术标准依赖的影响下，教育博士专业学位论文标准仍然是遵循的传统学术价值逻辑，尽管部分学校在学位论文的研究范式、研究设计与成果内容等方面都鼓励探索创新，但作为教育学科的专业博士学位论文尚未形成自身广受认可的、科学规范的价值标准是客观事实。因此，教育博士专业学位论文在传统学术标准与学术同行评议的规则体系中寻求合法性权威的庇护成为当前院校培养层面相关各方的"心照不宣的默契"，抑或是"无可奈何的选择"。如果说质量评价制度是造成教育博士专业学位研究生培养现状学术性倾向的症结所在，那么我们不禁要追问：教育博士专业学位研究生的培养缘何要执着地在学术金标准之下谋求生存，学界、同行乃至社会认可的究竟是传统学术标准营造的"金科玉律"，还是对新的知识生产模式冲击下博士教育多元化与"去学术中心化"的忧虑。鉴于此，教育博士专业学位要想真正成为广受各方认可的专业博士学位，或许走出一条不同于学术发展逻辑的创新道路才是其本身应有之义。而迈向这条路的第一步或许则是准确定位、克服培养层面的学术性倾向，破解两种学位之间的趋同性难题。

---

① 马爱民，李永刚. 我国教育博士专业学位研究生培养状况调查研究[J]. 国家教育行政学院学报，2015（3）：73-79.

第六章　就读体验叙说：我国教育博士专业学位研究生培养模式的质性分析

对教育博士专业学位研究生培养模式的制度环境进行系统分析，不仅能够对教育博士专业学位院校培养实践的制度规范加以确认，而且也能够从顶层设计的宏观层面探讨培养模式的制度供给尚存的问题。进一步通过量化方式对当前我国教育博士专业学位研究生培养模式的运行情况进行量化调查与分析，则能够更加直观地反映当前培养模式运行下院的群体性培养经验。然而，无论是制度环境，还是群体经验，在有效还原教育博士专业学位研究生培养模式现状时，都存在共同的缺陷，既无法观照学生个体的微观就读体验，也便无法发现培养过程中那些更有意义的关系问题。因此，本研究采用质性研究方法，通过对攻读教育博士专业学位的学习者个体及其利益相关者进行深度访谈，并主要围绕培养模式及其子系统的运行现状展开。由此，一方面，本研究构建了"制度环境—群体经验—就读体验"的培养模式运行现状的分析维度，能够从不同角度全面反映教育博士专业学位院校培养实践；另一方面，基于三重视角分析所得结论也能够互相得以检验，使研究结论更加可信与真实。具体到本章所述，通过更为微观的个体叙说能够更加鲜活、生动地描述个体在就读过程中的体验，包括态度、情感与评价的生成与变化，从而使本研究在个体的就读故事中评估教育博士专业学位研究生培养模式的院校运行现状，进而使本研究在个体叙说的典型或关键事件中归纳问题、发现规律并探讨意义。

第一节 资料来源与编码

一、访谈调查的阶段

从微观层面探讨教育博士专业学位研究生培养模式的实践现状,学习者个体的就读体验是一个非常适恰的切入点,而通过个体叙说的方式阐释、分析并理解利益相关者就读体验的特征与意义,则是一个非常恰当的方法选择。采用质性研究的深度访谈,成为本研究收集相关资料的重要方法之一。具体而言,本研究所开展的访谈工作主要可分为三个阶段:

第一阶段:2018年9月—2019年6月,初步关注教育博士专业学位研究生院校培养议题阶段。研究者通过与教育博士研究生合班上课的机会,以非正式、开放式的形式与C大学2018级Ed.D的学生进行交流,主要是教育领导与管理、学校课程与教学两个专业的学生,该Ed.D班级的学生规模约为30人左右,研究者的访谈约涉及10人左右。在这一阶段,研究者借助参与式田野考察机会,对教育博士专业学位研究生的培养模式及其运作形成了基本的了解、产生了初步的思考。

第二阶段:2019年9月—2020年1月,正式开始研究教育博士专业学位研究生培养模式阶段。研究者通过赴X大学教育研究院进行为期半学年的交流访学机会,参与了X大学2019级Ed.D班级的专业必修课与选修课的随班学习,以参与式观察的形式系统考察了X大学关于教育博士专业学位研究生的培养实践,主要是集中培养环节的相关活动。在此期间,研究者多次以开放式与半结构式的方式对该班级的学生进行个人访谈或团体焦点访谈,并积极参与学院与班级活动、师门活动以及私人学习活动等,用以全面了解学院对他们的培养实践以及他们自身的就读过程与体验。这一阶段的田野经历为本研究确立研究内容与框架起到了关键启发作用,也为研究的开展积累了丰富的田野调查资料与素材。

第三阶段：2020年4月—2020年10月，深入探讨教育博士专业学位研究生培养模式阶段。在这一阶段，由于受新冠肺炎疫情影响，研究者在梳理已开展的前期研究的基础上，编制了与研究内容与分析框架相契合的访谈提纲，并主要通过线上语音与视频的方式与选取的访谈对象进行了结构式访谈，这一阶段的访谈为本章的研究目标与内容提供了核心资料。访谈提纲共有三个子提纲组成，面向不同的受访群体。访谈提纲的编制充分结合了知识生产模式转型的理论观点，谨慎参考了前期调研过程中收集的关于教育博士专业学位研究生院校培养经验的相关资料，并在向相关专家咨询（"教指委"专家委员1人、教育学者3人、某校研究生院管理者2人）的基础上得以最终确立，详见附录二。核心部分主要围绕教育博士专业学位研究生培养模式的运行现状展开，用于调查作为学习者的教育博士研究生的个体就读体验；辅之的两部分用于调查利益相关主体的观点与评价，分别是导师（含授课教师）、管理人员。

二、访谈对象的选取

根据已确立的基本分析框架，并结合前文中的制度文本考察以及前期开展的田野调查经验，因此本研究总体上遵循立意抽样的原则选取相应的访谈对象，如表6-1所示。具体来看，截至2020年，我国开展教育博士专业学位研究生培养的院校共有27所，分别是首批15所（2010）与新增列12所（2018）；专业方向共有4个，分别是教育领导与管理、学校课程与教学、学生发展与教育、汉语国际教育。考虑到新增列高校自2018年开始招生，至2020年刚完成3届招生，且尚无毕业生。根据制度环境的文本考察发现，新增高校教育博士专业学位研究生的培养模式及其实践策略主要源于首批试点高校的办学经验及"教指委"的指导。在充分考虑后，本研究决定质性访谈样本选取首批试点高校。根据分层目的性抽样原则，本研究在首批培养高校中选取2所典型高校，其中1所为部属综合性大学X，1所为部属师范大学C。X大学是全国知名的综合性"双一流"建设高校，是我国高等教育学研究的学术高地,并于 2017 年入选教育部博士研究生教育综合改革试点高校,在专业博士学位发展与改革上创新举措颇多。具体到教育博士专业学位,X 大学以非全日制培养方式开设教育领导与管理、学生发展与教育这两个专业方向,并结合学校自身的办学优势与学科特色规定只面向高等学校招收管理人员。C 大学是教育部直属师范大学,教育学科在全国高校中位于前列,第四轮学科评估中被评为"A",在教育博士专业学位的人才培养中,逐步形成了"以教育学院为核心、其他相关学院协同"的培养格局,目前在教育博士专业学位已开设的 4 个专业方向均开展招生培养工作。

表 6-1 访谈对象(教育博士生)基本信息

编号	年龄	年级	培养方式	专业方向	工作单位	工作岗位	职称	职务(部门)	访谈方式	访谈时长
C-1	31	2018	P	A	高中	教学	中级	英语教师	QQ	64 分钟
C-2	42	2018	P	A	高中	教学	副高	语文教师	微信	48 分钟
C-3	36	2019	F	A	高中	教学	中级	语文教师	QQ	59 分钟
C-4	44	2019	F	B	高校	管理	副高	校党办	面谈	55 分钟
C-5	40	2017	P	B	高校	管理	副高	院办	微信	70 分钟
C-6	40	2017	F	B	高校	管理	中级	校学工部	面谈	50 分钟
C-7	38	2018	P	C	高校	管理	初级	校团委	微信	53 分钟
C-8	44	毕业	P	B	高中	管理	副高	副校长	QQ	46 分钟
X-9	37	2019	P	B	高校	管理	副高	院办	微信	56 分钟
X-10	36	2019	P	B	高校	管理	副高	校团委	微信	60 分钟
X-11	42	2019	P	B	高校	管理	副高	发规处	微信	62 分钟
X-12	38	2019	P	B	高校	教学	副高	系主任	微信	57 分钟
X-13	36	2019	P	C	高校	管理	副高	教务处	微信	45 分钟
X-14	39	毕业	P	B	高校	管理	副高	院党委	微信	42 分钟
X-15	47	毕业	P	B	高校	管理	正高	校党委	微信	47 分钟

与此同时,本研究在选取两所高校访谈对象时也充分考虑到了专业

第六章 就读体验叙说：我国教育博士专业学位研究生培养模式的质性分析

类型，以使访谈对象的专业分布能够尽可能全面。需要说明的一点是，由于汉语国际教育这一专业方向在我国教育博士专业学位中设立不久、仅部分院校招生且招生规模小，2018年初次招生主要是依托于学校课程与教学专业实现的，因此本研究经慎重考虑后决定不再单独访谈这一专业的学生。值得注意的是，从某种意义上而言，教育博士研究生是较为特殊的专业博士生群体，他们丰富的从教经历要求本研究必须将其生源背景因素考虑在内。因此，选取访谈对象时，本研究也在一定程度上考虑了受访者的履职经历与当前的就职情况，以尽可能地还原当前我国教育博士专业学位研究生群体的多样性特点。选取的受访者的基本信息涉及年龄、年级、培养方式、工作情况、职称职务等内容，根据研究伦理、学术研究惯例以及受访者的意愿，本研究对涉及的隐私信息进行了匿名处理，访谈内容与记录亦作保密处理。访谈对象的编号以"学校—序号"的方式编码，例如："C-1"表示就读于C大学的1号受访者，序号仅作排序区分，并不表示访谈先后或其他意义。培养方式上，F表示"全日制"（Full-time），P表示"非全日制"（Part-time）；专业方向上，A表示"学校课程与教学"，B表示"教育领导与管理"，C表示"学生发展与教育"；为尽可能保护受访者隐私，工作单位只以学校类型呈现，工作岗位以从事工作的岗位性质呈现（教学岗/管理岗）；职称与职务部门信息的采集，意在一定程度上反映受访者的从业经历与现状。

基于学习者个体就读体验的视角探讨教育博士专业学位研究生培养模式的运行现状议题，对核心利益相关主体（教育博士生）进行深度访谈既是必然的要求，也是恰当的选择。但不可否认的是，访谈结论或有可能面临视角单一、"自说自话"的困境。因此，为了确保研究结论的建构效度，本研究采取了三角互证的检验方法，主要做法是对样本院校中教育博士专业学位研究生指导教师（包括授课教师）、校院两级从事教育博士专业学位管理工作的人员进行访谈，从而使研究结论能够结合不同利益相关者的视角与观点。基于此，本研究分别对C大学与X大学的相关指导教师、管理者进行了访谈，如表6-2所示。在访谈的6位导师方面，其中受访的5位为长期指导教育博士专业学位研究生的教授、博导，在博士生指导方面具有丰富的经验与独特的体悟，另一位为教育博士专业学位研究生的授课教师，其开设的研究方法类课程备受好评。在访谈的 6 位管理者方面，其中包括了 1 位"教指委"的专家委员，该专家参与"教指委"十余年的相关工作，全程亲历了教育博士专业学位在我国的论证产生与探索发展，对教育博士专业学位研究生的培养具有深厚的研究；其他几位则主要是从事教育博士专业学位研究生培养与管理工作的校、院两级的管理者，如研究生院分管专业学位工作的副院长、二级学院分管专业学位工作的副院长以及专业学位研究生教学秘书等。编号采用"工作单位—受访者类型序号"的形式，T 表示导师（Tutor），M 表示管理者（Management）。

表 6-2 访谈对象（导师、管理者）基本信息

编号	工作单位	职称	职务（岗位）	访谈方式	访谈时长
C-T1	C 大学教育学院	教授	博导	QQ	90 分钟
C-T2	C 大学教育学院	教授	博导	微信	65 分钟
C-T3	C 大学外国语学院	教授	博导	QQ	39 分钟
X-T4	X 大学教育研究院	教授	博导	微信	58 分钟
X-T5	X 大学教育研究院	教授	博导	微信	65 分钟
X-T6	X 大学教育研究院	副教授	授课教师	微信	50 分钟
C-M1	C 大学教育学院	/	专业学位秘书	微信	60 分钟
C-M2	C 大学研究生院	副教授	副院长	面谈	58 分钟
C-M3	C 大学研究生院	/	培养办主任	面谈	45 分钟
X-M4	X 大学教育研究院	教授	副院长	微信	45 分钟
X-M5	X 大学教育研究院	/	专业学位秘书	微信	42 分钟

三、访谈资料的编码

本研究访谈内容的文本资料处理与分析采用的是"开放编码—主轴编码"的质性数据系统化分析方法。具体的做法是：根据本研究确立的

理论视角与分析框架,结合访谈提纲的具体题项,本研究制定了编码表,一方面将教育博士专业学位研究生培养模式的结构要素与系统集群各主体要素进行编码,另一方面也通过对访谈资料的整理、归纳与分析将析出的类属性"概念"与"模式"纳入编码中,从而使访谈内容中的个体就读经验与相关行为等产生可理解的意义,为实践行为的反思提供可能。访谈数据运用于行文分析过程的呈现形式采用"编号—访谈内容—具体问题"的顺序编码。例如,"C-1-2-1"表示就读 C 大学的 1 号受访者对访谈提纲中的第二部分的第一道题目的回答;"X-T4-3-1"表示 X 大学的 T4 导师对访谈提纲中的第三部分的第一道题目的回答。

第二节 "结构要素"维度：院校培养中的学术性趋同

通过对教育博士专业学位研究生培养模式的"结构要素"运行进行考察,从教育博士生以及诸如导师、管理者等核心利益相关者的叙说中发现,一直以来备受诟病的教育博士院校培养质量始终难以提升的背后,是院校培养各环节存在的"顽疾"掣肘。无论是理念层面的混沌不清,还是培养过程制度设计的困境,抑或是评价标准的缺失,最终都指向一个尤为显著的问题,那就是教育博士作为一种专业博士学位,其培养模式存在较为严重的学术性趋同。从理论上而言应以达成共识,教育博士专业学位研究生培养模式应具备专业博士学位的本质属性,并区别于学术博士;然而在实践层面,本研究却发现了这一令人不安的趋同现象。那么,教育博士院校培养缘何出现理念与行动的不一致?学术趋同现象究竟在培养实践中是如何生成的?

一、培养理念与目标：学术主导抑或应用取向

在我国开展教育博士专业学位研究生培养实践逾十年以后,无论是教育主管部门、"教指委",还是承担招生培养工作的各个培养院校,对教育博士专业学位的人才培养理念与院校培养目标较之于学位初设之际

都已经形成了更加深刻的认知与理解。在多年的院校培养实践过程中，以培养高校为核心的相关政策制定者则将这些新的理解不断融入了院校培养模式的设计与运行中，从而形成既具有统一规范特点，又具有各校实践特色的不同样态。结合本研究第四章对当前培养高校关于教育博士专业学位研究生培养模式制度设计的分析结论，在《教育博士专业学位设置方案》的规范下，各校对培养目标与教育博士人才类型进行了统一规定下的个性化改造。从诸如"专门人才和学术骨干"等表述中可以发现，培养院校希望能够将传统博士培养中的经典学术观与专业博士学位的应用实践性进行结合，以此突破教育博士专业学位研究生的院校培养或是与学术型博士培养趋同，或是陷入职业性"工具理性"的二元困境。这一现象无疑是在知识生产模式转型背景下培养院校的创新探索，也与本研究倡导的学术实践观不谋而合。选取的两所样本院校在培养模式的制度设计中对教育博士专业学位研究生的培养理念与目标均涉及不同程度的改造，并以此来引领与指导具体的培养环节与过程。然而，教育博士生在就读过程中对培养理念及其目标的认知与评价却呈现并不完全一致的态度。

1. 形式上的应用取向与实质上的学术主导

教育博士专业学位研究生的培养理念之于教育博士生个体而言具有"难以言说"的特点。培养院校依循何种价值理念从事培养实践活动，或可在上级下发的政策与制度文本中以及院校自主设计拟定的培养方案中有所体现，但教育博士生对其培养理念及其目标的个体感知则更多地是通过就读院校实然的培养策略来获取。基于前期调研结论，研究发现，当前我国相关培养高校在教育博士专业学位人才培养的理念及其目标设计上普遍存在学术性与应用性相博弈的现象。而通过针对性的深度访谈，我们在一定程度上能够厘清二元博弈的发生机制。访谈过程中围绕院校培养理念与目标展开的话题，许多受访者一开始总是略感为难，不知从何谈起。这是由于培养理念及其目标更多是被用作"制度话语"，总是出现在较为官方与正式的场合，但在培养实践的场域被谈及，或许会出现"不一样的声音"。而且，培养理念总是过于抽象，不易表述。

第六章　就读体验叙说：我国教育博士专业学位研究生培养模式的质性分析

在研究者的引导下，我们将学术性与应用性的属性引入了培养理念的讨论中，许多"难以言说"的话语开始浮现出来。

尽管国家在创设这一学位时已经明确了是面向专业实践领域的，但毕竟是博士学位，再怎么注重应用性，学校的培养理念肯定也不可能完全按照职业教育的逻辑来，总会有学术的考量。尤其是相当一部分人对教育博士专业学位的认可程度并不高，污名化也常有出现。我目前的感觉是学校似乎有意将教育博士与教育学博士模糊起来，虽然在形式上强调我们是专业型的博士，要以培养实践能力、提高应用水平为导向，这是大局上为了符合政策要求吧，具体的培养过程又与学术博士那一套有什么根本上的差异呢？（C-1-2-1）

提到学校对我们培养的理念与目标，我自己的理解是首先我们是博士生，学校不可能只强调应用，即使是高级应用人才总归还是有高级二字，学校的培养理念是需要考量的；但是教育博士又是一个专业博士学位，如果和学术型的教育学博士混起来培养，那这个学位有什么意义呢？我认为，我们学校对理念的这个本质还是有关注的，最起码在培养的各个环节，教育博士与学术博士是区别开的，有两个系统。虽然有些方面，我认为二者的确差别较小，我们同学也交流过，认为学院对我们的学术要求过高了，但总体上大家还是可接受的，毕竟学院只能要求你的学术发展、实践能力这些指标，不仅我们做到很难，也没法真的评价高低。（X-9-2-1）

实际上，本研究已经发现了在院校层面教育博士专业学位研究生的培养理念与目标正在面临学术性与应用性的博弈困境。概言之，这一困境主要矛盾之处在于：学术性与应用性如何能够共生于教育博士专业学位研究生的培养理念及其目标定位中。通过调查可知，尽管部分院校已经开始探索所谓的"学术应用性"以及"实践型学者"等，但在访谈中我们发现这一探索似乎并未实现其原本的制度期望，院校培养理念或多或少呈现形式上的应用取向与实质上的学术主导的特征。这一现象提示我们，教育博士专业学位院校培养理念的二元博弈在新的知识生产观与多元学术观的影响下仍然存在尚未解决的问题。

2. "被削弱"的学术性与"被忽略"的应用性

既然培养院校在教育博士专业学位培养理念上存在学术性与应用性左右摇摆的客观事实，那么培养理念与目标的本质属性呈现出何种变化，这种变化又是通过何种形式得以实现的？通过访谈分析，本研究发现，培养院校在处理教育博士专业学位培养理念学术性与应用性的主要行动策略是通过"削弱"培养过程的学术性来实现"融合"学术需要，通过"忽略"培养过程的应用性来"弱化"工具理性。

我们同学之间曾经私下玩笑着谈过，学校在教育博士的培养上有一种"四不像"的趋势，别人一说教育博士是专业学位，学校就抓实践能力培养、就抓专业发展；别人一说教育博士培养得怎么不像个博士，学校就开始要求你发学术论文、参加学术活动。通过这些事情，如果从你说的培养理念的角度来谈，我认为学校这个理念既没有学术起来，也没有实践起来，口头的话就是说的"半吊子"。我想这也就是早些年很多人认为教育博士这个学位比较"水"的原因吧，毕竟这个培养理念到底指向哪里，我作为学习者确实感到迷惑。(C-7-2-1)

我不太了解你说的这个应用性学术，但可以分享我的一个实际感受。我集中在校的时候明显能够感觉到，虽然我们作为教育博士拥有较为独立的培养体系，但学院活动、导师指导，还有课程内容，越是区别于学术博士的东西，有一个 Ed.D 标签贴在身上，让我感觉这个标签就是不够学术的意思，就是有一点打了折扣的感觉，似乎是为了和学术博士区分而做的区分。而且，这些不同之处都带上了面向实践领域的帽子。如果你说的应用性学术，包括这个实践型学者，只是学术博士那套培养模式里加入了应用性的内容，那这个理念似乎也没有多大创新。(X-12-2-2)

从教育博士生的亲身体验中归纳院校培养理念与目标其实并不容易，他们习惯用就读过程中的详细事件来作为证明自己观点的证据，因此难免具有偶然性。但在访谈中多位受访者都或多或少地表达了他们对教育博士专业学位"弱学术性"培养的担忧与疑虑。那么，具有实践性与应用性本质属性的教育博士专业学位，其培养理念与目标在院校培养

实际情况中究竟如何呈现,有导师进行了解释:

很多人都谈教育博士培养的学术化现象,关于这一点我有条件地同意,因为一方面教育博士的培养确实在很多方面与学术博士无异;但另一方面,不知道你有没有发现,这些趋同的内容,对教育博士的要求总是要比学术博士的低一些。当然,规则制定者意在通过这种降低学术要求,而非完全取消的方式,来确保教育博士作为一种博士学位保持可接受范围的最低限度的学术性,以至于不完全沦为人们戏谑的"职业培训""镀金"等。然而,仔细揣摩,这些做法似乎实在有点无奈的意味,但不管缘由为何,这种做法究竟合不合适、科不科学,恐怕还真的值得商榷。(C-T2-2-2)

由此可知,培养院校已经意识到教育博士专业学位研究生的培养理念不能如专业硕士那般高度强调实践性与应用性,亦无法同学术博士那样完全遵从传统的学术逻辑,而需要突破学术性与应用性二元对立的局面,寻找能够兼顾二者的第三条道路。尽管在知识生产模式转型的背景下,这样的选择是有意义的探索,但培养院校在实际操作的层面却出现了"意外"。通过"削弱"学术性,并辅以"忽略"应用性,现在而言似乎并不能够有效统筹"学术性"与"应用性"的关系,也与多元学术观所推崇的"应用性学术"背道而驰。

二、招考形式与内容:识别能力抑或关注潜力

教育博士专业学位研究生的院校招考工作正在呈现多样化的特征。从招考制度的角度来看,一方面不同院校采取不同的招考制度,另一方面采取同一招考制度的培养院校在招考形式与内容方面也并非完全一致,在教育博士专业学位研究生培养的院校准入环节融入招生培养单位的培养理念与目标、办学优势与特色等因素,成为各个培养院校"心照不宣"的隐性选择。关于此方面的内容,本研究在制度文本考察章节已经作出详细的分析。简言之,文本分析结论显示,无论招考制度采用的是"申请—考核制",还是普通招考,基于专业实践能力的考察在院校招考工作中尚未形成科学合理的标准。在访谈调查中,研究者发现,院

校在招考形式与内容上的设计，在一定程度上仍然存在恣意空间，受访的教育博士研究生对报考过程的反思反映了其中的一些问题，受访的导师与管理者的评价则带来了招考制度设计与实施背后的一些设想与考量。

1. "符号化"的准入门槛

攻读教育博士专业学位需要达到一定的资格，在报考资格方面，《方案》中设计了较为明确的基本报考条件，比如学历学位要求、从教年限要求以及工作岗位性质要求等。而培养院校在招考工作中往往会结合自身办学实际，同时也为了提高招考制度的筛选性功能，在基本报考条件的基础上提出更为严苛的资格要求，有些要求甚至成为"准入性"的条件。

大多受访者对报考条件以及其中的一些准入性要求具有清晰的认知，同时在报考过程结合自身的条件审慎地考虑。

我是通过申请考核的方式入学的，报考条件中的确设置了一些门槛，基本的就不说了，大家都能达到。我觉得主要还是看的工作经历和已有的成果，这两项是主要考察的东西。工作经历就是说你目前要已经小有成就，最起码在学校要进入中层了吧，这样才有竞争性啊；成果的话，肯定离不开发表的论文和获得的项目，其他比如说获奖之类的作用要弱一点，不过像国家级这些大奖当然没问题，只是像我们这样水平的报考者一般不可能有这些大奖，一般都是校级，再好点省市级的都已经不错了。没有这些加分的条件，材料审核估计难度大吧，当然这其中不可控的因素也很大，也不是说你材料多优秀，就一定能进。（C-4-2-3）

针对一些严格的报考条件，部分受访者是持乐观、支持的态度，他们普遍认为，这是竞争性入学考试的常态。

申请考核本来就是要通过材料筛人，不然费劲考核干嘛，这些材料说起来不过是一些论文、成果什么的，但反映的是一个人在一段时期的经历，如果工作这么久连这些都没有，学校怎么相信你能读完博士学位呢？话说回来，考核没问题，觉得有问题的人肯定是觉得有些要求得太高了，毕竟有竞争，材料厚实、经历丰富的人优势肯定更大。（X-13-2-4）

部分受访者则提出了一定的担忧,主要集中在对"学校到底想招什么样的人"的疑问。

> 对工作背景、经历的要求,我完全能够理解;但对职位、职务相关的要求,我就感到很疑惑。这是不是意味着,只有当上领导才有资格报考?如果别人已经做到了校长,想必各方面都发展得很好了,无需再来读这个学位;教育博士难道不是招收正在发展期甚至瓶颈期的这部分人吗?有些苛刻的条件,实际上资历较浅的话根本达不到的。(C-6-2-4)

通过对教育博士专业学位的管理者的访谈,发现准入门槛的设计并非是当下招考制度促成的,而是早已有之。对报考者的"选优"既是培养院校的一种普遍策略,也是能够使各方都接受的通行选择。

> 设置一定的条件不仅是申请考核制的特点,在普通招考中也存在。我们学校前几年实行的统一普通招考的时候,这些条件实际上是被后置了,也就是你先考笔试,通过了以后进入面试,你的工作经历、科研经历,包括已有的成果,都会在面试小组导师的考虑之中。现在申请考核,只是将这些材料提前审核了,实际上也更严格了,因为有些条件你达不到就没法进入下一轮。(C-M2-2-3)

由此可知,无论是何种准入资格的限制,如外语水平、职称职位,乃至学术或专业相关的成果,在成为培养院校的招考制度设计的常规选项时,这些资格实质上已经被贴上了具有某种资本意味的标签,进而成为一种符号。代表着各种经历的标签成为教育博士专业学位报考者去对标的一种标准,而拥有这些标签所转化的符号则有机会能够成为考核小组最青睐的对象。

2. "公平性"的恣意空间

招生培养单位运用调节性的手段,保持招考制度的遴选功能,而绝大多数的报考者则对这一规则持认可的积极态度。然而,在现行的招考制度下,围绕准入门槛的话题则引出了另一个关于公平性的问题。这一问题主要涉及两个方面的担忧:一是较高的准入门槛限制了极大部分有意攻读教育博士专业学位的报考者,其中不乏真正有培养潜力之人,但他们或是处于职业生涯的初级阶段,或是尚未积累一定的经历与成果,他们攻读的机会则在这样的招生环境下被大大降低了,甚至没有参与遴选的机会。

虽然这两年教育博士的确比前些年招的越来越多了,不过总体上规模还是比较小的,像我们学院我这一级就3个人,我导师招了我以后没有再招教育博士了。所以竞争性还是很大的,毕竟教育博士面向的群体是很大的,这部分人中哪怕只要一小部分想要读,报考的规模都应该很惊人。所以说学校定的一些要求就是为了挡住一些人,相应地,这些人肯定就没机会了。要是从这个角度来谈,有人肯定觉得有点不公平,只有先练自己,强起来再说,毕竟最后考上的也是靠自己打拼来的。(C-1-2-3)

公平总是相对的,选拔性考试不可能面面俱到。实际上,一些要求,不仅是学校的明文规定,还有一些相对隐晦的规则可能也有很大的影响。比如说,如果有学生联系我,一看简历,实在太过简单,完全没有任何经历能够让我眼前一亮,要怎么判断学生的潜力?能不能够完成学业都很质疑,我一般会婉言拒绝。所以,材料上的这些经历不仅仅是应付报考的,最重要的是能够让导师们通过这些经历看到你的不同,最起码是通过你以往的工作,判断你能不能够顺利毕业吧。(X-T5-2-4)

二是培养院校在招考实践中将教育博士专业学位研究生的招考工作进行了"统一打包",没有兼顾教育博士专业学位内在结构上的差异性。举例而言,教育学博士生的招生,一般会根据二级学科或专业方向进行具体的划分,从而在考试内容、重点、评审安排等方面进行统筹考虑与实施,如招收高等教育学专业的博士生与招收课程与教学论专业的博士生是分开进行的。然而,尽管教育博士专业学位目前已划分了四个专业方向,且彼此之间具有较大差异,但招考的形式与内容却总是"混为一谈",没有进行有效的分类设计。这不仅关乎招考设计的科学性问题,而且显然也会导致报考不同专业方向学生之间的不公平竞争问题。

虽然都是教育博士,但实际上我们的背景差异非常大,所以我一直觉得考试的内容只能是比较宏观的吧,也没考到我专业上很深入的内容。我想学校课程与教学方向,理论上考试内容应该主要是涉及我们课堂教学的东西吧,但我们和报教育领导与管理的人考的是一样的,都是教育学的宏观理论。但我听说后来补招的一些人,都是由各自学院负责招的,那我猜应该考得要更对口一些吧。不可能招国际汉语教育的教育博士还和我们考的一样,那也不科学啊。(C-3-2-5)

我们学校主要是教育领导管理专业,每年招三十多个人,似乎只有几个人是学生发展与教育专业的,而且大家都是一个班,所以平时也没什么特别的区分感。如果说能不能通过考试识别专业素养,客观来讲我觉得是很难的。每个人的经历、工作背景都蛮不同,考试是统一的,就算是在导师组面试的时候会结合个人的背景来提问,但都很浅显。简单点说就是,既不分报考专业来考,也不分目前职业来考,这些都是算是存在问题吧。(X-10-2-5)

通过访谈导师对这一问题的看法是,部分导师也对这一现象进行了反思,并认为这个问题在教育博士专业学位研究生面临不断扩招的背景下应该逐渐引起学校相关方面的关注,并在未来应该得到合理解决。

早些年,教育博士的招生规模很小,我们学校每年十几个人,某些年份好像还有个位数的情况,别说不能保证每个导师都能分到一个学生,有些专业恐怕都不能保证招到学生,所以招生的规则与过程难免随意些。这几年的政策跟上来了,教育博士的社会认可度提上来了,招生名额年年增加,一个导师能招到2—3个人,学校还出现名额没用完再补招的情况,但是招生的这一套体系并没有实时更新,所以出现了这种混在一起招生的情况。这个问题目前来看还没有产生太大的负面影响,但我相信未来随着培养的精细化发展,分类培养必然会倒逼分类招生,学校也应该会统筹招生改革,探索更合理的分类招生的方式。(C-T2-2-4)

由此可知,教育博士生的院校招考在择优选才的过程也存在着公平性风险,既要保障招考的程序的合规与正当,也要考虑招考内容的科学与合理。目前而言,随着近两年国家专业学位博士生教育政策的放开与利好,教育博士专业学位在未来一段时间内将会处于大发展时期,随之而来,培养院校招生规模可能也会不断扩大。在此发展趋势下,保障招考公平性或许应当成为促进科学选才的重要前提。

3. "同质化"的价值标准

在教育博士专业学位研究生培养理念及其目标定位在学术性与应用性之间左右摇摆时，培养院校在招考环节也呈现出与学术博士同质化的价值标准特征。在此影响之下，招考的过程呈现出两个方面的显著特点：一是学术逻辑支配下的招考内容。招考内容的学术同质化不仅包括报考条件中规定的必须或非必需的学术资格，而且在考试的具体内容上也存在较为明显的学术逻辑，体现在笔试内容的设计、面试的提问等诸多环节。

我们院的申请考核是统一实施的，也就是教育博士和教育学博士放在一起招生。据我了解，整个过程并没有什么不同，时间、程序、组织等都差不多，差的可能就是我们教育博士降低了一些要求，比如报学术博士要有一篇C刊，报教育博士就将降低为1篇北核，也有要求更低的。但是整个要求还是模仿和借鉴的学术博士招生的那一套，只是要求降低了而已，毕竟学术博士实行申请考核更久，也更成熟一点。（C-5-2-5）

我们院其实要求非常严格，整个考核过程，教育博士和学术博士基本上没有什么差异。而且考核的内容，包括参加导师组的面试，都非常的学术。尽管我们是专业博士，但是考试内容、提问题都是一种学术的范式，当然也会围绕着专业实践问题展开，但是总体的要求和氛围都是很严谨的学术规范。（X-11-2-5）

二是"能力"与"潜力"难以区分。在招考价值标准同质化的影响下，培养院校的招考实践实际上在很多时候处于"抓不住重点"的尴尬处境，一方面需要模仿学术博士招考重点考察报考者的学术能力，另一方面又很难科学评价报考者的专业素养与能力，从而导致培养院校的招考工作对报考者的能力与潜力无法进行更深入的考察。

通过一场考试考察一下专业素养还是有可能的，能不能考察出培养的潜力，这真的不好说。就我自己参与的入学考试来说，我觉得远远不能有效地识别出来。而且潜力这个东西太空洞了，不是发了几篇文章，有一些成果，就能衡量的。不足之处就很多了，我觉得比较重要的一点就是我们说的东西太少了，材料审核不需要我们说话，面试答辩也就回答一下问题，留给我们自己表达的机会很少。如果提供给我们更大的自由发挥的空间，可能潜力就能被发现了吧。(C-7-2-5)

单凭一个上午或下午的时间，考个笔试，面试老师再问几句，怎么可能识别发展潜力？面试老师能记住你都不错了吧。而且一般我们报考前实际上已经和导师取得了联系，已经详细地介绍了自己，导师对自己也有了一定的了解、并且回复欢迎报考。所以，这时候导师才能对我们比较了解，但其他老师肯定还是不认识你的，只能说从你的背景经历还有现场回答谈吐中简单对你的专业素质进行一个评价吧。不足的地方我只能从自己作为一个亲历者的角度谈一下，考试的东西考不到或者很少考到我们的专业，都太宽泛了，其实很多人条件都差不多，但有的就被淘汰了，有的就录取了，可能也是没法评价的原因，碰运气吧。细究的话，可能还是节奏太快吧，毕竟一个人十几分钟的面试能怎么识别呢？(X-10-2-5)

由此可知，培养院校的招考系统设计对于回答"以什么标准招生"这一问题时处于尚不明朗的状态，不仅是招考环节出现学术逻辑的模仿问题，而且整个招生系统也难以有效对报考者进行精准的评价，或者说评价具有模糊性。实际上，导致这一问题的原因不仅有培养理念的不甚清晰，也有招生单位对教育博士专业学位本质属性把握上的游离，以致难以确定考察的重点。当然，教育博士专业学位研究生培养模式是一个集群系统，牵一发而动全身，招考环节的问题不仅仅关涉招考本身，往往折射出更深层次的内部矛盾，或许必须要以全局的角度对现行的教育博士专业学位研究生培养模式进行系统性改革与创新才能够从根本上改变现状。

三、培养过程与制度：沿袭经验抑或趋向创新

教育博士专业学位研究生的院校培养过程的制度设计是其培养模式子系统的核心构成，亦是整个人才培养的中心环节。实际上，无论是培

养理念与目标的定位，或是招考环节的设计，在一定程度上都可看作是服务于院校培养过程。毫无疑问，教育博士生在通过招考环节，正式进入院校培养阶段后，院校培养模式才正式进入实践运作的状态，而这个过程对最终的培养质量将具有极其重要的影响。尽管通过培养模式的制度文本分析以及面向教育博士生群体展开的问卷调查已经能够较为清晰地反映出诸如培养过程中制度设计的局限、培养过程的质量成效等内容，但个体就读过程中的复杂性与特殊性问题却很难直观地呈现。因此，本研究通过深度访谈，引导受访者反思培养实践（就读）过程，从而为探讨教育博士专业学位院校培养过程描绘出更加微观的实践问题域。结合分析框架与访谈资料编码，本部分对教育博士专业学位研究生培养过程的探讨主要聚焦于培养方式体验的反思、课程教学体验的反思、导师指导体验的反思、学位论文研究体验的反思四个方面。

1. 培养方式：分类设计

出于对教育博士生是作为在职攻读博士学位的学习者的考量，培养院校在设计培养方式时主要是遵循集中培养与分散学习相结合的原则，当然这与教育博士的院校培养实践早期均采用非全日制的形式不无关系。一般而言，各培养院校在教育博士专业学位研究生培养方面大多采用非全日制与定向培养的形式，但近年来，部分学校开始提供全日制就读的形式，培养院校开始形成全日制与非全日制均有整体格局；部分学校甚至规定如果报考者与其工作单位达成协议，也可以采取非定向的培养形式。据此，教育博士专业学位研究生的就读形式与培养方式开始出现多样性，各校的情况并不一致，总体而言开始转向灵活。然而，本研究通过田野调查发现，尽管一般意义上认为的全日制与非全日制具有显著不同的差异，但在各校的培养实际中二者却并未表现出明显的差异。

我是非全日制读的，我们学校招收的教育博士也有全日制的。目前看来，全日制和非全日制没有什么不同，甚至可以说完全一样。按理说，全日制是应该全职在校读书吧，不说四年都在校吧（当然这也不现实，毕竟有工作在身），怎么说也该在学校待个一年吧。但实际上，我认识的本地工作的全日制教育博士那是一天假没请，我这个外地来的非全日制还请了一年长假安心在学校读书,而且在导师的劝说下,实际上我请了两年假,这第三年才刚回单位上的班。(C-1-2-6)

我是全日制就读的,结合学校和导师的要求,我原计划就是请一年的假全职在学校学习,主要是因为主要的课都集中在第一学年,而且我确实也想脱离工作静下心学习一年,毕竟来读博士是经过深思熟虑的。不巧的是只在学校待了一个学期,寒假回家不就疫情来了嘛,第二学期就是上的网课,9月份就又要上班了。非全日制的教育博士我也认识一些,他们和我差不多,在本地工作的都不请假,有课过来上课,没课就回去上班,我们学校没有像别的学校搞那种寒暑假什么集中授课。这事情就是靠自己调整自己的工作与上学时间,有的人(像我这样)就脱产在这边一年,有的人就学校和单位两边都顾着。(C-4-2-6)

受访的教育博士生都谈及了两种不同的培养方式在实际的培养过程中实际上并没有根本性的不同之处,亦没有分类安排不同就读方式。这一现象似乎与制度设计的构想南辕北辙,不仅没有实现全日制就读应有的目标,而且还人为地将教育博士生进行了分层。

有受访者表示:"全日制听起来似乎比非全日制的含金量更高,所以很多人都更愿意报考全日制的,非全日制的教育博士就觉得似乎低人一等一样,心想反正是非全日制,也就不会想特地请长假来学校上学。"(C-3-2-6)

在访谈中,受访的"教指委"专家也对当下培养院校设置全日制的现象感到不解。

"教指委"从来没有干涉各个学校招收的教育博士是全日制还是非全日制,但是理论上教育博士都是需要在职兼读的,全日制到底怎么个实施法,这个问题恐怕难以解决。而且我认为,经过这么多年的发展,非全日制已经越来越受到人们的认可,教育博士采用非全日制并没有什么不妥。(C-T1-2-6)

事实上,正是由于对全日制与非全日制方式的混用,既没能够严格地按照相关要求实现分类设计与管理的目标,而且对集中培养与分散学习的安排也造成了一定负面影响。从访谈中发现,C大学的制度要求教育博士生应当脱产一年在校的要求似乎在实践中并没有得到落实,教育博士生在校学习的时间与安排受到课程安排、导师要求、自身工作安排、学业规划等诸多因素的影响。然而深究后发现,造成这一现象根本的原因可能需要从学校在培养方式层面来探寻。与此相反,X大学统一采用非全日制的方式培养,并制定了严格的集中培养时间段,要求学制内的教育博士生必须返校集中培养,集中期一般包括学制前两年的集中授课期、中期考核阶段、学位论文开题环节等。因此,受访者对培养方式的体验相对而言都普遍趋向正面。

2. 课程与教学：内容与方法

在教育博士专业学位研究生的院校培养实践中,课程体系内容是培养过程的核心载体,而教学模式及其方法则是培养过程的主要工具。因此,在课程体系与教学模式是分析教育博士专业学位院校培养过程必不可少的重要内容。结合制度文本分析与量化调查结论,研究者围绕院校课程体系与内容设计、教学模式与过程方法对受访教育博士生进行了针对性的访谈。访谈结果显示,在课程层面反映的现象集中体现为课程体系的专题化、课程内容的前沿性表现较好,但跨学科性与专业实践针对性相对欠缺；在教学层面反映的现象集中体现在教学方法的多样性表现较好,但教学模式的多元设计尚未形成稳定的制度。

具体而言,一方面,在课程体系与内容层面,培养院校的课程体系设计较为完整、独立,无论是在必修课、选修课的组合上,还是在课程结构采用的专题化设计上,都能够体现教育博士专业学位的课程内容应有的前沿性特点。但在实际就读过程中,课程选项的空间并不大,主要是在教育学科门类,与专业相适合的跨学科课程并没有受到应有的重视；同时,很多专业课站位与视角普遍较高,与教育博士生的专业实践工作相去甚远,基于问题解决的实践性课程内容较为缺乏。

课程体系总体来说还是很完善的,我们外院的需要先在教育学院上必修课,主要是教育学的课程,我们自己学院的专业老师会开设专业课,我在制定培养方案选课时都是和导师商议后选定的与自己专业比较相关的课程。课程都是有经验的教授们上,专题式的,前沿性很强,有些必

修课都是五六个教授的团队上课,每个人主讲一个专题。(C-1-2-11)

课程都是由博导教授开设讲授的,有些课程很有前沿性,都是这些老师最近研究的课程成果;有些理论课程很有深度,他们研究了十几、二十多年,上这些课还是很吃力的,我们理论积累太欠缺了。这些课程很学术,当然很受用,也像个博士生的课程,但是我们毕竟是专业博士,还是觉得实践性的课程内容比较缺乏。有些课程的确是关注教育实践领域的问题,但是过于宏观了,而且主要是讲如何去做这方面的学术研究,而不是关注问题本身。所以课程内容的问题我认为就在这里。(C-4-2-11)

我们学校教育博士的培养方案是由我们教育学院负责编制的,是集合了以往经验、学术委员会以及相关导师的意见的,基于我们编制的版本,其他有教育博士培养的单位再提供相关的课程和他们的一些东西,所以说我们这个方案是母版。你所关注的这些地方,我觉得都还是存在一定问题的。其中跨学科课程的问题可能是主要的一个问题,基本上我们教育学院的教育博士生很少有选跨学科课程的,虽然我们培养方案中规定了需要跨专业课程。但实际操作中,出于各种因素的考虑,跨学科的课程开课不稳定,选课的学生不稳定,当然也不方便管理,最终只能在方案中提一提,沦为形式。(C-M1-2-5)

另一方面,在教学模式与过程方法层面,结合教育博士生集中授课与分散学习的培养方式,培养单位在课程的教学模式上普遍采用的是集中授课,学生在根据导师及授课教师的安排,分散完成相应的课程任务。在与受访者交谈中,大部分受访的教育博士生普遍认可授课教师在课程教学中综合使用的研究性教学、案例教学、专题式研讨等多元教学方法。特别是在一些课程中,授课教师要求教育博士生结合自己的专业工作领域尝试开展行动研究,形成非常具有特色的教学方法。然而,访谈中也暴露出目前在教学模式及其过程中的一些局限,其中较为突出的表现是教学的时空延展性不足,课程教学只存在于集中授课阶段,分散自主学习阶段的课程设计很少有教学的安排。换言之,技术时代的线上教学平台与媒介的使用与规划尚未纳入教育博士生的课程教学实践中,尚未能形成制度化的常规样态。

  传统的那种教师讲授在博士生的课程上很少见了吧，我们所上的课程一般都是研讨式的，专题式的课程可能是老师讲授的多一点，因为很多不同的老师来上课；其他的课大多数都是学生说的更多一点，要么是学生挨个分别主讲汇报一个内容，要么是小组团体式的研讨再汇报。我个人认为这种形式还是比较合适的，也能调动大家参与的积极性。有一个问题也是这次疫情我才意识到，其实线上教学也是一个很好的选项，以前如果单独说线上授课，第一反应可能是觉得是不是非全日制的课是这样，不是很正规，有点水啊，是有点看不上的意思在里边；现在真的亲身不得不经历了线上授课以后，我觉得线上线下完全可以统筹设计一下，这样我们不在学校的时候也可以和老师、同学们有更多的联系。(C-7-2-12)

  我们集中授课的节奏还是很紧张的，因为一门课可能三天连着上，有时候是上午下午加晚上连轴转，我们听得都累，老师就更耗心神了。教学方法我觉得挺合适，应该算是你说的这个研究性教学吧。举例子说吧，我上的教育领导与管理课，有三个集中授课阶段，分布在学期初、中、末，也就是一学期我们三次返校集中上课的时间段吧。老师会先讲理论、讲前沿的内容，再要求我们结合自己的专业和工作领域，按照省部级课题申报的范式，写一个本子，我们写完后在后期上课时候挨个上台汇报，大家再提意见和讨论，老师再指导。这实际上就是指导我们怎么做一项研究，主要就是关注的我们研究设计的能力。而且还顺带指导了我们项目申报书怎么写，大家都特别喜欢这个课。(X-12-2-12)

  如果要谈有什么问题，我觉得可能是我们非全日制因为只有集中安排课的时候才会来学校，其他时间的这个自主学习阶段感觉和学校脱节了，很多信息也无法及时获取。有些课程是断续的，一学期要集中好几次，分散期我们和老师一般都是通过建的课程群交流，而且其实交流也不多，主要就是提醒一些交作业时间节点。这次疫情影响下，我们开始用线上的平台上课，我觉得这种线上教学方式效果也还不错，各方面的成本还很低，当然这是疫情所迫。如果以后，在集中授课之外，在我们不在学校期间，可以结合这种线上的形式，解决一些我们不在学校但有困惑的问题，这不是很好嘛。最重要的是我觉得回到工作岗位以后，真的学习是很难有时间空闲、很难静下心，有个远程课程督促一下应该会好很多。(X-9-2-12)

通过对受访者课程学习体验进行分析后发现，尽管培养院校在课程体系与教学模式的设计与实施上已经形成了一套较为成熟与完善的运作体系，教育博士生总体而言对课程与教学的评价较为正向与满意，但培养院校的课程与教学实践依然有可完善的空间。实际上，各培养院校为了提高教育博士专业学位课程与教学的质量，与此同时提升教育博士生的就读体验，课程的跨学科设计、基于问题解决的内容设计，教学环节综合运用线上线下教学媒体与资源，这些方面都具有非常高的探索意义。

3. 导师指导：有效性与适应性

我国构建的研究生教育制度的基础是"导师负责制"，导师是研究生培养的第一责任人。因此，无论是从我国研究生培养的制度设计体系而言，抑或是具体到教育博士专业学位研究生的院校培养，导师指导都毫无疑问是培养过程中不可或缺的核心内容。事实上，一方面，相较于学术型学位的博士生，教育博士生的导师指导实践应体现其特殊性；另一方面，相较于全脱产、非定向的博士生，教育博士生的导师指导实践或许更需要个性化的策略支持。根据访谈结果发现，尽管在制度设计层面培养院校都或多或少地探索实行所谓的"导师组指导"或其他类似形式的创新导师制，但在实际的培养过程中这些构想很大程度上并未得到落实，传统的单一导师负责制依然是院校培养的主要方式。而在导师指导效果方面，访谈发现，受培养方式、工学矛盾、导学互动等多重因素的影响，教育博士生对导师指导的有效性与自我适应性存在一定的担忧，从而在一定程度上影响了导师的指导效果。

具体而言，从受访的教育博士生就读体验及导师指导实践反思的层面来看，当前培养院校的导师指导工作尚存以下几点较为普遍的问题：

其一，创新探索的导师指导制度在实践运作中受阻。

虽然培养方案中的确提及导师小组集体指导，但实际这有一个隐性的前提，那就是有一个主要的导师，从招生开始学生报考的就是某个导师，录取后进入某个师门，不管是官方还是私下，我们都是说这个学生是在某某导师名下的。这种情况，所谓的导师组集体指导就很难推进了，一是以往的做法短期内不可能实质改变，二是这个导师组制没有配套的措施，其他导师既没有立场，也没有义务指导别的教育博士，只可能在像开题答辩这种场合提一些意见。当然，有些教育博士好学，经常会主动去请教别的导师，那我想他们自然也不会拒绝。（C-M2-2-4）

好像你所描述的导师组制并没有实行吧，我们都是一个导师，也没有参与过关于这个集体指导的活动，开题答辩这种活动是请别的导师，不过这应该不算是导师组指导吧。文科专业很少听说导师组集体指导的，理工科好像很正常，经常听说实验室课题组有大老板小老板、大导师小导师这种说法。（C-10-2-7）

如果导师组指导真的可以贯彻落实，或许对我们的帮助会很大。不过博士教育一直都是一对一导师，真的搞个导师组，也应该有个主要的导师，否则感觉会很混乱；如果有主导师，那么其他的导师肯定会流于形式。所以，你说的这个形式听上去好像挺不错，但想真的实施起来那真的太难了。（X-14-2-4）

其二，导师指导的有效性问题折射出导师队伍及师资队伍建设的隐患。该问题主要是指当前培养院校的部分导师本身的学术背景及擅长与指导研究生的经历并不能够实现有效指导教育博士生的学业与专业发展；导师在与教育博士生交流互动中存在过于松散的情况，特别是在分散自主学习期间师生间的联系较为薄弱。

现在每年招收的教育博士数量越来越多，我们的导师反而还是没什么变化。现在的导师有一个很突出的问题，就是能不能指导的问题。我们的导师都是指导学术型博士的，那和指导教育博士是不同的，你让指导学术博士的导师去指导教育博士，那就要考虑这个能不能指导的问题，或者说合不合适指导的问题。有些导师本身是理论研究型的学者，也没有什么实践管理经验，但却要指导这些做校长、副校长的教育博

士，这恐怕有问题，是不对口的问题。(C-T1-2-8)

导师的指导主要还是一种方向上的吧，都读博士了，而且都工作这么些年了，我们不可能还需要导师一点一点手把手教。和导师的交流一方面是课程上的，一方面就是选题做研究上的吧，主要还是围绕着想要做的选题和导师交流。当然，也会有一些工作上的事情和导师请教吧，但较少。其实导师对我们的工作了解也不多，更多的是在研究方法、思路上的一些交流。导师平时也很忙，带的学生也多，我们交流也不算多吧，离校以后就更少了。导师也很少找我，有事就联系吧，我有问题再请教。(C-3-2-8)

我和导师的交流其实也不算多的吧，集中上课的时候会有一些交流，不在校期间师门会有一些沙龙、研讨的活动。导师太忙了，有时候我个人有一些问题，也不好意思特地打扰，就会找机会在集中上课间隙时候请教一下。而且我觉得读博还是要靠自己吧，导师只能说引导一下。(X-10-2-9)

其三，导师指导之于教育博士生的适应性存在一定的排斥问题。这方面的问题主要集中体现在部分导师以学术逻辑思维指导教育博士生，使导师指导的实践过程趋向学术化，从而导致对教育博士生应用能力的发展以及专业实践领域的问题缺乏应有的重视。

我一直觉得我们教育博士除了不可能四年在学校全职脱产就读以外，在培养上和教育学博士的差异真的很小。导师也是两种博士生都招收的，指导上也没有体现出来很大的差异，而且对我们的进度要求更紧张。导师说我只在学校待一年，所以要抓紧时间确定选题，争取回去之前就把题开了。其实我知道导师是担心我回去工作以后忙得没时间做，也是在督促督促我吧。(C-5-2-10)

我觉得没什么差别，我导师对我很严，比教育学博士还严格。让我请了两年假在校，我现在处于开题阶段，开题报告改了七八稿了，导师还是不太满意。因为现在我回去工作了，导师说开题报告过关了再开题。我其实也理解，现在上班了开题也不是很着急。因我导师的话就是说，我们不要管外界对教育博士的看法和标准，是低了还是高了，我们就按照学术博士的标准来走，甚至还要比他们做得更好，这样不管是用什么标准来评价，都不需要担心。有道理吧，现在博士论文不也是这个学术标准嘛，做得好一点更有底气一点吧。(C-1-2-10)

导师同时指导教育学博士和教育博士，这是当下难以改变的客观事实。我们能做的就是尽可能地按照两种不同的博士学位的属性进行分类的培养。当然，这个过程很难做到有效的区分，因为博士教育不同于本科和硕士，导师对学生指导并不是面面俱到、事无巨细的，更多的是靠学生的个人体悟。对教育博士生指导最大的困难就是他们并不是脱产在校的，对他们的指导在他们返回工作岗位以后就很难发挥作用了，主要是靠他们自己的毅力。作为导师，主要就是通过组织一些活动来敦促一下他们在工作中不要忘了继续课题。很多教育博士因为工学矛盾的原因都必须要延期，这实际上也是指导过程中很大的问题。(X-T4-3-1)

实际上，通过访谈教育博士生发现一些问题之后，研究者对部分导师的指导实践也进行了相应的访谈了解。他们普遍表示，在同时指导两种不同类型博士生时，在思想上能够厘清二者的区别与共同点，尤其是教育博士生作为专业型博士生，在对其指导时应当和教育学博士生进行区分。然而现实是，一方面教育博士生的在校时间不长，师生之间难以持续地进行深度交流，亦无法设计与安排需要较长时间投入的相关活动、项目课题等；另一方面，教育博士生的职业现状各异，很多专业实践内容并非导师所熟悉与擅长的领域，难以进行深入的针对性指导。最为重要的是，当前的博士生评价标准，无论是成果内容与形式的标准，还是学位论文评审的标准，都具有较高的学术要求，因此导师指导必须要受到这个"指挥棒"的影响，通过提高对教育博士生学术能力方面的要求，以适应目前的规则体系。

4. 学位论文：规范与标准

博士学位论文不仅是衡量博士培养质量的关键性指标，更在院校培养过程中直接决定博士生是否能够被授予博士学位与顺利毕业。换言之，无论是培养过程中哪一个环节，其在培养实践中的最终指向都是促使教育博士生能够完成一份符合标准的学位论文，从而最终获得学位。

因此，博士学位论文毫无疑问在教育博士生培养过程中发挥向心力的核心作用。尽管在制度文本分析中发现从国家学位办发布的指导方案到各培养高校的培养方案，指向教育实践领域问题解决、强调专业应用能力发展等内容都是教育博士专业学位论文标准中重要的价值指标，但在培养高校实践中，教育博士专业学位论文的运作现状却并非如制度设计一般。在访谈过程中，通过受访者反思自身在学位论文选题、研究过程以及最终送审答辩的经历，我们也发现教育博士专业学位论文的标准及其形式等规范在实际操作中出现的异化现象。

一方面，在全国加大力度整治与提升研究生学位论文质量的大背景下，教育博士专业学位论文的规范与要求也更加严格，体现在选题、研究过程、论文送审等各个环节。制度性规则的收紧，对各高校的培养实践产生了反向压力，迫使整个培养环节更趋规范，各方面的要求也随之提高。这种变化在很大程度上扭转了长期以来教育博士生培养过程中的"松散"现状，无形中给包括导师、教育博士生个体在内的相关各方更大的结构性压力。最为直接的负面影响即是逐渐增高的延期毕业率。

现在应该大家都知道博士毕业很难吧，教育博士虽然是专业博士，其实毕业也是很难的。尤其是这些年经常被爆出来的论文抄袭、造假，相信很多学校都对毕业论文抓得很紧。而且现在博士论文都百分之百统一送审，听说我们学校是用教育部学位中心送审平台，要求是很严的。所以我导师才对我开题卡得这么紧，特别强调让我不要心存侥幸，更不要把自己当作教育博士来放松要求，要做的和学术博士没什么区别，这样以后写出来的学位论文才能比较稳妥。(C-1-2-14)

要求是一年比一年严格，去年博士论文查重复制比是15%以下，今年2020年学院通知必须在10%以下才可以送审。而且，导师也很重视论文质量，经常和我们教育博士强调不要以为自己是教育博士就掉以轻心，觉得随便整一整就能过关。而且即使过关了，现在学校每年还随机地抽审，这都是非常严格的。所以，我们现在都非常重视论文。(X-1-2-14)

就是因为这个标准的问题，我一般都是以学术博士标准来要求教育博士的，这样就没什么可担心的了，反正自身做的够硬，怎么评都不怕。我指导的一个教育博士开题报告就改了十几稿还没有定下来，我和他说不要侥幸放低要求，否则到时候论文通不过，教育博士延期就不是一两年能做完的问题了，可能一回去上班这个丢下了。(C-T2-3-1)

现在不只是学生不好过，导师也不好过。教育博士本身很难全身心投入到写博士论文中，他们回去以后工作可以说占据了大部分的时间、精力，对论文质量把握是会力不从心。而且这些年，对博士论文的要求越来越严格，不像以前那么容易通过。而且现在脱产4年在校的学术博士都很多需要延期的。所以，院里老师都说教育博士延期太正常了，要是遇到个按期毕业的反而觉得不正常了。(X-T4-3-1)

另一方面，教育博士专业学位论文标准尚未明确，培养院校对教育博士专业学位论文的要求模仿并沿袭了学术博士学位论文的标准与规范，因而使得教育博士生在学位论文研究中难以实现基于实践属性的创新。换言之，在强烈的学术逻辑及其标准体系下，教育博士生从事的学位论文研究在内容、形式、价值等各方面都具有严格的规范。访谈中发现，部分导师与教育博士生尝试将专业实践领域的教育问题作为学位论文研究的对象，这一探索具有一定的启发意义，有助于体现教育博士论文作为专业博士学位论文的性质与特点。但从本质上而言，在传统学术范式下开展的实践问题研究，在一定程度上也意味着放弃了一种作为专业博士学位论文标准应有的想象力。

我觉得教育博士学位论文和学术型博士学位论文是非常趋同的。据我了解，首先送审的时候应该没什么差别，评审老师不会知道哪个是教育博士、哪个是教育学博士的论文。而且即使知道，这个标准也没什么不同啊，还是很严格的学术要求那一套。再者，我们教育博士的论文和教育学博士的论文本身没有什么差别，可以说我们就是按照教育学博士论文的格式和规范来做的。总的来说，我认为是教育博士学位论文没有自己独立的标准，所以老师们教的就是学术博士的，我们写的是模仿学术博士的，评委们评的也是学术博士的。(C-8-2-15)

两种标准的确存在你所说的同质化问题。或者说，作为一种通行的標准是很难建立的。还有就是教育博士论文应不应该、能不能够拥有自己的标准,这个问题也需要思考。当前我们以学术标准来约束和规范教育博士论文,主要是出于保障质量的角度考虑的。如果什么形式都能毕业、拿到博士学位,教育博士的公信力、社会认可度很难保障。我会要求教育博士从实践中找寻研究的问题,结合自己的工作综合运用实践性要求较高的研究方法,这或许是一种折中的选择吧。(C-T1-2-11)

虽然说教育博士论文似乎和学术博士的论文差异很小,但我们尽量会研究专业领域的问题,导师也认为我们将博士学位论文和自己工作领域中的问题相结合,会更加方便我们的研究。我博士论文研究的大学生思想政治教育相关的,这和我的工作很接近,而且也方便我做调查,我觉得应该就是你说的观照专业实践了吧。但是,也并不是所有人都会这样选题,我觉得这也和导师的研究领域有关,我认识的教育博士也有很多就是搞的纯理论的研究,还有做教育史研究的,总的来说很多样,而且也没什么特别的限制,反正按照博士论文的形式来写就行了。(X-14-2-16)

我们都是按照学术博士论文来做的,参考以往教育博士的论文,大家也都是尽量往这边靠。出于保险稳妥的考虑,相信也不会有人愿意冒险创新什么新花样,关键是也不知道有什么花样可以创新,博士论文就是以往的那些模式套路。最好的选择就是博士论文和你的工作能联系上,这样你研究的时候会方便一点,也熟悉一点,而且答辩的时候你可以重点说明,这不就是体现出是教育博士的论文了吗?(X-14-2-16)

事实上,高要求、严规范并不是导致教育博士生按期毕业率低下的根本原因,而是在这种氛围之下,培养院校对"标准"的误读造成的。究其缘由,培养院校在对教育博士专业学位的本质把握并不清晰,实践性与应用性的价值导向在严格的博士毕业要求之下没有建立起科学合理的"标准"。具体而言,在教育博士专业学位论文层面,一方面,整个行业或学界对专业博士学位论文的科学标准尚未建立,各方普遍依循的仍是经验层面积累的学术标准及其规范;另一方面,各个院校在培养实践中采取了一种"妥协"或"折中"的策略,以传统学术标准作为标尺来衡量教育博士专业学位论文，并以此来确保培养质量。由此，这种行动不仅导致了教育博士专业学位论文规范难以基于自身培养理念形成独立标准，而且还具备强烈的学术属性，同时也反向误导了相关高校对教育博士专业学位研究生的培养实践，从而陷入恶性循环的泥潭。

四、质量评价与保障：遵循旧制抑或重建标准

质量评价与保障体系是有效提升教育博士专业学位研究生院校培养质量极其重要的制度要素，亦是教育博士专业学位研究生培养模式及其运行中的关键一环。在培养实践场域中，质量评价标准在整个培养过程中无疑发挥了"风向标"与"指挥棒"的作用，而质量保障机制则筑就起各个培养环节质量有力的"保障关卡"。因此，无论是从评价的角度分析，还是从保障的角度讨论，最终都将指向对教育博士生培养质量的监测与调控。通过对两所案例学校培养背景与实践的考察发现，教育博士生在院校培养过程中基本形成了较为稳定的质量评价与保障策略，各校具有不同的行动选择，因而也呈现出不同的特征。

1. 质量评价标准：学术惯习的影响

教育博士专业学位论文的研究既是教育博士生培养过程的重要环节，在实践层面也发挥着评价标准的实际职能。传统学术博士学位论文质量与水平的高低常常与培养质量画上等号，虽然在培养过程中也会有诸如课程评价、导师评价、思想政治评价等评价的环节对博士生培养质量形成一个综合的评价框架与体系，但博士学位论文的评价在这些既有评价环节中是起关键作用的，直接决定博士生攻读博士学位期间的学术表现，以及能否被授予博士学位。这个过程是严格的、规范的、学术的，因此，对博士学位论文的评价成为了质量评价的"代名词"。自专业博士学位在我国创设以来，各方对专业博士学位的理解首先是基于"博士学位"属性的解释，其次才是基于"专业学位"本质的考虑。具体到教育博士专业学位，一方面，其培养质量评价沿袭了学术博士学位以博士学位论文质量为中心的评价标准；另一方面，受制于传统学术研究范式惯习，培养院校至今尚未能够构建独立于学术博士学位评价标准

体系之外的符合专业博士学位本质特点的新的评价标准与体系。

关于教育博士专业学位论文的研究与评价标准前文已通过相应的访谈问题描绘出利益相关主体的体验与态度,发现教育博士专业学位论文的评价标准与学术博士学位具有明显的趋同性,学术逻辑依然是当前教育博士专业学位论文评价标准的主要依循。因此,无论是培养院校层面,还是教育博士生的个体层面,其行动选择都更加偏向既有的标准,而非在内容与形式上冒险创新。同时,受到传统学术博士学位评价策略的影响,教育博士生的培养评价在学位申请资格等方面进行了一定的规定,其中较为显著的特征是对学术资格的要求。

受访的教育博士生认为学校培养评价的策略主要是从培养其学术研究能力着手的,并且对相关的规定表示理解。

我们学校对博士生毕业申请学位是有资格要求的,除了基本的课程学分要求,毕业论文要过关,还必须要发表学术论文,这个相信很多学校对博士生都有要求。我们是1篇C刊作为最基本的要求,学校政策据说是1+X,也就是1篇C刊加若干其他级别的刊物。上次听同学说,我们院里在这个基础上提高了要求,X里边要有一篇北大核心的刊物,但这个我没证实。这个发文的要求是必须要达到的,否则博士论文都没法送审的。这个是规定,虽然我们觉得挺难的,不过还是比教育学博士要低一点,他们要求2篇C刊的,也算是学校考虑到我们可能存在困难做了一个区分,没有一刀切。(C-4-2-17)

对于我们而言,这些要求也就是发文章是最难的,其他的要求,比如说学分这些,其实按部就班完成就行了。学术资格是比较严格的,据说如果不达标是无法在系统中提交毕业申请的,我们学校这些都是从系统中走,信息化管理了,也就意味着无法交论文、无法送审等等。实践相关的项目也是有的,就我参加的学校开展的教育博士生论坛算是吧,不过这个论文也是关于学术交流的,分享的教育博士生所做的研究有一些是关注的专业实践领域的内容,有一些就是写的正常那种要发表的小论文。如果说完全是基于实践的项目,据我所知应该是没有,而且你说的实践资格要求也没有听说过。(C-1-2-17)

的确是有发文章的要求，我听说清华大学好像之前规定取消了将发文和毕业挂钩的规定，但人家是清华对吧，其他学校也不敢模仿吧。我对发文章的规定并不抵触，因为我本身就在高校工作，虽然从事管理工作，但是高校的整体评价氛围还是一种基于学术的，我们管理岗想评职称、想要晋升评奖，如果有论文就会更有优势。而且，我虽然是教育博士，但我在院里的感受是，必须要和学术博士看齐，因为大家走到这里都是希望能提高自己的学术能力，以后报项目也好、发论文也好，这都不仅仅是博士学位能解决的。（X-12-2-19）

高校管理者基于对教育博士专业学位的理解，对学术资格的规定及其后背的评价价值给出了一定的解释。

其实现在教育博士生面临延期的很多，大家普遍不能按期毕业，一是确实因为工作太忙，博士论文没有做完，或者做完了不合格，二是我们学校也有发文章的要求，这个没达到也是毕不了业的。我们认为教育博士生培养既不能像学术博士那样培养，也不能只关注实践层面的东西，我们应该学会将学术研究能力运用到专业实践问题解决中。公开发表学术论文只是一种评价策略，或者说是一种学校最能操作的评价策略，其他评价方法要么无关紧要，要么流于形式。我们希望综合运用这样的评价，不仅仅只是发文的学术要求，我们也组织开展了一些论坛活动等等。（C-M2-3-4）

由此可知，在教育博士专业学位论文标准具有浓厚的学术价值倾向的同时，培养院校还通过设置学术资格要求进一步强调教育博士生培养质量评价的学术逻辑。尽管从受访者的体验而言，他们普遍对这种学术惯习影响的评价标准持理解乐观的态度，然而，毫无疑问的是这种影响已经贯穿教育博士生培养的整个过程，对各个环节产生了学术牵引的作用。实际上，破解以学术生长为主要逻辑的评价标准不仅仅是"破旧立新式"的重建标准，其中关涉的影响因素是复杂多维的，因而这个过程也必将是曲折困难的。

2. 质量保障机制：过程性策略选择

教育博士专业学位研究生培养质量的保障机制是培养院校在培养实

践中必不可少的制度设计。随着过程性评价策略在博士生培养中的广泛运用，培养院校开始普遍采用一定的过程性评价保障策略，用以监测与调控培养过程的质量。具体而言，中期考核制度成为博士生培养过程质量保障机制中备受欢迎的一种策略选择。作为西方博士教育中的"舶来品"，中期考核作为一种质量保障手段在我国高校的本土化过程也并非"顺风顺水"，在具有显著文化差异的背景下正经历适应与转型的过程。至近些年，中期考核制度才真正开始在部分研究型大学博士生培养中有效地探索实施，并由此拓展到教育博士生培养实践中。由于中期考核制度能够整合博士生培养中导师指导、学位论文开题等环节，因此诸多高校将中期考核作为博士生开展学位论文研究前重要的"关卡"，统筹实现了中期考核与开题答辩的有机结合。

结合本研究访谈的教育博士生所在的两所高校在质量保障机制层面的具体实践，一所高校尚未实施中期考核，采用的依然是通过开题答辩的方式对博士学位论文质量进行监测；另一所高校则是采用中期考核将学位论文开题答辩统筹进来。

我们学校没有实施中期考核制度，如果从保障学位论文质量的角度谈培养质量的保障，其实就是和其他类型博士培养一样，主要就是通过导师指导层面的把握、导师组在开题答辩过程中的指导等等，我想这可能也是一个过程质量的保障。(C-1-2-18)

我们学校是在博士教育综合改革的背景下推进了中期考核的开展，我们 Ed.D 需要完成中期考核才能进入到下一步开题、写博士论文的阶段。通过中期考核，我们同学其实都一致认为这是给我们在职读博设置了一个闹钟，必须要高度重视自己的学业，否则如果无法通过中期考核不仅给大家一种不努力的印象，而且也让导师难堪。中期考核作为培养质量的一种保障手段，我认为还是有一定的效果的。(X-15-2-18)

通过对其他相关培养院校的制度文本考察发现，中期考核正在进入综合性的"双一流"建设大学教育博士生培养质量过程性保障机制中，也正在发展成为相关培养院校未来可能的一种过程性策略。

当然，除了诸如中期考核、论文开题答辩等过程性保障策略，培养院校也在通过探索一些新的形式用以保障教育博士生的培养过程质量，如对集中培养环节进行严格规范与要求、对导师指导、学术与实践活动参与等进行明确规范等。例如，X大学规定的每学期定期返校集中学习要求教育博士生必须参与集中期的课程学习，不仅对出勤率具有严格的监控，而且时间安排非常严格，有效地保障了教育博士生在校期间学习。

返校上课压力是非常大的，院里要求我们那段时间必须放下一切工作，到校集中上课。经常是上午、下午和晚上都是安排的课程，而且还要参加相应的沙龙、讲座等活动，学习任务非常丰富，没有一点的空闲。有的授课老师对我们要求非常严格，一次缺勤就需要重修，所以我们都非常重视集中学习。不仅如此，我们平时的确也很忙，没有时间静下心来看书思考，也想利用这个机会沉下来真正地学习。（X-11-2-20）

事实上，质量保障策略在培养院校教育博士生的培养过程中大多分散在各个培养环节，无论是传统的对博士论文研究流程的把控，还是新兴的中期考核，本质上都是一种基于过程性的质量保障策略。从这个角度而言，培养院校在课程教学、导师指导、活动参与等过程中实施的一系列策略都应当成为质量保障机制的有机组成部分，从而形成环环相扣的过程性的内部保障与支持系统。

第三节 "系统集群"维度：培养共同体内的行动差异

系统集群的培养共同体是本研究基于理论视角构建的关于教育博士专业学位研究生培养模式的重要组成部分。在培养院校的实践运作过程中，如果只将目光聚焦于培养模式的结构要素的运行之上，虽然能够通过培养场域的实践活动管中窥豹，但并不利于从全局把握发展的方向及其背后的交互关系。将系统集群的培养共同体纳入教育博士专业学位研究生培养模式的分析框架后，不仅将教育博士院校培养的相关利益主体汇聚一堂，而且通过不同利益主体的视角与行动的呈现，也能够更加全面地展现系统集群对教育博士专业学位研究生培养模式运行的差异性影响。

一、政府主管部门与"教指委"的积极支持与指导

2020年以来，教育部等部委陆续出台诸多关于大力发展我国研究生教育的政策文件，其中《专业学位研究生教育发展方案（2020—2025）》明确对我国未来一段时期内专业学位研究生教育的发展与改革提出了政策依循。具体到博士专业学位研究生教育，该方案也提出了较为详细的发展战略，诸如明确定位、完善标准、健全程序、扩大规模等方向性的策略。实际上，政府主管部门与"教指委"对培养院校的支持与指导力度一直在不断增强，尤其是近年来在政策环境不断利好的背景下，培养院校的招生指标逐渐增加、开设专业的数量限制实质上被取消、"教指委"的培养工作指导更趋频繁等等，这些都是宏观制度环境向好的重要信号，而各个培养高校也在主管部门与"教指委"的大力支持与指导之下对教育博士生的培养实践产生了更加深刻的理解，从而提高了院校培养水平、优化了院校培养实践。

教育博士生对主管部门与"教指委"所提供的培养支持并不充分了解，他们更多的是从自身在就读过程中经历的一些相关事件的感受谈起，但他们所谈及的一些变化却能够从侧面反映出来。

你问的主管部门应该是指政府或者说国家层面吧。我还是能明显感觉到国家对教育博士专业学位的支持，最明显的是每年学校的招生名额都在增加。我其实就是2018年增补名额录取的，就是那年教育博士招生工作已经结束了，但是后来又有一些名额，我就报了。我其实也没做什么准备，而且从报名到录取很快，我一直也觉得挺幸运。（C-1-2-21）

主管部门和"教指委"的支持可能主要是体现在政策支持方面吧，现在专业学位研究生教育发展很快，国家大力支持发展，所以各方面应该都是积极参与的吧。就我理解，这应该是常态，本来要发展好一个博士学位，就应该各方的协同和支持，尤其是政府主管部门更应该首当其冲，他们发挥的功能具有引领性。（C-4-2-21）

"教指委"对培养院校具体怎么指导的我不太清楚,不过我们参加的一些活动不就是"教指委"牵头组织的嘛。比如说每年开展的全国教育博士论坛,这个活动就办得很好,院里每年都号召我们投稿参会,这应该也算是一种支持吧。(X-7-2-21)

通过访谈"教指委"专家委员关于"教指委"工作机制的相关问题,发现"教指委"对培养院校提供的指导相较于政策性的宏观支持更加微观与具体,主要是通过专家研讨、论证等方式对高校培养实践中普遍出现的共性问题提供科学合理的指导。

"教指委"的工作开展主要是面向实践问题,也就是说培养院校办学中集中反映了什么问题,我们就会围绕相应的问题组织专业研讨咨询会,大家聚在一起讨论如何解决,最会形成一套达成共识的方案。除此之外,每年"教指委"也会组织常规会议和相关活动。因为"教指委"研究的不只有教育博士,还有教育硕士,我们主要就是为培养院校解决他们不能解决的问题,当然这其中既有标准的问题,也有发展方向的问题。(C-T1-2-14)

培养院校专业学位管理人员与"教指委"等单位的工作接洽较多,从他们的工作角度对"教指委"的支持与指导活动进行描述也能够展现出一定的面貌。

"教指委"的指导活动还是很丰富的,每年"教指委"都会下文要求培养高校报送当年教育博士培养的相关数据,比如当年招生人数、毕业人数等。"教指委"统计这些数据也能够为相关事项的决策提供了一个数据支持,而且"教指委"还会组织一些专家科研团队开展教育博士培养的调研,经常会有一些问卷下来,主要都是围绕教育博士培养的。我记得2018年华南师大的项目组做完调研以后,"教指委"还发布了调研报告给我们学习,报告中提出了扩大招生规模等建议,之后很多当时的建议似乎都被采纳而且现在都实现了。(C-M3-2-10)

"教指委"在做决策之前会开展调研,我觉得这个方法很好,能够充分结合培养单位的意见。举个例子吧,我记得今年8月份刚接到一个调研问卷,主要是调查我们对教育博士招生对象的看法,而且面向的是研究生院、二级培养单位、招生办等的负责人。这个调研可能是"教指委"发现了当前政策文件中规定的教育博士招生对象存在灰色地带,所以调查一下我们的意见。我觉得这是一个信号,目前的招生对象的确有点窄了,而且模糊性越来越大,未来教育博士的招生对象或许会有所扩大。(C-M2-2-10)

由此可知,政府主管部门与"教指委"作为教育博士专业学位研究生培养共同体中最具有影响力的利益相关主体,在国家研究生教育内涵式发展进程中对教育博士专业学位及其院校人才培养保持了积极的支持态度。政府主体通过出台支持性政策促进教育博士专业学位的发展,"教指委"则是通过对相关高校教育博士生培养过程中出现的问题进行聚焦,为培养高校的办学实践提供科学的指导与发展策略支持。

二、培养院校之间的非制度性交流

尽管目前我国开展教育博士专业学位研究生招生培养工作的高校已经增至27所,而且首批15所试点高校在十余年的培养实践中积累了丰富的经验,但教育博士专业学位在我国高校的"从无到有"及其人才培养历程,一直以来都未曾形成具有广泛影响力的院校间联盟或共同体。培养院校之间关于教育博士专业学位研究生培养的合作与交往呈现出区域性、非连续性、非正式等诸多特点。"教指委"等组织在发挥其支持与指导职能中为培养院校之间的交流提供了一些机会。但这些机会一方面并非经过针对性的系统设计,能够囊括的利益相关方不全面,使院校间交往难以形成规模效益或切实发挥示范影响作用;另一方面则是呈现短期性的特点,从而使培养院校之间的交往并不能够长期持续。实际上,教育博士专业学位培养院校之间开展尝试开展的互动实践一般而言是基于活动的、非制度性的交流,虽然在一定程度上能够加强相关培养院校之间的联系,但培养院校之间彼此支持所能够发挥的合力却远不止此。

受访的教育博士生普遍对高校之间的交流感到不满,他们认为目前教育博士生在学校层面的交流机会很少,只能借助一些有影响力的学术会议、研讨会以及相关活动结识其他培养院校的教育博士生，但彼此之间的交流较为松散，主要是私下进行的自发式的活动。

  我觉得学校之间没什么合作和交流，教育博士之间更加没有什么互动了。我是因为参加了全国教育博士论坛，每一届论坛有一个群，我参加过两届，所以有第六届和第七届的微信群。群里主要是参加论坛的教育博士生，开会期间群里还是很热闹的，大家交流得挺频繁，也私下加了几个同专业的人。会后群就很冷了，偶尔有人分享一下什么活动链接，有人发个问卷什么的。其他的能和校外的交流的机会我还真不知道了。(C-1-2-22)

  教育博士之间交流得非常少，别说各个培养学校之间教育博士交流了，本校的教育博士之间交流也很少啊，一是没什么机会和途径，二是确实大家都挺忙的，没时间啊。我们学校去年模仿全国的教育博士论坛办了一个学校自己的教育博士论坛，小型研讨会的形式，我觉得也挺好的，去听了两次，有一些收获吧，但也没什么特别的交流。(C-2-2-22)

  你问的培养院校之间的互动我还真的不清楚，可能学校之间会有一些合作吧？不过在我们教育博士这个层面的校际交流真的非常匮乏，甚至可以说几乎没有，主要都是我们个人在参会的时候私下加的一些朋友，没有一个正式的平台，一些群只能算是个信息分享的媒介吧。(X-13-2-22)

  受访的导师对培养院校之间互动的评价也不高，他们认为学校层面的合作交往最终的落脚点是服务于教育博士生的培养，而具体的行动机制则必须建立在各校管理部门之间的交往、教师之间的交往以及教育博士生之间的交往等等之上。然而，当前的实践现状则是院校间交往更多是相关管理部门之间的交流，在教育博士生培养实践层面涉及的导师交流、学生交往较少。

  教育博士培养目前来看确实有闭门造车的情况，"教指委"创造了一些平台，组织相关学校围绕培养过程中出现的问题展开交流、互相学习、汲取经验。2018年新增一批学校后，"教指委"也专门组织过研讨，目的就是希望新增的高校能够向首批试点的高校多取取经。但是除

第六章 就读体验叙说：我国教育博士专业学位研究生培养模式的质性分析

此之外，这些高校之间还有什么形式的交流，展开过哪些形式的合作，就很难说清了。在同一个地区的高校，像南大、南师大，他们就组织过一些教育博士培养的研讨会。其他学校，尤其是新增的学校，从需求上来说应该是迫切需要同行交流、指导的，但现实似乎这样的机会不多。(C-T1-2-14)

即使高校之间有一些往来，可能更多的是集中在校际或者院际领导层面，作为办学经验借鉴的一种交往。可能会找一些普通老师参加一下座谈，但也就是个一次性活动。导师群体之间的交流，包括教育博士自身之间的交流，很少有这样的机会。(C-T2-2-14)

虽然学校提供的交流机会不多，但我还是鼓励研究生，包括教育博士，多出去走走看看，通过参会、调研等形式拓宽视野、借鉴经验、学习方法。目前高校之间交流的平台不多，可以自己创造条件嘛。通过我的一些项目，教育博士也会参与进来，每年都安排他们出去实地调研，这也是一种交流的方式，而且普遍反映都比较好。(X-T4-2-14)

从院校专业学位管理的角度而言，受访者描绘出一些切实存在的困难。一方面，教育博士生的在校时间并不固定，组织相应的跨校交流活动存在一定制约；另一方面，教育博士生的培养规模是近几年才有所扩大，可以说教育博士生的培养以往在学校博士教育领域处于较为边缘的位置。加之，15所首批培养院校分布全国，各校主要通过"教指委"的安排开展交流项目，目前培养高校已经增至27所，未来的院校规模还有进一步扩大的趋势，组织开展其他形式的大规模、持续性的交流活动无疑具有更大的困难。

我认为培养院校之间开展稳定的交流是非常有必要的，如果能在培养实践中有所合作，那是最好不过的。但是，教育博士本身并非全职在校，组织他们本身就是一件比较困难的事情，更何况要组织校内外的交流活动。所以你问的实际情况，就是相关院校之间的交流与合作是比较少的。(C-M1-2-11)

我们在培养管理中，已经意识到教育博士之间的交流问题，也发现类似于全国教育博士论坛这样的平台和机会比较稀缺。就不要说其他高校与我们的交流了，本校的教育博士在校内也没什么交流平台。为了能够帮助在校的教育博士互相学习和交流，我们研究生院组织开展了校内的教育博士论坛，本来计划每月举办一期，也是受疫情影响有所拖延。但这种方式也是为了能够给教育博士提供更多的交流平台。校际交流需要的计划不是某个高校能完成的，我们就先从自身做起，先从校内把这方面的内容做起来。(C-M3-2-11)

教育博士在校集中期间，学院会经常邀请校外的专家学者前来讲座，我们也鼓励教育博士能够积极参加一些会议，参与导师的课题，外出进行实地调研等等。我们承办全国教育博士论坛时，也是将会务工作全部交由某一年级的教育博士班执行和负责，希望可以借此机会增强他们与各个高校之间的交流。(X-M4-2-11)

由此可知，尽管培养院校之间试图建立伙伴关系、展开深入交流与合作，对教育博士生培养具有积极的促进作用，受访的相关利益主体也都在不同程度上对不同院校之间的交往表达了认可和支持。但受制于现实的诸多客观因素，当前的实践现状表明培养院校之间围绕教育博士生培养展开的合作和交流非常稀缺，开展的活动多是非制度性的交往，并不具备稳定性、持续性、多方支持等特征，因而其发挥的影响力与对培养实践产生的积极作用都有所限制。

三、不同工作单位的态度迥异

在政策支持之下，教育博士专业学位的发展前景广阔，院校人才培养迎来了前所未有的繁荣时期，但这并不意味着政策向好的背景下相关利益主体的态度与行为具有一致性。从教育博士生的工作单位层面而言，在职在岗的工作人员定向攻读教育博士专业学位，这无疑是一把双刃剑。一方面，在职人员继续深造、定向攻读博士学位不仅能够提高自身专业素养、提升专业工作能力，而且也有助于本单位优化师资结构、提高队伍学历水平、提升综合实力；另一方面，在职攻读专业博士学位意味着不可避免地需要面对工作与学业之间产生的矛盾，而如何能够妥善处理工学矛盾并达到二者兼顾的状态，这是一个无法回避的难题。因

第六章 就读体验叙说：我国教育博士专业学位研究生培养模式的质性分析

此在访谈中我们发现，就目前而言，工作单位作为教育博士定向培养"三方协议"中的重要一方，不同单位在处理本单位人员申请在职攻读教育博士专业学位这一问题存在迥异的态度，而在不同主体差异化的行为选择中实际上也暗含其内在的逻辑。

部分受访者的工作单位对其攻读教育博士专业学位持非常积极与支持的态度，不仅鼓励他们继续深造、提高学历，而且为其攻读学位提供尽可能的帮助，其中既包括工作安排上的协调与调整等，而且部分单位还承诺提供额外的经济支持。

单位是非常支持的，考上以后，和单位会签订一个协议，这个协议不单单是提供给就读高校的，而且我和单位之间也有一个协议，承诺拿到博士学位以后的一些奖励吧，这就不好透露了。（X-10-2-23）

我们学校有规定的，有这么一个政策，就是说出去鼓励出去读博士，毕业获得博士学位以后是有奖励的，经济上的和职业晋升上的都有。就读过程中，主要还是靠自己协调工作和上学吧，毕业我们是在职的读的，该做的本职工作还是得做，但是单位还是很支持的，我在部门也比较支持，大家知道我这个情况，经常就会协调一下工作安排。（X-13-2-23）

经过与受访者深入讨论，进一步分析发现，大多持支持性态度的单位一般是高等院校，特别是地方和新建本科院校以及高职院校等。这些高校基于自身战略发展规划的需求，为提升本校总体综合实力和竞争力，包括为各项评估做准备，以及申请硕士学位点等，普遍对具有博士学位的高层次人才具有较大的需求量，因此对校内在职人员继续深造非常支持。

部分来自中小学的受访者则述说了与上述截然不同的处境。中小学教师在职攻读教育博士学位并非易事，自身教学等工作的安排与求学之间相较于高校工作者往往具有更大的矛盾。而且访谈中他们普遍提及，学校领导层对普通教师的学历提升并不关注，更不用提及是否重视、是否给予足够的支持等问题了。

我所在的学校是重点高中，我工作八年后考的教育博士。学校的态度是既不支持，也不反对。就我对中小学老师读教育博士一些人的了解，我觉得我的情况就算不错了。虽然学校对我没什么支持，但至少也没反对是吧。我当时读的时候，有协议要学校领导盖章签字，领导明确说了不能影响正常工作，也不会为了我调整什么安排。我仔细考虑了，向学校请了两年假，这两年我是一分钱工资也没有的，我今年回校工作以后，领导还要敲打我，说高中老师教好书就行了，读博士那么高学历有什么用，让我不要恃才傲物。我本硕的同学，也在一个高中教书，就今年也考上了教育博士，想深造一下，他的单位就是不放人，不给他盖章签字，他把国家相关的支持鼓励政策都拿给他们分管校长看，也没用啊，就是不让他在职读。但是教育博士必须要在职、必须要工作单位签三方的，否则高校不给发通知书的，最后他就硬是考上了也读不上。(C-1-2-23)

通过培养高校专业学位管理部门工作人员所作的解释，或许我们对这一境遇可以有更深刻的体会。

目前教育博士的相关政策，要求入学必须签订定向培养的三方协议。实际工作中，你提到的录取后但因为单位的关系，无法提供协议的情况比较少，但的确存在。这是个别单位的自身原因，他们有自己的利益考量，可能并不主张在职人员深造，又或者报考者自身与单位的关系并不融洽。那么这样他们就会陷入既无法入学，也不能辞职的情况，因为政策规定的报考者必须要有定向工作单位，对他们个人来说的确很可惜，但目前作为培养单位我们也无法解决这个问题。(C-M3-2-12)

结合访谈中发现的不同培养单位对本单位在职人员继续攻读教育博士专业学位呈现差异化的态度与行为选择，研究者进一步追问了受访者关于工作单位是否能够或者是否应该通过相关渠道或方式参与到培养院校对教育博士生的培养实践过程中来。受访者对应然的问题持支持的观点，大多认为应该将自己的工作单位纳入培养实践中，这样不仅能够使培养院校与工作单位之间进行必要的活动，围绕培养问题展开意见交换；而且能够使工作单位更多地了解培养过程，从而更多地为教育博士生提供针对性支持，缓解沉重的工学压力与矛盾。但对实然问题的看法则并不乐观，主要是由于当前工作单位在教育博士生培养过程中普遍缺位，"定向培养"只停留在三方协议的文本中。事实上，工作单位所表达的支持态度不仅仅能够决定报考者是否可以顺利入学，工作单位更应该在高校的培养实践中发声，肩负起"定向培养"应有的支持与协同的责任，从而为教育博士专业学位研究生培养模式的系统集群构建坚实的一角。

第四节　结论与讨论

通过质性研究的深入推进，从教育博士专业学位研究生培养的院校"田野"到教育博士生就读体验描绘中的"内心世界"，研究者发现教育博士专业学位在我国特色的政策实践推进下已经在培养高校多年的人才培养过程较大程度地实现了"本土化"的再生。通过对首批试点高校教育博士专业学位研究生培养模式的制度设计的关注，本章选取了两所具有不同典型培养特征的培养院校进行质性分析，在包括教育博士生在内的利益相关主体的叙说中，研究者进一步发现不同培养高校在教育博士专业学位研究生培养模式的运行实践中存在显著的共性特点与个性化的行动选择。当然，在院校培养的实际情境中，不同主体面临的困境也存在显著差异。如果以教育博士生的就读体验为主要的视角，无论是在院校培养模式的结构要素方面，还是在系统集群方面，仍然都存在较大的待完善空间。本章通过深度访谈，围绕教育博士专业学位研究生培养模式的运行，在利益相关主体的叙说中归纳总结出基于经验的相关结论，围绕研究发现进一步反思与讨论这些问题才能够为提升院校培养质量提供更有意义的思路与启示。

一、基本结论

第一，教育博士专业学位研究生培养模式在不同培养院校呈现出不同特征。不同类型博士学位具有不同的培养理念与目标驱动，因而在院校培养的实践中理应形成符合自身特点与发展需求的培养模式。教育博士专业学位不仅是我国设置的6个专业博士学位之一，而且也深受教育学科的内在发展逻辑的影响。结合此前本研究对首批试点高校的相关制度分析，在质性研究的进一步深入下，本研究认为在经过十余年的培养实践后，首批试点高校已经在探索中基本构建形成教育博士专业学位研究生培养模式。当然，由于不同高校具有不同的制度环境、学科传统、培养惯习等，具体的培养模式在不同培养高校之间也呈现出不尽相同的特征。具体而言，以首批培养高校而言，按照学校类型划分，主要可将其分为师范类大学与综合类大学两种。其中，综合类大学的教育博士生培养一般于由其二级单位教育学院（教育研究院）独立承担，形成了较为稳定的"教育学院全面负责"模式；师范类大学由于其师范属性，除教育学院之外的诸多专业学院均能够承担部分专业的教育博士生的培养工作，因此逐渐形成了"教育学院统筹—其他专业学院参与"模式①。进一步田野考察发现，"教育学院统筹—其他专业学院参与"模式在培养过程中，教育学院承担了为全校教育博士生统筹教育类公共课的职责，各专业学院则负责专业方向上的具体培养，包括从招生工作开始到二级专业课程、导师指导、学位论文研究以及毕业事务等。

第二，教育博士专业学位研究生培养模式受到传统学术逻辑的深刻影响。通过对利益相关主体关于培养模式结构要素现状叙说的分析，在招考内容与形式、培养理念与目标、培养过程与制度、质量评价与保障方面，研究发现教育博士专业学位研究生的院校培养实践普遍受到传统学术逻辑的深刻影响，以学术为主的价值倾向甚至贯穿于培养过程的各个环节。一方面，学术博士培养的惯习长期以来在培养院校形成了强烈的文化氛围与环境，牵引着教育博士生培养的价值走向；另一方面，传统学术标准造就的评价体系依然在高校博士生培养评价中"一枝独秀"，教育博士生培养尚未形成科学独立的评价体系为其提供"指引"。学术

---

① 以C大学为例，文学院、化学学院等二级学院都承担了一定的学校课程与教学专业的教育博士生的招生与培养工作，招生对象主要面向中小学的学科教师。

第六章 就读体验叙说：我国教育博士专业学位研究生培养模式的质性分析

逻辑在教育博士生培养过程中"占据上风"，不仅直接影响了作为专业博士学位的理念与目标，导致教育博士生培养实践中"实践性"与"应用性"的缺位，而且也混淆了教育学科两种不同性质博士学位之间的界限，致使教育博士专业学位与教育学博士学术学位在趋同的过程中同时失去彼此的个性化特征，而对教育博士专业学位而言，作为面向教育专业实践领域的专业博士学位，其"合法性"与"合理性"地位也将再一次受到各方的质疑。

第三，系统集群对教育博士专业学位研究生的培养具有积极的影响。本研究将指向教育博士专业学位研究生培养共同体中利益相关主体进行了系统整合，提出了所谓的系统集群，并试图探讨诸如教育主管部门与"教指委"、不同培养院校之间、教育博士生的工作单位等利益相关主体对院校培养实践的影响作用。研究发现，其一，教育主管部门与"教指委"作为教育博士专业学位的政策制定者、执行者与监督者，对培养院校的实践活动一直以来发挥着积极的影响作用。特别是在2020年9月习近平总书记对研究生教育工作作重要指示后，教育部等部门陆续出台了多项政策支持性文件，其中《专业学位研究生教育发展方案（2020—2025）》更是对我国专业博士未来发展进行了系统明确的指导与规划。其二，不同培养院校之间在教育博士生的培养实践中尚未形成稳定的、持续的、有影响力的合作与交流机制，但具有规模化特征的院校交往在本研究中已经证实是相关各方的迫切需要。特别是对教育博士生而言，稳定的院校交流合作机制不仅能够满足教育博士生个体的学习与研究需求，而且对改变教育博士生群体在培养院校中的边缘处境也大有助益。其三，不同工作单位对其在职人员攻读教育博士专业学位的态度与行为具有显著的差异。概言之，中小学在支持性上似乎更弱于高等院校，这种不同的行动选择与国家相关政策文件及其精神在基层部门的落实不无相关，也与不同类型学校单位自身发展战略以及对教职员工队伍建设的规划密切相关。值得注意的是，本研究发现所在工作单位的支持对教育博士生在职攻读教育博士学位具有显著的积极作用，特别是在调节"工学矛盾"、提高就读体验、调控工作压力等方面发挥了难以替代的作用。

二、反思讨论

通过质性研究方法对教育博士专业学位研究生培养模式在培养院校的运行现状进行考察，本研究发现探讨培养模式的议题不仅意味着对关涉其中的要素进行实践分析，关涉其中的人及其体验更是厘清培养模式背后交织的复杂的影响因素的重要线索与窗口。在田野考察与深度访谈的基础上，本研究一方面对当前我国教育博士专业学位研究生培养模式的运行实践产生了更加清晰的认知与判断，对院校教育博士生培养实践进行了更加生动的描绘；另一方面也通过个体叙说的验证性方式对制度分析与量化研究结论进行了互证与补充。本研究通过对教育博士生的就读体验进一步分析认为，利益相关各方在现行模式之下面临的困境需要进行更加深刻的理论反思与现实探讨，从而为纾解其中的矛盾与问题，提升院校培养质量提供积极思路。

1. "学术性与应用性的统一"是否能够实现？

尽管关于教育博士专业学位研究生培养理念及其目标目前尚未从政策设计的根本上突破，院校培养实践依循的仍然是较为宏大叙事的"高级专门人才"等统一标准，但各方在经验层面已经意识到陷于"复合型、职业型"的"技术理性"的办学思维已经在教育博士生的培养实践中举步维艰、难以为继。以教育博士生为核心利益相关主体的各方，包括"教指委"、院校以及导师，既不希望混淆学术型博士学位与专业型博士学位的培养理念及其目标，亦无法完全与传统知识生产模式以及经典学术观分道扬镳。据此，学界诸多学者开始提出"作为一种学术的应用性实践"观点，试图为教育博士专业学位研究生的院校培养理念与目标提供学术与实践的互动逻辑。在知识生产模式转型的背景下，这种理念的转变符合实践发展的需要，也为教育博士专业学位的培养理念提供了适恰的理论指导。根据已有研究的调研发现，有培养院校在办学实践已经提出"具有实践和研究双重属性的培养理念与目标"[①]，这表明部分院校的培养实践已经开始为教育博士专业学位的人才培养寻找可持续发展的新的动力。

在访谈中，部分受访者也在反思院校培养理念与目标的过程中对这一问题进行了思考。有受访者认为学术性与实践性并无矛盾之处，提出重视学术能力的发展是培养理念的题中应有之义。他们普遍认为教育博士专业学位首先是博士学位，其次才是专业学位，强调学术性无可厚非，面向专业领域的实践性特征与其并非不能相容；而且，攻读教育博士学位在职人员本身在多年工作中已经积累丰富的专业实践经验了，学校应该更加注重培养其学术能力。有受访者更进一步地提出将"实践问题"作为学术研究的内容，来解决学术性与应用性二者统一的问题。同时，也有受访者提出了一些质疑，尤其是当研究者向他们阐释了"以实践问题为研究旨趣"的观点后，他们更多地认为这种做法学术博士也可以采用，并不能体现教育博士专业学位的实践性本质。受访导师对这一问题的见解更多考虑的是当前整体的培养环境，认为在学术金标准之下必须要遵守规则才能够"稳妥"。新的知识生产模式强调学术研究的应用性价值，结合博耶多维学术观中的应用的学术，可以将其用来解释教育博士专业学位的院校培养理念变化。然而值得注意的是，在教育博士生的培养中，学术性和应用性（或所谓的应用性）并非非此即彼，也并非此消彼长的关系，跳出概念本身重新思考，将实践性与应用性当作一种学术，而不是将其与学术性人为地割裂开，或许才是理论的原意，也为这个问题提供了新的可行路径。

事实上，无论是"学术性与应用性的统一"还是相关研究中提及的"双重属性"，教育博士专业学位培养理念与目标设计总是无法回避各方对院校培养实践价值旨归的关切。作为基本学制4年的专业博士学位项目，学习者很难在学术与实践两个层面实现"双赢"，院校培养实践由

[①] 高鸾，朱旭东. 我国教育博士培养制度实施中的问题与对策 [J]. 教育发展研究，2019，39（3）：62-70.

此采取了有所偏倚的适应性策略，却导致了并不令人满意的结果。学术主导或许已经被各方所"淘汰"，但实践取向的前路又在何方，如何才能够真正地建构"应用的学术"培养理念与塑造"学术型实践者"的人才目标，这仍是一个值得探讨的课题。

2. 招生面向是否需要或能否进一步放开？

目前关于报考教育博士专业学位的资格条件设置沿用的依旧是《教育博士专业学位设置方案》中的基本规定。虽然在招生录取工作中各个培养高校对招生对象资格条件的解读具有"灰色空间"，"教指委"也曾数次发文规范招生面向与程序，但各大院校招收的教育博士生的生源主体依然是政策规定中的"各级各类学校管理人员"与"中小学教师"。实际上，本研究在前文已经指出所谓的"各级各类学校管理人员"与"中小学教师"在招生实践场域中越来越存在模糊地带，我国教育事业的大发展已经突破了以"学校"代指"教育领域"的传统做法。在调研中，研究者也发现了教育博士专业学位的就读者并非来自传统意义上的政策规定的岗位。虽然他们报考教育博士专业学位研究生的"合法性"有待商榷，但却从另一个角度暴露出当前教育博士专业学位招生面向或许存在过于狭窄的问题，尤其是在我国社会高速发展、教育事业蓬勃繁荣的新时代，十多年前的政策规定是否还能够满足当今我国社会与教育发展的需求，教育博士专业学位的招生面向是否应当结合实际发展需要实现变革，这一问题值得论证。

习近平总书记于2020年9月对研究生教育工作作出重要指示，为我国研究生教育的发展与改革提供了根本遵循，指明了未来方向，开启了新时代研究生教育改革发展的新篇章[①]。《专业学位研究生教育发展方案（2020—2025）》的颁布则为教育博士专业学位在未来一段时期内的发展提供了政策支持，特别是其中明确提到"扩大博士专业学位研究生教育规模，在确保质量的基础上，以临床医学博士专业学位、工程类

---

① 中国教育报. 开启新时代研究生教育发展新篇章 [EB/OL]. (2020-07-31) [2020-10-30]. http://paper.jyb.cn/zgjyb/html/2020-07/31/content_582871.htm?div=-1.

博士专业学位、教育博士专业学位为重点,增设一批博士专业学位授权点,快速提升培养能力"①。在此政策推进下,教育博士生的招生规模或将持续扩大,对这一发展趋势的研判也在本研究对培养高校的管理者的访谈中得到证实。受访的某培养院校研究生院负责人坦言学校未来一段时期将会重点支持教育博士专业学位的发展,目前已经制订负责培养工作的相关二级学院具体的发展规划。由此,在国家政策大力支持,培养院校高度重视的背景下,本研究认为教育博专业学位的招生面向应当探索打破既有规范的束缚。实际上,据"教指委"委托华南师范大学开展一项调查结果显示:"68.75%的教育系统公务员,87.06%的高等学校教师和管理人员,74.89%的中小学教师和管理人员,58.33%的其他事业单位人员,88.89%的其他社会教育机构人员,均明确表示有意愿报考教育博士;44%的试点院校教师/管理人员认为,亟须扩大招生范围指标,吸引更广泛、更优质的生源报考,33.33%认为目前规定的招生对象范围过窄。"② 这一调查结果充分显示了我国教育领域与行业对教育博士专业学位表现出的高需求性。

然而,并非有攻读需求的职业群体都能够或者都适合被纳入教育博士专业学位的招生面向范围,其合理性必须加以科学评估。值得注意的是,2020年8月,"教指委"组织开展了教育博士研究生招生对象情况的问卷调查工作,主要对面向培养院校相关负责人(如研究生院负责人、教育学院负责人等)展开调研,调研内容主要围绕教育博士专业学位的招生对象范围展开,并涉及招生问题与院校建议③。此举充分表明,以"教指委"为代表的政策制定者已经充分意识到对教育博士专业

---

① 国务院学位委员会,教育部. 专业学位研究生教育发展方案(2020—2025)[EB/OL]. (2020-09-25)[2020-10-30]. http://www.moe.gov.cn/srcsite/A22/moe_826/202009/t20200930_492590.html.

② 此处引用数据来自华南师范大学谢少华教授课题组成果内参《我国教育博士专业学位研究生教育调研报告》。

③ 全国教育专业学位研究生教育指导委员会秘书处. 关于下发教育博士研究生招生对象情况的问卷调查工作的通知[EB/OL]. (2020-08-24)[2020-10-30]. http://edm.eduwest.com/viewnews.jsp?id=1319.

学位的招生面向存在发展性的问题，并已经开始着手展开大规模的调研工作。事实上，我国教育事业的繁荣发展已经在一定程度上客观地回答了教育博士专业学位招生面向规范是否需要被重新解释的问题，而"教指委"等主管部门与专业行会将通过调研、评估、论证解决是否能够进一步扩大招生范围的问题。

3. 培养过程的学术性趋同是如何生成的？

无论是从何种角度抑或不同研究方法切入，本研究都已经证实了当前我国教育博士专业学位研究生培养模式在实践运行过程中呈现出的与专业博士学位本质与内涵背道而驰的严重的学术性倾向，尤其是在培养过程与制度层面表现出的与教育学博士学位的趋同现象更为明显。《光明日报》曾在《专业学位研究生教育发展方案（2020—2025）》发布后不久结合方案中提及的"大幅增加博士专业学位研究生招生数量，进一步创新专业学位研究生培养模式"等内容采访了一些专家学者、专业学位博士生。有学者表示："如果沿用培养学术博士的条件与方法，可能会陷入一个困境——即若在降低学术要求的同时，没有强化实践创新的培养导向，既不'学'，也不'专'，专业博士很容易沦为学术博士的次等品。"[①] 其中受访的教育博士生也表示当前专业博士的培养模式似乎更多的是作为一种照搬学术博士培养模式的"附属品"，直接致使其应然的培养目标难以实现。

事实上，具体到教育博士专业学位研究生培养模式的学术趋同问题上，同质化的发展路径在其培养过程及其制度设计层面得到更加清晰的印证。有研究通过教育博士生的视角以实证的方式调查了"双一流"建设背景下培养院校教育博士生培养的实践性特征，证实了在课程设计、教学方法、导师指导和考核评价等方面的学术化倾向严重，实践性特征不够明显[②]。然而，尽管该研究基于这一结论进一步指出了发生这种现

---

① 光明日报. 专业博士扩招，数量和质量如何保证"并驾齐驱"[EB/OL]. (2020-10-21) [2020-10-30]. https:// news.gmw.cn/2020-10/21/content_34289085.htm.

② 王坦. "双一流"背景下教育博士实践性特征考察——基于112位教育博士研究生的实证调查[J]. 河北科技大学学报（社会科学版），2019, 19 (3): 91-96.

象的原因可能在于教育博士专业学位研究生的培养模式是基于学术博士培养模式之上的,但却并未能揭示学术性趋同在培养过程中究竟是如何发生,其背后的影响因素与发生机制值得进一步探讨。结合前文制度分析结论,基于对教育博士生等利益相关者的深度访谈发现,本研究认为教育博士专业学位研究生培养模式之所以会在实践运行中产生页数化的倾向,主要可以从主客观两个层面进行讨论。一方面,在客观层面,我国专业博士学位长期以来发展滞后,不仅专业数量、招生规模、培养院校等远不及学术博士学位,而且在相应的配套制度上也存在明显的短板,教育博士专业学位亦是长期以来处于培养院校博士生教育的边缘地带。传统基于学术逻辑的知识生产模式主导我国博士生教育的方方面面已经成为不争的事实。因此,以学术逻辑为价值原点的教育博士专业学位研究生培养模式在其形成、发展与运行过程潜移默化地遵循了学术化制度的路径。另一方面,在主观层面,核心利益相关主体的行动选择进一步强化了教育博士专业学位研究生培养模式的学术化倾向。为保障各方能够认可的所谓的培养质量,培养院校更愿意遵循学术逻辑及培养规范,可能将极大程度地忽略了对实践性与应用性的关注。而即使在学术应用性的影响下,如何通过学术规范将专业实践紧密结合起来却又成为难以实现的理论性难题,致使培养院校只能退而求其次地适当降低了教育博士生培养的学术要求以对两种博士学位加以区分,从而造成了"双输"的局面。诸多教育博士生自诩在专业实践领域的"既有经验",将攻读教育博士专业学位作为一场"纯学术修行",特别是来自高校的教育博士生,由于受到高校评价指挥棒的牵引,将所谓的"学术能力""发表论文""申报课题"作为就读时期职业发展的主要追求,势必将掩埋专业博士学位应然的核心素养及其价值目标。

就目前而言,教育博士专业学位研究生培养模式的确存在与学术博士学位趋同现象,且主要表现为对实践性内容关注不足,学术性倾向严重。通过对这一现象背后的生成机制进行分析,发现教育博士生的院校培养过程学术化趋同不仅仅是相关研究所提出的"教育博士专业学位研究生的培养模式是建立在教育学博士培养模式之上"这一条单线路径,而是在此背景下的制度设计、利益相关者行动选择等诸多复杂的因素交织共同作用生成的。明确了培养过程的学术性趋同的生成机制,将为教育博士专业学位研究生培养模式的制度优化与运行调整提供更加深刻的"局内人"视角。

4. 新的质量评价标准缘何迟迟难以建立?

质量评价标准是教育博士专业学位研究生培养模式的关键组成部分,对院校培养实践起着"指挥棒"的作用。甚至可以毫不夸张地认为,什么样的质量评价标准决定着什么水平的培养质量。换言之,教育博士专业学位研究生培养模式在运行过程与制度设计层面的策略都将受到质量评价标准的影响与牵引。结合相关研究结论与本研究发现,可以认为当前我国教育博士专业学位研究生培养的"重学轻术"问题在很大程度上是由评价标准反向影响所导致的。具体而言,当前我国教育博士专业学位教育的评价标准与体系主要依循的是学术博士学位以学术逻辑为主要培养路径的传统范式,即传统知识生产模式下的以"学科""同行评议""学术成果"为主要特征的质量评价标准,并基于同质化、制度化的组织机构形成了严格的自治文化。从本质上讲,这种评价标准与体系依然是学术共同体控制下的规范,与学术博士学位的评价标准并无二致。言至此处,上文中所分析的关于教育博士生培养过程极具学术倾向的价值偏颇便有了评价层面的论据。学科权威与学术权力在学术博士学位的评价范畴具有适切性与传统基础,但其所奉行的标准限制了专业博士学位的社会应用属性,以学术的标准规范质量,不仅可能造成垄断,亦不利于利益相关者表达合理的诉求。

有研究在调查中曾基于学术性趋同现象断言,我国教育博士专业学位研究生培养并未形成独立的模式,或是学术博士学位培养模式的"沿袭",或是被学术博士学位所"排斥"[①]。这样的判断有一定的道理,因为其关注到了教育博士专业学位研究生培养质量的评价标准趋同问题,

---

① 李永刚,马爱民. 教育博士研究生教育的实践性及其强化[J]. 学位与研究生教育,2016(6):66-71.

但这一说法并不够深入。一方面，其未能关注相关院校在教育博士生培养实践中为避免与学术博士生培养趋同所作出的探索与努力，尽管诸如降低学术要求等策略并未能够触及核心价值，但就培养理念与制度设计的原始构想而言，教育博士专业学位的院校培养模式发展与变革是在曲折中前进的。另一方面，其也未能进一步讨论为何已被证实的评价标准问题迟迟得不到重构与创新，特别是破除旧的评价标准、建立新的评价标准。有研究在讨论教育博士与教育学博士发展趋同的基础上，提出要"转变质量评价观念，建立符合教育博士培养特点与发展的规律的质量标准与体系"[①]。实际上，诸多研究在讨论教育博士专业学位的人才培养议题时，都能够关注到关于质量评价标准变革的问题，但矛盾之处在于既然学界在理论层面已经证实了教育博士专业学位的评价标准需要革新，为何在实践层面却迟迟未能建立新的标准？本研究通过对培养院校相关人员（导师、管理部门负责人等）进行深度访谈后发现，认为可以从三个方面对这一问题进行反思讨论。其一，我国教育博士专业学位尚处于发展改革期，教育博士专业学位制度建立的时间不长，院校人才培养通过五年试点评估后刚转入正常办学不久，而且培养院校总体数量、招生总体规模都尚处于起步阶段。而且，从更高一级的专业博士学位层面而言，我国专业博士学位制度长期以来发展较缓，目前只有6个专业博士学位，制度环境还有较大的待完善空间。因此，专业博士学位制度建设的滞后，加之教育博士专业学位院校培养也尚未形成足够的规模、产生较大的影响效应，作为学位制度设计中关键环节的评价标准与体系先天失去了完备的政策支持与制度保障。其二，传统知识生产模式主导下的质量评价体系在培养院校中已经形成制度惯习与文化氛围，"学术金标准"的烙印被深刻地打在博士学位与培养质量之上，无论是培养院校自身，还是导师与教育博士生，都难以摆脱学术标准居于主导地位的评价体系。当然，这既是由于严格的学术评价标准作为一个成熟的评价

---

① 陈大兴，张媛媛. 教育博士与教育学博士发展趋同的多维解读[J]. 研究生教育研究，2019（1）：53-58.

系统，能够科学有效与高效便捷对博士生培养进行质量评价，且更易受到社会的广泛认同；同时也是由于教育博士专业学位本身尚未形成科学成熟的评价标准，由此进入了恶性循环的怪圈。其三，教育博士专业学位的共同体尚未形成，导致基于新的知识生产模式的质量控制标准缺乏异质性的组织机构支持。换言之，教育博士专业学位的院校培养仍然处于学术博士学位的组织体制之下，无论是培养机构、师资队伍、制定环境遵循的都是同质化的学术共同体控制下的规范。教育博士专业学位具有自身独特性，学术应用的属性要求必须打破现行的自治文化，强调实践情境、跨学科以及其他多维的因素。因此，一个多维的综合标准不再受到学科权威与学术共同体控制，而是在实践情境中多方参与的被重新定义的新质量标准。遗憾的是，我国教育博士专业学位的共同体组织尚未真正形成，但必须要承认，一个能够囊括各利益相关主体的联盟将有助于推动一个新的广受认可的质量评价标准的建立与完善。

还有一个值得注意的问题是，抛弃传统的学术评价规范与体系，或许将存在一个潜在的风险，那就是吉本斯曾担忧的所谓"质量控制是否会变弱"的问题。尽管新的质量评价能够破解严重的学术倾向对教育博士专业学位本质属性与培养目标产生的干扰，但作为一个新的评价体系，其广泛的构成或许将成为一个不可控的因素，从而影响质量标准的科学性与稳定性。显然，这个问题也在影响作为一个独立的新的教育博士专业学位评价质量标准体系的建立，而在当前我国大力开展专业学位研究生教育的时代背景下，对这一问题的有效回答将不可回避。

5. 培养共同体支持何以缓解"工学矛盾"困境？

本研究在分析教育博士专业学位研究生培养模式时重点关注的是培养主体（培养院校）与被培养主体（教育博士生）之间的互动关系，同时基于新的知识生产模式"知识集群"所构建的系统集群，本研究也对其他利益相关主体在教育博士生培养实践中的交互关系与影响作用十分关心。特别是实证分析结论显示，教育主管部门与"教指委"、培养院校共同体以及教育博士生的工作单位等利益相关者在培养实践中能够发挥指导、监督、支持等积极影响。具体而言，教育主管部门与"教指委"作为政策制定者,对高校的培养实践行使了监督者与指导者的职能;培养院校共同体则更多发挥的是协同与合作的作用;工作单位是教育博士生的就职场域,能够为其攻读学位提供切实的支持。实际上,从宏观角度看教育博士生院校培养的多主体支持,可以非常直观地呈现出教育主管部门与"教指委"在政策制定与执行、培养指导与纠偏等方面的积极作用,当然也可以进一步讨论各培养院校之间的紧密联系能够为各校的培养实践提供的可能资源与机会,这些可能效应与路径都能够从制度层面加以解释。然而,从微观层面而言,无论是何种支持性策略,其最终指向都应归于院校培养的实践过程,抑或说是教育博士生的就读过程。

那么,在现行的院校培养模式之下,教育博士生在就读过程中面临的难以回避的处境或困难是什么?培养系统中的利益相关者能否为破解这一难题提供有效的支持?这是本研究基于质性研究结论认为有必要进一步讨论的重要内容。随着专业博士学位在我国高校中"热"了起来,学界对相关研究议题的关注也逐渐增多。尤其是在关注教育博士专业学位及其人才培养的相关研究中,有研究认为教育博士生面临"角色的冲突、学业的压力、生活的矛盾、未来的迷茫"等多重现实困境[1];有研究指出"家庭、职业与学业之间的张力是导致教育博士生延期毕业的重要影响因素之一"[2]。本研究通过深度访谈也发现,教育博士生普遍在就读期间对学业与工作之间的平衡感到力不从心,尤其是在还要兼顾家庭的情况下更是雪上加霜。从受访者的叙说中,本研究进一步发现,教育博士生就读时期的"工学矛盾"呈现分阶段、分水平的特征。简言之,通常在学校规定的第一学年需要集中培养的时期"工学矛盾"非常剧烈,因为课程集中在这一时期,需要完成大量的课程任务;在第二学年或课程修完后,即分散自主学习阶段,受访者表示"工学矛盾"有所

---

[1] 刘辉,李德显. 冲突与调适:全日制教育博士生存现状研究[J]. 研究生教育研究,2020(2):14-20.
[2] 蔡芬,曹延飞,顾晔,等. 教育博士生延期毕业影响因素的质性研究[J]. 学位与研究生教育,2020(3):46-52.

缓和，但实质上此时的"工学矛盾"只是向后转移以其他形式继续存在，譬如学术资格、学位论文等。如果教育博士生返回工作岗位后，对学业有所放松，那么他们将有极大的可能无法按期完成学业，"工学矛盾"的负面影响也将会一直持续。通过对导师和学校管理者的访谈也发现，"工学矛盾"目前可谓是教育博士生就读过程中最为严重的问题之一，因为"工学矛盾"所影响的不仅仅是心理层面的学业与职业压力，还有实践层面难以保障连续的、稳定的和自觉的求学时间等问题。基于此，相关研究提出在制度层面进行优化，希望为教育博士生这个"特殊的求学群体"消解就读过程中的压力和矛盾。这一思路就目前而言是积极可行的，但值得注意的是，优化培养模式的制度设计只是第一步，缓解教育博士生的"工学矛盾"或者"家工学矛盾"应当充分发挥培养中利益相关者的支持作用。而系统集群的支持则必须要从各方产生紧密的联系和深度交往开始，特别是对教育博士生所工作单位的协同，使工作单位成为教育博士生攻读博士学位道路上的后援，将各方的支持打造成为教育博士生"披荆斩棘"的"利刃"。只有当诸如培养院校、工作单位等主体就教育博士生的培养实现协同与合作，或许才能真正有效缓解既有的张力，才能够使制度设计落于实处、发挥实效。

本研究所关注的教育博士专业学位研究生培养模式的系统集群，不仅应当在缓解教育博士生"工学矛盾"方面起推动作用，而且在院校培养过程中也应当产生一定的积极影响。当前"工学矛盾"或许是教育博士生群体所面临的一大困境，但培养院校应当居于更高的展位，从培养模式整体优化的视角探索未来发展策略，既要确保培养过程中各环节、各要素能够有效适切地运行，也要充分调动与发挥利益相关者的支持作用，从而为提高教育博士生的就读体验与满意度、提升院校培养质量奠定坚实的基础。

第七章　美国教育博士专业学位研究生培养模式的经验借鉴

20世纪以来美国社会发生剧烈变迁，知识生产模式的转型促成了大学功能的延展，大学逐渐从社会的边缘走向社会的中心。在此影响下，面对日益突出的社会发展需求，专业博士学位应运而生，并迅速在一流大学中占据一席之地。教育博士作为面向教育领域的一种专业博士学位，自在美国哈佛大学诞生至今长达百年的演进中，虽然取得长足的发展，但却一直备受争议。实际上，教育博士在美国高等教育发展与学位制度演进中产生，是与社会发展高度互动的专业博士学位，在相当长一段时间内培养了教育领域发展需要的高层次应用型人才。经历了一个世纪的发展，美国教育博士专业学位在不绝于耳的争论中探索前进，积累了宝贵的办学经验，并将该学位推广至世界各国大学。可以说，当今世界各国高等教育领域提供的教育博士专业学位或多或少都带有"美国模式"的特点。有鉴于此，本研究在对美国教育博士专业学位百年历史演进系统梳理的基础上，重点解读卡耐基教育博士计划（CEPD）与哈佛大学教育研究生院教育领导博士学位项目（Ed. L. D）。通过对美国教育博士专业学位近年来影响较大且正在持续推进的这两个实践改革案例的分析，在人才培养的实践策略层面，使我国更加全面地了解美国多年来在此方面积累的丰富经验以及院校探索的可行路径，为我国教育博士专业学位研究生培养模式的改革与创新提供国际视角与域外经验。

为深入破解长期以来美国教育博士专业学位的困境，重构新时代教育博士的内涵与价值，包括利益相关的各高校、教育社会组织等在内的机构都积极展开了探索与改革。事实上，美国教育博士专业学位自产生以来一直处于不断的探索改革之中，尤其是在新世纪以来几次重要辩论的影响之下，美国相关各方展开了卓有成效的实践探索。本研究为借鉴美国教育博士项目的改革经验，选取并重点考察"卡耐基教育博士项目"（Carnegie Project on the Education Doctorate，CPED）、"哈佛大学教育领导博士项目"（Doctor of Education Leadership，Ed. L. D）。本研究之所以选取 CPED 与 Ed. L. D 这两个项目，主要是基于以下三点考量：其一，美国高等教育发展的个性化特征突出，各校的办学基础与治理机制存在较大差异，教育博士专业学位在美国高校的百年发展变迁中已经呈现出多样化发展的趋势，并衍生出丰富且复杂的运行模式。因此，相较于泛泛而谈的宏大叙事，通过对典型个案的针对性深描，有助于我国对域外经验的有效借鉴，为我国教育博士专业学位的改革实践提供较为具体化的蓝本。其二，CPED 是由美国卡耐基教学促进基金会（Carnegie Foundation for the Advancement of Teaching，CFAT）发起并主导的关于教育博士项目的改革计划，它既是一个建立在舒尔曼等学者关于重构教育博士学位项目的理论设想的基础上，由较大影响力的教育中介组织统筹的改革倡议，亦是一个规模庞大的大学联合的统一行动计划。因此，可以认为，CPED 是美国高等教育领域教育博士学位项目在全国范围内的变革行动，对计划最初加盟的 25 所高校以及此后吸纳的上百所高校产生了积极的指导作用。其三，哈佛大学教育研究生院被公认是教育博士专业学位的发源地，在经过了近百年的发展后，时值 CPED 正联合诸多一流大学改革教育博士项目的背景下，哈佛教育研究院却突然宣布将于 2013 年取消教育博士（Ed. D）的招生，设立了所谓的与之对应的教育学哲学博士学位（Ph. D），并首创了教育领导博士学位（Ed. L. D）。可见，哈佛教育研究生院一直在改革创新上独树一帜、另辟蹊径，成为不同于其他院校的经典案例。

综上而言，本研究选取并重点考察 CPED 模式与哈佛大学 Ed. L. D

模式，这两个项目作为美国新世纪以来开展的具有较大影响力的实践改革，具有典型性与可借鉴性。CPED模式的影响力目前已辐射到全美上百所高校，代表着全国性的教育博士改革计划的统一联合行动；而哈佛大学Ed.L.D模式则代表美国顶尖高校教育博士专业学位研究生培养模式的个校创新。此外，这两个案例已经过多年的发展，项目体系总体而言较为成熟与稳定。对这二者的系统剖析很大程度上能够反映当前美国教育博士学位在院校培养层面的发展路径，无疑将会为我国教育博士专业学位研究生培养模式的改革、创新与发展提供国际视野与经验借鉴。

第一节 历史梳理：美国教育博士专业学位人才培养的发展历程

教育博士（Ed.D）发源于美国，学界较为普遍地认可哈佛大学于1920年最早正式设立教育博士专业学位。一般而言，教育博士是一种专业博士学位，与教育学博士这种学术学位（哲学博士学位）相区别。然而在美国，教育博士专业学位设立之初，虽然被定位为具有实践与职业特性的专业博士学位，其目标也是致力于培养特定职业的高层次专业技能人才，但哈佛大学的Ed.D学位却始终兼具强烈的学术性。这种理论与现实的反差使美国教育博士专业学位在相当长一段时间内处于尴尬两难的境地，批判与质疑可谓伴随其发展演进的全过程。

一、萌芽期（19世纪末至20世纪20年代初）

起源于13世纪巴黎大学的博士学位制度（荣誉性学位）经过19世纪初德国大学关于科学研究的改革，成为迄今各国哲学博士学位制度缘起的欧洲模式。美国最早的哲学博士学位即是始于德国。一般而言，学界认可耶鲁学院（耶鲁大学前身）于1860年设立了哲学博士学位，并于次年开始正式对完成学业要求的博士生授予学位①。哲学博士在美国经济、工业大发展的时期应时因势而生，迅速得到高等教育界的回应，在美国诸多大学推广，成为当时的新风尚。然而，当时教育领域或学科在高校并无相应的学科组织，自然也没有哲学博士学位的授予权。直到纽约大学于1890年建立了教育学学院（School of Pedagogy），该学院主要以教育学学科为科研与教学内容。随后各个大学开始陆续组建相应的教育学院。1893年，哥伦比亚大学教师学院（前身是1889年建立的纽约学院，1892年并入哥伦比亚大学）最早设立了教育学领域的哲学博士（Ph. D in Education）。尽管教育学的学科组织（院系）已经在大学出现，教育学哲学博士学位也开始设立，但尚未形成成熟的组织结构系统。教育学哲学博士学位依然需要依赖诸如哲学、历史学等院系来具体运作。特别是哈佛大学，其于1906年成立的教育系，一直依靠哈佛大学文理学院运行，直到1920年才正式独立成为专业学院。

  进入20世纪以来，工业革命的影响已经辐射全球，美国逐渐成为世界上工业化水平与经济发展最发达的国家之一。经济社会的繁荣对知识生产造成了深刻影响，大学知识生产模式的转型为博士教育提供了千载难逢的变革机遇。在这一时期，美国发生了巨大的社会转型，工业化与市场化的程度不断加深，对高等教育人才培养提出更多要求。传统的哲学博士学位并不能满足产业扩展需求，培养高层次的专业人才成为社会发展的需要。同时，这一时期美国实用主义思潮兴起、备受推崇，以杜威为代表的进步教育运动成为美国社会转型的重要思想引领。具体到高等教育领域，博士教育的实用性开始成为各方追求的重要内容，不仅是政府、市场的要求，学校与学生个体也在经历这种转变，美国的高等教育开始逐渐形成具有美国本土特色的模式。事实上，从1862年《莫雷尔法案》赠地学院运动开始，美国高等教育即开始了不同于欧洲传统高等教育模式的探索，不仅新建了一大批所谓"赠地学院"的新大学，

---

① NOBLE K A. Changing doctoral degrees—An international perspective [M]. Buckingham: Taylor & Francis, 1994: 73.

而且也迫使传统大学开始转型。高等教育的实用性趋向对传统的德国式的哲学博士培养造成了巨大冲击。与此同时,延续欧洲传统的职业学徒制模式,进入20世纪后的美国对职业人才的需求完全超出了供给量,而且产业市场普遍对用工质量感到不满。传统非正式的师徒相授逐渐被边缘、被抛弃,行业市场要求政府提供专业化的职业教育的呼声开始更加强烈,并最早在医学、法律等领域得以开展实践。人们发现,最好的职业教育形式无非是在大学校园,制定系统全面的模式,有目的地进行人才培养。因而,"将专门职业与现代美国大学联系起来"成为一种最佳选择,借助高等教育机构的正式学习为职业提供高质量的人才[1]。

在美国社会转型背景下,高校的专业化运动进一步催生了各类专业学院的产生。美国社会各类急需的专业人才开始得到正式的大学教育。教育领域的专业人才培养也在这时期得到较快的发展,这不仅得益于美国教育规模的扩大、社会对教育领域的高级人才需求增加,而且教育学科本身的组织发展与建制也为人才培养提供了基础。随着教师专业化发展,美国的一些大学开始提供教育学的讲席教授职位。1891年,时任哈佛大学校长的艾略奥特(Eliot)即聘请教育实践经验丰富的哈努斯(Hanus)负责基础教育领域中学相关的事务,主要是当时哈佛大学开展的暑期中学教师培训的相关事务。哈努斯是一个极具教育情怀与眼光的管理者与学者,他在哈佛期间一直致力于将教育系建设成能够开展独立人才培养的专业学院。尽管当时其他学科的学者都对教育学作为一门科学存质疑态度,甚至持反对意见,但经过哈努斯的积极倡议,哈佛大学最终于1906年设立了附属于文理学院的教育系。哈努斯作为负责人,获得了教育专业的长聘教职,他也成为第一位在哈佛大学获得长聘教职的教育学者。事实上,尽管当时哈佛大学校长认可专业教育,并试图提供一些师范课程用于培训基础教育的师资,但是很显然还没有上升到需要创设专门学位项目的高度。直到霍姆斯(Holmes)注意到教育领域

---

[1] CLIFFORD J G, GUTHRIE W J. Ed school: a brief for professional education [J]. Chicago: University of Chicago Press, 1988: 82.

的从业者，特别是美国中小学的教师与管理者迫切需要专业的职业培训，这与当时的专业化运动诉求不谋而合。于是霍姆斯抓住了时机于1920年在哈佛大学创建了教育研究生院（Harvard Graduate School of Education），并设立教育博士学位（Ed. D）。该学位被认为是世界上最早的教育博士专业学位。实际上，这里有两点值得关注：其一，哈佛教育研究生院建院伊始即是定位于研究生教育层次，因此其人才培养目标与使命天然区别于文理学院，提供的是旨在培养教育工作者的专业教育；其二，Ed. D学位的培养目标在于培养学校机构的实践领导者，因而培养过程被设计成严格的研究过程，以提升博士生的知识与能力。

哈佛教育研究生院的创建与教育博士专业学位的设立在一定程度上反映了美国社会转型期与专业化运动背景下大学教育学科的组织发展与变迁。或许正是在美国当时高等教育学术自治发展形势下，哈佛大学能够自主创办教育研究生院，并创设新的学位，才为教育学科在美国高教领域的合法化与专业化打开了一扇窗。正如赵炬明所分析的那样："此事要是发生在当时的英、法、德等国，Ed. D极可能胎死腹中……在中国结果大体也会如此。"[①] 然而，在哈佛大学，教育博士专业学位的创立也并非一帆风顺。教育博士项目要求学生修习教育领域的理论知识，学位论文要求学生尽可能地利用习得的知识实施一项独立的调查，产生"在重要性和价值方面有建设意义的成果"[②]。很显然，这引起了诸多的质疑与反对。一方面，这种负面声音是对教育学作为一门学科的不信任，学界并没有完全对教育学敞开大门；另一方面，各方也都认为教育博士与哲学博士无法体现培养过程上的本质差异，教育博士可能最终将沦为哲学博士的替代品，甚至成为"次等学位"。最终，哈佛教育研究生院只能授予Ed. D学位，而Ph. D学位仍然归文理学院所有。由此可

---

① 赵炬明. 学科、课程、学位：美国关于高等教育专业研究生培养的争论及其启示 [J]. 高等教育研究，2002（4）：13-22.

② 徐铁英. 透视美国教育博士学位：历史变迁与发展趋势 [J]. 清华大学教育研究，2012，33（3）：69-74.

见，哈佛教育研究生院是在教育学科争取独立发展权利，并与哈佛其他专业学院竞争资源的过程中产生的，教育博士专业学位的设立则是哈佛教育学科步入专业化发展的重要一步。尽管因为诸多因素的影响，哈佛教育研究生院没有同时获得两种类型学位的授予权，但从某种意义上而言，作为新学位的教育博士专业学位自产生之日起即具备了较强的独立性，哈佛教育研究生院也在教育专业博士学位人才培养层面摆脱了文理学院的控制。自此，教育博士开始出现在美国高等教育的历史舞台，教育学科的学术性与专业性两种博士学位逐渐进入美国诸多大学的教育学院，并取得了长足的发展。

二、发展期（20世纪20年代至21世纪初）

自哈佛大学创设教育博士专业学位后，教育博士作为一种有别于哲学博士的学位迅速在美国大学得到发展，并不断得以扩张。这种发展主要体现在大学开始组建教育学院，并提供教育博士项目。例如，1921年，加州大学伯克利分校建立教育学院，并开设教育学的博士学位项目，授予专业博士与哲学博士两种学位。在1925年至1940年间，许多高等教育机构，包括斯坦福大学、密歇根大学等，都仿效哥伦比亚大学和哈佛大学的做法，建立了提供研究生学位的学院和教育学院。美国教育领域市场的广阔前景，直接促成了大学教育学院的大发展与教育类学位项目的持续扩张。根据对美国教育博士发展的研究，20世纪以来美国各大学授予的教育学博士学位数量剧增，至50年代，已有92所大学授予教育学的Ph.D与Ed.D学位，至2005年已有250余所高教机构授予教育学博士学位，其中半数以上都可授予教育博士专业学位[①]。

事实上，美国教育学的哲学博士学位虽然较之专业学位早出现近30年，但真正得到快速发展是进入20世纪以来。由此可见，美国教育

---

① 李云鹏. 美国教育博士专业学位的发展动力与变革模式研究[D]. 南京：南京师范大学，2012：47.

学的两种博士学位呈现出共同发展的趋势，这与美国经济发展、社会转型、文化变革等诸多因素相关。美国佩珀代因大学的学者马莱特（Leo A. Mallette）曾做过一项统计研究《一个世纪授予的博士学位：到底有多少？》（*A Century of Doctoral Degrees：How Many Have There Been?*），该研究通过对美国的 ProQuest 数据库（ProQuest Dissertations and Theses database）中的博士学位论文数据进行统计，发现自 1990 年以来，美国每年平均约产生 5 万篇博士学位论文。马莱特在数据统计过程中发现，在 20 世纪 90 年代以前，美国教育学科领域授予的专业博士学位习惯采用的称谓主要是"Educat. D"而非"Ed. D"，90 年代以后"Ed. D"才被普遍采用并更受欢迎。

根据图 7-1 所示，自 1920 年以来，教育学科的两种博士学位虽然在不同时期的发展增速、学位授予量有所差异，但总体上呈现出快速增长的发展趋势，并在 20 世纪 90 年代以来开始平稳发展。卡多泽（Cardozier）在其研究中也指出，自美国教育博士设立后，发展至 20 世纪 50 年代，教育博士学位授予量已经和教育学的哲学博士学位授予量旗鼓相当，而进入 60 年代，教育博士学位则开始处于主导地位，直至 80 年代中后期以后，教育学哲学博士学位才开始重新占据主导地位[①]。美国教育学科博士学位的快速发展，一方面是由于教育本身作为美国规模庞大的行业对人才的需求量大，另一方面也是由于美国教育领域的职业人迫切需要得到专业训练以谋求职业发展与晋升。因此，教育博士学位成为教育实践工作者除了学术导向的教育学哲学博士学位之外的最佳选择。加之，人们普遍对专业博士学位培养应用于实践领域的管理者这一理念较为认可，尽管在过程中诸多学者提出质疑，但教育博士的培养目标早已深入人心，这些都促成了美国 20 世纪教育博士学位的发展与扩张。教育博士学位的发展也反向促进了美国教育领域机构，特别是 K-12 阶段学校的领导层管理者的专业能力与水平的提升，在一定意义

---

① Cardozier V R. American Higher Education：An International Perspective [M]. Brookfield：Gower Publishing Company，1987.

上，促使了美国学校教育管理水平的提高，从而形成良性的循环与互动。

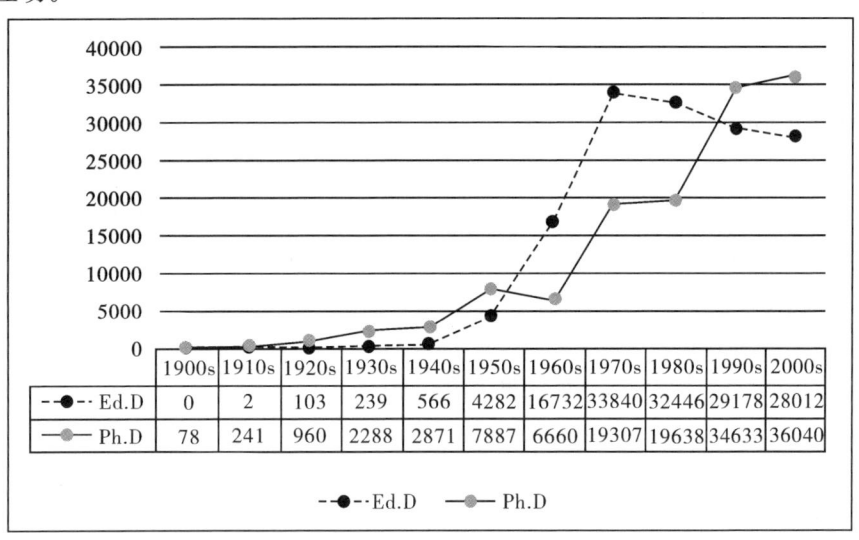

图 7-1　美国 20 世纪教育学科博士学位授予量（1900s—2000s）

而对于图示中的趋势问题，诸如在 20 世纪的一些不同年代教育学科 Ed.D 与 Ph.D 的授予量存在"此起彼伏"的现象，学界也试图去解释其中的这些变化。例如，20 世纪 50 年代末，美国教师教育学院协会（AACTE）曾资助一项调查教育学两种博士学位之间差异的研究，通过对 91 个机构的两种学位获得者的学业成就（主要是能力、职业动机与工作满意度）进行调查，发现很难对两种学位及其培养过程进行区别性的深度划分。事实上，美国学界对教育博士的本质属性与定位的研究，基本贯穿其发展始终，对 Ed.D 与 Ph.D 的比较研究也成为最为主要、最有影响力的方式与内容。然而，正如佩里（Perry）所认为的那样："尽管教育博士自诞生之日起一直遭受身份危机，几十年来支持者与反对者展开了激烈的辩论，但这种关于教育博士目的与目标的定期集中讨论似乎对这个学位到底是什么以及能够发展成为什么则语焉不详。"①

美国教育博士专业学位的大发展时期，其实也伴随着美国高校教育学院的合法化进程。实际上，教育学院的发展必须参与与传统文理学院之间的竞争，文理学院的博士项目课程更加古老与成熟，文理学院的教师不可能放弃传统的哲学博士学位所要求的学术研究，也难以承认专业博士学位，学术职业在很大程度上参与抵制了专业学院提供的专业教育。教育学院最初就是在这些抗议中艰难获得独立，并设法提供较为独立的教育博士项目。而且，教育博士专业学位较为模糊的纲领性培养内容混淆了学位的目的，无形之中阻碍了教育学院专业化的努力。同时，教育学院教授的专业发展也可能也存在困难，学术教授（professors of academic）致力于系统知识的培养与扩展，而专业教授（professors of professional orientations）则专注于培训与工作技能，这两个群体的差异在教育学院的发展与教育博士的培养中存在着"紧张关系"②。事实上，教育学院在经历了权力、资源等诸多博弈之后，成为综合性大学的独立的专业学院，并开始专业化之路，这个过程也并不容易。诸如哈佛大学教育研究生院、哥伦比亚大学教师学院等都面临此类的困境。教育学科长久以来的"弱学科"性，迫使教育学院及其师生为提高教育学科的学术声誉与地位，必须融入传统学术至上的研究氛围中，致力于追求理论研究，试图在综合性大学中扭转作为边缘学科与边缘专业学院的尴尬境地，从而从真正意义上被学界接纳。然而，这种努力无疑加深了教育学科发展学术性与专业化的矛盾，受制于大学的科研价值文化的束缚，面向教育实践问题的专业教育、与教师培训相关的师范教育等将再次陷入边缘，从而进入循环往复的不良发展模式之中。由此，教育学院

---

① PERRY J A. What does history reveal about the education doctorate? [M] // LATTA M, WUNDER S. Placing Practitioner Knowledge at the Center of Teacher Education: Rethinking the Policy and Practice of the Education Doctorate. Charlotte: Information Age Publishing, 2012.

② HAZLETT J S. Education professors: The centennial of an identity crisis. [M] // WISNIEWSKI R, DUCHARME E R, et al. The professors of teaching: An inquiry. Albany: Taylor & Francis, 1989: 17.

在这些问题之中不断徘徊与争论，逐渐对区分两种博士学位更加有心无力，从而影响学生对两种博士学位的选择。特别是在学位要求相同、论文主题相似的情况下，越来越多的学生在选择 Ed.D 项目之后不久，便申请转入 Ph.D 项目中。这种变化似乎也解释了美国在 20 世纪 80 年代之后教育学哲学博士学位授予量重新大幅攀升的原因，以及两种学位的变化趋势。

从整体上来看，美国教育博士专业学位在 20 世纪 20 年代至 21 世纪初的 80 余年发展时期内，一直处于与教育学哲学博士共同发展的趋势之中。尽管在不同的时期，两种学位的授予量有所起伏，但就授予量与增速而言都足以被认为是剧烈扩张，这不仅反映了美国教育学科两种博士学位的发展情况，更加反映了美国教育领域市场的需求与教育事业本身的大发展。由此可见，教育博士专业学位随着教育学院与教育学科的发展而取得了长足的发展，作为 20 世纪 20 年代的新生博士学位，迅速和传统的哲学博士学位相比肩。尽管相较之哲学博士，教育博士的学术声誉与学术地位一直难以言说，并不尽如人意，在人才培养期间不断涌现出各种质疑与批判，学界也因此产生了不同观点，大有支持者与反对者对垒之势。然而，值得关注的是，多年来形成的这些论争反而成为了教育博士专业学位发展的外部动力。美国教育学科在 20 世纪的兴起与发展，也促成了教育学哲学博士与教育博士的矛盾运动，从而构成教育博士专业学位自身发展的内部动力。在批判之中谋求发展，教育博士专业学位无疑在数十年人才培养工作中暴露、产生更多的问题，迫切需要修正与改革，人们对学位的性质、两种学位的差异、人才培养的异同等方面的关注与讨论，开始转向如何在教育领域开展能够满足各方需求与回应相关质疑的具体实践。

三、改革期（21 世纪以来）

美国教育博士专业学位在发展过程中一直备受诟病，虽然在 20 世纪的时代潮流中得到了巨大的发展，但高校在教育博士的具体人才培养中已经"不堪重负"，甚至"难以为继"。一方面，长久以来的争论并没有能够使人们清晰地认识与理解教育学两种博士学位的本质差异，教育博士发展的合法性危机迫切需要有作为的研究者进行更加深刻的理论研究或实践改革；另一方面，进入 21 世纪以后，美国教育学领域的两种博士学位随着生源与市场需求的增多而进一步扩展，美国高校开始对教育博士专业学位的授予更加谨慎，这主要是由于人们普遍对教育博士的培养质量感到担忧，同时也质疑教育博士学位项目存在严重的问题。

2005 年，亚瑟·列文（Arthur Levine）发表了研究报告《培养学校领导》（*Educating School Leaders*），这项报告通过全国范围的调查揭示了美国大学教育学院及其教育领导博士项目存在诸如课程相关性不足、博士项目入学标准低、匹配的师资力量薄弱、教育实践教学不完善、不适切的科研活动等问题。该研究强调教育学院与教育领导博士项目正在处于困境之中，认为问题的关键在于教育学院及其项目是否会采取必要的改革措施以遏制当前的不良发展趋势。尽管存在培养质量的问题，列文在报告中依然认为，教育领导博士项目与其他项目相比更具有内在优势。因为作为教育学院的一部分，该项目能够在教师教育、儿童发展到商业和法律等关键领域都建立起联系，并且与学校系统和学校领导者有着长期的关系。此外，在未来的几年里，学校将越发需要大量的管理人员，所以指望其他项目来填补这一空缺是不现实的。因此，列文明确指出，最好的方式就是教育学院带头对教育博士项目进行改革，而且强调了时间的紧迫性：如果在这个领域的失败仍然得不到解决，那将会对我们的学校和孩子造成严重的伤害。

2006 年，舒尔曼等人参与讨论了 Ed.D 与 Ph.D 的区别，认为 Ed.D 项目并没有履行其职责，对实践者的培养与对学术研究者的培养太过于类似，现行的改革措施实际上是在做"减法"，即相较于 Ph.D 项目而言降低 Ed.D 项目的要求，并在全日制学习与实习等方面也不做过多要求，最终导致了教育博士成为了哲学博士的精简版[①]。作为解决

---

① SHULMAN L, et al. Reclaiming education's doctorates: A critique and a proposal [J]. Educational Researcher, 2006, 35 (3): 27.

方案，舒尔曼等人建议设立"专业实践博士"学位（P.P.D），来培养最高规格与水平的实践者，并强调新学位的核心并非是名称，而是旨在提供一种强化版的培养教育博士的模式，以此使两种学位之间的界限更加清晰，实现进一步强调教育博士的专业实践属性的目的。为了将这种设想付诸实践，他们要求研究型教育机构学术院长委员会（Council of Academic Deans from Research Education Institutions，CADREI）[①] 的成员们，通过对专业实践从业者的评估，以及思考教育学院如何联合起来"收回"教育博士学位，来区分两种类型的博士学位。他们的观点是专业学位博士生的培养应该重视学生工作经验和职业状态，应该以培养学术博士学术研究能力同样严谨的方式教授应用研究方法。

2007年，莱文在其另一份研究报告《培养研究者》（*Educating researchers*）中回应了舒尔曼等人所谓的"收回"教育博士学位和明确区分专业培训和学术产出的倡议，虽然他承认两种博士学位的区别度对教育领域而言是有益的，但他依然认为这是一个"教育学院不可能完成的任务"。为此，他列出了六项他认为会阻止教育学院进行这种改革尝试的影响因素：一是实践导向的博士项目有助于提高教育学院的经济收入，培养学者既费时又费钱，而培养大量的实践者则更具成本效益；二是硕士学位授予机构想要提高他们的地位，教育博士学位的授予权相对而言更易获得官方批准；三是Ed.D学位是在教育学院的控制之下，因此保持该项目实际上就是保持自身的专业自治权；四是Ph.D学位被认为更有声望，因此一些学生无论是否打算从事研究工作都会去追求；五是为了与法律和医学等其他职业保持一致，那些教育领域从业者希望能够授予教育学科的学位；六是政治与保守性（politics and inertia）阻碍了教育学院的变革。据莱文的分析，Ed.D项目能够为教育学院带来学

[①] CADREI是由北美地区研究性机构（高校）和各教育学院院长组成的一个委员会，委员会及其附属机构的目的是在于关注各个阶段从教人员的培养，并讨论和制定计划、政策和方案，使委员会各成员机构的工作更加有效。CADREI是一个非营利性、非政治性的组织，现已发展到150多名成员。该组织的大部分成员也是美国教师教育协会（AACTE）的成员，致力于为教师和学校管理者提供高质量的专业培训。

术、政治和自治方面的积极影响。基于此，不难看出，莱文对舒尔曼的倡议其实并不认同，或者说对这一倡议指向的教育学院联合行动持消极态度。

尽管各方对教育博士专业学位的变革方向争执不下，但舒尔曼深知争论是教育博士百年发展的主旋律，只有实践改革才能够为其未来发展创造更具影响力的方向指引。由此，在舒尔曼的呼吁下，美国最初有25个博士培养机构响应改革倡议。2007年，舒尔曼倡议的卡耐基教育博士计划（CPED）正式开始启动。CPED的成立不仅仅是为了研究Ed.D的发展现状，这一行动计划通过在三年内与25个机构合作，确定和发展一个新的专业实践博士学位，旨在培养高素质的实践者，为美国的教育系统服务。在CPED项目的广泛影响下，美国越来越多的高校开始开展对教育博士项目的改革，试图创新一直以来的培养模式，以回应社会各界对教育博士自身合法性及其人才培养质量的批判。就目前而言，美国对教育博士项目的改革，逐渐形成了较为特色的具体实践。CPED项目不仅在美国国内产生了巨大的影响力，影响了上百所高等教育机构，而且在国际上也产生了一定的影响。除此之外，哈佛大学教育研究生院于2009年开始陆续开展的教育学领域学位项目改革也是新世纪以来美国涉及教育博士项目改革的重要内容。哈佛大学的Ed.D项目一直以来具有浓厚的学术性传统，因此哈佛大学决定停止Ed.D项目的招生，同时设立教育学的Ph.D项目，并新创设所谓的教育领导博士学位（Ed.L.D）项目。虽然Ed.D项目被宣布取消，但新设立的Ed.L.D项目实际上就是新的专业博士学位，其培养模式具有跨学科、实践性等诸多特点。

事实上，新世纪以来学界对教育博士专业学位的争论一直在影响高校教育博士项目及其人才培养。例如，早在2001年，南加州大学罗耶西教育学院即尝试开始对教育博士与教育学哲学博士进行区分与改造，进一步明确教育博士的培养应当与未来职业发展密切相连，由此对学位论文进行了较大幅度的改革，特别是采取了论文小组合作的"专题博士论文"的形式，鼓励学生对教育实际问题的研究①。这种对教育博士学位论文的改革无疑更加符合专业实践者的现实需求。除此之外，范德堡大学皮博迪学院也于 2002 年开始，展开了对教育学领域博士项目的改革，并于 2004 年重新规划了教育博士项目。该项目旨在强调教育博士作为一种博士学位应有的严谨性，同时又将专业实践能力发展需求考虑在内，从而确保学生能够站在更广阔的理论视野参与实践问题的研究与解决，成为实践型学者②。

根据美国近 20 年来关于教育博士项目的改革及其发展态势，本研究认为可从三个方面来阐述其改革动因。其一，美国社会发展与知识生产模式的转型促成教育博士专业学位的代际嬗变。根据相关研究，教育博士项目正在实践领域发展深刻变革，抛弃了传统哲学化的模式，逐渐显现出更加灵活、更趋实践性的新模式。这种新变化受到社会转型、行业市场变化、大学模式变迁等内外部环境的影响，并开始受到各方的关注与重视。其二，教育博士项目培养质量备受质疑。人们普遍认为既然诸多高校提供的两种学位项目的差异甚小，那么教育博士培养是否还能够为教育实践专业领域培养高水平人才，其开设的课程与训练是否能够满足职业需求。更有甚之，人们开始考虑教育博士专业学位的存废问题，部分高校的确也在争论白热化期间暂停了教育博士项目的招生。我国也有研究认为，美国教育博士学位一定程度上受制于市场需求，从而对大学产生压力，使一些教育学院以牺牲博士项目质量为代价迎合市场③。其三，以莱文、舒尔曼等为代表的一大批学者与教育领导者在重塑教育博士专业学位方面展开了激烈的辩论。学界展开的重新定位教育博士项目、重思教育博士培养等讨论，在新的历史发展时期为美国教育

---

① 顾建民，王霁云. 创建新型毕业环节：美国教育博士学位论文革新的个案分析 [J]. 高等工程教育研究，2012（2）：107-112.
② 陈粤秀，ELLEN GOLDRING，CATHERINE LOSS. 美国教育博士学位的背景与发展 [J]. 复旦教育论坛，2009，7（03）：78-82.
③ 张济洲. 美国"教育博士"培养的实践、问题与挑战 [J]. 高等教育研究，2009，30（3）：100-104.

博士专业学位改革提供了更加广阔的思路，尤其是在教育领域具有较大话语权和权威地位的学者，更是直接推动了全国性的教育博士变革进程。在这些激辩之中，诸多大胆激进的观点在后来的院校改革中都或多或少地有所体现，甚至成为各院校实践的风向标。

综上所述，美国教育博士专业学位及其人才培养的产生与发展经历了萌芽期、发展期、改革期三个阶段，百年发展历程充满了坎坷与辉煌、批判与推崇、争论与创新，对美国本土乃至世界诸多大学产生了巨大的影响。纵观美国教育博士专业学位的百年发展史，尽管学界的讨论从未停止，但学校改革的脚步亦从未停下。特别是进入新世纪以来，全国范围内具有较大影响的改革风起云涌，对各高校教育博士项目及其人才培养实践产生了积极的影响。自此，21世纪以来的美国教育博士专业学位发展进入了前所未有的实践改革期，将学界近百年的争鸣思路切实付诸学校的办学实践，从而再次激活了教育博士专业学位的生命力。

第二节　统一行动：卡耐基教育博士计划（CPED）

正如前文所述，新世纪以来美国学界对教育博士专业学位展开了激烈的辩论，主要围绕着其在美国未来的发展及其改革。时任卡耐基教学促进基金会主席的舒尔曼在辩论中对重构教育博士项目进行了深入的探讨，并提出了改革设想。由此，在舒尔曼等人的大力鼓吹下，卡耐基教学促进基金会（CFAT）于 2007 年联合研究型教育机构学术院长委员会（CADREI）发起了 CPED 这一行动计划。该计划最初共有 25 所大学机构加入其中，旨在以能够授予教育博士专业学位的大学机构为基础分阶段开展系统指导的教育博士项目重构计划。

一、CPED 概述

1. 发展阶段

根据 CPED 十余年来的发展历程，目前可将其发展划分为三个阶段。第一阶段为 2007—2010 年，第二阶段为 2010—2013 年，这两个阶段是 CPED 最初规划与设想的进路。随着项目的持续深入推进，更多的大学机构加入了 CPED 行动计划，改革反响较好、影响力不断扩大，因而联盟决定维持并扩大现有的组织结构，由此 CPED 进入到第三阶段。

具体而言，第一阶段期间，CPED 对最初参与行动计划的 25 所院校的教育学院提供的教育博士项目进行了系统的调研与考察，并结合这些院校提供的教育学哲学博士学位项目进行比较，试图在掌握两种学位项目发展与人才培养现状的基础上，厘清教育博士专业学位的本质内涵。在经过三年的讨论、设计和实验之后，CPED 对 Ed.D 有了正式的定义，并对其工作原则进行了阐述。随着改革的持续深入，CPED 又提出需要关注指导院校开展相关改革这一实践操作层面的问题，并提出教育博士项目中的院校培养应当关注的若干原则与行动建议。2010 年 9 月，CPED 收到来自高等教育发展基金（Fund for the Improvement of Post-Secondary Education，FIPSE）70 万美元的资助，开始进入第二阶段改革。在此期间，CPED 对最初加盟机构中的 21 个成员机构的工作进行了混合方法和多案例的研究，旨在评估项目施行效果与质量，并发现其中的问题。同时，CPED 联盟又增加了 27 所新的成员大学和加州州立大学系统中的 8 所院校，这些大学致力于参与联盟的工作，在 CPED 指导下对本校教育博士项目进行持续和评估性的讨论与创新。2014 年以后，CPED 进入第三阶段的发展，联盟决定维持并扩大现有的组织，成为非营利性的组织，不仅计划广泛吸纳新的大学成员，而且提出了一项旨在为教育博士项目的发展与革新提供政策指导的议程。2015 年，CPED 接受了匹兹堡大学的邀请，将总部迁往匹兹堡大学，并在未来 5 年将匹兹堡大学教育学院作为自己的学术基地[①]。至 2017 年，CPED 联盟已经吸纳包括美国、加拿大、新西兰等国共逾 100 所大学成为会员机构。同时，CPED 还关注自身的组织建设，通过资源信息支持

[①] 根据 CPED 发布的"2019 年度报告"，CPED 于 2019 年再次与匹兹堡大学签订了为期 5 年的合作协议。

与传播策略的优化,强化利益相关者与潜在成员之间的接触。2019年,CPED董事会与执行董事佩里(Perry)宣布开始CPED治理机制与联盟运营的改革,旨在为成员提供更多的机会参与并实现联盟的使命。

由此可知,CPED第一阶段的发展处于行动计划的起步阶段,主要围绕教育博士专业学位改革与重构的理念与架构展开。第二阶段则是在第一阶段系统调研、实验的基础上展开进一步的现状研究、案例分析与效果评估,并为盟校提供积极的指导。第三阶段,CPED运营渐趋成熟,开展关注组织建设,一方面"通过收集、分享院校教育博士项目的进程、方式、效果和质量,构建教育博士项目数据库,提升组织文化和组织成员的身份认同,使CPED成为能够持续提升教育博士项目的学习型组织"[①];另一方面,则是通过创新CPED治理结构与机制,更大程度地联通CPED与成员机构;此外,CPED亦采取了国际化发展策略,打通了与北美地区的加拿大高校、新西兰高校等国际高等教育机构的合作渠道。

2. 愿景与使命

目前,CPED联盟包括100多所成员机构,承诺通过对话、实验、批判性反馈和评估等方式共同开展教育博士专业学位的批判性评价。CPED的行动受到舒尔曼等人关于教育博士本质思想的影响,认为学术的概念不应局限于传统哲学博士培养的范畴中,强调应用的学术与实践的结合,倡导教育博士的人才指向是"学者—实践者"模式。在此基础上,CPED确立其组织愿景与使命:激励所有的教育学院应用CPED框架来培养教育领导者,使他们成为能够提供专业管理并迎接21世纪的教育挑战的装备精良的学术实践者;通过持续的合作和调查,加强、改进、支持和推广CPED指导框架。

---

① 谢冉,李文婷.卡内基教育博士计划:背景、成就与启示[J].学位与研究生教育,2015(4):72-77.

二、CPED 框架

在 CPED 的组织与指导下，CPED 成员大学开发了诸多教育博士项目，同时对项目展开了实验、评估，并在 CPED 联盟中进行分享、交流与协作。经过几个阶段的探索与实践，CPED 在其联盟成员项目实践的基础上，开发了一个关于教育博士项目重构的框架（The CPED Framework），用以支持成员机构创建高质量、严格的从教者准备过程，同时这个框架也强调尊重每个成员机构既有的本土背景。CPED 框架的正式确立为联盟成员（包括不断加入的新成员）提供了指导性、方向性的发展指南。CPED 框架主要设计三个方面的内容：教育博士（Ed.D）的新定义、教育博士项目开发的指导性原则、重构教育博士项目的设计理念。由于 CPED 联盟的成员规模不断扩大，当新的成员机构进入联盟时，CPED 将要求他们利用这个框架来开发设计或重构、评估和改进他们提供的教育博士项目。

1. 教育博士（Ed.D）新的定义

经过 CPED 多年的实验与探究，CPED 联盟的成员机构对教育博士（Ed.D）的内涵已经达成了较为一致的共识："教育博士项目旨在培养教育工作者，致力于使他们适当且专业地解决实践应用问题、生产新的知识以及具备专业的管理能力。"从该定义的内涵指向来看，教育博士被认为必须立足于教育者从事的专业实践领域，突出了教育博士专业学位的实践性特征；同时，该定义强调实践领域的新的知识生产，意味着学术维度与实践维度的结合与交叉，突显了应用性学术能力的重要性与价值。因此，不难看出，新的定义试图突破以往关于教育博士本质辩论的二元论困境，从非此即彼的对立论转向一种新的融合论。

2. 教育博士项目设计的指导性原则

基于对教育博士新定义的共识，CPED 联盟制定并发布了一项声明，旨在为教育博士项目提供测试、完善与验证性的工作指导原则。

CPED将该原则分6项进行表述，本研究认为这6项原则可以划分为三类，分别是方向性原则、培养性原则与过程性原则。方向性原则旨在回应教育博士项目及其院校培养的指向性问题，主要有两条：一是指向项目本身，认为"教育博士项目应当围绕公平、道德、社会正义等问题，为实践中复杂问题提供解决方案"；二是指向项目培养的人，认为"教育博士项目应当培养能够构建和应用知识，从而对个人、家庭、组织和社区的生活产生积极影响的领导者"。培养性原则旨在构建教育博士项目及其院校培养应提供的条件与基础，主要包括三条具体原则：一是提供合作机会，"通过与不同的社区合作以发展和展示协作和沟通技能，并建立伙伴关系"；二是提供实践机会，"基于现场的实践来分析实践中的问题，并使用多个框架来寻找有效的解决方案"；三是强调专业知识，"教育博士项目必须基于专业知识的发展，这里的专业知识是指实践性知识与理论性知识的有机结合，以此连接理论与实践的系统性调查"。过程性原则是对教育博士项目的整体运行过程进行的规范，强调"专业知识和实践的产生、转化和运用"。

3. 教育博士项目的设计理念

教育博士项目设计或重构的理念实质上是在上述原则基础上进行的价值提炼，以进一步强调教育博士项目的特色属性。从具体内容上看，CPED共开发6项相关的项目设计理念，而这些理念从本质上来看不仅仅是CPED项目的设计的原则或规范，也直接反映了CPED倡导的教育博士院校培养应具备的价值理念，涉及培养模式中诸如培养目标设计、培养过程设计、学位论文评价制度设计等众多要素。

（1）学者型实践者（Scholarly Practitioner）

学者型实践者，或称之为学术实践者，其设计理念要求教育博士项目培养的学生能够具备将实践智慧与专业知识、能力相结合，以识别、构建和解决来自专业实践领域的问题。他们能够开展实践调查，并能够将理论用作变革的工具，因为他们理解公平与社会公正的重要意义。同时，他们能够用多元化的方式宣传工作，并且意识到必须通过与主要利益相关者的合作，如大学、教育学院、相关共同体、个人，以共同致力于专业实践中的问题解决。

（2）特色教学模式（Signature Pedagogy）

CPED认为特色教学模式应当成为教育博士项目的必备的要素，在院校培养中应当是一种"无处不在的实践"，旨在为学者型实践者提供专业工作领域所需要的所有方面的内容。舒尔曼将其概括为"正直的思考、执行与行动"（to think, to perform, and to act with integrity），并将其划分为三个维度：其一，"教学是深思熟虑、精心设计的过程，具有普遍性与持久性，能够挑战已有假设，促使参与行动，并需要持续的评估和问责"；其二，"教与学应建立在理论、调查与实践问题之上，引导学生形成一定的思维、行动与认知的习惯，从而使他们将这些习惯应用到真实的专业环境中"；其三，"教学旨在帮助学生形成批判性与专业性的立场，培养他们公平与社会正义的道德与责任感"[①]。

（3）实践性调查（Inquiry as Practice）

实践性调查是聚焦复杂的实践问题领域而找寻提出具有重要意义的问题的过程。换言之，学者型实践者通过运用各调查究、理论和专业智慧，设计创新的解决方案来解决实践中的问题。实践性调查的核心是运用数据来理解创新效果的能力。因此，实践性调查需要具备收集、组织、判断、聚集、分析等能力，并用批判性的视角来对调查现状、文献和数据进行处理。

（4）实践实验室（Laboratories of Practice）

实践实验室是理论和实践相互交流并逐渐丰富的场所，致力于解决复杂的实践问题。在这些问题中，由理论、调查和实践的交叉形成的观点可以被实施、衡量和分析，从而产生影响。实践实验室旨在促进变革性和生成性的学习，而学习效果则是通过学生的学术专长的发展和实践能力的提升来衡量。

---

① SHULMAN L. Signature pedagogies in the professions [J]. Daedalus, 2005, 134 (3): 52-59.

(5) 基于实践的学位论文（Dissertation in Practice）

CPED认为，对基于实践领域的学位论文的认可实际上关涉学术上的努力，这一因素将直接影响复杂的实践领域的问题在学位论文中的地位。在具体的项目实践中，CPED鼓励并支持联盟成员机构的学生展开基于实践问题的学位论文研究。CPED还通过设置实践论文奖（DiP Award），评选较为出色的实践性学位论文，来为教育博士项目的教师和学生提供榜样，以此强调教育博士院校培养中的独特性与差异性。根据CPED的统计，目前联盟高校的教育博士学位论文关注的话题主要涉及4个大的方向，分别是社区学院议题、高等教育议题、K-12教育议题、教师发展议题。在这些已经完成的基于实践的学位论文中，CPED评选出了部分获奖论文，为联盟高校教育博士项目利益相关方提供参考与借鉴。

(6) 实践性问题（Problem of Practice）

实践性问题是一个长期的、具有一定背景化的和特定性的问题，嵌入专业实践工作者的工作领域中，解决这个问题很有可能潜在地促进学习者形成更好的理解、构建相应的经验、取得良好的效果。

4. 教育博士学位项目的指导性建议

CPED通过对教育博士项目的开发或重构原则和理念的阐释，提供了较为清晰的方向性指导框架。同时，为了使联盟高校能够更好地开发与开展教育博士项目，CPED对联盟高校又提出了具体的指导和建议，共涉及9项内容，用以指导成员高校的项目执行过程。

具体而言，其一，不分年龄、能力、种族、文化、种族、宗教、性别或身份，项目应该促进培养反馈与指导的平等与公正；其二，项目应该确保学生、导师之间在研究调查实践知识与理解等方面的相互尊重，确保每位教师都能够提供指导和支持，以提高学生在多样化的实践和理论背景下相互构建知识的能力；其三，项目应当提供开放式交流、关键团队和同伴互助的动态学习模式，形成包括导师、同伴在内的学习者共同体；其四，项目需要具备灵活性，在学生工作环境中，只要在可用的时间内，允许项目的所有导师对他们进行指导；其五，项目应当通过扩展学生对学术、调查、专业知识和相关技术的运用来解决问题,以拓展学生的知识空间;其六,项目应当构建支持性与稳定性的学习环境,该学习环境具有发展性、指导性特征,兼具成长导向、团队导向,由此学生从项目开始到结束都能够得到指导,使项目设计能够更加深刻地了解成人学习者的需求;其七,项目应当认识到作为实践者的教育博士项目的学生的特殊性,因此项目需要聚焦学生学习中的需求和实践中的问题,并给予集中或个别化的关注;其八,项目应当通过共同责任感设定较高的期望,并为学生提供以促进新知识发展为实践目标的挑战;其九,项目需要结合成人学习者的需要,同时体现项目的价值理念、规范以及CPED的指导框架。

三、CPED治理

经过多年来的实践探索,尤其是在经过第三阶段的发展之后,CPED逐渐对其组织基础与结构进行了改革与优化,使之能够在指导联盟院校开展持续性的教育博士项目变革方面始终发挥有效作用。为了较为系统全面地剖析CPED的治理现状,本研究主要从治理结构涉及的两个方面入手,分别是CPED董事会与执行机构、CPED联盟成员机构与委员会。

1. 董事会与常设机构

CPED及其联盟成员机构基于重构教育博士专业学位为共同的使命与目标,至今已形成较为稳定的组织结构。CPED作为非营利性组织,与美国绝大多数教育中介组织相类似,在治理结构上采用的是通行的董事会制度,CPED董事会对CPED的业务、事务以及治理行使最高权力,并履行相应的责任根据CPED章程的规定,董事会由15名成员组成,均具有表决权,其中需选取12名董事,另3名为当然董事。在选举的董事席位中,应包括CPED驻地机构的教育学院院长,由卡耐基教学促进基金会主席任命的代表,由董事会主席所在的院校指定的董事。当然董事席位中,则包括院长委员会主席、代表委员会主席以及CPED

的执行董事。所有董事均应在董事会定期或特别会议上由董事会多数投票选出。董事会可主持定期会议与特别会议,其中,定期会议每年不少于2次,董事会主席可以决定召开特别董事会,也可以根据三分之二董事要求召开特别董事会。

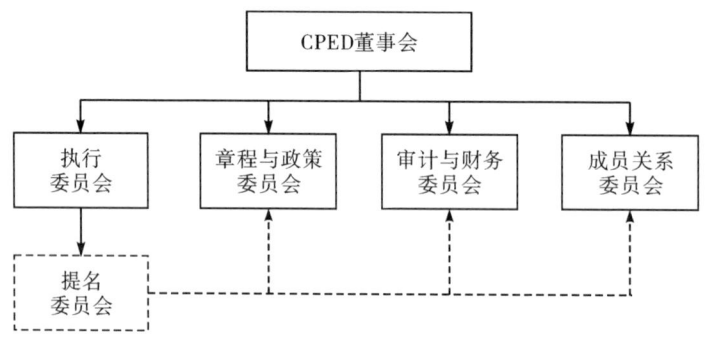

图 7-2　CPED 董事会及其下设委员会结构

如图 7-2 所示,在董事会的领导下,CPED 设有若干的常设机构,主要包括四类,分别是执行委员会(Executive Committee)、章程与政策委员会(Bylaws and Policy Committee)、审计与财务委员会(Audit and Finance Committee)、成员关系委员会(Membership Committee)。具体而言,执行委员会一般由主席、候任主席、秘书、会计以及 CPED 执行董事组成,至少每三年设一次小组委员会,其成员可以包括各董事、院长委员会成员,以此来为 CPED 制定、审查、修正长期发展规划。章程与政策委员会在董事会的指派下履行相应的职责,包括每年对 CPED 章程和董事会政策进行审查,并审议院长委员会或代表委员会建议的任何章程修正案等,该委员会由不超过 5 名的董事组成,经提名委员会推荐,经董事会多数投票通过。审计与财务委员会包括财务主管、CPED 执行董事以及经提名委员会推荐、董事会多数投票通过的不超过3 名增补董事,主要负责监督和解释财务状况,审查财务报表和预算。成员关系委员会包括 3 名董事、3 名院长委员会成员、3 名代表委员会成员,主要负责制定 CPED 成员资格标准、推荐院校成员候选人、酌情建议董事会采取行动,开除那些未能及时弥补信誉缺失的机构成员。

除了上述四类常设委员会机构,CPED还设有特别委员会,即提名委员会(Nominations Committee),主要负责制定并维持一份合格的董事会候选人名单,并根据需要向董事会提名,以填补董事会空缺。如上所述,提名委员会还负责向董事会提名,从董事中选出候选人,以填补常设委员会中的空缺。提名委员会由3至5名董事组成,由执行委员会根据需要设立,其目的是为推荐委员会在成立时确定的相关职位的候选人。值得一提的是,在执行委员会的推荐下,CPED董事会需遴选出一位执行董事。执行董事将作为CPED首席执行官,在董事会、官方以及执行委员的指导下管理CPED。执行董事一般由CPED或CPED与驻地机构联合聘请。就目前而言,CPED于2015年将总部设在了匹兹堡大学,匹兹堡大学将作为学术驻地机构与CPED开展为期五年的合作,现任执行董事佩里则是由CPED与匹兹堡大学教育学院共同聘任。

2. 成员机构与相关委员会

CPED在最初参与发起的25所联盟高校的基础上,不断发展与扩大其成员机构规模,从而使CPED的理念与框架能够在更大规模的高等教育社区中发挥作用,并通过持续积极地参与成员机构的活动、项目实践等扩大其影响力。根据规定,申请成为CPED的成员机构必须具备两项基本资格:一是必须获得美国地区性认证机构的认可、提供良好的信誉证明(非美国的机构须获得相当于美国地区认证机构或国家教育部门的认证);二是必须能够提供教育博士的学位项目(Ed. D),或者已经获得批准可以提供教育博士的学位项目。达到这两条基本资格的机构则可以根据成员关系委员会的相关要求进行申请。在加入CPED联盟后,成员机构需要履行相应的责任与义务,包括完成前期工作并参加CPED会议,每年并按要求及时提交机构和项目方案数据,参与委员会等活动,以及参与CPED框架的讨论、设计和研究等。

CPED致力于将成员机构进行聚集,从而构建系统的成员机构网络,打造一个交流、合作、成果共享的平台。由此,CPED构建的集群将形成以围绕教育博士项目为核心的共同体。在共同体中，每个成员机构都能够互相激励，最终实现教师、学生、管理者之间的全国性对话的，形成共享、学习与反馈的空间。目前而言，由于成员机构的办学基础、所处环境以及加入联盟的时间不同，因此不同成员机构之间教育博士项目的发展程度及其院校培养现状存在较大差异。基于此，CPED根据各校教育博士项目的发展阶段将成员机构进一步地划分为三种不同的类型：一是设计与开发阶段，这是项目的早期阶段，处于该阶段的一般是新加入或刚加入不久的高校；二是实施阶段，指项目正在进行中，但还没有毕业生，处于该阶段的高校已经根据CPED框架建立起项目，正在开展人才培养实践；三是经验丰富阶段，项目已有毕业生且正在不断完善，处于此阶段的大部分学校都是第一批联盟校，参与了CPED早期的实验与调查，项目已经较为成熟与稳定，在长期的院校培养实践中积累了大量的经验。

表7-1　CPED成员机构教育博士项目发展程度部分示例

阶段划分	成员机构	项目名称	加入CPED时间
设计与开发阶段 （共45所）	美利坚大学教育学院	教育政策与领导博士项目	2019年
	奥斯汀佩伊州立大学	教育领导博士项目	2018年
	阿帕拉契州立大学	教育领导博士项目	2017年
实施阶段 （共32所）	奥古斯塔大学	教育创新博士项目	2014年
	贝勒大学	学习与组织变革博士项目	2010年
	东卡罗莱纳大学	教育领导博士项目	2014年
经验丰富阶段 （共37所）	亚利桑那州立大学	教育领导与创新博士项目	2007年
	波士顿大学	教育领导博士项目	2010年
	密歇根州立大学	教育领导博士项目	2014年

资料来源：根据CPED官方公示资料整理，本研究统计时间截至2020年6月5日。

近年来，CPED十分重视组织建设相关的事项，不仅大力建设组织维系所必需的基础设施，如推出新的网站等，而且于 2019 年正式宣布推出新的治理与运营模式，其目的在于促进成员机构之间更深入的交流，以及为成员机构和利益相关各方提供直接参与 CPED 组织运营的机会，共同为实现 CPED 联盟使命而努力。新的治理和运营变革以董事会决议确立的新的章程为基础，CPED 由此开始了治理改革。治理改革的目标主要包括两个方面：一是确保 CPED 成员机构的教育学院院长能够更加直接地参与和设计 CPED 的未来发展方向；二是使教师与成员机构的其他相关代表能够在共同参与的项目中获得更大的话语权，为他们提供更有意义的和正式的机会。为了实现这些目标，CPED 设置了两个新的机构，分别是院长委员会（Deans Council）和代表委员会（Delegates Council）。

院长委员会是由 CPED 成员机构中选出的 15 名教育学院院长组成，并直接参与 CPED 的治理。参与方式主要是院长委员会中的 1 名成员可以进入 CPED 董事会，拥有表决权，另 3 名成员可进入成员关系委员会，同时院长委员会有权对章程修改提出意见。此外，院长委员会还拥有诸多权责，例如，协助董事会制定长期发展规划与成员机构调查、每年制定战略优先事项作为年度或更长时期内 CPED 的活动重点等。代表委员会是由 CPED 成员机构选出的代表组成的，每个成员机构都可以由院长指定 1 名代表。代表委员会参与 CPED 治理的主要方式与院长委员会相同，亦是 1 名成员进入董事会，另 3 名成员进入成员关系委员会，并有权对章程修改提出意见。代表委员会职责也涉及诸多内容，例如参与 CPED 工作的评审，修订与更新 CPED 框架，以及积极参与研究生教育与专业教育的个人或机构建立、维持合作关系等。

四、CPED 评价

CPED 作为全美规模最庞大的聚焦教育博士专业学位改革与创新的教育学院联盟，为成员机构、项目相关者等利益主体构建了相互分享、协同合作的集群网络与平台。经过多年来持续不断的实践探索，

CPED在较大范围内推广了具有普遍共识的、较为统一的理念与目标，为美国学界新世纪以来关于教育博士发展的争论提供了实践领域的回应。事实上，CPED成员机构对教育博士项目的开发或重构作为全国意义上的统一联合行动，在一定程度上结束了长期以来学界对教育博士专业学位的诸多争论，为相关各方厘清教育博士本质及其未来发展方向提供了思路。在CPED的领导与指导下，成员机构纷纷设计或重构了本校的教育博士项目，在招生制度、教学模式、评价制度等方面进行了深刻的革新。而反观CPED的发展及其实施过程，也呈现出显著的特征，这些特色实践及其背后的理念意涵对我国教育博士专业学位研究生培养模式系统集群创新与培养共同体建设具有积极的借鉴意义。

1. 立足于院校的培养实践，倡议构建改革行动共同体

从目标层面来看，CPED以系统变革教育博士项目及其人才培养为使命；从组织层面来看，CPED集聚了全美范围内致力于教育博士项目改革的院校力量，形成愈加庞大的组织联盟；从具体活动层面来看，CPED现今已联合逾百所院校开展了设计或重构教育博士项目的实验、调研、评估等活动。由此，CPED超越了最初作为卡耐基教学促进基金会等教育中介组织一项关于教育博士项目改革计划的局限，在不断扩充的联盟机构的基础上，逐渐演变成为具有合法地位的[①]较为独立的以成员院校改革为中心的联盟变革共同体。在这一过程中，CPED逐渐显示出其发展的特征与样态。

一方面，CPED倡议的逻辑起点是关注、支持与改进有教育博士专业学位授权院校的项目实践，因此院校的培养实践无疑是CPED的中心。从最初发起计划时参与的25所高校，CPED的成员机构逐渐壮大，形成了教育博士学位授权高校的联盟。随着影响力和规模的日益扩大，

---

① 卡耐基教育博士计划（CPED）是一个由100多所授予学位的学院和大学组成的联盟，已根据宾夕法尼亚州的慈善募款法在慈善组织局进行了合法注册，并根据美国税收法典规定获得了免税地位。

CPED已经被学界普遍认为是美国全国性的高校统一联合行动计划。相应地，CPED号召组建的成员高校由此形成了以设计或重构教育博士学位项目为目标与使命的变革共同体。在共同体之中，随着CPED发展得更加成熟，早期在第一、二阶段确立理念、开展现状调研、进行评估的实施环节，此后建立较为系统完备的CPED框架，直接为成员机构的项目变革提供指导与支持。

另一方面，CPED构建的院校共同体在教育博士项目的变革过程中体现了动态性特征。具体而言，CPED考虑到成员机构在开展教育博士项目院校培养方面的差异性，其中既有各校教育博士项目的资源及发展程度不均衡的问题，也包含成员机构加入CPED联盟的时间各不相同，项目发展阶段与水平不同的问题。因此，横向来看，CPED对联盟成员机构根据项目进展划分为三个不同的阶段，形成具有"梯度"样态的结构，从项目开发阶段到实施阶段再到完善阶段，形成系统重构教育博士项目的全流程。而纵向来看，CPED认为教育博士项目的改革应当是持续性的动态过程，遵循"调研—评估—重构（再建）—调研"的过程，并形成一个循环。CPED通过采集院校的项目变革数据不断地完善其指导框架，从而对变革后的要素进行科学的评估，进而提出更具院校针对性的指导意见与重构方案，由此为动态循环提供发展性动力。当然，这个过程是复杂的，不仅是院校的积极参与，CPED组织内的相关委员会及其提供的各种活动都发挥了不可替代的作用。

2. 廓清教育博士本质属性，精准定位培养理念与目标

有关教育博士本质属性的探讨一直是美国学界长期以来争论的重点，对这一问题进行科学合理解答，被各方认为将有助于教育学领域哲学博士学位与专业博士学位形成各自较为独立的学位体系与培养模式。正如本研究所提出的，美国在教育博士发展历程中，曾一度陷入将两种学位混淆的困境中，并由此产生非此即彼的二元认知。这种发展趋向导致教育博士专业学位或沦为哲学博士的附庸与"次等学位"，或成为局限于实践技能培养的职业教育，丧失博士学位的高深性与严格性。实际上，根据专业博士代际嬗变理论的推论，这两种倾向分别具备第一代与

第二代专业博士学位的典型特征，反映了教育博士从学术性向实践性的过渡与转型。随着知识经济时代的来临，知识生产模式发生深刻转型，专业博士代际嬗变理论的二分方法似乎难以解释和预测教育博士的发展变化及其方向，特别是在以"社会弥散""应用导向""问题中心"等因素的影响下，过于关注实践性特征而忽视理论反思性及其人才培养的外部要素变化已经无法为教育博士专业学位的发展提供充足的动力来源。因此，第三代以学术、实践、个体发展等互动为特征的专业博士学位应运而生。

CPED 的联盟行动显然抓住了新的知识生产模式的核心要素，紧跟第三代专业博士学位发展的方向，通过对成员机构的教育博士项目批判性反思，提出了系统重塑教育博士项目的框架，框架的基础则是对教育博士本质属性的正本清源，从而构建了明晰的价值理念与原则。具体而言，CPED 构建了项目设计的若干指导性原则，这些原则本质上即是教育博士专业学位及其院校培养应当观照的理念。其中，以方向性原则为核心，CPED 从更高位的层面强调了公平与社会正义的理念，而其他原则（包括指向院校培养层面的原则等）都可被认为最终是为促进美国社会的公正性而服务的。换言之，CPED 高度重视教育领域的从业者，是因为他们相信教育从业者遍布美国各级各类教育机构，通过影响教育领域，能够对社会公正产生基础性的积极影响。例如，2020 年 5 月，一起因警察暴力执法致使一名黑人死亡的事件导致美国爆发大规模的抗议示威活动，从而将美国根深蒂固存在了数百年的"种族歧视"现象又一次公之于众。抗议示威在美国愈演愈烈，"没有公正就没有和平"的口号振聋发聩。随后 6 月 2 日，CPED 执行董事佩里与董事会联合给 CPED 联盟共同体发布了关于此事件的声明，表示"CPED 将与黑人和棕色人种社区站在一起，为他们过去和可能继续面对的不公正感到悲痛"，重申了 CPED 将"公平、公正和道德作为培养教育领袖的首要原则"，并倡议成员机构"重新审视教育博士项目中的机会和结果，优先考虑公平和正义的教学，充分发挥教育从业者在边缘化人群的社区工作中可能产生的影响，以改变压迫的制度现状"①。由此可见，CPED倡议成员机构对教育博士项目的设计是建立在社会公正的价值理念之上的，体现了美国教育博士专业学位院校培养的社会责任感与使命担当。

与此同时，CPED通过数年的实验与评估，提出了教育博士的新定义，这个新的描述性定义强调作为一种学术的实践性，关注到了教育博士在专业实践领域知识生产的研究性与应用性的双重特征，从而为廓清教育博士的内涵与边界等本质属性提供了必要可行的思路。CPED框架中提出的设计原则与理念则揭示了成员机构对教育博士培养目标的构建思路。具体而言，在教育博士项目的理念设计方面，CPED框架的相关要素体现了新的知识生产模式下第三代专业博士学位的属性，在提出新的定义的基础上重点强调了教育博士专业学位所谓的"学术实践性"的新的本质属性，并逐渐形成了较为成熟系统的理念意涵。从人才培养的角度来看，"学术实践性"的培养理念具有至少三种价值特点，即学术理论性、实践应用性、批判创造性。事实上，CPED构建的培养理念最初试图澄清传统哲学博士的学术性与专业博士的实践性的关系，却在成员机构的改革过程中发现二者在新的知识生产观的"催化"作用下似乎能够有机地融合，并在专业实践领域产生批判反思与自主创造的效果。由此，根据这一培养理念，CPED提出了教育博士应当是培养"学术实践者"或"学者型实践者"的培养目标。这一目标一方面集中体现了CPED十分重视专业实践领域的问题解决，强调教育博士培养必须关注实践层面的议题，另一方面也反映了CPED探索能够为应用性情境下的问题解决提供助益的要素，而严格的学术训练则是其中重要的要素。由此，CPED认为教育博士专业学位的理念与目标设计是在院校培养中发挥基础性的作用，既不能附和哲学博士的学术性传统，亦不可降格沦

---

① CPED. CPED Statement on Police Brutality and Racism in the United States [EB/OL]. (2020-06-02) [2020-06-07]. https://cped.memberclicks.net/index.php?option=com_dailyplanetblog&view=entry&year=2020&month=06&day=02&id=17.

为职业培训。只有形成独立、特色、适切、严格的培养理念与目标，教育博士专业学位才能突破以往的边缘困境，成为真正的、有价值的、广受认可的专业博士学位。

3. 重视组织建设及其治理，有效保障联盟的高效运作

在美国，各领域的社会中介组织一直在扮演着建设者、监督者、倡议人等重要角色。教育领域的社会组织，尤其是非营利性的行业协会，对美国教育事业的发展与进步产生了不可或缺的深远影响。CPED作为其中的一员，在号召与领导全国性的教育博士项目改革与完善方面发挥了积极作用。正如法国学者托克维尔在其《论美国的民主》一书中所论及的："在法国，凡是创办新的事业都由政府出面；在英国，则是由当地的权贵带头；在美国，你会看到人民一定组织社团。"[1] 作为非营利性专业院校组织，CPED在逐渐发展壮大的过程中开展高度重视内部的组织建设与治理结构的调整，以确保在领导与支持成员机构开展项目设计及实施时能够充分发挥积极作用，保障CPED与成员机构的高效合作。

具体而言，经过长期的发展，CPED构建了较为稳定与完善的治理结构与治理机制，从董事会制度到下设的五大委员会，分工合作开展各项具体的工作。特别值得一提的是，为了使联盟成员能够更好地参与CPED的运营与治理，CPED于2019年推出了新的治理变革，组建院长委员会和代表委员会。这个变化带来的影响对CPED治理而言具有里程碑式的意义，因为它改变多年以来由CPED内部或少数利益相关者的决策传统，打通了与更广泛的CPED共同体成员的连接的桎梏，使CPED共同体中院长、教师代表等相关主体的意见可以对CPED活动决策产生影响，从而实现了CPED共同体利益相关者多元共治的理想愿景。正如CPED董事会主席在"2019年度报告"中所言的那样："董事会正在领导一项雄心勃勃的

---

[1] 托克维尔. 论美国的民主（下卷）[M]. 董果良, 译. 北京：商务印书馆, 1991：635-636.

计划，并对网络的治理和组织进行了重大变革"，并承诺"将继续致力于完善教育博士专业学位，以纠正教育机会和教育结果现象方面长期存在的不平等"。

为了保障 CPED 成员机构之间进行平等的对话、实验以及评判性反馈与评估，CPED 建立了面向成员机构参与合作的规范，以尊重共同体成员的多样性。这一系列规范主要针对 CPED 成员机构在开展教育博士项目改革过程中的行动，包括 CPED 成员机构在教育博士项目中的决策、确保提供高质量的学位课程等具体的内容。通过制定参与规范标准，CPED 在其对成员机构的治理过程中形塑了参与行动文化，无疑在成员机构内部互动层面产生了积极的指导作用，对组织治理也有所助益。

CPED 也十分重视构建稳定的合作伙伴关系，以此促进相关工作的深入开展。就当前 CPED 公开资料显示，CPED 主要是相关教育协会组织，例如卡耐基教学促进基金会、美国教师教育协会（AACTE）、大学教育管理委员会（UCEA）以及美国教育研究协会的 168 兴趣组（AERASIG168）。具体举例而言，卡耐基教学促进基金会作为 CPED 的创始组织，一直为 CPED 提供支持，以帮助 CPED 更好地理解教育博士项目。而 CPED 目前也正在开展与卡耐基教学促进基金会的合作项目，即"提高教育领导力与发展"项目（Improvement Leadership Education and Development）。该项目包含了 9 所 CPED 的成员机构，致力于建立高等教育机构与地方基础教育机构之间的合作伙伴关系，从而将科学原则整合到教育领导力发展与教育实践中。显然，通过与相关的教育组织展开合作，能够进一步拓展 CPED 共同体的项目变革思路与实践，这是 CPED 组织建设向外延伸的重要策略，不仅丰富了 CPED 治理的内涵，而且在较大程度上对教育博士项目的系统性变革也具有积极意义。

4. 强调共生与资源的共享，系统创新培养过程诸要素

CPED 所倡议的教育博士项目变革行动，不仅仅代表成员机构的组织联盟，更意味着构建利益相关主体资源共享、合作共生的有机共同

体。由此，CPED 成为了全国性的教育博士项目变革行动的交互平台，为成员机构的项目设计与重构提供统一的指向性框架，通过制定项目设计使命与愿景，引导大规模的变革行动，并以此实现全国范围内教育博士学位院校培养质量的系统全面提升。

具体而言，论及 CPED 的共生共享特性，一方面可以从 CPED 构建治理机制有所窥见，主要体现在形成了成员机构及利益相关者共同参与联盟决策与发展规划等核心活动的治理格局，在较大程度上能够体现与教育博士项目实施密切相关的机构或个体的意志。另一方面，CPED 组织开展了各种类型的促进成员机构之间资源信息共享与交流的活动。举例而言，为了充分发挥 CPED 作为教育博士项目的"智库"作用，CPED 面向成员机构倡导组建了"CPED 改进小组"（CPED Improvement Groups，CIGs）。CIGs 实际上是上述提及的兴趣组（SIGs）与此前成立的网络改善社区（Networked Improvement Communities，NICs）的组合，其成员主要是对教育博士项目设计中特定议题等感兴趣的相关者。CIGs 的主要职能在于使小组成员能够对教育博士项目设计展开合作学习，并以此来推进成员机构实践层面的策略，即"通过持续的合作和调查来加强、改进、支持和促进 CPED 框架"。就目前而言，CIGs 已经提供了诸多合作性的项目，诸如提高科学方法项目、在线教育博士项目、教育博士社会公平项目以及团队式论文项目等。此外，CPED 还创办了学术期刊"影响教育：转变专业实践"（Impacting Education：Journal for Transforming Professional Practice，IE），这是一本基于 CPED 共同体同行评议的在线学术杂志，旨在为关注教育博士项目改革的学者与实践者提供发表观点的论坛，从而对成员机构的项目设计与实施产生积极影响。由此可见，CPED 在成员机构共同体的组织结构中，通过设计形式各异却指向一致的活动来实现真正意义上的统一行动。

基于教育博士项目变革统一行动中的共享与共生导向，CPED 逐渐完善了其关于教育博士专业学位的定义、框架及其相关指导，并对成员机构教育博士专业学位研究生培养模式产生了深刻影响。除了上述关于CPED对教育博士培养理念与目标的明晰之外,其在宏观层面构建的相关理念与原则实际上对教育博士的院校培养过程制度创新也起到了积极的促进作用。举例而言,CPED提出的特色教学模式、实践实验室等,实际上就是为成员机构教育博士项目创新提供范例,重塑了教育博士培养过程中课程体系、教学模式等要素,并再次强调了基于实践的问题解决,以及培养学习者对实践问题提炼与掌控的能力。同时,CPED对项目中涉及的导师指导、师生交往也提出了建议。值得一提的是CPED倡导的关于教育博士学位论文的创新,这也是CPED统一行动中十分出彩的改革倡议。教育博士专业学位论文的创新主要体现在两个方面:一是由CPED主导构建的基于实践性领域的学位论文,并设立相应的奖项,旨在表彰优秀实践性论文,在共同体中形成范例与行动氛围;二是基于CIGs项目,成员机构正在探索的团体式学位论文(The Group Dissertation),即探索能够允许学位论文由研究团队完成而非传统个人完成。目前来看,团体式学位论文的探索十分大胆与超前,但并非没有生存与发展空间,只要在充分论证的基础上形成科学严格的模式与标准,或将成为学位论文改革的重要元素。由此,CPED学位论文的改革实际上是关于教育博士培养模式中评价制度的探索,而其在项目实施中形成的实践经验也具有较大的借鉴价值。

总体而言,CPED为成员机构提供了较为系统全面的共享与交互平台,基于前期院校层面教育博士项目的实验、评估与反馈构建了科学的指导框架,不仅重新定义了教育博士专业学位,而且制定了项目设计的原则与理念,特别是围绕教育博士项目变革为中心展开的多样化的实践活动,对重构教育博士学位研究生培养模式起到了框架性、指导性、循证性的作用。事实上,从CPED的核心活动及其项目设计策略来看,CPED构建的框架及其体系是作为统一行动的一个标准,却并非固化的模式。换言之,在CPED的诸多活动设计中,我们能够发现CPED非常强调成员机构之间相互尊重,这实际上揭示了CPED统一行动的框架必须建立在各成员机构教育博士项目的基础之上,必须将院校背景、项目进展、培养现状等因素纳入其中考量。因此，CPED成员机构在教育博士项目中随即产生了多样化的发展变式，不仅是专业方向具有差异，而且在培养模式的具体设计方面存在鲜明的特色。由此可知，CPED在统一行动与多元变式之间斡旋与平衡或许是其长期以来发挥功能的重要基础与动力。

第三节 院校改革：哈佛大学教育领导博士项目（Ed. L. D）

纵观哈佛大学教育研究生院（Harvard Graduate School of Education, HGSE）的发展历史，教育博士专业学位（Ed. D）曾一直与教育研究生院相伴相生。1920年，哈佛教育研究生院建院时，教育博士专业学位随即被创设，并在数十年的发展中被推广至世界诸多国家高等教育领域。然而，至2020年，哈佛教育研究生院建院百年之时，教育博士专业学位却已经在哈佛的改革浪潮中成为历史。事实上，新世纪以来，在学界对教育博士专业学位展开激烈辩论的同时，院校人才培养实践层面的改革探索也正在悄然发生。作为教育博士专业学位的发源地，HGSE关于教育领域博士学位的改革无疑对美国高校产生了巨大的影响，尤其是构建的新的专业博士学位的人才培养模式也正在成为诸多高校可资借鉴的蓝本。

一、HGSE重塑教育领域博士项目的缘由

2007年，在舒尔曼等人的倡议下CPED联合了诸多高校开展了统一的改革行动，并对美国高校产生了巨大的影响力。在美国相关各方对专业博士学位大刀阔斧改革背景下，HGSE并未加入CPED的统一行动计划中，而是基于自身办学的基础及对专业博士项目未来发展规划，展开了具有哈佛特色的改革。即HGSE于2009年创设了教育领导博士学位（Ed. L. D），并于2013年正式取消教育博士（Ed. D）的招生，将其改为与哈佛文理研究生院（Harvard's Graduate School of Arts and

Sciences）合作开设的教育哲学博士学位（Doctor of Philosophy in Education）。概言之，HGSE取消了教育博士专业学位（Ed. D），创设了教育领导博士学位（Ed. L. D）与教育哲学博士学位（Ph. D），自此正式HGSE形成教育专业型与学术性两种学位并存的格局。

　　HGSE对教育领域博士学位的重构，主要是基于两个方面的缘由，分别是学位制度内部变革的需要，以及美国教育博士专业学位发展的外部推力。具体而言，从内部变革方面来看，尽管HGSE在1920年建院之际便创设了教育博士专业学位（Ed. D），但HGSE却一直没有教育哲学博士学位的授予权。在20世纪专业化运动的影响下，HGSE对教育博士的理解及其实践带有明显的学术价值倾向，这直接导致了HGSE在教育博士人才培养层面与哲学博士学位趋同，进而导致教育博士专业学位陷入本质属性难以厘清、培养目标模棱两可、培养过程学术化、培养质量不受认可等诸多困境。长期以来教育博士培养理念与目标定位不明的问题使得HGSE在教育博士人才培养中"发挥着一种学位培养两种人才的职能，既按照专业型博士学位的要求培养教育实践领域的专家，又按照学术型博士学位的要求培养大学教师和教育研究人员"[①]。由此，HGSE教育博士项目不仅无法充分发挥其应有的人才培养功能，造成培养过程中目标与指向的混乱，而且使教育博士专业学位面临愈加复杂的合法性危机等问题，HGSE教育博士项目的改革已经迫在眉睫。同时，HGSE作为哈佛的教育专业学院，教育学科的发展实际上却受到一定限制，主要体现HGSE一直没有学术型的哲学博士学位的授予权，这也是导致其教育博士学位项目功能泛化的重要因素之一。因此，HGSE想要进一步扩大专业影响力，则必须改革现有的学位制度体系，摆脱哈佛文理学院对哲学博士学位的控制，重塑新的学位体系。从外部推力方面来看，知识经济时代新的知识生产模式席卷全球，教育博士经过第一代的发展进入了第二代、第三代，美国传统的教育博士项目在理

---

① 李云鹏，戚万学. 哈佛大学教育领域博士学位变革及其启示［J］. 学位与研究生教育，2016（12）：69-73.

念目标、培养制度设计等方面都难以适应社会转型发展的需要，亟待系统性的变革与重构。在 2007 年 CPED 构建的统一行动共同体推动之下，全国范围内的教育博士项目变革成为一种新风尚。加之 HGSE 一直以来作为教育领域极具影响力的哈佛专业学院，其人才培养项目及其实践对其他高校具有领头羊的作用，HGSE 教育博士项目陷入困境无疑使美国教育博士培养现状更加混乱。特别是新世纪以来，学界开始对教育博士专业学位展开激烈的争论，批评与质疑之声沸沸扬扬，对教育博士的未来发展提出了诸多各异的看法。其中，不乏有倡议废除的激进观点。在此影响下，HGSE 需要通过采取实质性的行动回应社会对其教育博士项目的质疑。

根据 HGSE 的实践改革，发现 HGSE 既没有跟随 CPED 的脚步，在对现有教育博士项目培养基础上进行制度性改造，也没有完全听从部分学者废弃教育博士专业学位的主张，而是通过调整 HGSE 学位体系寻求全新的制度突破，将学术型与专业型博士学位统筹起来，形成更加与时俱进的新格局与新体系。我国部分学者在研究 HGSE 这项实践改革时，认为"教育博士项目在哈佛大学产生与发展近百年后退出了历史舞台"，这种说法或许仅仅是指教育博士学位（Ed.D）在哈佛的"退场"，但从学位发展与创新的角度而言，教育博士专业学位（Ed.D）其实并未真正"离场"，而是作为一种概念意涵更加明确的专业型博士学位在哈佛以全新的姿态与形式得以延续，这也就是本研究接下来重点分析的教育领导博士学位（Ed.L.D）。

二、Ed.L.D 项目的培养特色

尽管 HGSE 通过取消原有教育博士专业学位（Ed.D），并在其基础上设立了具有跨科学培养性质的哲学博士学位，但 HGSE 从未放弃教育学科的专业博士学位。因此，早在 2009 年，HGSE 即率先新设了教育领导博士学位（Ed.L.D），这一举措也成为变革学位体系，展开大刀阔斧改革的前奏。通过 Ed.L.D 项目与 Ed.D 项目的区分，摸索专业博士学位之于哲学博士学位人才培养的特殊性与针对性，从而在 4 年之后将 Ed. D 项目转设为 Ph. D 项目，并通过进一步创新，使两种学位能够与时俱进。从 HGSE 构建的 Ed. L. D 项目所体现的价值理念来看，HGSE 充分认识到了新的知识生产模式对专业博士人才培养的影响，并十分认同舒尔曼等人的观点。因此，在项目设计中，Ed. L. D 项目与 CPED 框架有许多共同或相似之处，可见美国总体上关于教育专业博士学位的发展趋势在方向上具有较强的一致性。

1. 培养理念与目标定位

长久以来，美国教育界一直非常重视 preK-12 教育领域的师资和管理者培养。他们相信，拥有创新与变革能力的教育管理者能够对美国教育发展产生重大的影响，特别是在推动社会公平正义等方面具有积极作用。因此，学校教育的管理者对教育质量和公平的热情必须要与其知识能力的发展相匹配，必须要对公共政策问题具有深刻理解，并能够将富有远见的想法转化为现实的专业组织管理能力。哈佛大学提供的 Ed. L. D 项目具有较高的理念站位，旨在培养毕业生成为美国 preK-12 教育领域的领袖，旨在培养毕业生为美国公共利益工作，旨在使毕业生能够在美国教育公共部门和高影响力的教育组织中任职。

具体到 Ed. L. D 项目的培养目标，HGSE 提供了一份美国公共教育领域具有影响力的职位，并鼓励项目毕业生都能够进入该领域从事相关工作，以加速美国公共教育领域的进步，甚至超越该领域产生更大的影响。HGSE 提供的具有影响力的教育领域主要包括五个部门的职位，而 Ed. L. D 项目则主要是面向这五个教育部门领袖职位培养高级人才。一是各学区的首席运营官、州教育领导角色，如学校负责人、专员、首席学术官，或以及这些职位的副职。二是非营利性教育部门，如致力于支持 preK-12 学校的具有集体影响力的组织的主席或执行董事，Ed. L. D 项目毕业生将领导这些非营利性组织致力于为孩子、家庭和社区改善教育机会与教育所得。三是州或联邦教育政策领域的职位，如公共教育宣传政策执行官，为州长、州或地方官员提供教育政策咨询的顾问以及教育智库，Ed. L. D 项目毕业生将会制定并策划最佳实践，从而提出循证性的教育政策建议，推动公平与卓越。四是社会企业家角色，如教育初创企业的领导者，他们能够通过教育部门的创新方案，解决美国公共教育实践中面临的复杂问题，他们工作也应该注重扩大有研究基础的创新想法。五是基金会与慈善机构的职位，主要是以教育为中心的基金会的高级领导，这些部门通过关注数据、卓越、公平和可持续性等因素大力支持教育投资。

2. 项目招生与申请制度

美国研究生教育的招生制度采用通行的项目申请制度，一般首先由申请者通过在线提交项目对申请者所要求的相关文件，包括诸如成绩单、专家推荐信等，通过后院校会组织相关的面试等考察。HGSE 提供的 Ed. L. D 项目亦是采用的申请制度，申请者需要在线填写提交申请表格，并提供相应的材料，包括对一个问题的简短回答、目标陈述与简历、标准化考试分数（GRE 或 GMAT、TPEFL 或 IELTS）、三封专家推荐信、就读院校提供的成绩单等。举例而言，在"对于某个问题的回答"中，该问题是由 HGSE 针对申请者的专业素养所做的一项考察，示例的题目如"描述一项来自你的组织之外的战略，可以是教育部门，这个战略可以从根本上改善美国 preK-12 教育体系"。关于目标陈述与简历，申请者则需要介绍自己的相关背景，分享对自身教育信念有所助益的经历与经验，包括申请者认为的职业生涯中影响最大的成就与失败，这些经历是如何影响自身的发展的；同时还要阐述作为教育系统中的领导者，在职业生涯中最想解决的问题有哪些以及将会如对美国 preK-12 教育产生重大的影响。此外，HGSE 也十分欢迎国际学生的加入，根据 HGSE 统计，2019—2020 年注册入学的新生中，国际学生占学生总数的 25%。值得注意的是，HGSE 对同一申请者规定了申请次数，HGSE 只接受同一申请者 3 次的申请，这意味着一位申请者一生在 HGSE 只能提交 3 次申请。申请者提交所有材料后，材料即进入审核阶段。当所有的申请都被审核完毕后，HGSE 将会邀请入选的申请者到学校参加为期一天的面试（个人和小组），面试是由招生委员会的成员进行组织。通过面试考察的形式，最终确定入选的名单。根据 HGSE 的安排，Ed. L. D 项目每年录取 25 人左右，多来自教育领域不同的专业管理岗位，具有十分丰富的教育专业实践工作经历。根据 HGSE 的统计，2019—2020 年注册入学的 Ed. L. D 项目学生的工作年限区间在 6—19 年之间，平均工作年限为 10.3 年。

3. 培养过程与制度设计

第一，在培养方式方面。Ed. L. D 项目的培养方式主要有三个方面特色的内容，一是 Ed. L. D 项目要求学生必须进行三年全日制学习，将专业博士学位的培养要求与哲学博士学位的要求对标，旨在从在学的时间投入层面有力地保障该项目的培养质量。二是 Ed. L. D 项目建立在实践导向基础上的跨学院、多学科的培养项目，三年的人才培养由哈佛教育研究生院、哈佛商学院和哈佛肯尼迪学院的教师共同参与授课，为毕业生在学校系统、国家非营利组织和慈善机构、使命导向型营利机构以及州和联邦教育系统担任领导级别职位提供独特的准备。三是 Ed. L. D 项目的人才培养以群组模式展开，即由 25 名学习者组成学习群组，这些学生一般而言都具有不同的专业与职业背景，如校长、教师、政策研究者等，他们共同在项目中学习与成长。HGSE 认为，实现 preK-12 教育的宏伟目标，凭借个人力量根本难以完成，必须要结合并依靠政府、学校系统、非营利性组织以及营利性的教育机构展开各种活动。而为这些组织机构培养高水平的领导者则是 Ed. L. D 项目的使命，从这个角度而言，Ed. L. D 项目事关美国 preK-12 教育的未来。因此，为实现这个目标，HGSE 将人才培养设计为具有全脱产、严要求、实践性、多学科、合作式多重特征的全新方式。

表 7-2　Ed. L. D 项目课程方案设计

学年	课程模块	课程设置（部分示例）
第一学年	核心课程： 4 大领域：学习与教学、领导与组织变革、政治与政策、自我超越	①领导力、创业精神与学习； ②学习性领导者； ③基于证据的教育领导力； ④种族、公平与领导力

续表

学年	课程模块		课程设置（部分示例）
第二学年	选修课程	哈佛教育研究生院	①教育财政学概论；②现代考试理解；③城市学区与学校系统性改革；④新兴科技与教育转型
		哈佛商学院	①创建与经营成功企业·真正的领导力发展；②道德领袖；③权力与影响力
		哈佛肯尼迪学院	①领导力风险；②领导力行动：变革的政治；③行为科学变革：判断与决策；④领导力行动：跨文化与国际视野
第三学年	实践课程：合作组织机构驻地实习		议题示例：①问责、一致性和改进：洛杉矶联合学区的领导力反思和成长；②在公共与私营部门支持下为创业教育领导者提供领导力开发 已开展项目示例：①通过社区战略伙伴关系扩大学生获得有意义 STEM 学习机会；②在爱荷华州发展新教师领导力和薪酬体系：基于共识的过程

资料来源：根据 HGSE 官方提供的课程安排整理。

第二，在课程设计方面。Ed. L. D 项目非常重视课程的设计，HGSE 认为 Ed. L. D 项目课程设计的关键在于确保多学科的课程学习与实践学习相平衡。Ed. L. D 项目根据三年的学制将课程设计为两大组成部分，分别为集中授课课程与驻地教育实习。学制前两年为集中授课课程，设计了核心课程与跨学院选修课，学制第三年为驻地教育实习，旨在为学生提供教育专业实践领域的实践机会与指导。如表 7-2 所示，具体而言，根据 Ed. L. D 项目课程要求，在学制第一年，为所有 25 名学生开设四个相同的基础课程：学习与教学、领导与组织变革、政治与政策、自我超越。授课师资是哈佛相关专业的权威专家，有着丰富的领导力理论素养与实践经验。课程包括一对一的执行力训练，以支持学生个人领导力发展，第一年的课程以实践为基础，从而形成第一年学习经验的框架。在学制第二年，每一位学生必须与项目导师合作，从哈佛的任何一个研究生院选择个性化的选修课，特别推荐由哈佛教育研究生院、哈佛商学院和哈佛肯尼迪学院开设的选修课程。值得注意的是虽然选修课程可以在哈佛的任何专业学院学习，但不限于上述学院，但需注意并不是所有的选修课程都能获批。同时，学生需要与项目的教职人员密切合作，以确保在项目的第三年与合作伙伴组织的最佳匹配。最佳匹配是由学生和合作伙伴组织之间的共同兴趣决定的，并受到每个学生的职业和学习目标以及地缘偏好所驱动。在学制第三年，攻读 Ed. L. D 学位项目的学生需要与合作组织开展基于专业实践的带薪教育实习，一般持续 10 个月。这些合作机构包括大型公立学校系统和美国最有影响力的非营利组织等。在实习中，学生会被引导走出"舒适区"，被要求系统化地工作，为合作伙伴组织做出重大贡献。实习能够为学生提供专业指导、实践经验和关系网络，以此使学生能够将自己定位为教育领域的未来领导者。举例而言，在具体实习事务中，参与实习的学生能够与合作伙伴组织的主管一起重点关注某个战略项目并有机会代表组织主管一到两个主要的工作，以此使参与者在实践中提高领导技能。实习期间，学生需要完成书面的尖峰报告（Capstone Summary）。通过这种在博士课程中独一无二的定制实践体验，学习者将通过从事高优先级战略项目来增强其领导能力。这成为哈佛教育研究生院在教育博士专业学位人才培养改革中的一大亮点。在驻地实习过程中，学生仍需与项目保持密切联系，通过在线或定期回到哈佛参与研讨会与工作坊。

第三，在教学模式方面。从 Ed. L. D 项目的课程设计来看，无论是系统性的课程内容，还是将前沿课程与实践课程相结合的课程结构，都对教学模式提出了更高的要求。根据课程内容与结构的设计，可以发现，Ed. L. D 项目的教学方法十分开放多元，在极大程度上体现了课程本身的设计理念，有助于实现课程目标。可以说，多元灵活的教学方法成为贯穿课程始末的枢纽，使不同类型课程模块有机结合，形成有机统一体。具体而言，Ed. L. D 项目的教学模式主要具有多元化、启发式、合作式的特点，主要体现在核心课程教学采取研究性教学、案例研究等，选修课程主要采用研讨式学习、情境模拟式教学、跨学科跨文化的视角等，实践课程主要采取驻地实习、在线研讨等形式。这些多元教学方法与视角构建了与 Ed. L. D 项目课程内容相匹配的教学模式，特别是跨学院授课的方式集成了哈佛最优质的师资与教学资源，群组式的培养则为学生合作学习、形成学习共同体奠定了基础。

4. 质量评价与保障设计

Ed. L. D 项目致力于构建合作、开放与多元的培养模式，通过要求三年全脱产的就读方式来保障学生的学习投入，通过定制式与探索式的课程设计来整合学生的课程与教学资源，通过驻地教育实习充分发挥学校与教育行业机构之间的联动培养，这些具体的培养制度设计极大地突出了 Ed. L. D 项目的专业实践性价值倾向。实际上，Ed. L. D 项目不仅厘清了专业博士学位的培养定位，而且彻底与以往研究性过甚的教育专业博士学位分道扬镳，逐渐形成具有鲜明职业导向的、第三代专业博士学位特征的全新培养模式。在此过程中，Ed. L. D 项目最具有特色之处，同时也反映了 HGSE 进行改革的果敢与魄力，即 Ed. L. D 项目一改此前博士学位人才培养以学术论文为核心特征与质量评价标准的评价机制。具体做法是 Ed. L. D 项目要求学生结合前两年的课程学习在第三年参与驻地实习之后提交尖峰报告，该书面报告主要是描述、分析和反思对参与的合作组织的战略项目所做出的贡献，以此来证明实习者与他人合作，制定策略成功地解决和诊断挑战，朝着愿景和目标努力，并从结果中学习的能力。毫无疑问，对博士学位论文的颠覆性改革使哈佛大学的 Ed. L. D 项目在美国教育博士学位改革浪潮下独树一帜。

三、Ed. L. D 项目评价

HGSE 自 2009 年开始，通过数年的时间系统变革了作为哈佛大学教育学科专业学院的博士学位教育制度与体系,不仅促进了美国教育博士专业学位项目的改革浪潮,由 HGSE 创设的 Ed. L. D 项目也成为了美国教育博士专业学位改革中具有鲜明特色的哈佛模式。Ed. L. D 项目关于人才培养过程中的诸多制度设计至今而言仍然十分超前,而且依然在影响、甚至引领美国诸多高校的教育博士项目发展方向。HGSE 敢为人先的改革精神,赋予了 Ed. L. D 项目独特的生命力,而在数年的院校培养实践之后,Ed. L. D 项目发展已日趋成熟与稳定,正在持续为美国 preK-12 教育领域输送高级管理人才。

1. 精准定位领袖型人才培养目标

HGSE 通过系统变革本院的教育学科博士学位项目,厘清了学术型与专业型两种专业学位的本质特征,并通过一系列的项目增改策略使两种学位各自形成体系,从而明确不同培养指向的学位项目之间的边界与差异。Ed. L. D 作为 2009 年新设的专业博士学位,是 HGSE 探索教育专业博士学位未来发展方向的重要创新实践。鉴于哈佛大学一直以来以培养行业顶尖的领袖型人才为使命,HGSE 作为哈佛专业学院之一也拥有十分崇高的教育理想。Ed. L. D 项目作为 HGSE 着力全新打造的专业博士学位项目,以培养教育系统具有变革能力的卓越领袖为己任,希冀通过提高教育系统领导者的能力与素养促进美国 preK-12 教育系统的进步。

具体而言,HGSE 将 Ed. L. D 项目培养目标定位在具有变革能力的领导者这一层面,直接锁定了项目的人才培养面向,即是为美国 preK-12 教育系统培养领袖人才。实际上,美国 preK-12 教育系统涉及非常多的部门、机构以及组织,因此,为使目标更加具体与明确,HGSE 直接提供了 preK-12 教育系统中具有影响力的职位参考,将其作为 Ed. L. D 项目学生的职业发展目标。这些职位既有来自政府部门的,也有来自教育企业、非营利性组织以及学校系统。这是因为 HGSE 相信实现美国 preK-12 教育系统变革这一宏伟目标,仅凭单一部门难以达成,必须要系统中的各方精诚合作,才能使教育系统朝着实现社会公正的方向发展。值得注意的是,HGSE 将 Ed. L. D 项目的培养定位前置到了招考环节，对项目申请提出了诸多严格的要求，除了基本的规定要求外，主要集中于考察申请者既有的工作经历、体验以及对未来职业的理解与规划，而最终录取的学生也多是具有丰富教育系统相关工作经验的申请者。

由此可知，Ed.L.D项目具有非常清晰、精准的培养目标定位，将人才发展方向集中于美国公共教育领域，将人才类型定位于高级的领袖型人才，这是Ed.L.D项目显著的特点之一。同时，根据培养目标的定位，Ed.L.D项目真正摆脱了HGSE学术型与专业型两种博士学位混沌不清的尴尬处境，构建了基于专业发展、实践导向的培养理念与目标。实际上，2009年的HGSE，Ed.D项目依然作为研究性学位项目进行人才培养活动，能够敢于先"立"后"破"，证明HGSE对教育专业博士学位的发展具有长远规划与设计，对此后构建两套不同的博士学位体系更是早有谋划，这些实践改革为相关各方对教育专业博士培养目标的定位提供了哈佛经验。

2. 创新构建指向实践的课程体系

如果说Ed.L.D项目在院校培养模式层面构建了不同以往的全新框架，那么其中最为突出的内容则是以课程为核心的培养体系。实际上，在三年学制内，Ed.L.D项目开发的课程资源作为人才培养的关键要素几乎贯穿始终，并构成人才培养基础性的制度支持。围绕课程资源发挥人才培养职能的其他要素，诸如项目导师指导、团队工作坊（workshop）、研讨会（seminar）等，共同构成了人才培养的过程制度。Ed.L.D项目的课程体系的构建旨在实现培养目标，因此在开发课程资源过程中，HGSE在巩固已有办学基础之上，充分结合哈佛其他优质资源，以及合作伙伴组织的相关资源，构建了指向专业实践领域的课程一体化系统。

具体而言，根据课程类型与性质，Ed.L.D项目课程体系主要可分为理论课程模块与实践课程模块，前两年学生需要在校完成核心课程与多学科的选修课程，第三年学生则必须参与驻地教育实习，参与合作伙伴组织具体的项目管理等实践。在第一年核心课程中，HGSE整合了本院以及哈佛在领导力相关领域最优质的师资来授课，核心课程作为必修课，呈现出理论研究性与专业实践性相结合、广泛综合性与个体特色性相统一的特征，旨在使学生充分掌握核心领域的前沿理论与实践议题，并通过个别化指导帮助与支持学生在系统知识学习中关注具体的、关键的问题。在学制第二年的选修课程阶段，HGSE 联合了哈佛商学院与哈佛肯尼迪学院的优质资源，旨在为学生提供领导力相关的多学科的知识与视角，并在修读过程中逐渐确立自身的职业志趣与规划，在项目导师的指导下针对性地为第三年驻地实习做好相应的准备。而在第三年具体的实习中，学生必须结合前两年的课程学习，在合作伙伴组织亲身领导与管理具体的项目，并取得一定的成绩。

由此可知，Ed. L. D 项目课程体系具有三个显著的特点，其一是课程体系具有协同统一性，表现为将理论模块与实践模块进行有机结合，在培养过程中无缝衔接，并最终指向与服务于学生的专业实践能力发展。其二是课程体系具有多学科整合性，表现在人才培养中联合了多学院提供课程资源与教学，形成了多学院联合培养的模式，而且 HGSE 联合的是哈佛大学在"领导管理""领导力"等方面实力强劲的院系，于 Ed. L. D 项目而言十分对口与适切。其三是课程体系具有广泛的外部支持，表现在 HGSE 联合了庞大的美国公共教育领域的组织与机构，共同开展互相合作的项目，形成校外合作伙伴组织共同体，为 Ed. L. D 项目学生的驻地实习提供多样化的选择，极大地满足了学生的职业理想与规划的需求，成为 Ed. L. D 项目实践课程模块重要的组织基础。HGSE 构建的课程体系以专业实践导向为落脚点，旨在使 Ed. L. D 项目学生在严格的全日制培养制度下真正实现从知识获得转向知识应用。

3. 将评价机制与专业实践相结合

HGSE 在系统变革教育学科博士学位制度体系过程中面临巨大的障碍之一即是如何有效将两种博士学位在培养实践层面进行分离。在具体实践中，HGSE 构建了两套自成体系的培养模式，无论是培养目标的定位还是培养过程制度设计，都具有鲜明的价值导向。其中，论及两种博士学位十分典型的差异，则不得不提评价机制的迥异。HGSE 于

2014年正式开始招生的Ph. D项目具有严格的哲学博士学位特征，培养过程遵循严谨的学术范式，评价机制以高质量要求的传统学术论文作为中心。Ed. L. D项目打破了学位论文的传统评价模式，将评价机制与项目所要求的第三年实践课程相结合，这一实践改革不仅进一步使两种学位"泾渭分明"，而且为Ed. L. D项目"画龙点睛"，使其人才培养模式更富生命力。

具体而言，Ed. L. D项目非常重视学生第三年在合作伙伴组织展开的专业实践活动，并将其在实习期的表现作为培养质量评价的主要指标。学生在实习期，并非从事简单的管理工作，而是会被委以重任，甚至有机会直接参与或规划核心项目。这种驻地实习作为Ed. L. D项目实践课程的一部分，不仅需要学生在前两年的课程学习中形成坚实的知识素养与实践思维，而且对合作伙伴组织也同样提出了极高的要求。事实上，实践课程的项目实习一方面是为学生提供平台与机会，使学生能够切身参与专业领域的管理事务，从而提升专业能力与素养，另一方面也是作为评价手段检验学生在学期间的领导能力提升，以及是否能够达到Ed. L. D项目的质量标准。而作为最终成果认定，尖峰报告将反映学生在三年培养过程的变化，作为培养质量评价的核心依据。所谓的尖峰报告虽然是基于学生在驻地实习期间展开的战略项目实践，但实际上能够体现学生在接受系统培养与个性化指导之后的专业能力水平。以HGSE提供的毕业生尖峰报告为例，Ed. L. D项目毕业生布拉斯（Dean Woodring Blase）在马萨诸塞州的剑桥公立学校（Cambridge Public Schools, Massachusetts）驻地实习，担任社区学校伙伴关系协调员，开展项目"通过社区战略伙伴关系扩大学生获得有意义的STEM学习的机会"，并将实践活动经历与收获撰写形成尖峰报告。该项目关注如何在剑桥公立学校和当地社区建立以STEM为中心的组织伙伴关系，扩大K-12学生接触有意义的STEM学习经验的机会，并形成核心研究问题。基于核心问题，布拉斯展开了大量的工作，诸如与当地管理洽谈合作，为学生提供更多与需求相匹配的STEM项目等，并产生了较好反响。

由此可知，Ed. L. D 项目创新评价机制，将评价标准与专业实践成效挂钩，形成了具有鲜明特色的评价机制。从评价的制度设计来看，这种评价机制兼具多学科、合作性、专业性与实践性等多重特点，严格的尖峰项目要求也有力地保障了新的评价指标能够成为规范的标准。同时，Ed. L. D 项目的培养实践过程也体现了新的知识生产模式所倡导的跨学科、应用性、基于问责的评价标准等特点，表明 HGSE 在创新构建新的专业博士学位项目时充分考虑到了新的时代发展趋势与特征。有鉴于此，不难发现，当前美国教育博士专业学位院校培养评价正在超越传统学术范式的束缚，尤其是传统形态的学位论文的束缚，这也是其极具特色的改革行动之一。

第四节 核心经验：对我国的有益启迪

随着 21 世纪的到来，全球化发展趋势更甚，知识经济时代已然来临。我国倡导构建人类命运共同体的理念正在全球交融的事件中被不断验证，尤其是在重大突发事件中，世界各国的命运紧密相连，各个行业领域的深度合作与共生才是各国未来发展之方向。高等教育领域受此影响正在发生或潜移默化、或大刀阔斧的变革。教育博士专业学位在西方学位制度演进中产生，是与社会发展互动的专业博士学位，在相当长一段时间内培养了教育领域发展需要的高级人才，并流传于世界各国大学。值得注意的是，美国教育博士专业学位发展受到其特有的历史背景、高教体制以及组织环境等因素影响，其发展势态与经验策略并非适用于其他国家。因此，我国必须在借鉴吸收域外教育博士院校培养经验的基础上进行适当的"扬弃"，结合我国本土实际开发相适应的教育博士专业学位。在此认识的基础上，本研究结合分析框架进一步对美国教育博士专业学位及其人才培养模式改革进行核心经验的提炼，以期为本土借鉴提供更加清晰的具体策略。

一、系统集群：深度合作共生

教育博士专业学位在美国高校发展最为显著的特色之一即是利益相关各方之间展开的持续的、紧密的、变革的合作。以新的知识生产模式所构建的"创新集群"角度来看，美国高校教育博士专业学位及其培养模式在较大程度上已经形成人才培养的系统集群。特别是以社会组织主导构建的 CPED 联盟，无疑是实现"地域集群""部门集群""知识集群"构建的典型案例，而 CPED 联盟作为一个创新网络，将美国不同系统、不同层次、不同部门、不同模式的教育博士培养院校进行了系统整合，从而构建了人才培养的协同创新共同体。

根据美国教育博士专业学位的历史发展及其院校培养模式改革运动，我们能够发现美国高校教育博士专业学位及其人才培养是建立在系统的科学设计之上的，而非培养院校自身的"闭门造车"。实际上，在长达百年的探索与改革历程后，美国的教育博士专业学位及其院校培养已经突破了学校一元主体的单独培养，而是将培养高校、社会组织、行业市场（就业单位）等利益相关主体纳入培养模式的具体环节，从而在培养场域较大程度上实现了"系统集群"的构建。结合案例具体而言，CPED 的策略非常全面地呈现了教育博士院校培养层面的系统集群建设。CPED 倡议构建的基本形成的行动共同体使教育博士培养中的各方主体能够"汇聚"并充分发挥各自的功能，而 CPED 则作为联盟核心起到了指导成员高校教育博士生培养的积极作用。这些功用体现在成员高校共享理念、共用资源、共同发展等诸多方面，科学完备的项目开发与构建技术也使集群高校的教育博士生培养具备了较为统一的标准与价值，强化并提升了教育博士专业学位的科学性与社会影响力。哈佛大学教育研究生院的 Ed. L. D 项目虽然并未参与 CPED 联盟，但却构建了独具特色的系统集群，主要体现在培养院校与行业市场的"部门集群"层面，即与地方教育机构展开合作，开发了驻地教育实习项目，并将其作为第三学年的核心任务，帮助教育博士生能够深入真实的未来工作场域，参与驻地部门的主要工作项目，在"田野"中应用所学，从而实现提升专业实践能力的培养目标。

深度参与合作、形成共生系统是美国教育博士培养院校的核心经验，而如何能够实现不同利益相关主体之间的深度合作与共生是其中的关键问题。系统集群的构建能够为以培养院校为主体的各方提供一个稳定、持续的平台与桥梁。不论是打造一个培养院校的联盟，还是学校个体组织开展的制度性的合作项目，都可以被认为是一种系统集群，只是这些集群具备处于不同的层次、面向不同主体等特征。因此，本研究认为深度合作是美国教育博士专业学位研究生培养模式改革的核心经验之一，而构建系统集群则是实现深度合作、展开交流、共谋发展的重要途径。

二、结构要素：特色创新驱动

美国高校教育博士专业学位项目曾长期经历与哲学博士学位项目趋同的发展阶段，两种学位项目在人才培养中的趋同引起了学界关于教育博士专业学位本质属性的百年争论。时至今日，从理论层面而言，教育博士作为专业型博士学位，强烈的学术应用属性已经愈发明晰，但在院校培养的实践层面，究竟如何将专业性融会贯通于具体培养环节依然是包括培养高校在内的相关各方关注的重要内容。实际上，美国关于教育博士的理论争鸣在很大程度上推动了实践层面的培养改革，CPED如是，哈佛大学亦如是。各方在人才培养领域探索改革与创新本质上而言也是对美国学界的理论探讨作出的实践回应。根据前文的具体剖析，本研究认为，除了探索基于合作共生的系统集群建设之外，教育博士专业学位研究生培养模式的结构要素创新与变革也是十分具有借鉴价值的美国经验。

首先，在理念与目标层面。重新定义教育博士的内涵是美国高校培养改革的重要举措，无论是CPED为盟校构建的统一标准，还是哈佛教育研究生院重构的Ed.L.D项目，都是建立在明确教育博士专业学位的本质属性的基础上而进行的实践探索。CPED作为百余所培养高校的联合共同体，在构建教育博士新的定义上作出了极具影响力的贡献，这个新的描述性定义强调教育博士作为一种专业博士学位理应具备学术性与实践性的双重属性，从而关注到教育博士在专业实践领域知识生产的学术应用性的本质特征。这一理念变革无疑突破了长期以来关于教育博士与哲学博士之间培养理念内涵的模糊性困境，为教育博士院校培养实践提供了更加清晰的目标指向。从学校改革层面而言，哈佛大学教育研究生院 Ed.L.D 项目在培养理念层面的厘清也与 CPED 十分契合，都高度强调教育博士的学术应用性特点。特别是在培养目标的设计上，教育研究生院基于哈佛大学卓越人才培养战略，结合教育领导管理的专业方向，将 Ed.L.D 项目的培养目标定位为培养美国教育系统具有变革能力的卓越领袖，其项目旨在通过提高教育系统领导者的能力与素养促进美国 preK-12 教育系统的进步。换言之，这一培养目标是培养教育专业领域的高水平实践者。同时，该项目也被赋予提高国家教育系统领导能力的重要使命与责任，体现哈佛大学教育研究生院在国家教育事业发展中超高的站位与规划。这些改革探索对我国教育博士院校培养中理念澄清与目标设计具备积极的启发意义，尤其是能够为破解培养过程中出现的学术趋同问题提供理念指导。

第二，在招生与考试层面。根据不同的培养目标设计，美国高校在教育博士项目招生考试中采取了更加适切的策略，通过对哈佛大学 Ed.L.D 项目的招生制度的分析中可见一斑。具体而言主要可从以下四点讨论：一是采用申请制的方式，申请者需要提供相应的资格证明，其中包括对 HGSE 针对申请者的专业素养提出的相关问题的回答；二是强调申请者的工作经历，特别是分享对自身教育信念有所助益的经历与经验，包括申请者认为的职业生涯中影响最大的成就与失败，以及这些经历是如何影响自身的发展的；三是阐述作为教育系统中的领导者，在职业生涯中最想解决的问题有哪些以及将会如何对美国 preK-12 教育产生重大的影响；四是通过审核后，申请者将受邀到校参与为期一天的面试，既有个人面试，也包括小组面试等。这些招考策略不仅能够全面考察申请者的专业素养与未来职业规划，还能够较为全面地评估申请者的能力与发展潜力。通过对近年来入学数据的统计发现，Ed.L.D 项目的招生人数一直较为稳定，维持在 25 人左右，且入学者都具备较长时期的专业工作经历。这些实践为我国教育博士的招生工作提供了一定的启示，例如招考方式的借鉴、具体考核流程的借鉴等。值得一提的是，美国高校教育博士项目招生中并未发现过于强调申请者学术背景的规定，而是将招生重点放置于申请者的职业经历与收获上。反观我国近年来的招生实践，存在过于强调报考者的学术成果的情况，对报考者职业经历的考察也只是停留在工作年限的达标上，这些问题都值得相关各方的关注，美国高校的经验亦能提供一定的借鉴。

  第三，在过程与制度层面。美国教育博士项目的培养过程与制度设计具备一个显著特征，即是将学术应用性的培养理念贯穿于培养的各环节之中。换言之，这一特征即是指高校在教育博士生培养过程中的致力于提高学习者在教育实践领域的专业应用能力。举例而言，在培养方式上，高校均提出了严格的要求，哈佛教育研究生院还规定必须要三年全日制的就读。尽管美国高校教育博士项目既有如哈佛 Ed. L. D 项目一般的脱产就读要求，也有高校提供在职攻读的项目，但严格的要求却是各校较为一致的。严格要求不仅体现在对学习者学习过程提出的具体要求，同时也体现在学校应保证学习者学术训练和专业能力培养等方面所达成的共识与所付出的努力。在课程教学上，跨学科与应用性课程设计也是美国教育博士项目的突出特点，特别是打造相关院系的联合培养体系与构建实践能力培养实习项目等。这些改革措施将教育博士生课程教学从传统哲学博士之中彻底剥离出来，形成了独具特色的教育博士专业学位的课程体系与教学模式。在导师指导上，美国高校充分发挥了系统集群的共生合作功能。以 Ed. L. D 项目为例，学习者前两年在学校学习过程中，学习群组的建立使得导师的指导作用不再局限于"1 对 1"的范围之类，跨学科课程模块也使不同学科的教师能够参与指导，而且第三年驻地教育实习中，驻地部门的领导与同事实际上也充当了类似于实践导师的作用。这些培养过程中的特色制度设计不仅仅是美国高校在多年的改革实践中探索出的有效方式，而且其核心的价值指向都是聚焦于"学术应用"以及"专业能力"等理念与目标，成为教育博士项目改革一以贯之的制度策略。我国虽然在理念目标层面都有较为清晰的"应用性导向"的规定，但为何在培养过程中依然学术趋同严重，这与理念层面与行动层面的不一致不无关系。由此，借由美国高校教育博士培养的制度设计策略与行动改革路径，我国高校在培养过程的具体环节中可以有所引介与改造，最终实现本土化吸收与创新。

最后，在评价与保障层面。超越传统学术评价的既有规范、探索多元化的评价手段是美国高校教育博士专业学位研究生培养模式改革的显著特色。Ed. L. D项目将学位论文与专业实习成效相联系，以驻地实习的专业成长与收获作为攻读学位效果的主要指标，不仅打破了学术论文评价的传统，而且构建了具有自身特色的评价机制。实际上，美国高校在教育博士评价方式上的创新是其重要的改革内容，从CPED的行动中我们也能够发现一些端倪，如实践性学位论文、团队式学位论文的探索与创新等，这些都是近年来美国高校所做出的较有影响力同时也饱受争议的改革。质量评价与保障是密切联系的，关于评价方式创新，尤其是高校在重塑学位论文方面所做的探索，美国很多学者也表达了担忧，他们普遍认为传统学术评价方式是基于严谨的学术同行评议，是十分科学与成熟的评价系统，倘若弃用，何以保障教育博士的培养质量？尽管这些尝试似有大势所趋之势，但我们仍然应该深思美国教育博士专业学位新的评价标准是否已经建立？新的评价机制能否以及如何有效运行？对这一系列问题的追问或许应该成为我国对域外经验借鉴之前的必要准备。

综上所述，美国高校教育博士专业学位研究生培养经历了阶段性的发展与变革，从理论争鸣到行动实施，从单个学校的探索到共同体联盟的统一行动，理论与实践的互动逻辑是这段历史最为显著的特点。如果说美国学界对教育博士专业学位的争论促进了培养院校孜孜不倦地改革创新，那么培养院校的改革行动则为理论的持续深化提供了源源不断的实践动力。从美国教育博士专业学位的百年发展史之中，我们发现美国教育博士也曾面临本质属性不清、培养过程学术趋同等诸多困境；从培养院校的具体改革行动之中，我们也发现高校在破解困境、找寻创新发展之路上所做出的诸多努力。基于此，本研究认为美国经验可为我国教育博士专业学位研究生培养模式的改革与创新起到积极的借鉴作用。然而，我们也必须要认识到，美国经验具有美国本土的特点，教育博士在美国的产生发展与在我国的产生发展完全是不同的路径，其院校培养亦遵循的是不同的逻辑。实际上，任何的域外经验在引介的过程中都绝不可能做到"照搬照抄"。因此，我国教育博士专业学位研究生培养模式改革必须要在借鉴美国经验的基础上作出本土化改造，取其精华，去其糟粕，从而实现创建中国特色的教育博士专业学位、打造本土化创新的人才培养之路。

第八章　我国教育博士专业学位研究生培养模式的改革路径

教育博士专业学位是近年来在我国兴起并得以快速发展的一种专业博士学位。随着教育博士专业学位培养院校与培养规模的不断扩大，其在培养实践层面开始逐渐涌现出诸多问题，引起了相关各方的关注，特别是学界开始对教育博士专业学位展开系统深入的研究。我国学界关于教育博士专业学位的早期研究更多关注的是作为一种制度的教育博士专业学位，主要通过国际比较与引介的方式探讨教育博士专业学位"是什么"的问题，旨在描绘我国如何将教育博士专业学位本土化并学习借鉴国外高校的建设经验。本研究在学界关于教育博士专业学位已有研究的基础之上，打破以往宏大叙事的研究路径，进一步将研究重点聚焦于教育博士专业学位研究生培养模式这一较为微观的议题，试图从人才培养角度出发，通过知识生产模式转型的理论视角，探讨当前教育博士专业学位研究生培养模式存在的诸多实践困境，并致力于回答未来发展方向这一关涉"怎么办"的问题。在对我国教育博士专业学位研究生培养的发展与改革历程进行全面的历史分析后，本研究通过量化与质性相结合的混合研究方法系统地探讨了当前我国教育博士专业学位研究生培养模式的运行现状，从院校培养的制度环境、群体经验、就读体验三个维度呈现现实状况，并分析其中的具体困境与问题，同时充分结合美国教育博士专业学位发展及其人才培养改革的实践经验，以期为我国教育博士专业学位研究生培养模式的未来发展与改革提供科学适切的路径与策略。

第一节　模式重构：从"学术趋同"模式到"学术应用"模式

自 2010 年 15 所试点高校开始正式招收教育博士，院校人才培养工作已经摸索走过十个年头。2018 年，教育部决定新增列一批教育博士专业学位的试点高校，"教指委"也在筹备教育博士专业学位授权点的申报与评估工作，教育博士专业学位及其院校人才培养工作走上常态化发展之路。实际上，有学者认为我国的教育博士专业学位本土化实践已经迈过了第一阶段（试点阶段），学界开始更多关注经过十来年院校实践的教育博士专业学位制度的培养成效与未来发展问题。因此，在政府支持与政策推动之下，教育博士专业学位无论是在院校的培养层面，还是在学界的研究层面，都逐渐开始成为各方关注热点与焦点。

当前我国教育博士专业学位人才培养面临着令人不安的质量问题，特别是十余年来院校培养模式逐渐形成并发展呈现出与学术博士学位的学术趋同现象，这导致了人们对教育博士院校培养质量的不信任，甚至是对教育博士这一学位价值的误解。通过梳理教育博士专业学位在我国的创设以及院校人才培养实践的发展过程，我们认为教育博士专业学位在我国本土化过程中不可避免地受到传统知识生产模式的强烈影响，在人才培养中带有传统学术逻辑的显著特点与倾向。十余年来，教育博士专业学位的理论研究更加深入，国家政策支持与指导持续加强，培养院校的规模、资源条件等愈发完善，在这一发展过程中，教育博士专业学位研究生培养模式已经逐渐形成且仍在探索发展。结合教育博士专业学位及其人才培养在我国的发展情况，本研究提出当前我国教育博士专业学位研究生培养模式在特点上属于一种"学术趋同"模式，即与学术博士培养模式趋同，学术化倾向遮蔽了作为专业博士学位的应用性本质。然而，这种所谓的"学术趋同"模式并非已经固化，而是伴随着"教指委"的制度调整和院校的培养改革等实践，呈现出不断发展与革新的状态。事实上，教育博士的学术化既是一个理论问题，也曾在诸多国家人才培养实践中出现，其中美国高校的改革运动曾引起激烈的讨论。教育博士在我国作为一个较之学术博士全新的博士学位，"自上而下"的发展机制使其在纾解学术趋同困境具备了更多的可能性。

通过混合研究方法从"制度环境—群体经验—就读体验"三位一体的维度进行现状分析，本研究已经呈现了当前我国教育博士专业学位研究生培养模式的学术趋同与依赖现象。换言之，"学术趋同"培养模式的背后，是教育博士院校培养实践的学术化问题。因此，想要提升我国教育博士专业学位研究生的培养质量，打造具有专业博士本质特点与中国特色的教育博士专业学位，就必须要变革与重构当前的"学术趋同"模式，打破以传统知识生产模式主导的学术培养逻辑。本研究在知识生产模式转型的理论指导下，提出应当建立彰显专业博士学位"学术应用性"本质的培养模式，即"学术应用"模式。本研究倡议构建的"学术应用"模式是指在新的知识生产模式与学术应用性理念的指导下，致力于培养教育专业领域的"学者型实践者"的理论模型与运作系统。这一模式与传统学术博士培养模式相区别，是基于新的知识生产模式的核心观点而构建的，具有"将学术应用于专业实践领域"的价值特点，符合教育博士专业学位的本质属性。在"学术应用"模式之下，教育博士专业学位的人才培养必须厘清学术性与应用性的关系，培养院校必须明确教育博士与学术博士培养之间的联系与边界，从而实现培养模式的本质革新与独立发展。实际上，一方面，教育博士专业学位人才培养从"学术趋同"模式变革为"学术应用"模式，符合教育博士专业学位发展的国际趋势。根据本研究分析的美国高校的改革案例，不难发现美国教育博士项目及其人才培养方向也是遵循的"学术应用"的逻辑，而且形成了诸多可资借鉴的有益经验。另一方面，以知识生产模式转型的理论视角考察当前我国教育博士专业学位研究生培养模式的运行现状，发现基于"学术应用"逻辑的国内院校培养实践的程度与水平尚处于起步阶段，集中表现为各方对"学术应用""应用性学术"或是"学术实践"等理念内涵表现出的高认可度，但在真实的培养实践过程中却对学术路径表现出强烈的依赖与偏好。因此，在对国内培养实践现状深度分析的基础上，有效借鉴吸收国外先进实践经验，是构建"学术应用"模式的重要路径。

有鉴于此，本研究认为我国教育博士专业学位研究生培养模式的未来改革本质上即是变革当前占据主导地位的"学术趋同"模式，重构"学术应用"模式，从而实现推动教育博士专业学位培养模式的转型与发展。根据新的知识生产模式理念与培养模式"系统集群—结构要素"的分析框架，本研究认为我国教育博士专业学位研究生培养模式改革可从系统集群的建设与结构要素的创新两个维度着手。系统集群建设有助于推动"政府—教指委—培养高校—工作单位"培养共同体的构建，从而有效发挥利益相关主体参与培养的积极功能；而结构要素创新则意味着系统变革院校培养的各个环节，从而彻底打破培养学术化的发展性困局。

第二节 "系统集群"建设路径：培养共同体功能的有效发挥

基于系统集群的培养共同体建设是关乎我国教育博士专业学位研究生培养模式未来改革成效的重要因素，亦是破解"学术趋同"模式，重构"学术应用"模式的关键环节，不仅意味着主要利益相关主体对教育博士专业学位院校培养实践层面的支持、合作与参与，也是新的知识生产模式在博士生培养系统层面所倡导的多层次、多主体、多形态与多节点的"创新系统"的集中体现。作为教育博士专业学位研究生培养模式系统集群中的主要利益相关主体，政府主管部门、"教指委"、培养单位等在院校培养实践的未来发展与改革中起到了不可替代的支持性与保障性作用。因此，培养共同体在促进教育博士专业学位研究生培养模式改革进程中的支持机制与行动路径是本研究致力于探讨的重要内容。

一、主管部门：完善顶层制度设计，推动制度系统改革

教育博士专业学位在我国高校开始正式开展培养实践，其合法性来

源于 2008 年 12 月由国务院学位委员会第二十六次会议审议通过的《教育博士专业学位设置方案》。本研究通过历史分析发现，教育博士专业学位在我国的肇始、发展与改革呈现出明显的"自上而下"主导性特征，政府主管部门在推进学位制度的发展与创新方面发挥了强有力的推动作用。在我国高等教育治理体系与治理能力现代化进程快速发展的当下，政府主管部门作为主要的利益相关主体之一，在敦促教育博士专业学位研究生培养模式改革与重构方面理当扮演重要角色。

1. 不断完善学位制度体系，有效推动博士教育分类发展

自《教育博士专业学位设置方案》审议通过以来，我国教育博士专业学位制度已经形成了较为完整的制度系统与发展框架，成为专业博士教育系统中重要的组成部分。然而，专业学位教育，尤其是专业博士学位教育在我国的历时并不长，总体上其发展规模与发展水平并不高，我国的博士教育从某种程度上而言依然是以学术型博士学位教育为主流、甚至是"正统"，随即呈现出强烈的学术趋同倾向。教育博士专业学位作为专业博士学位的一环，尽管经过十余年的发展，但制度设计层面依然存在一定的不足，并对院校的培养实践产生深刻的负面影响。从当前涉及教育博士专业学位及其培养相关的政策与制度文本来看，政府主管部门基本已经确立了研究生教育的分类培养策略，其中即包括博士教育中学术型学位与专业型学位的分野。但在制度运行的实践层面，分类培养无论是在思想理论层面还是在发展路径层面均处于较为模糊的灰色地带，集中体现为培养院校在教育博士专业学位研究生培养实践中更倾向于寻求既有制度的"合法性"，而非"合理性"。由此，在制度依赖与文化惯性的影响下，传统的学术知识生产模式进一步混淆了专业博士学位的"应然"发展之路，使其出现了严重的模仿性学术倾向。

教育博士专业学位制度体系的健全与完善，必须置于专业博士学位制度的整体发展与革新的基础之上，只有在国家层面博士教育形成科学清晰、系统全面与广受认可的多元分类发展体系，建立健全专业学位教育体系，教育博士专业学位才有可能真正摆脱所谓的"次等学位"的尴尬境遇。因此，政府主管部门在研究生教育制度设计中应当充分考量随

着知识生产模式转型而兴起的专业学位教育，这不仅是我国学位制度发展新的生长点，也是促进我国研究生教育内涵式发展的重要推动力。具体而言，一方面，在教育博士专业学位的定位上，政府主管部门在相关政策或制度文本中应当给予更加清晰的界定。培养院校更习惯在既有文件中循例，所谓"高层次""高水平""应用型"等概念已经无法满足高校在具体培养过程中的需求。新的知识生产观与多元学术观为我国教育博士专业学位的定位厘清了思路，作为一种学术的应用性及其衍生的培养目标，已经在我国当前院校培养实践中初见端倪。无论是培养院校相关主体还是学界，都对这一理念持积极的态度。有学者认为，学术性学位强调"发现的学术"，受众集中在学术领域内部；专业博士学位认为知识的应用和综合也是学术，只是研究的导向和知识的范式有所不同，因而受众范围更加广阔，研究方法的选择也更多[1]。因此，政府主管部门可以结合理论研究与实际调研借鉴这种提法，进一步对长久以来各方所沿用的"应用型人才"深入界定，以此补充与完善教育博士专业学位的制度内涵，明确其未来发展方向。

另一方面，政府主管部门需要对教育博士专业学位制度进行统筹与调整。政府的支持与监督对完善教育博士专业学位制度体系而言至关重要。因此，政府主管部门在相应的制度设计与制度运行中必须统筹把握并适时进行调整。从政府部门的《教育博士专业学位设置方案》《关于〈教育博士专业学位设置方案〉的说明》《关于开展教育博士专业学位研究生教育试点的意见》，到全国教育专业学位研究生教育指导委员会的《关于教育博士专业学位研究生培养工作的指导意见》与《教育博士专业学位研究生指导性培养方案》等，再到各培养院校制定的关于教育博士专业学位研究生培养的学校规章制度，当前我国教育博士专业学位的制度体系基本形成。然而，经过十余年的试点培养，教育博士专业学位如今所处的环境与形势已经发生了剧烈的变化，其所面临的发展方向与机遇也更加复杂。因此，国家相关的政策与制度绝不能够故步自封、盲

---

[1] 徐岚. 教育博士作为专业学位的身份再审思[J]. 研究生教育研究, 2013 (1): 74-78.

目守旧，而是应当顺势而为、适时调整，特别是在教育博士专业学位的发展上给予更多的政策性支持，统筹规划现阶段发展，超前谋划未来发展方向。例如，对不同类型培养院校的职责与任务提出新的要求，进一步扩大培养院校的培养自主权，在资源分配如培养经费等方面给予一定的支持，敦促培养院校建立健全行之有效的质量保障制度等。有研究曾指出，当前我国教育博士专业学位研究生的培养完全依靠院校学费收入，没有独立的经费资源供给，而政府部门作为利益相关方之一，理应承担一定的经费以提升教育博士专业学位教育的公益性，防止制度"搭便车"现象以及可能存在的被边缘的风险[1]。

在当今世界高等教育发展格局中，作为最高规格人才培养的博士教育正在发生剧烈的变革，在知识生产模式转型、劳动力市场分化加剧等背景下，博士教育分类发展正在成为新时代研究生教育发展与改革的必然趋势。教育博士专业学位作为我国专业博士学位建设中的重要构成，势必在未来创新多元学位制度分类发展进程中起到积极的推动作用，对完善学位与研究生教育制度体系乃至现代大学制度体系都具有积极意义。因此，政府等相关主管部门不应在制度供给上缺位，而应当充分履行作为政策制定者的职责，通过补给制度、监控流程、科学评价等方式，为教育博士专业学位研究生培养模式重构及有效运行提供必要的政策支持。

2. 合理布局学位授权院校，逐步优化院校招生培养结构

2010年，通过审议的首批15所高校开始正式招收教育博士研究生，随即展开培养实践工作。2010年至2017年间，全国首批试点高校主要在三个专业方向招生培养，尽管每年招生人数不尽相同、略有起伏，但整体招生规模较小。例如，2010年全国共招收161人，至2015年下降至146人。试点阶段招生培养规模较小，不仅限制了教育博士专业学位形成自身的影响力，而且也制约了各个培养院校及其专业方向的

---

[1] 李云鹏，于珈懿. 我国教育博士培养的初步实践与存在问题[J]. 黑龙江高教研究，2018（1）：103-107.

发展。其中突出反映了两个问题：一是专业方向培养结构上的失衡，二是培养单位授权点布局上的失衡。具体而言，限制性的招生人数难以满足作为独立专业方向的可持续发展，出现培养院校在某个专业方向上的招生与培养出现断层；而首批 15 所试点高校主要是具有教育学博士学位授权点师范类大学与综合类研究型大学，在地区与学校类型上存在布局单一与不均衡的问题。尽管自 2018 年以来，教育部新增列了 12 所地方高校，加入教育博士专业学位研究生培养的阵营中，在招生规模与院校布局方面有所改善，但总体而言我国教育博士专业学位在宏观布局依然需要政府主管部门的持续推进。

具体的建议可以从院校布局、专业设置、招生面向 3 个方面进行探讨：其一，政府主管部门可以建立授权院校的增设与退出机制。鉴于当前全国共有 27 所高校参与教育博士研究生的培养工作，但政府相关部门并未对增设高校的申报条件、审议流程与未来规划等情况作出明确规定，但这个内容却是合理增加授权点的重要方面。因此，相关部门有必要对合理布局教育博士专业学位培养院校进行统筹规划，在充分考虑到地区分布、院校类型分布、办学基础与能力等要素之上，探索建立规范化的机制。特别值得一提的是，主管部门可以尝试借鉴专业认证、学科评估等常态评价机制，探索建立对教育博士专业学位授权点院校的考核机制，在布局教育博士专业学位授权点上形成科学合理的评价体系，以实现对培养院校的监督、反馈，乃至要求退出的职能。此举不仅能够保障我国教育博士专业学位的院校培养质量，而且对于扩大其影响力也大有助益。

其二，政府主管部门应当重视增设专业方向的需求，并探索科学规范的实践路径。2018 年，在国家汉办与全国汉语国际教育专业学位研究生教育指导委员会的倡议与支持下，教育博士专业学位的专业方向新增了"汉语国际教育"，但仅在 7 所院校试点招生 22 人，2019 年全国实际招生 59 人。作为新设专业方向，"汉语国际教育"一开始是在"学校课程与教学"方向之下招生，且出现诸如"汉语国际教育领域教育博士专业学位研究生""汉语国际教育领域博士专业学位研究生""教育博士专业学位汉语国际教育领域研究生"等在内的 9 所不同称谓名称，反映了教育部官方和相关"教指委"文件对新增设专业方向规范性的把握存在较大问题①。因此，政府主管部门对教育博士专业学位专业方向上的布局需要在充分调研的基础上，结合院校的需求，形成规范化的流程，特别是在未来更多交叉学科可能在教育博士专业学位之下招生培养，更加需要主管部门进行统筹设计、合理调整。

其三，政府部门应当合理放开教育博士专业学位的招生面向。根据教育部规定的教育博士研究生的招生主要面向"具有硕士学位、有 5 年以上教育及相关领域全职工作经历、具有相当成就的中小学教师和各级各类学校管理人员"。前置的学历学位与工作经历的条件要求具有合理性，但招生面向中所要求的"中小学教师和各级各类学校管理人员"存在较大的模糊与恣意空间。举例而言，"中小学教师"是否将学前教育教师、特殊教育教师等排除在外？"各级各类学校管理人员"是否包括高校二级学院的院长或副院长等？通过田野调研发现，诸多新建本科院校或地方本科院校二级学院的相关负责人，如院长、副院长、系主任等，既是专任教师，承担教学科研工作，又是院系管理者。"各级各类学校管理人员"的悖论在于政策制定者没有充分考虑到各级各类学校管理岗位的实际情况，由此带来了操作上的歧义。实际上，通过主管部门与"教指委"的文件精神可知，高校专任教师并不在教育博士专业学位的招生范畴之中，"教指委"也曾多次对培养院校相关的违规行为作出通报与敦改。然而，本研究的调查结果显示，在读的教育博士研究生既有学前与特教的教师，也有高校教师，还有的来自教育行政管理部门、教育类企业等。这表明，我国教育领域相关的诸多行业对教育博士专业学位都有一定的需求。特别是通过调研发现，近年来部分培养院校的报录比持续走高，甚至出现 10∶1 的火爆情况。因此，对教育博士专业学位的招生面向作出更加清晰的规定已经迫在眉睫。就目前的发展趋势而

---

① 李宝贵. 教育博士专业学位研究生招生问题的透视与改进——以汉语国际教育领域为例[J]. 教育科学，2019，35（5）：82-91.

言，破除所谓的"中小学教师和各级各类学校管理人员"的硬性规定，将招生范围进一步在教育领域扩大，如扩大至教育行政部门、教育科研院所、教育企事业单位等，不仅符合我国教育博士专业学位的发展需求，也与国外一流大学的实践经验不谋而合。

3. 积极探索学位资格认证，探索人才培养与专业发展衔接机制

在学术学位与专业学位分类发展的基础上，为提高教育博士专业学位的社会认可度与影响力，并进一步提升其培养质量，政府主管部门可以探索教育博士专业学位与专业/职业发展的衔接机制。我国教育博士专业学位长期以来被认为含金量不高，既有传统知识生产模式惯习下学术博士学位"金本位"观念的影响，也是由于我国教育博士专业学位与职业领域专业发展存在脱钩的问题。换言之，教育博士在职业领域缺乏科学配套的专业资格认证，导致教育博士专业学位的专业性难以得到保障。如果说学术型博士学位是作为进入学术行业的资格证，那么教育博士专业学位作为职业领域资格证的地位与作用尚不明显。

美国教育博士专业学位建设在此方面经验与做法是将教育博士专业学位作为相关从业者职位晋升的必要条件，由此形成了与职业资格相互衔接的配套机制[①]。影响力强大的美国教育管理政策委员会于1989年提出了把Ed.D学位作为中层教育管理岗位从业证书条件的建议，这个建议对许多高校的相关项目产生很大影响[②]。此举不仅为培养院校带来了稳定优质的生源，而且对教育博士专业学位的专业性提升也起到促进作用。我国在探索教育博士专业学位资格认证方面存在本土化困境，主要在于目前我国教育博士专业学位的4个专业方向的培养指向差异较大，因此必须要对不同专业方向进行分类设计。举例而言，教育领导与管理专业主要面向各级各类的管理者，可以借鉴美国经验对相关职业领

---

① 李云鹏. 美国教育博士专业学位的发展与变革研究 [M]. 济南：山东人民出版社，2015：280.
② 张济洲. 美国教育博士培养的实践、问题与挑战 [J]. 高等教育研究，2009 (3)：100-104.

域较高职位的任职资格进行要求；学校课程与教学专业主要面向中小学教师，可以将教育博士专业学位作为职称评定、相关项目申报等方面的重要资格条件等。教育博士专业学位的职业资格认证，能够有效将院校培养与专业发展有机衔接，是教育博士专业学位未来发展的重要方向。然而，不可否认的是，职业资格设计是复杂的工程，不仅仅是政府主管部门的统筹安排，事关整个教育行业领域，必须在充分的理论研讨、实践调研的基础上才能够提上议程。就我国教育博士专业学位及其培养实践的发展阶段而言，将教育博士专业学位与职业资格认证挂钩，不仅需要考量其价值意义，还需要考量现实基础。尽管目前似乎还不具备最佳条件，但这个方向无疑值得学界与政府主管部门关注。未来随着教育博士专业学位及其院校培养的深入发展，博士教育分类发展的进程进一步开始向专业分类细分发展与延伸，教育博士专业学位的院校培养与职业领域的专业发展相衔接的价值将会逐渐显现出来。

二、"教指委"：拓展组织核心职能，强化实践指导监督

全国教育专业学位研究生教育指导委员会（"教指委"）作为官方任命的专家组织，对教育博士专业学位的院校培养实践承担直接的规划、指导与监督责任。从实际运作上来看，"教指委"一直以来作为政府主管部门的专家智库履行其政策建言的职能。无论是组织专家开展教育博士专业学位在我国设立的论证，还是对开展教育博士专业学位教育提出政策建议，"教指委"被认为是连接政府主管部门与培养院校的中间桥梁，对上负责组织专家委员论证一系列的改革实践举措并出具科学的政策建议，对下负责组织专家委员共同指导培养院校的具体实践工作。因此，结合上述政府主管部门的改革策略，"教指委"理应配合政府主管部门参与政策制定与制度设计，并充分发挥其作为专家智库的职能。同时，经过多年的发展，"教指委"也积极参与到各培养院校的实践工作中，在诸多方面对教育博士专业学位研究生的培养提供了直接或间接的支持，如通过举办全国教育博士论坛加强交流、通过"教指委"工作会议研讨相关议题决策等。事实上，"教指委"作为院校教育博

专业学位研究生培养的指导机构，是十分重要的利益相关者，其组织职能仍然有待进一步拓展，以强化对培养院校的指导与监督。

1. 适当调整"教指委"的成员席位与结构

根据当前"教指委"的专家成员结构设置，主要设主任委员、副主任委员、秘书长与委员。以 2019 年组建的第五届全国教育专业学位研究生教育指导委员会为例，主任委员 1 人，副主任委员 5 人，秘书长 1 人，委员 26 人。其中，委员会成员大部分来自师范大学，部分来自研究型大学，只有 1 人来自中学，1 人来自小学。鉴于此，同时考虑教育博士专业学位不同的专业方向，尤其是学校课程与教学专业培养面向主要是中小学教师，"教指委"的成员席位可以适当合理增设，可以考虑将国内具有中小学丰富一线教学经历且具有相当成就与影响力的特级教师、校长等纳入专家成员中来，他们的专业能力与成长经验或许对于相关专业方向的院校培养实践更具指导意义与发言权。

2. 进一步明确"教指委"的职能分工

目前，"教指委"主要负责的是教育专业学位相关的事项，其中既包括教育硕士专业学位，也包括教育博士专业学位。2014 年，第四届"教指委"组成后，分别设立了由"教指委"委员组成的教育博士专业学位专门工作小组和主要由 15 所试点院校相关专家组成的专家工作组，各司其职，承担"教指委"委托的相关业务工作，为完善教育专业学位研究生教育质量保障体制服务[①]。由于 2018 年新增列了一批地方大学，教育博士专业学位的院校培养格局渐趋复杂，对"教指委"集中与整合专家资源提出了更大的挑战。因此，"教指委"有必要根据复杂的外部环境变化与改革实践进展进一步对教育博士专业学位相关的专家成员及其资源进行明确分工与调整，并形成较为科学稳定的工作机制，以确保"教指委"职能发挥的有效性、针对性与适切性。

---

① 张斌贤，文东茅，翟东升. 我国教育博士专业学位教育的回顾与前瞻［J］. 学位与研究生教育，2016（2）：1-6.

3. 强化"教指委"作为联盟平台的作用

从实践层面来看,"教指委"在其工作过程中将教育博士专业学位的培养院校紧密地联系在了一起,于无形中形成了某种意义上的共同体或联盟。然而,"教指委"作为培养院校互动平台的联结作用与能力都还存在较大的发展空间,今后可以从组织交流与合作项目、制定与规范培养标准、收集与研究培养数据、提供针对性支持等方面促进作为联盟平台功能的实现,使"教指委"作为重要的专家指导与支持力量与教育博士专业学位培养模式形成有机的结合体。"教指委"作为联盟平台的功能性拓展,这种探索尝试不仅具有我国高等教育治理的特色,而且也借鉴了美国CPED项目创新的元素,既能够促使"教指委"充分发挥其应有的指导与监督职能,也能够为培养院校之间资源共享、经验互动与改革合作提供稳定的保障机制。

全国教育专业学位"教指委"在我国教育博士专业学位发展及其研究生培养实践中一直充当专家行会组织的重要角色。与美国不同之处在于,"教指委"是在政府主管部门的大力支持下展开相关工作,其成员构成有部分来自政府主管部门的官员,绝大部分来自与教育博士专业学位研究生培养密切相关的相关院校的专家学者。"教指委"的治理结构与运行模式在一定程度上较为符合时下备受推崇的高等教育第三方治理的相关理念,而如何通过体制机制改革、核心职能拓展等方式扩大"教指委"在教育博士专业学位培养模式实践运行上的有效参与及指导作用,这一议题还需要包括政府主管部门、"教指委"及其相关成员以及培养院校共同商讨、研判与创新。

三、培养院校:重视院校合作交流,倡导资源共生共享

我国教育博士专业学位的授权点院校目前已经增加至27所,未来还将进一步扩大。首批15培养院校主要遴选的是教育部直属师范大学与具有教育学博士点的研究型大学,这些高校凭借在教育学领域成熟的办学实践经验,作为先锋承担了教育博士专业学位研究生培养的试点工作,在本土化培养阶段积累了丰富的办学经验。2018年,教育部决定

增列一批高校加入教育博士专业学位研究生培养的院校行列中,新增列的12所高校主要是地方师范大学与教育学科较强的地方综合类高校,此举为突破我国教育博士专业学位的发展瓶颈起到了一定的推动作用。根据"教指委"的统筹设计与安排,新增列高校通过了相应的申报与审批、论证与答辩程序,并在"教指委"的牵头组织下参与了相关的交流与分享会,主要是借鉴模仿首批试点高校的实践培养经验。特别是在"教指委"指导之下,每年定期举办的"全国教育博士论坛"已经形成了较为成熟稳定的常态机制,成为各校教育博士研究生交流的重要方式。然而,除了政府主管部门与"教指委"的统一规划与指导,各个培养院校作为教育博士专业学位研究生培养模式的执行主体,彼此之间必须要进行深入的交流与合作,以促进各方资源共生共享,保障各校教育博士专业学位研究生的培养质量。换言之,强化各培养院校之间联系,既需要各个培养院校自身努力探索合适的路径,同时也需要培养院校之间的共同参与。

1. 培养院校需要对培养工作进行准确定位

随着我国教育博士专业学位研究生培养院校以及专业方向的增设,教育博士专业学位未来发展空间广阔。不同培养院校及其专业方向应当根据自身办学基础与特色进一步明确自身的培养定位。举例而言,北京大学教育学院作为首批试点高校,在教育博士专业学位研究生培养方面积累的丰富经验,特别是其教育领导与管理专业的培养实践能够借鉴长期开设的教育经济与管理专业高级教育行政管理方向的办学经验,教育领导与管理专业的定位与发展可以进一步拓展,为国家教育行政管理部门培养输送高级人才。而新增列的地方高校,特别是综合性的非师范大学,则必须要考量学校教育学科未来的发展规划。目前来看,诸多新增列的地方高校并没有教育学的博士点,换言之,这些学校在教育学领域没有学术型博士生的培养,只承担了教育博士专业学位研究生的培养工作。学校未来教育学科是否要申办学术型博士学位授权点,如何协调教育博士专业学位发展,以及如何定位教育博士专业学位研究生的培养面向,这些都是地方高校应当考量的重要问题。规划学校在此方面的未来发展方向既是确保教育博士专业学位今后定位的重要前提，也是学校制定具体行动策略的重要参照。由此，不同院校必须根据自身办学情况合理规划定位，才能在政府部门与"教指委"统筹设计中找准自身的合理位置，才能在各培养院校之间的互动与合作中精准识别自身的权责义务与发展需求。

2. 探索建立全国性或区域性的培养院校联盟

经过多年的培养实践探索，在政府主管部门与"教指委"的牵头组织下，各培养院校能够通过一定的活动形式进行培养经验的交流。然而，根据调研发现，尽管一些活动的开展较为稳定与常规，但全国性的培养院校之间的深度互动效果差强人意，主要体现在培养院校的决策管理者之间、指导教师之间、教育博士研究生之间的互动不够深入。换言之，主管部门统筹举办下的交流与合作活动已经具备了常规机制，但各培养院校之间的互动却未能形成稳定且行之有效的机制。有研究提出，培养院校可以成立教育博士专业学位教育的专业学会，以加强彼此之间的联合互助[①]。也有研究从多样化培养的角度提出建立一种能够提供校际交流的信息平台，以了解同类院校或其他类型院校实施教育博士项目改革的做法、进度、经验、特色以及遇到的问题等信息，为设计本校教育博士项目提供广泛的参考[②]。由此可知，教育博士专业学位的培养院校着力探索组建基于人才培养的共同体或联盟或许应当成为院校合作未来发展的极具价值的重要路径。值得注意的是，由于教育博士专业学位的培养高校类型与发展定位存在差异，专业方向似乎也正在朝精细化方向发展，因此在组建培养院校联盟时，必须要坚持与实际办学情况与实际发展需求相结合的原则。例如，可以由"教指委"牵头组建全国性的教育博士专业学位培养院校联盟，建立常态化的工作与运行机制，将现有交流与合作活动纳入其中，使培养院校之间的合作与交流成为培养实

---

① 王晓芳，李戎. 西方教育博士培养改革的新理念与新做法［J］. 高等教育研究，2017，38（6）：55-64.

② 韩延伦. 近年来美国重塑教育博士的改革行动及启示［J］. 现代大学教育，2015（2）：50-58.

践中固定的项目,将院校合作项目化,探索院校间的联合培养机制。同时,地方培养院校可以根据培养定位,组建区域性的合作联盟,在此基础上开展更加密切的合作机制,尤其是可以在导师资源共享、课程教学资源共享等方面进行探索。

3. 探索创建具有针对性的特色化品牌主题活动

在政府主管部门与"教指委"的支持与指导之下,教育博士专业学位研究生的培养实践形成了一系列具有影响力的活动,在这些活动开展的过程中各个培养院校及其相关主体之间得到了一定程度的交流与互动。目前而言,最受欢迎与认可的当属"全国教育博士论坛"活动,以及近几年"教指委"组织开展的"全国教育博士专业学位优秀论文"评审活动。事实上,创建品牌化的主题活动,将各个培养院校纳入其中有助于各校在活动中分享经验与共享资源,但目前的实践仍然有较大的提升空间。本研究认为创新特色化品牌主题活动必须强调针对性的问题。例如,"全国教育博士论坛"活动是根据每年拟定的会议主题召开,论坛通过学生交流、专家点评、优秀论文评选和出版论文集等方式,促进不同院校学生之间的交流和相互学习[①]。因此,该论坛可以看作是对各院校教育博士专业学位研究生培养状况的综合展示。而"全国教育博士专业学位优秀论文"评审活动则是针对性地聚焦优秀学位论文标准、各校学位论文特点等内容,对培养院校创新学位论文内容与形式、加强学位论文写作指导等方面有积极的作用。由此,探索创建具有针对性的特色化品牌主题活动可以考虑以下几个方面的着力点:一是根据不同专业方向设计针对性的特色品牌活动。例如,学校课程与教学专业可以开展中小学优秀教学案例评选与展览活动,或是以中小学课堂教学为中心的行动研究研讨会等。二是根据导师队伍建设设计特色品牌活动。例如,以"教指委"牵头开展教育博士专业学位研究生指导教师工作坊,定期对导师及授课师资进行专业培训,此举也能够促进来自不同院校的

---

① 张斌贤,文东茅,翟东升. 我国教育博士专业学位教育的回顾与前瞻[J]. 学位与研究生教育,2016(2):1-6.

师资之间的经验交流。三是根据培养内容设计针对性的特色品牌活动。例如，针对当前教育博士专业学位研究生在研究方法掌握上较为薄弱的情况，各培养院校可以合作组织开展关于研究方法训练的主题活动或工作坊，充分协调与发挥各个院校不同的优质资源，用以提高教育博士研究生对研究方法的理解与运用。

教育博士专业学位培养院校之间并非割裂的个体，不应只关注本校教育博士研究生的培养情况。尽管各培养院校之间存在类型、定位、培养规模、专业方向等诸多差异，但共享资源、互动合作才是教育博士专业学位研究生培养实践的主旋律与未来方向。新的知识生产模式所倡导的系统集群也要求相关各方的紧密联系与合作。因此，未来的培养院校合作机制应当逐渐常态化、制度化，形成更具影响力的共同体联盟机构，为教育博士专业学位研究生培养形成"学术应用"模式及其实践运行提供强有力的机构保障。

四、工作单位：积极参与培养过程，实现培养供需互动

一般而言，教育博士专业学位研究生大多是定向培养的在职人员，在其攻读博士学位期间，与其供职的工作单位达成一定的协议。在此基础上，教育博士研究生、工作单位、培养院校之间实际上形成了三方协议。简单而言，培养院校承担对教育博士研究生的培养与管理工作，教育博士研究生在完成学业后再回到工作单位服务。因此，教育博士研究生的定向工作单位作为主要的受益方之一，理应在培养院校的培养实践过程中承担其应有的责任。根据本研究调查结果可知，由于各个单位的实际情况不同，有些单位对攻读博士学位并不支持，导致教育博士研究生疲于奔波在工作岗位与培养院校之间。持支持态度的工作单位对教育博士研究生的学业支持主要集中体现对其在读期间工作时间与工作量上的调整配合、薪酬待遇上的提升与额外奖励等方面，但对在读期间教育博士研究生的学业支持以及培养院校的培养支持却几乎没有。这一现实情况显然不符合工作单位作为教育博士专业学位研究生培养实践的重要利益相关者的地位，亦无法充分发挥其在院校培养实践中的应有作用。

鉴于此，本研究认为工作单位对教育博士专业学位研究生的支持绝不能停留与局限在攻读博士学位者个人工作层面与待遇方面，而应该充分发挥其作为教育博士专业学位研究生培养"需求方"的作用，使其积极参与到院校培养实践中来，与培养院校这一"供给方"在培养过程及其相关方面形成良好的互动，从而打破"培养方"与"市场方"之间的制度壁垒，为培养院校对教育博士专业学位的培养定位与培养面向获取最为直接的一手意见。换言之，传统依赖学科组织、同行评议的学术人才培养的模式需要变革，逐步走向基于培养共同体、利益相关者共同参与的新的模式。

1. 探索建立常态化的参与机制

教育博士研究生的工作单位参与院校的培养实践必须建立常态化的制度性机制，以此加强双方之间的交流互动，并形成保障机制。常态化的参与机制不仅需要教育博士研究生工作单位的密切积极配合，也离不开培养院校相关主体的统筹安排。因此，建立常态化的工作单位参与机制，可以由培养院校牵头组织。具体而言可以从以下的思路着手探索：首先，培养院校在教育博士专业学位研究生培养模式的制度设计层面应当充分考虑其工作单位的功能，组建专门的工作小组等机构负责与工作单位接洽合作，该工作小组可以由专门负责教育博士专业学位工作的研究生院领导及工作人员与二级学院专门负责教育博士专业学位研究生管理的领导、秘书等人员组成。其次，工作单位应当为本单位正在攻读教育博士专业学位的在职人员组建专门的对接小组，负责处理这批人员的在职培养事项，该工作小组可以由单位领导、所在部门领导、人事部门等相关人员组成。最后，双方的专项工作小组就培养过程展开常态化的交流与反馈。例如，工作单位可以从专业与岗位需求层面表达培养目标指向上的诉求，将培养院校的培养实践与本单位人才考评与晋升、人才储备计划等相结合。如此，既能够充分表达代表市场需求方的工作单位的人才诉求，又能够促使院校对教育博士专业学位研究生的培养实践充分结合多方意见，使培养主体从单一化走向多元化。然而，值得注意的是，在培养规模尚小的情况下，精细化的培养要求尚能够使培养院校对接不同教育博士研究生的职业需求，但随着招生培养规模的持续扩大，实现一对一的精准化既不符合院校培养的实际情况，亦不符合本研究提出此建议的初衷。由此，培养院校可以基于不同专业方向、不同职业岗位选择性地与教育博士研究生的工作单位展开针对性的合作与交流，以掌握不同专业与职业领域的共性需求。以学校课程与教学专业举例而言，培养院校可以面向在本校攻读教育博士专业学位的所有在职中小学教师，通过与其工作的部分中小学校展开相关的沟通与合作，包括但不限于培养座谈会、教科研合作项目、实习项目等多种形式与方法。

2. 充分调动特有的实践性资源

就目前而言，教育博士专业学位的培养院校在培养过程中为教育博士研究生提供的各项资源较为丰富，但多为学术性资源，明显缺乏教育博士专业学位所需要的实践性资源。以导师指导为例，尽管诸多院校，特别是首批试点的"双一流建设"高校，都开始探索采用导师组制或主副导师制等创新形式，但其出发点并非是基于教育博士专业学位实践性与应用性的培养特征量身定制，更多是学术型博士生导师制创新改革影响下的辐射效应。因此，教育博士研究生的工作单位作为其工作的实践应用场域，在调动其特有的实践性资源方面具有高匹配的得天独厚优势。工作单位的实践性资源具有诸多不同的形式，关键在于是否能够对教育博士研究生的培养有所助益。举例而言，经过多年的探索改革，我国教育硕士专业学位的院校培养普遍采用了校内外双导师制，即培养院校的导师作为主导师，负责学生的日常培养，培养院校另外聘请了在教育实践领域具有一定成就的校外导师作为兼职导师，指导学生的实习实践等项目。针对这个方面，教育博士研究生的工作单位可以聘请达到一定要求的在职或退休的教师，作为教育博士研究生的兼职导师，使其对教育博士研究生的专业发展与职业实践进行针对性指导，不仅能有助于提高教育博士研究生的专业能力，而且能够与院校教育博士专业学位研究生的培养形成完美的匹配。当然，在工作单位聘请兼职导师的探索，需要工作单位与培养院校进行协商与配合，并非其中一方能够决定，但这个探索符合教育博士专业学位的属性定位及其未来发展趋势，值得双方重视。有研究也曾提出类似的构想，并指出这一构想还存在着很多认识与操作层面的难题，比如兼职博导的学历和职称要求，如果导师标准不降低，很多中小学可能就没有符合条件的导师；如果放宽要求、标准过低，也会引起人们对教育博士项目更多的诟病[①]。本研究认为，尽管实现这个构想尚存诸多问题，但教育博士专业学位如果想要将"探究的学术""应用的学术"与"综合的学术"整合在一起，培养院校的导师指导与工作单位的兼职导师指导相结合的形式是值得探索的重要路径。由此可知，工作单位可能提供的兼职导师资源即是重要的实践性资源，而充分调动工作单位的相关资源与平台则需要其与培养院校开展持续稳定的战略合作。

3. 提供专业领域的"行动田野"

教育博士专业学位研究生的院校培养实践一直以来受到诸多的质疑，主要在于人们质疑集中开展的培养过程究竟是如何提高教育博士研究生的实践性能力的？或者说，教育博士研究生被培养定位为研究型的实践者，他们是如何通过院校培养来提升其批判反思能力与问题解决能力的。加之，教育博士专业学位的研究生培养实践长久以来被认为与学术型博士学位同质化。这些问题都是质疑的焦点。事实上，这些质疑本身即反映了当前我国教育博士专业学位院校培养模式中存在的典型不足，而弥补这些缺陷，教育博士研究生的工作单位能够发挥巨大的作用。具体而言，教育博士研究生的工作单位能够作为院校培养中教育博士研究生重要的"行动田野"，为教育博士研究生的专业能力发展、学术思维运用等提供最佳场域。特别是诸多研究发现，教育博士研究生群体普遍存在"工学矛盾"，不仅会导致其延期毕业，可能还会引起严重的心理问题[②]。本研究认为，教育博士研究生的"工学矛盾"在一定程

---

① 胡纵宇. 教育博士的培养指向：专业性向度与实践性向度 [J]. 学位与研究生教育, 2014 (11): 5-9.

② 刘辉, 李德显. 冲突与调适：全日制教育博士生存现状研究 [J]. 研究生教育研究, 2020 (2): 14-20.

度上来自工作单位与培养院校之间培养脱节，体现在教育博士研究生在就读院校的学业与在工作单位的工作呈完全割裂的状态。破解这个矛盾需要工作单位与培养院校在相关方面展开合作，教育博士研究生也必须要认识到工作单位就是最真实的教育"行动田野"，教育博士研究生可以运用院校培养的学术资源、思维方式、行动逻辑在工作的专业领域展开最真实的田野研究，从而实现学业与职业在一定程度上的融合，有效地调节"工学矛盾"。充分利用既有的工作资源为教育博士专业学位研究生培养实践加入学术实践性的机会，这是教育博士研究生工作单位作为教育"田野"最为适切的角色定位。对于教育博士研究生而言，能够进入最熟悉、最真实的"田野"，亦是培养阶段最好的一次的实习。就实际情况而言，教育博士研究生在培养的第一年或前两年完成院校集中以后即返回工作单位，进入了自主学习或分散学习的阶段。鉴于此现状，工作单位与培养院校展开培养项目合作，工作单位成为训练教育博士研究生学术实践能力的"田野"，这一构想既有重要价值，也具有可行性。需要注意的是，教育博士研究生的田野项目需要在导师指导下确立，不仅可以作为分散自主学习阶段实践培养的重要内容，而且可以探索将该项目与教育博士研究生的学位论文研究相结合，从而发挥其更大的效用。

第三节 "结构要素"创新路径：培养环节各要素的系统革新

教育博士专业学位研究生培养模式的"结构要素"构成为各培养院校培养实践的未来发展提供了清晰的改革框架，新的知识生产模式转型的核心价值理念则为具体的改革策略与行动路径提供了创新性的方向指引。实际上，结构要素创新路径是聚焦教育博士专业学位研究生培养模式及其子系统的核心维度与要素展开的，即培养理念与目标、招考内容与形式、培养过程与制度以及质量评价与保障。创新路径的实践场域主要是各培养院校，因此改革的施行本质上需要培养院校的统筹设计与规划。通过前几章对当前我国院校培养层面培养模式结构要素的现状及其困境的分析，特别是为纾解"学术趋同"模式下的学术化倾向困境，本研究拟提出针对性的具体改革策略，以期在结构要素层面重构教育博士院校培养的"学术应用"模式。

一、深度厘清培养理念，准确定位院校培养目标

教育博士专业学位的人才培养理念一直是国内外学界长期关注的核心议题，无论是美国高校及其相关组织所进行的改革，还是近年来我国培养高校的创新探索，梳理与明晰培养理念都是改革实践中具有方向性意义的必要举措，亦是为"学术应用"模式构建提供理念指导。

1. 重塑"学术应用性"培养理念的价值内涵

自我国创设教育博士专业学位并开展培养实践以来，其培养理念一直存在两个方面的主要问题：其一是制度设计中较为明确的"应用性"导向的培养理念矮化了教育博士专业学位应有的价值。我国高校培养实践层面对教育博士专业学位的价值内涵深入不够，只停留在所谓的"应用性"与"实践性"层面的理解，过于偏重于其工具理性价值，没有厘清其应有的理念内涵。其二是教育博士专业学位在培养院校的培养实践层面被传统学术型博士培养理念所牵引。和其他任何系统一样，思维与理念总是带有一定的目的并趋于一定的方向；思维与理念因为定向的存在往往容易受到固有内容的影响而趋向于原有的稳态与平衡[①]。换言之，在诸多因素的交织影响下，教育博士专业学位研究生的院校培养过程呈现出明显的学术倾向，不仅表现为对传统学术人才培养逻辑的严重依赖，而且忽略了其学位本身应有的价值属性。至此，我们也可以发现，本研究归纳的上述两种问题或现象，在逻辑与本质内涵方面实际上是截然相反的两种结果，但这种二元悖反或自相矛盾的现象却真实地出现在了我国教育博士专业学位培养理念及其实践过程中。在此影响之

---

① 陈大兴，张媛媛. 教育博士与教育学博士发展趋同的多维解读［J］. 研究生教育研究，2019（1）：53-58.

下，院校培养目标定位也呈现出与其培养理念亦步亦趋的特点，即制度设计中定位培养"高水平应用型人才"，但院校培养实践中却依然践行学术的行动逻辑。

  鉴于此，以新的知识生产模式与多元学术观的思想深度厘清并重塑教育博士专业学位培养理念，在此基础上确立各院校的培养目标定位，将是实现创新发展的第一步。新的知识生产观高度重视并强调知识及其生产过程的"应用性"特征，而博耶的多元学术观则进一步强调学术的多种类型划分。基于该理论的观点，如果认为传统的经典学术观是一种"探究的学术"，那么教育博士专业学位本质属性中强调的"应用性"当属一种"应用的学术"与"综合的学术"。因此，相关各方必须要重新思考、准确定位教育博士专业学位及其培养指向的"应用性"价值，对这个问题的审思与追问，不仅是对教育博士专业学位培养理念的明晰，更是对其培养理念所反映出的哲学基础与认知旨趣的溯源。有研究指出，教育博士专业学位是实践性的，其哲学基础来自美国的实用主义教育传统，并在20世纪早期的进步教育运动中融入了社会意识，因而秉持着知识从实践中来且为了解决实际问题[①]。这一观点也与唐纳德·舍恩（Donald Schon）所提出的"反思性实践"的建构主义理论不谋而合。舍恩将"反思性实践"的知识获得划分为行动中所知（knowing-in-act）与行动中反思（reflection-in-action）两种范式，并指出比行动中所知更高一个层次的知识是行动中反思[②]。换言之，在教育博士专业学位的院校培养中，学习者既需要根据实践中的问题反思理论，还需要将理论反思结果运用于实践问题的解决，这是一种双向的、能够互动循环的过程。从新知识生产观强调的"应用性"导向，到多元学术观进一步划分的"应用的、综合的学术"，以及"反思性实践"理论所构建的"学术—实践"与"实践—学术"的行动反思路径，于教育博士专业学

---

  ① 徐岚. 教育博士作为专业学位的身份再审思[J]. 研究生教育研究，2013（1）：74-78.
  ② 陆德梅. "反思型执业者"的培养：唐纳德·舍恩的"反思性实践"理论及其对专业学位教育的影响[J]. 复旦教育论坛，2009，7（6）：31-35.

位而言，本质上都在指出一个共同的价值内涵，即教育博士专业学位的培养理念及其院校培养实践不能囿于单一的应用性导向或站在研究型学位的对立面，而是应当融入更多适切的思想内涵；所谓的"应用性"不能以"非研究性"的表述替换，亦不能过分重视应用导向下的工具理性。结合我国学界的相关研究成果，越来越多的研究以"应用研究型""学术实践性"等表述来体现教育博士专业学位培养理念中学术与实践的互动逻辑，为破解我国当前教育博士专业学位培养理念模糊的困境提供了来自研究者的思路，但院校实践中如何能够精准贯彻落实，重塑培养理念与时俱进的时代价值，则还需要更多探讨。

2. 探索"分类化"设计的培养目标定位

在上述教育博士专业学位培养理念的指导之下，培养院校需要确立符合自身办学基础与发展定位的教育博士专业学位的培养目标，即培养院校需要明确回答"培养什么样的人才"的问题，也就是教育博士的人才类型问题。从当前我国教育博士专业学位院校培养目标的制度设计层面来看，教育博士的人才类型主要被归纳为"复合型""职业性"和"高级专门人才"等。一方面，这些培养目标的具体指向并不能清晰反映出如上述本研究所倡导重塑的培养理念的核心价值。如"复合型"的内涵是什么？包含哪些要素？这些规定过于笼统与模糊。另一方面，这些培养目标在较大程度上已经难以适应教育博士专业学位的发展水平与趋势。这主要是由于我国高校的培养实践正在逐渐走出制度设计伊始所确立的试点阶段，随着培养院校与专业方向的增设、培养规模与数量的扩容，现行培养目标既无法满足各个院校的实践培养现状与发展需要，亦难以清晰展现作为高级专门人才的教育博士特殊性的能力结构等特征。鉴于此，教育博士专业学位在院校培养的目标设计中走"分类化"的路径是符合当前发展需求与未来发展趋势的重要探索。

本研究所提出的"分类化"培养目标主要包含两个层面的内涵。一是基于上述以学术与实践相互动的逻辑为核心思想的教育博士专业学位培养理念，探讨所谓的基于学术与实践的"双重属性"的培养目标是否符合现实的问题。换言之，学术型博士学位的培养目标以发现学术问题为旨趣,践行学术传统的行动逻辑,而专业型博士学位的培养目标是否能够融会贯通学术与实践的内在逻辑与行动路径,这一问题是焦点所在。有研究基于田野调查提出,在有限的教育博士项目学习期间,在个体层面完成所有学习和研究任务的同时实现"双重属性",对于绝大多数学习者来说并不现实,但这也不意味着对"双重属性"的全盘否定,进而提出两个发展方向:不同的培养院校根据自身优势特色与社会职责分别培养不同属性的教育博士;学习者以教育博士项目学习阶段为基础在今后的专业发展历程中尽可能实现或趋向"双重属性"的目标[①]。无疑这一构想是在充分肯定了"双重属性"培养目标的基础上提出的。在何以实现的问题上,该构想提出了"分别培养不同属性的教育博士"的路径,这与本研究所倡导的"分类化"培养目标具有异曲同工之处。然而,值得注意的是,这一路径并非为最佳路径,只是为了能够实现学术与实践互动的"学术性实践者"培养目标在院校培养层面所作出的某种让步。而且,本研究认同的"不同的属性"也并非单纯只"学术性"或"实践性",而是在"双重属性"的基础上更侧重于哪一方,这一问题则是由培养院校具体主导。二是基于不同培养院校的办学基础与未来规划,考量"分类化"培养目标的具体设计。这一路径的现实依据在于我国教育博士专业学位培养院校与专业方向的正在增设之中,而不同培养院校存在所在地区、服务面向、学校类型、学科基础等诸多差异,教育博士专业学位的同一专业方向在不同院校中可能具有不同的培养面向。有研究预期,我国未来教育博士专业学位点的增列,将仍然以地方大学为主,以培养适应区域教育发展需要的高层次教育管理和教学人才,并提出地方大学的定位是服务于区域社会经济发展,故其教育博士专业学位的定位应一定程度上区别于部属院校[②]。根据本研究田野调查结果发现,由于教育博士研究生的在职攻读特点,就读期间在一定程度上存在

---

① 高鸾,朱旭东. 我国教育博士培养制度实施中的问题与对策 [J]. 教育发展研究,2019,39 (3):62-70.
② 王飞. 地方大学教育博士专业学位的发展定位 [J]. 学位与研究生教育,2019 (1):14-19.

着"工学矛盾",因而他们在报考时会更倾向于优先考虑与工作单位所在地较近的培养院校。因此,地方大学对于满足所辐射的区域内的潜在生源的就读需求具有一定的便利性优势。综合而言,本研究所提倡的"分类化"标准即是要求培养院校根据相关的因素制定与其相适应的教育博士专业学位的培养目标,以满足不同院校类型等因素的差异性需求。值得注意的是,"分类化"的教育博士专业学位培养目标设计需要充分结合三个方面的要素:其一是学校教育学科博士教育的办学基础与发展规划,即找准学校的定位;其二是学校的办学特色及其优势所在,即明确可用的资源;其三是专业方向的培养面向,即为谁培养本专业的人才。

二、科学调整招考方式,有效保障识别遴选功能

博士生招考环节是博士教育全流程中的"入口",对"招什么样的人"这一问题的准确回答不仅旨在回应院校培养理念与培养目标,更是为保障培养质量守好第一道关卡。教育博士专业学位的院校招考制度是在其院校培养理念与目标的指导下,通过招考各环节遴选出最具潜力与符合学位所要求的知识素养与能力结构的教育领域的实践者。招考制度及其要素是教育博士专业学位研究生培养模式不可或缺的子系统之一,对保障院校整体培养质量具体重要意义。在以往"学术趋同"模式之下,教育博士的招生与考试偏重报考者的学术经历与成果,对其专业发展经历与潜力停留在资格条件筛查层面,难以充分考察报考者的学术应用能力。有鉴于此,本研究结合相关发现,对当前我国院校层面教育博士专业学位研究生的招考环节及其制度实践过程提出具体的改革建议,以破除招考内容与形式中可能存在的过于学术化及不合理之处、优化整个招考环节子系统。

1. 合理采用与施行适切的招考制度

根据本研究调查发现,当前我国教育博士专业学位培养院校的招考制度主要可分为传统的普通招考制与近年来流行的"申请—考核制"两种。其中,首批试点高校、双一流建设高校多采用"申请—考核制",新增列高校、非双一流建设的地方高校多采用普通招考形式。实际上,

进一步分析即可发现，采用"申请—考核制"的高校多具有学术型的教育学博士学位点，并将此招考制度运用于两种博士学位招生中。根据田野调查发现，一套招考制度用于两种类型博士生的招考环节，难以避免地出现"无差别"的趋同性问题，而主要的趋同方向是教育博士专业学位的招考内容与形式倾向于模仿学术型博士学位的招考内容与形式。近年来，随着"申请—考核制"在博士生招考环节的推广，诸多研究鼓吹其显著优势，建议教育博士专业学位应当逐渐普及"申请—考核制"[①]。本研究认为，招考制度在一定程度上能够体现培养理念及其目标，招考制度的核心价值在于识别与遴选最具培养潜力的报考者，即报考者的知识素养与能力结构与本学位所要求的具有较大的契合度。因此，具体采用何种招考制度应当并无定论，而是需要各个培养院校结合自身的实际情况，选择最合适的即可。具体到教育博士专业学位，从普通招考制的内容与形式来看，普通招考制的确可被认为是传统以学科知识为核心的知识生产模式在招考环节的集中体现；而"申请—考核制"则通过各种要素的设计，能够根据培养院校的需求进行侧重与权衡，亦更符合新知识生产观打破传统知识逻辑的思想。

事实上，通过比较上述两种招考制度在教育博士专业学位研究生招考环节的具体实践，即可发现，两种招考制度并非完全对立。例如，"申请—考核制"在实践运行中设置的笔试、面试等环节，实际上延续了普通招考的核心形式。因此，本研究认为各培养院校必须要结合实际情况合理选用适切的招考制度。鉴于当前院校培养实际情况，"申请—考核制"在教育博士专业学位研究生的招考环节更具适切性优势，也符合未来发展趋势。但培养院校在采用"申请—考核制"时必须要注意两方面的内容：一是"申请—考核制"最早被用于学术型博士学位的招生环节，在制度设计及其核心要素方面具有显著的学术逻辑，培养院校在教育博士专业学位的招生环节采用"申请—考核制"时必须要充分考虑到教育博士专业学位的本质属性特征，特别是在招考内容与形式设计上

---

① 张晓煜. 制度视域下我国教育博士招生工作研究［J］. 江苏高教，2014（5）：114-116.

必须要符合教育博士专业学位的培养理念与目标的要求。换言之，学术型博士学位与专业型博士学位的"申请—考核制"应当体现出价值导向上的显著差异。二是"申请—考核制"作为一种招考制度，本身并无定式，其核心要素的具体设计必须要结合实际情况。有研究指出，我国高校当前施行的"申请—考核制"尚处于探索与过渡阶段，在"申请—考核"的统一之下出现"申请—考试—考核""考试—审核""审核—考试"等诸多变式[①]。这一现实情况实际上也在提示培养院校可以根据不同专业方向、不同培养目标等要素分类设计"申请—考核制"的内容与形式。由此，教育博士专业学位的招考制度才能够真正与其培养理念相契合，才能真正关注报考者学术应用的专业能力及其发展潜力，才能真正与培养过程形成长效的互动。

2. 审慎设置报考条件与"准入门槛"

根据目前的制度设计，报考教育博士专业学位研究生有一定条件的资格限制，其中部分报考条件属于硬性资格条件，即具有"准入门槛"的性质，例如思想政治要求、学历要求、工作经历与年限要求等；另一部分则属于补充性条件，即具有加分项的功能，例如个人获奖等。本研究在调查中发现，除了《教育博士专业学位设置方案》所规定的学历与工作年限要求之外，各个培养院校所设置的具体报考条件并非完全一致，有些甚至差异巨大。以科研经历与成果这一报考条件为例具体而言，某高校采用"申请—考核制"招收教育博士专业学位研究生，在申请条件中明确规定需要申请者需要已发表至少1篇北大中文核心期刊论文或主持厅级以上课题项目，并将其作为科研成果证明材料提交审核。显然，这是在招考制度中设置的显性"准入门槛"。此外，较多培养院校并未直接在申请条件中要求申请者必须具备某些科研经历或发表学术论文，但在其公布的考核方案中学术科研成果占据了考核成绩一定的比分，对申请者是否能够入围产生了一定的影响。显然，这是招考制度中

---

① 叶晓力，欧阳光华. 我国博士研究生招考制度：历史、现状及趋势[J]. 研究生教育研究，2017（3）：26-30.

设置的隐性"准入门槛"。当然，作为准入性的资格门槛，学术资格只是其中之一，一般而言还包括诸如外语成绩等，有些院校的部分专业方向还要求报考者的专业技术职称或行政职级。无论是从报考条件的角度，还是从"准入门槛"的角度，其合理性都应当是培养院校在招考制度设计中应当关注与考量的重要方面。

基于以上的分析，培养院校无论是采用何种招考制度，都应当对报考资格进行科学合理的设计，特别是审慎设置"准入性"的报考资格。本研究结合现状调查结果，提出两个方面的具体建议：其一，放宽条件，从严考察。对施行普通招考的院校而言，除了政策规定的思想政治要求、学历要求等，在外语成绩、职称、职位、甚至是从业年限等方面进行适当放宽，可以在后续的笔试与面试环节进行针对性的考察，以起到有效识别报考者真实的素养与潜力；对于施行"申请—考核制"的院校而言，更需要在政策允许范围之内尽量放宽准入条件，以破解诸多研究对"申请—考核制"公平性提出的质疑，在此基础上还可以提高审核入围的比例，并通过多重针对性考核的设计来实现选拔的功能。其二，均衡考量学术指标与实践指标。受学术型博士招考制度的潜在影响，当前培养院校大多较为注重报考者的学术能力，而学术能力主要体现在科研经历、科研成果等这些方面，因而在招考制度中则会或明或暗地侧重学术指标，部分学校的笔试内容甚至都与学术型博士生博士的笔试内容几无差异，这显然不符合教育博士专业学位的培养理念。因此，培养院校在招考资格条件的设计中需要重新权衡学术指标要素的比例，同时还需要进一步考量实践性指标。以学校课程与教学专业为例，报考的中小学在职教师在一线教学工作中的优质课程资源，如教案、教学视频、教学获奖等都可以成为重要实践性指标，纳入综合考核范畴。

3. 探索多元创新的具体考察方式

目前我国相关院校教育博士专业学位的招考制度无论是普通招考还是"申请—考核制"，其核心的构成要素都呈现"笔试＋面试"的结构特征。不同招考制度则是根据其自身侧重不同方面，并在"笔试＋面试"的结构上进行排列组合。具体言之，普通招考一般以"初试＋复试"形式展开，初试为笔试，复试一般为面试，也有复试采用笔试与面试相结合的形式；"申请—考核制"一般以"申请材料审核＋笔试＋面试"的形式展开，但不同院校有不同的组合与设计形式。由此可知，院校具体考察方式存在多重变式，但笔试与面试的经典组合一直占据考察的主导形式。本研究结合调查结果，对教育博士专业学位培养院校在招考制度设计中探索多元创新的具体方式提供三个方面的具体建议：其一，坚持笔试作为重要的考察方式，但可以探索拓展笔试的科目与考察内容。在相关研究中，对"申请—考核制"公平性与科学性存疑的一个重要焦点即在于他们认为"申请—考核制"不实施统一的笔试，或实施的笔试在总成绩中所占的比重过低。前者是对"申请—考核制"的误读，而后者则依然秉持的是传统知识生产的逻辑，过度解读知识性考察的重要性。因此，不管采用何种招考制度，保持笔试作为教育博士专业学位研究生招考环节的重要考察形式之一，既能够保障公平性的需求，亦能够满足对知识性水平考察的需要。而值得注意的是，本研究认为笔试作为重要的考察方式，不能囿于对传统知识内容的考察、或对学术理论的深究，而应当创新内容设计，将实践素养与能力的要素融入笔试的内容，旨在考察教育博士专业学位报考者的专业应用水平。例如，笔试内容可以突破传统的思辨式的题型设计，代之以专业实践领域的案例探究、行动方案设计等。其二，结合核心需求创新面试的具体形式。传统的面试一般以考官问答的形式展开，主要围绕考生基本情况、考官提出的专业相关问题等内容。这种形式在短时间的面试环节具有保障效率的积极作用，但难以精准识别考生的真实素质。本研究认为，创新策略一方面可以从改进考生与考官的互动着手，既保留单方向问答的形式，同时也可以组织开展无领导小组讨论、习明纳等形式；另一方面可以将各校普遍推行的一轮面试增加至双轮或三轮乃至更多。这样的形式不仅能够多方位、多角度地考察报考者的知识与能力水平，而且通过多轮面试制度也能够有效确保招考环节的质量。其三，合理优化考察小组的人员构成。一般而言，无论是在材料审核阶段还是在面试阶段，考察小组或面试官成员主要是由招收教育博士专业学位研究生的导师组成。因此，本研究认为，一方面，考察小组构成应当以专业方向为依据进行组建，再充分吸纳其他专业方向的导师作为中立方代表；另一方面，考察小组的组建原则上应当回避报考者所报考的导师。厦门大学教育研究院在此方面的做法具有一定的借鉴意义。具体而言是报考者通过材料审核入围后，面试环节是由导师组统一对其进行考核，报考者在报考前不必选择具体导师，只需要选择导师组即可[①]。

4. 健全"监督反馈—申诉复议"的保障机制

本研究通过制度文本分析等方法对当前我国教育博士专业学位院校招生环节中的监督与申诉机制进行现状考察，结果表明多数院校在招考制度中均有关于招考过程的监督与考生意见反馈机制的设计，但也存在部分院校无论是在官方的招考简章文本中还是在具体的招考实施方案中，均没有对招考制度及其过程保障机制的完善规定。因此，本研究倡议各培养院校必须从招考的顶层制度设计到二级培养单位的执行方案，对保障机制进行系统化、规范化的设计与公开说明，以保障整个招考环节的公开透明。具体而言，培养院校应当注意三个方面的内容：其一，建立健全完备的组织领导机制。一般而言，各院校会在招考工作开展前组建工作领导小组，而工作领导小组则对整个招考过程负责。教育博士专业学位的招考制度及其实践是一项复杂且庞杂的工作，需要培养院校相关部门与责任主体的密切配合。因此。整个招考环节需要强有力的组织领导，以确保整个招考过程有条不紊地开展。其二，保障招考过程的公开透明。这一原则要求各院校必须对招考环节中涉及的需要公开的信息进行完全无保留的公示，同时各院校也应对整个招考过程中涉及的资料进行严格的记录与存档，包括但不限于笔试考卷、申请材料文本、面试录音影像记录、各环节有效评分表等，以备调用检察。

---

① 厦门大学教育研究院. 厦门大学 2020 年教育专业学位博士研究生（Ed.D.）招生简章[EB/OL].（2019-11-26）[2020-06-12]. https://ihe.xmu.edu.cn/_t2250/2019/1126/c16614a388239/page.htm.

其三，建立健全考生申诉复议机制。为报考者提供意见反馈的渠道是教育博士专业学位研究生招考制度的必要组成部分。报考者能够通过畅通有效的渠道对招考过程中出现的问题及时进行申诉反馈，特别是对考试结果存疑时的申诉，这是成熟完备的招考制度的必然要求。而培养院校必须要快速对考生申诉进行处理，并通过高效的复议流程作出精确、合理的复议结论，由此形成完善的"监督反馈—申诉复议"的保障机制。

三、重点关注培养过程，持续优化过程制度设计

教育博士专业学位研究生培养模式的核心环节在于院校培养的实践过程，而培养过程及其制度设计不仅能够影响教育博士专业学位研究生的培养质量，还直接反映各院校所秉持的培养理念与目标定位。因此，重点关注教育博士专业学位研究生的培养过程，特别是对培养过程环节中所涉及的制度要素进行科学合理的调整与优化，是各个院校聚焦学术化问题，系统变革教育博士生培养"学术趋同"模式的重要内容，亦是构建"学术应用"模式的关键环节。

1. 科学设计并有效落实培养方式

当前，我国教育博士专业学位的院校培养过程制度大多施行的是在职攻读、定向培养、非全日制就读的形式。当然，本研究调查发现部分学校在定向与非定向的形式选择上存在制度空间。但总体而言，教育博士研究生在职攻读是普遍现象，而全日制与非全日制是两种主要的就读与培养方式。实际上，教育博士专业学位研究生的生源结构与培养面向决定了其在职攻读的实际需求，而在职攻读的实际需求则直接影响了具体培养环节，如采用统一集中授课与分散自主学习的教学模式等。然而，各个院校在培养方式制度设计上存在的差异为整个培养过程与环节留下了恣意空间，主要是指在职攻读博士学位的实际情况之下，所谓的全日制与非全日制是否存在本质区别。本研究调查结果显示，当前开展培养实践工作的27所院校中有14所院校可以提供全日制的就读方式，而在相同的学制规定下，全日制与非全日制这两种就读形式在培养过程

中却并未体现出本质性的差异。

基于该发现，本研究认为各培养院校必须尽快对此现状进行调整，科学设计符合本校办学实际的培养方式，并努力做到有效落实。其一，结合培养目标，构建多元培养方式。正如上所言，培养方式在较大程度上会直接影响具体的培养环节。具体而言，采用非全日制方式的培养院校一般会要求学生脱产在校学习一年，或在节假日及固定时间段内统一集中授课与指导，其他时间则回到工作岗位自主分散学习。而采用全日制方式的培养院校基本上亦是遵循这一安排。本研究赞同教育博士专业学位的院校培养采用多元化的培养方式，这是由于教育博士研究生的职业领域及其发展阶段差异较大，对于攻读学位的方式具有不同的需求。因此，在学校条件允许的基础上，提供非全日制与全日制双轨培养方式的实践举措符合实际情况及其发展的趋势。但需要注意的是，多元的培养方式需要体现分类设计的理念，即不同培养方式不仅需要体现出各自的核心特征及其差异，而且要能够对应不同的就读需求，但"两套方案、一种实践"的现象需要被及时纠正。其二，有效落实全日制方式。研究发现，当前17所提供全日制就读方式的培养院校中有6所是只提供全日制的方式，其他11所实行的是双轨制。由此可知，全日制方式在我国教育博士专业学位培养院校中的占比还不高。而且，研究发现实行全日制的培养院校在实际培养层面并未完全遵照一般意义上全日制培养的规范开展培养工作。本研究认为，分轨培养的重要前提在于培养院校必须清晰认识全日制与非全日制的制度内涵。如果认为当前各院校普遍实行的统一集中培养与分散自主学习是非全日制的典型特征，那么全日制则应该要求攻读教育博士专业学位的学习者在学制内脱产就读。实际上，非全日制培养的制度设计是源于对在职学习者工读特点的考量。然而实际情况可能有所不同，一方面，非全日制就读对于不同教育博士研究生"工学矛盾"的影响程度不同；另一方面，培养院校不能排除部分学习者有全脱产就读的需要。纵观美国教育博士专业学位的培养实践，诸多院校提供的教育博士项目提出了严格的全日制学习要求，如哈佛大学要求学习者需要完成3年的全脱产学习，并在每学年安排了丰富的学习任务。我国培养院校可以借鉴国外一流大学的实践经验，实行真正意义上的双轨制培养方式。此举不仅能够实现培养方式多元化、满足不同学习者的就读需求，而且对保障培养质量也具有积极意义。

2. 创新课程体系设计，探索混合式教学模式

课程体系与教学模式是教育博士专业学位研究生培养模式重要的结构要素，是院校培养过程中不可忽视的重要组成部分。本研究通过混合研究方法对培养院校的课程体系设计及其教学模式要素进行了现状考察，发现了各校普遍存在的学术化及相关问题，特别是对个体培养经历的考察使得本研究能够从更加微观的视角为教育博士专业学位培养院校的课程与教学改革提供更加适切与针对性的行动策略。

在创新课程体系设计方面。其一，着力整合相关优质课程资源，提升课程设计的跨学科性与多学科性。本研究调查发现，教育博士专业学位培养院校当前的课程设计在核心必修课程与选修课程方面已经较为成熟，教育博士研究生对课程资源的理论前沿性、实践应用性等方面的就读体验与满意度较好，但在课程的跨学科性相关方面则尚存较大的完善空间。结合培养院校的办学实际，优质课程资源整合或可成为培养院校课程体系创新设计的突破口。具体策略可以借鉴哈佛大学教育领导专业博士学位的课程设计，整合相关专业学院的优质课程资源，拓展教育博士生的选课范围，探索将跨学科、跨学院的相关课程作为核心必修课程的组成部分，以此打破基于教育学科内部控制的学术化课程倾向。以教育领导与管理专业为例，培养院校可以将公共管理学院的相关核心课程，如"政策学"与"管理学"等优质课程纳入教育博士专业学位的课程资源库中，鼓励学生的跨专业选课。跨学科性课程资源的整合有助于提高教育博士研究生的理论思维视野，助其克服以教育学为单一学科背景支持下的思维与行动惯习，这也是新的知识生产模式所倡导的跨学科与多学科资源整合与互动的重要体现。当然，优质课程资源的整合也意味着师资队伍建设的完善，培养院校需要对教育博士专业学位的授课师资进行优化调整，一方面要将跨学科、跨学院的优秀师资纳入授课师资

队伍，另一方面也可以在学校实践性联合培养项目的基础上探索纳入符合要求的优质的实践型授课教师，这些师资既可以是本校在专业实践领域具有卓越成就或影响力的专业人员，亦可以是来自合作教育机构、学习者工作单位等第三方机构。

其二，重视研究方法类课程设计，促进理论与方法的有机结合。教育博士专业学位的本质属性及其培养面向决定了其实践性导向的培养特点，因而无论在招考环节还是在具体的培养过程中都需要更加关注学习者专业实践领域问题解决的应用能力。本研究调查发现，教育博士研究生普遍表示自身理论素养积淀不足，难以运用合适的研究方法解决专业问题。因此，在学术应用性的理念指导下，培养院校应当着力提升教育博士研究生的反思性实践能力与学术应用能力，将学术理论知识施用于专业问题解决，并在过程中反思理论及其实践过程，从而形成良性互动。而为了达到这一培养效果，培养院校可以在课程体系设计中重点关注研究方法类的课程，将方法类工具与理论知识相结合，破解当前博士生方法类课程的工具主义理性的束缚，从理论与方法论层面引导教育博士研究生提升其专业实践的应用研究力，而不是囿于学术博士培养中"基于发现"的学术研究范式的困境之中。

其三，探索建立实践性课程资源库。实践性课程资源是专业博士学位课程体系设计中的必要一环，旨在满足专业博士学位的实践性发展需求，特别是在提升专业博士研究生在实践领域的专业应用能力方面具有重要价值。当前我国高校在培养过程中对实践性课程项目的开发程度较低，主要采用的方法是在理论课程中引入实践性问题，并倡导以问题解决为课程目标的价值取向。显然，这种课程设计模糊了学习者的实践性需求，虽然有助于将理论与实践相联系，但并非真正意义上的实践性课程。为了突破这一困境，培养院校应当整合相关各方资源，创建实践性课程资源库，本研究认为培养院校可以从两个方面着手设计：一方面可以结合"教指委"组织开展的全国教育专业学位教学案例征集工作，鼓励相关课程负责教师结合实际课程教学工作制作实践性课程教学案例。优质的实践性教学案例不仅能够丰富本校教育博士专业学位的课程质量,如果通过"案例中心"的评审,进入"中国专业学位教学案例中心案例库",还能够在全国教育博士专业学位的院校培养中推广[①]。另一方面,培养院校可以结合与教育博士研究生工作单位等相关主体建立合作培养关系,开发以真实的工作场域为基础的实践性课程项目。此类课程项目开发可以根据培养共同体中各方的实际需求,依托学习者的工作单位、教育相关企业等资源,并将符合要求的实践性课程作为院校培养过程中的实习项目,或相关方与培养院校合作开展的联合培养项目。上述构想参考了哈佛大学教育领导专业博士学位的实践性课程设计,该实践性课程作为实习项目被安排在学制第三年,要求学习者必须全职驻地参与与学校建立合作伙伴关系的相关教育机构的实践项目,旨在使学习者通过浸入式参与相关机构的重大项目,体验并真实参与项目决策与管理,从而丰富学习者教育领导与管理的实践经验、提高其管理水平。

在探索教学模式改革方面。其一,结合实际培养方式,构建混合式教学模式。根据目前培养院校普遍采用的非全日制培养方式,统一集中授课与分散自主学习相结合的形式要求学校必须充分整合教学资源、合理安排教学计划,高度重视分散自主学习阶段的教学有效性。因此,本研究认为采用"线上"与"线下"相结合的混合式教学模式能够在较大程度上对接学校统一集中授课与学生分散自主学习的现行方式,从而在充分调动线上教学资源的同时,保障学业不同阶段的教学质量。特别是在新冠肺炎疫情全球性爆发的当下,线上教学的合理开发与运用不仅将有助于缓解教育博士研究生的"工学矛盾",而且对降低培养成本、保障教学可持续性、促进公平性等方面具有积极意义。培养院校可以借鉴美国约翰·霍普金斯大学在线教育博士项目的培养模式,这种以"实践

---

① "案例中心"是指教育部学位与研究生教育发展中心所属的专业学位案例中心;全国教育专业学位教学案例征集工作由全国教育专业学位研究生"教指委"组织开展,2017年开展了首届,此后每年举办一届;评审工作由中国专业学位案例专家委员会统一领导,"案例中心"组织实施,依托案例中心网站后台评审系统进行。据悉,教育专业学位教学案例入库标准主要涉及"案例正文、案例使用说明和文稿质量"三个方面。

问题"贯穿在线教学全过程的博士学位培养模式正在成为一种新的趋势①。值得注意的是，线上教学的内涵并非单纯指授课教师采用互联网媒介远程为学习者授课，还应当包括对线上课程与教学资源的开发、整合与运用，以及线上教学方法的创新探索。此外，培养院校还需要统筹合理安排线上与线下的教学计划，保障集中授课与分散学习两个阶段教学计划的有机联系，以防止创新教学设计被割裂开来。

其二，创新教学方法，重视学习收获。教学方法的创新在我国高等教育课堂教学领域早已不是新议题，但各方对教学方法的研究却从未停止。教育博士专业学位的学术实践性发展需求对院校实际的教学方法产生了较大的影响。有学者早已指出，教育博士专业学位研究生教育要重视探究式教学方法，如专题研讨、现场研讨、案例分析及社会调查等②。根据调查结果显示，当前我国教育博士专业学位的院校培养过程在采用研究性教学法、创新课堂教学形式等方面取得了一定的成效，特别是培养院校普遍采用的模块化、专题化的课程设计为创新教学方法提供了课程载体。实际上，这种做法不仅为教学方法的多元化设计提供了广阔的可能空间，而且也保障了课程教学的前沿性与专业性。但仍然值得关注的是，创新教学方法旨在通过更加多元与适切的方式支持教育博士研究生在教学过程中提升专业素养，因此学习收获可以成为评价教学方法有效性的重要指标。而需要警惕的是，院校培养中可能发生的对教学方法的滥用与误用，或者以所谓的创新方法营造的课堂"虚假繁荣"来掩饰实际的学习收获。此外，培养院校可以探索团队式教学方法，以专业实践领域的真问题为核心导向，组建学习小组或研究团队，以团队为学习组织形式致力于用专业理论知识与批判性反思能力解决专业实践问题。团队式的群组学习模式及教学方法近年来被一些高校采用，在教育博士专业学位研究生培养中取得了较好的反响。该方法也在国外一流

---

① 王文礼. 世界一流大学的创新：约翰·霍普金斯大学在线教育博士的培养模式和启示[J]. 现代教育技术，2018, 28 (2)：93-99.

② 钟秉林，张斌贤. 我国专业学位教育发展的新突破：写在教育博士专业学位诞生之际[J]. 中国高等教育，2009 (3/4)：39.

大学教育博士专业学位的教学模式中频繁出现，甚至将其运用于学位论文研究中，我国培养院校可以将其纳入教育博士专业学位研究生教学方法改革创新之中。

3. 优化导师指导制度，建立分类指导机制

导师指导制度是教育博士专业学位研究生培养模式过程制度设计中的重要组成部分，不仅对院校培养质量具有较大的影响作用，而且对教育博士研究生的延期毕业率也有所影响。有研究表明，教育博士生与导师联系程度和交流时间对其是否延期完成学业均有显著负向影响，即教育博士生与导师联系越密切、交流时间越长，延期的概率就越低[①]。本研究在调查中亦发现，由于在职攻读的培养方式上的特殊性，教育博士研究生脱产在校的时间并不长，而且还会因工作等原因频繁离校，这些因素都致使其与导师之间的交流存在各种障碍，特别是进入分散自主学习阶段后，部分在读教育博士研究生甚至直言"与学校、导师脱节了"。培养院校在开展优化导师制的改革中应当充分关注导师与教育博研究生之间的互动，导师指导制度的改革方向也应当从建立师生双向互动机制、打破师生互动的制度壁垒的方向着手。

有鉴于此，本研究认为可以从以下三个方面探索改革：其一，导师指导必须建立分类机制。当前培养院校"学术趋同"模式下，教育博士研究生的导师指导现状方面存在两种情况：一是培养院校有教育学博士点，同时开展两种学位的博士生培养工作，由此出现了"两种博士学位，一套导师人马"的情况。在这种情况之下，同一导师同时指导两种学位的博士生，容易出现指导的同质化，尤其是出现对专业学位博士生指导的学术性导向。二是培养院校只培养教育博士专业学位研究生，本研究通过调查发现导师指导同样存在明显的学术性倾向，对专业学位博士生指导尚未形成清晰的分类。因此，本研究提倡的分类指导机制实际上的具体内涵即是培养院校必须建立针对两种不同博士学位导师指导的

---

① 郭丛斌，方晨晨，王亮，等. 教育博士专业学位研究生延期完成学业的影响因素分析[J]. 研究生教育研究，2020（4）：53-59.

分类机制，使教育博士研究生能够接受针对性的导师指导，从而破解导师指导的学术性趋同难题。当然，在实际的培养场域，导师指导是一个较为微观与个体化的培养过程，培养院校在制度层面的分类设计想要切实得到落实还需要导师的高度配合。而且不同导师的指导风格及其与学生的互动模式存在个性化差异，分类指导机制在实践层面的效果在不同个体之间也存在一定的差异。尽管如此，教育博士专业学位研究生的导师指导及其师生互动需要一套独立的行动逻辑，这既是专业博士学位教育的发展趋势，也是各方探索"学术应用"模式的重要内容与方向。

其二，落实导师组或专兼导师指导制度等创新形式。在调查中，在培养院校教育博士专业学位研究生培养模式的制度设计上，诸多院校都突破了传统单一导师制的方式，并在此基础上建立了诸如"导师组集体指导＋主导师个别指导"或"主导师＋兼职导师"等创新形式。然而，在实际运作的过程中，制度层面的相关设计并未完全落实，或是依然照搬单一导师制的传统做法，或是虽然形式上创新了导师制但实质上依然是循例旧方案。对于改革传统单一导师制的提法，诸多研究都曾反复提及，大多着眼于教育博士专业学位的"实践性"特征，强调要遴选教育实践领域的专家作为兼职导师①。这种构想符合教育博士专业学位导师制改革的发展趋势，有助于构建校内学术导师与校外兼职导师的双轨指导机制，丰富了导师制的内涵，对提高导师质量及其指导的有效性也大有助益。而另一个改革着力近年来也在部分院校有所崭露，即改革博士生导师资格制度。这一改革通过打破博士生导师资格终身制，采用以岗位为核心的资格认定，旨在提高我国博士生导师队伍的质量②。由此，博士生导师队伍融入了更多新的师资力量，成为培养院校组建导师组团队的重要来源。

其三，严格规范导师指导过程。导师指导过程的规范性对教育博士

---

① 王亮，郭丛斌. 教育博士专业学位研究生培养质量满意度研究：基于某综合性高校教育博士研究生就读体验调查的实证分析[J]. 学位与研究生教育，2020（4）：52-59.

② 吴丹，刘利，方毅. 以岗位为核心的博士生导师资格认定体系研究与实践[J]. 学位与研究生教育，2017（12）：60-64.

研究生的就读体验具有显著的影响作用。尽管不同导师的指导风格存在个体化差异，但指导过程的严格规范是指导质量的重要保证。本研究发现，当前我国培养院校的导师指导过程方面存在较为严峻的问题，主要体现在导师指导的时间、频率等方面难以得到有效保障。尤其是在分散自主学习期间，由于空间阻隔、工作繁忙等原因，教育博士研究生与导师的沟通与交流非常松散。然而，在这一阶段，教育博士研究生需要完成开题并进入博士学位论文研究中，正是需要导师指导的关键时期。因此，培养院校应当着力规范导师指导的过程，提供必要的支持致力于疏通师生之间的阻隔。具体策略可以从两个方面进行探索：一方面，培养院校应当定期组织开展指导教师的专业培训活动，通过业务培训提高导师团队培养实践的规范性。通过该机制与平台，导师能够集中向上反映指导过程中出现的问题，培养院校可以通过调研为导师的指导实践解决一些普遍性的问题；同时导师个体之间也能够借此机会进行交流与分享，培养院校还可以邀请指导成效显著、具有指导特色的导师分享自己的指导心得以及具体的指导策略。另一方面，培养院校需要对导师的指导工作进行定期考核与评价。通过探索建立导师指导相关的考核指标，对导师的指导过程进行评价，尤其是通过教育博士研究生学习的调研。此举不仅是为了评价导师的指导工作成效，更是为了及时发现一段时期内师生互动存在的问题，并积极给予双方反馈，敦促导师在指导工作方面尽快作出调整。

4. 创新学位论文形式，规范论文研究过程

博士学位论文作为教育博士研究生学业成果的集中体现，不仅直接决定着教育博士研究生是否能够获得博士学位，也在一定程度上折射培养院校的培养理念与目标及其培养过程。因此，博士学位论文实际上成为了院校培养质量结果性评价的重要指标。在当前以传统学术评价标准主导的博士教育背景下，"学术趋同"模式为教育博士专业学位论文成为学术型博士学位论文的某种翻版提供了某种合理性依据，这一现象不仅体现在教育博士专业学位论文的内容及形式等方面对学术型博士学位的模仿与趋同，而且就学位论文标准及其评审等方面而言也依旧是沿袭

传统学术逻辑。基于此，本研究认为破解学位论文的现实困境是当前教育博士专业学位研究生培养模式改革亟待关注的议题。实际上，近年来国内外学者也开始逐渐关注教育博士专业学论文的研究过程及其标准等内容，提出了一系列变革路径。

  本研究基于调查结果，并在充分参考借鉴已有相关研究提出的行动策略的基础上，对培养院校教育博士专业学位论文改革方面提出三个可供反思的建议：其一，创新学位论文需要回应培养理念及其目标设计。教育博士专业学位的论文究竟以何种形式呈现，其研究内容关注的重点议题与方向是什么？这些问题不能机械地回答、盲目地创新，而是要在充分结合学校培养理念与目标的基础上，厘清"用什么理念"来"培养什么人"这一本质问题。具体而言，在"学术应用性"理念的指导下培养教育专业领域的"学术实践者"，这一本质需求要求学位论文在内容与形式上能够充分体现教育博士作为一种"学术实践者"的特点。有研究指出，教育博士专业学位论文应在研究、理论与实践三者之间建立紧密的联系，通过为学习者提供参与专业领域真问题项目的机会，引导他们将理论知识运用于教育实际问题解决中，提升他们批判性地综合运用知识进行系统探究的能力[①]。换言之，培养院校应在开展广泛培养合作的基础上，特别是在与教育博士研究生工作单位、其他相关教育机构合作建立联合培养实践基地的基础上，引导教育博士研究生以专业领域的实际问题为学位论文的选题，并在真实项目参与中撰写学位论文，以达到完成学位论文写作以及成长为学术实践者的双重目标。

  其二，创新学位论文需要建立科学适切的标准。教育博士专业学位论文应当关注教育实践领域的真问题，并运用相关理论与科学方法致力于问题解决，学界对这一点已经基本达成共识。然而，什么样的学位论文是符合这一要求的，这些论文又具备哪些典型特征？这些问题才是培养院校创新学位论文内容与形式亟待解决的核心问题，即学位论文标准

---

① 谢冉，石芳华. 美国高校教育博士学位论文改革实践及其启示 [J]. 外国教育研究，2015，42（10）：63-73.

的问题。从美国经验来看，CPED 十分重视教育博士专业学位论文的改革创新，将其作为行动计划的重要组成部分，通过制定诸多支持性政策鼓励学习者在 CPED 理念的指导下创新学位论文设计，并对实践性学位论文标准提供了一个评价框架。具体以 CPED 盟校佛罗里达大学的在线教育技术专业博士学位项目为例（the Online Ed. D in Educational Technology），该项目建立了较为完善的专业实践学位论文体系，对专业实践论文进行了总体性界定：教育技术专业博士学位的实践论文可以作为一份学术性报告，以证明学生在当地环境下对某一问题进行研究的能力；这一问题需要与教育技术有关，或者将教育技术作为潜在解决方案的一部分；学习者要从专业实践的角度加以描述，使用相关的文献和框架，并运用适用于该情况的方法加以解决；学位论文应该对学生的专业实践和个人意义产生明确的影响。同时，该项目具体制定了 5 项指导原则[①]来支持学习者与导师开展学位论文研究：①学位论文要植根于学习者的专业实践或背景之中；②学位论文是针对学习者教育技术领域专业实践中出现的问题；③学位论文需要使用相关文献资料为之构建问题；④学位论文需要使用相关研究方法开展研究；⑤学位论文应当探讨专业实践的意义。有鉴于此，"教指委"以及培养院校可以根据 CPED 实践性学位论文评价标准及其平台公开的相关获奖论文特点，在充分借鉴国外一流大学的相关实践探索经验的基础上结合我国培养院校开设的实际专业方向，开发与制定具有我国本土化特色的教育博士专业学位实践性论文标准、指导原则以及行动建议等，从而为培养院校的学位论文改革提供统一的指导与合法性制度依据。

其三，创新学位论文需要保障研究过程的规范性。就当前院校培养实际而言，教育博士研究生展开学位论文研究一般已经完成了在校统一集中培养的阶段，大部分已经返回到工作岗位。本研究调查发现，博士学位论文的研究与写作对于返岗的教育博士研究生而言是一项很大的挑

---

① Dawson K, Kumar S. An analysis of professional practice Ed. D Dissertations in Educational Technology [J]. Tech Trends, 2014 (58): 62-72.

战，不仅需要面对"工学矛盾"的巨大压力，而且脱离培养院校环境也意味着失去诸多的学业支持，尤其是在当前我国高校线上培养资源尚未建立健全的情况下，教育博士研究生在学位论文的研究过程中时常感到力不从心。事实上，造成博士学位论文研究过程中出现诸多困境的原因是复杂的、多元的，仅凭培养院校一己之力恐怕难以为这一学习者群体纾困，特别是访谈调查中发现的不同教育博士研究生的处境大相径庭，工作单位大力支持的教育博士研究生可以脱产在校攻读学位，有些单位即便支持但也要求他们不能耽误正常工作。在这种情况下，博士学位论文的研究与写作或被长期的耽误，或被"大打了折扣"，不仅难以保障顺利完成学业，而且学位论文质量也很难达到令人满意的水准。"工学矛盾"的因素在影响教育博士研究生学位论文撰写过程的同时还潜在导致了另一个严重的现象，即培养院校教育博士延期毕业率的居高不下。基于此，无论是从提高教育博士专业学位的培养质量的角度，还是从创新学位内容与形式的角度，培养院校都需要结合各方资源为教育博士研究生提供尽可能的支持，尤其是在分散自主学习阶段与博士学位论文写作阶段，以规范学位论文的研究过程为主要目标，通过合理配置线上资源、强化导师个性化指导、定期组织开展工作坊以及分阶段院校考核评价等多种行策略，为教育博士研究生的学位论文研究过程保驾护航。

四、全面提升培养质量，构建落实评价保障机制

教育博士专业学位自诞生之日起至今日，各种质疑的声音一直不绝于耳，长期引起包括学界在内的相关各方的争论。纵观各方对教育博士专业学位的质疑之声，其中有一个不可忽视的焦点，即是教育博士学位的培养质量。实际上，无论是在美国高校，还是在我国的培养院校，教育博士专业学位都曾长期被贴上"注水学位"与"次等学位"的标签，究竟缘由，无非是人们对教育博士学位的培养质量存疑。尽管一些研究指出，当前教育博士专业学位的培养质量的确令人担忧，但如何对其培养质量进行衡量与评价，其评判的标准是什么，这些问题却没有得到清晰的回应。令人担忧的事实是，在教育博士专业学位培养质量的诸多评

价中，人们依然更倾向于在传统知识生产模式的惯习之下以学术思维逻辑及其评价标准对院校培养层面的教育博士专业学位培养质量进行评判，这不仅忽视了作为专业博士学位的教育博士的本质属性与培养指向，也显然不符合现代高等教育质量观的要求。具体到院校培养层面，如何保障与提升教育博士专业学位的培养质量，应当是相关利益主体，尤其是培养院校本身必须要始终关注与着力解决的重要议题，这也是构建教育博士生培养的"学术应用"模式的重要路径。

1. 重塑质量评价观与标准体系

在新的知识生产模式理论的指导下，教育博士专业学位培养质量的评价标准更强调学术应用性的本质属性特征，同时要突破传统学术的评价逻辑，致力于重构新的评价标准体系。换言之，知识生产模式1下的学术同行评价标准及其制度体系不能套用于教育博士专业学位的院校培养过程及其质量评价实践，培养院校需要结合新的知识生产观与自身实践探索建立与教育博士专业学位相适切的质量评价观与标准体系。事实上，我国教育博士专业学位培养质量评价标准及其实践的学术化倾向，也证实了教育博士专业学位与教育学博士学位在院校培养层面的趋同发展。质量评价不仅仅是教育博士专业学位研究生培养的"出口关卡"，也会直接或间接地作用于院校培养的实践过程，从而通过对培养环节的"指挥"作用再影响培养质量，形成一个循环影响系统。重塑质量评价观是基于新知识生产观分类评价理念对院校改革提出的要求，旨在从思想观念层面打破传统"一套学术标准"评价所有学位的固有模式。

基于分类评价的构想，教育博士专业学位的培养质量观需要打破学术逻辑，在多元学术观的指导下回应教育博士专业学位"学术应用性"的培养理念与"学者型实践者"的培养目标，更加关注教育博士研究生的学术应用能力，即运用学术理论知识与方法解决专业实践领域中的实际问题，以及对学术理论与专业实践的批评性反思能力。鉴于当前我国院校培养的实际情况，本研究对重塑教育博士专业学位质量评价标准提出以下两个方面的具体策略。值得注意的是，质量评价标准的重构并非朝夕之功，需要以培养院校为核心展开持续的改革。其一，合理重置学位资格条件。这主要是考虑到当前我国教育博士专业学位研究生的延期毕业率一致居高不下,加之各培养院校在教育博士专业学位的资格设计方面存在较大差异,不排除有些院校的学位资格条件设置具有不合理之处。不合理之处一方面体现在学位资格条件中学术资格要求设计过高,如将发表一定级别的学术论文作为申请学位的门槛;另一方面则体现在对教育博士研究生培养期间的实践性能力提升相关的资格条件关注不够。基于此,本研究认为,培养院校应当审慎将论文发表等学术条件作为硬性学位资格规定,同时鼓励教育博士生积极参与各类相关的实践性项目并积累相应的成果。例如,有学校定期开展教育博士工作坊,将其纳入课程体系,要求教育博生研究生在读期间需要完成一定量的工作坊研讨,并将此作为学位申请必要的实践性资格;还有学校要求教育博士研究生在读期间必须参加一次"全国教育博士论坛",并作主题发言,以此作为学位申请的实践性资格。这些院校实践都是值得借鉴的创新探索。事实上,学位资格设计作为评价标准的重要组成部分,不仅对教育博士研究生的学位申请具有影响,更重要的是会对培养过程产生导向性作用。因此,合理利用学位资格设计来重塑教育博士专业学位的评价标准对保障培养质量具有积极作用。其二,创新学业成果评价。教育博士专业学位的学业成果形式不应囿于传统学术成果形式的束缚中,而是需要能够体现"学术实践者"的知识素养与能力结构,与其培养理念与目标相一致。有研究指出,教育博士专业学位面向的是教育专业实践者,其学习成果更多的是具体专业工作情境中实践层面的改进,是专业知识,遵照的是可行性、操作性、可接纳程度等准则,产出基于问题(problem-based)的成果[①]。因此,除了前文分析的基于实践的教育博士专业学位论文标准及其创新设计之外,培养院校还需要对其他学业成果的评价进行创新性改革。而创新学业成果评价不仅是为了更合理地评价教育博士研究生在课程学习、实践项目参与、学术活动参与等方面的

---

① 王晓芳,李戎. 西方教育博士培养改革的新理念与新做法[J]. 高等教育研究,2017, 38(6): 55-64.

表现，更重要的是为了通过基于实践性问题解决的标准设计引导教育博士研究生的实践行为。

2. 健全基于过程性的质量保障机制

培养质量评价体系的健全在一定程度上对培养质量具有保障作用，因此质量评价体系与保障机制是相辅相成、不可分割的互动关系。具体到教育博士专业学位，培养质量保障机制应当是贯穿于整个院校培养环节的，既包括招考环节的质量保障，也包括培养过程的质量保障。结合本研究调查研究结果，当前我国培养院校在教育博士专业学位研究生培养质量的保障机制建设方面尚存较大的完善空间，主要体现在过程性评价相关制度的缺失。本研究认为过程性评价策略在教育博士专业学位培养质量保障方面具有积极意义，有助于提升培养质量。因此，培养院校应当努力构建基于过程性的质量保障体系与机制。近年来，博士生中期考核制度开始在研究型大学兴起，逐渐成为高校博士生培养的重要过程性评价策略。然而，目前而言，中期考核制度主要施用于学术型博士生培养中，尽管教育博士专业学位的部分培养院校也开始探索实施，但无论是在程序形式上，还是在实施效果上，都显得差强人意。

基于此，本研究认为可以从以下三个方面把握中期考核制度在教育博士专业学位研究生培养实践中的运用。其一，中期考核制度应当纳入教育博士专业学位研究生培养模式的制度设计体系。将中期考核纳入院校培养方案，能够为其合法性提供制度层面的依据，完善过程性评价保障机制，而且也能够在一定程度上保障培养实践中的切实执行。其二，清晰定位教育博士专业学位的中期考核制度。由于博士生中期考核在我国最早始于学术型博士生的院校培养实践，因此中期考核制度具有明显的学术逻辑。教育博士专业学位培养院校在采用中期考核制度时应当对其进行清晰合理的定位，特别是部分培养院校同时承担教育学博士与教育博士的培养工作，更需要对同一种制度进行分类施用与管理。其三，针对性设计教育博士专业学位的中期考核制度。培养院校在中期考核制度的设计中，应当充分结合教育博士专业学位的实践性特征，以及培养过程的具体环节，针对性地设计相应的考核指标，尤其需要将其和学术博士生中期考核的指标区别开来，有效做到分类设计。同时考核指标的设计应当充分结合各方的意见，不仅包括学院负责人、导师等，还需要充分调研教育博士研究生，以保障中期考核的科学性与适切性。实际上，中期考核制度作为一种过程性评价制度，主要发挥分流与督促两种功能。培养院校可以根据自身办学实际，通过制度设计等方式合理调整中期考核在教育博士专业学位研究生培养质量保障上的功能，使其侧重于价值导向。值得注意的是，在教育博士专业学位的院校培养中，采用诸如中期考核制度的过程性评价策略，绝非是要求培养院校将关注点局限于培养过程，而是旨在通过对过程质量的监控达到对整体质量全面提升的效果。因此，本研究倡导的基于过程性的质量保障实际上是一种以过程与结果相结合为目的策略机制。

结　语

知识生产模式转型正在消解传统学术型博士生培养的既有路径，无论是"学术管道的泄漏"[①]，抑或是学术劳动力市场趋向饱和，社会的高速发展驱动国家应用型高层次人才培养已经成为一个普遍的事实。时至今日，专业博士学位正在成为大学知识生产模式转型中不可或缺的关键一环，势必将与遵循传统知识生产模式逻辑的学术博士学位共同服务于国家与社会的发展。2020年9月，教育部国务院学位委员会印发《专业学位研究生教育发展方案（2020—2025）》，从国家战略规划的层面强调了新时代专业学位研究生教育高质量发展的重要性，明确提出了诸如"加快发展博士专业学位研究生教育""博士专业学位研究生教育主要根据国家重大发展战略需求""推动博士专业学位、博士学术学位的协调发展"等论断，并进一步为之提出具体的发展路径[②]。事实上在我国，专业博士学位发展历程并不长，专业方向、培养规模以及制度建设尚存在诸多不足之处，而教育博士专业学位作为目前6个专业博士学位之一，其院校人才培养实践刚逾10年，10年中面临的结构矛盾、培养困境，积累的办学经验、实践教训，亟待系统地梳理与归纳，并从中探索未来发展改革方向，由此实现推动国家专业博士学位研究生高质量

---

① 顾剑秀，罗英姿. 是"管道的泄露"还是"培养的滞后"：从博士毕业生的职业选择反思我国博士培养变革[J]. 高等教育研究，2013，34（9）：46-53.
② 教育部国务院学位委员会. 专业学位研究生教育发展方案（2020—2025）[EB/OL]. (2020-09-30) [2020-11-01]. http://www.moe.gov.cn/srcsite/A22/moe_826/202009/t20200930_492590.html.

发展的战略规划目标。

第一节　研究结论

本研究以教育博士专业学位研究生培养模式为研究对象，以知识生产模式转型为理论基础与视角，构建了教育博士专业学位研究生培养模式的"系统集群—结构要素"分析框架。与此同时，本研究采用混合研究的范式及其方法设计策略，依循"问题提出—理论探讨—历史分析—现状考察—经验借鉴—路径创新"的技术路线，系统探究了我国教育博士专业学位研究生培养模式。基于此，本研究在具体的分析过程中形成了以下4个方面的主要结论。

第一，我国教育博士专业学位及其人才培养总体而言仍处于探索发展时期，截至目前其发展历程可以大致划分为三个主要阶段。第一阶段为"发轫期：显现需求"（20世纪90年代至2008年）。在这一时期，教育系统中对高水平应用型博士学位教育的需要开始显现，部分大学开始借鉴国外高校经验或与国外高校展开合作的形式试办类似于教育博士专业学位的项目，国务院学位委员会根据社会发展需要组织专家团队开始进行调研论证。第二阶段为"实践期：试点培养"（2008年至2018年）。在这一时期，国务院学位委员会通过了《教育博士专业学位设置方案》，批准了北京大学等15所研究生培养单位作为首批教育博士专业学位教育试点院校，并于2010年开始开展教育博士院校招生与培养工作；完善了全国教育专业学位研究生教育指导委员会（"教指委"）的组织建设；并于2015年对培养试点的第一个5年期进行了评估。第三阶段为"改革期：探索创新"（2015年至今）。在这一时期，国务院学位委员会新增列了12所地方高校进入教育博士专业学位的授权院校，增设了"汉语国际教育"专业方向，整体的招生培养规模持续扩大，培养院校在招生、培养等方面开始探索改革。在梳理归纳我国教育博士专业学位研究生培养发展历程的基础上，本研究分析了其发展的动力主要包括三个方面：其一是社会动力，指知识经济时代教育事业的大发展；

其二是制度动力，指现代大学制度建设的客观需要；其三是学科动力，指教育学科自身发展的内在需求。同时，本研究讨论了我国教育博士专业学位研究生培养的发展机制，认为其在发展之初，主要以稳定性为主，而在稳定之后则开始进行渐进性改革。结合上述历史分析，本研究进一步探讨了我国教育博士专业学位研究生培养模式呈现出的"学术趋同"特征，认为"学术趋同"模式的生成发展遵循的是"学术模仿—学术漂移—学术趋同"的路径，并随着国家与院校对教育博士专业学位及其人才培养改革逐渐进入转型期。

第二，当前我国教育博士专业学位研究生培养模式基本形成较为完整稳定的制度体系与运行规范，但在院校培养实践过程中仍然面临诸多困境，尤其是学术趋同发展的问题。本研究基于知识生产模式转型的理论视角，通过混合研究方法设计从"制度环境—群体经验—就读体验"三个维度对当前我国教育博士专业学位研究生培养模式的运行现状进行系统全面的考察，以分析当前院校培养的现实图景及其面临的实质性困境。

在"制度环境"方面，本研究一方面通过对政府主管部门、"教指委"等"系统集群"共同体中利益相关者颁发或施行的与教育博士专业学位及其人才培养相关的政策文本、制度文本、指导性方案等材料进行考察；另一方面，对27所培养单位的招生简章与8所培养单位的培养方案进行文本分析，在梳理相关院校培养现状的基础上，发现当前教育博士生培养模式的院校制度设计存在以下困境：其一，理念目标定位处于学术性与应用性的博弈之中，长期以来学术性与应用性的二元对立传统以及学术博士培养的思维惯性，限制了"实践型学者"与"实践研究者"等新的培养理念的发展与成熟。其二，招考制度设计存在对专业能力考察的偏颇，无论是普通招考还是"申请—考核制"，无论是"准入性"的报考条件还是"证明性"的报考条件，对学术资格的过度关注都致使院校招考环节的学术倾向严重，难以真实精准地识别与考察报考者的专业能力。其三，过程制度设计存在忽视系统性与协同性的问题，主要体现在校际培养主体之间缺乏必要的联系与合作，利益相关共同体之间的联盟组织尚未形成；培养环节的制度设计虽然形成了各校的特色，但各个环节之间存在相割裂的现象；培养内容的价值倾向在学术价值与实践价值之间摇摆，强烈的学术倾向致使培养过程与学术博士同质化。其四，评价保障体系存在形成性与结果性的失衡，一方面部分培养院校的质量评价体系不健全，普遍缺失形成性评价的制度设计，另一方面当前教育博士学位论文质量的评价标准尚未建立，仍然受到学术博士学位论文逻辑与标准的影响。进一步对上述制度设计困境的原因进行分析，发现主要原因可从四个方面进行讨论：其一，统筹试点与"被平庸"的制度，主要是指教育博士专业学位早期在我国的发展受制于"求稳"的制度设计；其二，治理机制与"割裂"的共同体，主要指教育博士专业学位培养院校的治理机制尚未完全形成科学规范、系统协同的体系；其三，文化惯性与制度的"路径依赖"，主要是指在国家宏观建制与院校培养实践层面都沿袭了传统知识生产模式主导的学术逻辑与路径。

在"群体经验"方面，本研究通过对当前各培养院校教育博士生进行问卷调查，量化并探究院校培养模式的要素指标及其之间的关系，呈现当前我国教育博士专业学位研究生院校培养的群体性经验，从而探讨院校培养实践中存在的重点突出问题及其特点。研究发现：其一，在结构要素维度，"培养理念与目标""招考内容与形式""培养过程与制度"以及"质量评价与保障"维度的各因子之间呈显著的正相关关系；首批试点高校在培养质量评价体系方面要优于新增列高校；回归模型显示，教育博士专业学位研究生培养模式的结构要素各维度因子共解释了回归模型因变量培养质量与成效 49.8% 的变异量，理念目标系统、过程制度系统、评价保障系统能够显著影响教育博士生的院校培养质量。其二，在系统集群维度，"主管部门与'教指委'支持""工作单位间合作"与"工作单位参与"各因子之间呈显著的正相关关系；将系统集群维度各要素加入回归模型后，自变量解释因变量的变异程度从 49.8% 上升为 53.8%，"主管部门与'教指委'指导"与"工作单位参与"对培养质量与成效具有显著的正向预测作用。其三，在培养质量与成效上，不同性别教育博士生在"专业应用能力"与"职业发展水平"上都呈现出男性表现要优于女性，体现了显著的性别差异；不同年龄阶段的教育博士生在"职业发展水平"上呈现了一定的差异，主要体现在41—50岁年龄阶段的教育博士生的职业发展水平更高；入学前不同的工作年限在教育博士生在"学术理论素养"的表现上呈现出显著差异，主要体现在入学前工作年限在5—7年的教育博士研究生在学术理论素养提升上较之其他的显著更低。其四，在教育博士生与教育学博士生培养现状的趋同现状上，发现教育博士生培养实践现状存在较大程度的学术性趋同问题，学校课程与教学专业（含汉语国际教育）在培养现状学术性趋同程度上显著高于其他的专业方向。

在"就读体验"方面，本研究采用质性研究方法，在对两所培养高校进行田野考察的基础上，通过对攻读教育博士专业学位的学习者及其利益相关者进行深度访谈，从就读体验个体叙说的角度讨论当前培养模式及其子系统的运行现状，并致力于发现造成目前培养现状，尤其是学术化现象背后的逻辑机理。研究发现：教育博士专业学位研究生培养模式在不同培养院校呈现出不同的实践特征；教育博士专业学位研究生培养模式受到传统学术逻辑的深刻影响；系统集群对教育博士专业学位研究生的培养具有积极的影响。具体而言，在"结构要素"层面发现院校培养的学术性趋同：其一，在培养理念与目标上，存在"形式上的应用取向与实质上的学术主导"以及"被削弱的学术性与被忽略的应用性"的特征，培养院校难以有效统筹"学术性"与"应用性"的关系，培养理念及目标设计与多元学术观所推崇的"应用性学术"南辕北辙。其二，在招考系统上，存在"'符号化'的准入门槛""'公平性'的恣意空间"以及"'同质化'的价值标准"的特征，培养院校的招考系统设计对于回答"以什么标准招生"这一问题时处于尚不明朗的状态，不仅是招考环节出现学术逻辑的模仿问题，而且整个招生系统也难以有效对报考者进行精准的准入性评价。其三，在培养过程与制度上，培养方式上的分类设计、课程与教学的内容方法、导师指导的有效性与适应性、学位论文的规范与标准这几个方面都存在一定的问题，取之于传统范式的经验还是趋向于独立自主的创新，对培养院校而言仍然是一个亟待关注的问题。其四，在质量评价与保障上，质量评价标准受到学术惯习的影响，而质量保障机制则普遍缺乏过程性的策略选择。在"系统集群"层面发现培养共同体内的差异行动：其一，政府主管部门与"教指委"在政策支持、培养指导等方面发挥了积极作用；其二，培养院校之间虽然存在一定的交流，但都是非制度性的不稳定交流，且缺乏稳定合作，难以发挥院校共同体之间应有的培养合力；其三，不同工作单位对教育博士生在职攻读学位的态度迥异，既有大力的支持的，也存在持反对意见的，工作单位支持对教育博士生缓解"工学矛盾"具有积极的作用。

  第三，美国作为教育博士专业学位的发源地，经过一个世纪的发展与改革过程，在院校培养层面积累了丰富的实践经验，能够为我国政府主管部门、"教指委"以及培养高校等相关方面提供积极的经验借鉴。本研究在探索美国教育博士专业学位及其院校培养改革创新路径中首先对教育博士专业学位在美国的发展历程进行了历史梳理，认为其发展历程大致可划分为3个主要的阶段：第一阶段为萌芽期（19世纪末至20世纪20年代初），第二阶段为发展期（20世纪20年代至21世纪初），第三阶段为改革期（21世纪以来），百年发展历程充满了坎坷与辉煌、批判与推崇、争论与创新，对美国本土乃至世界诸多大学产生了巨大的影响。在此基础上，本研究选取了卡耐基教育博士计划（CPED）与哈佛大学教育领导博士项目（Ed. L. D）这两个具有代表性与典型性的改革案例，前者是规模庞大的大学联合的统一行动计划，后者则是一流大学自身探索的具体改革路径，二者都是对美国学界百年来关于教育博士专业学位发展构想在实践层面的继承、批判与回应。CPED的行动改革路径体现了以下四点特征，能够为我国相关主管部门的宏观制度设计带来启迪：其一，立足于院校的培养实践，倡议构建行动共同体；其二，廓清教育博士本质属性，精准定位培养理念与目标；其三，重视组织建设及其治理，有效保障联盟的高效运作；其四，强调共生与资源的共享，系统创新培养过程诸要素。Ed. L. D的创新实践路径体现了以下三点特征，能够为我国相关院校培养模式及其运行实践带来启迪：其一，精准定位领袖型人才培养目标；其二，创新构建指向实践的课程体系；

将评价机制与专业实践相结合。在此基础之上，本研究基于"系统集群—结构要素"框架维度提出美国改革的核心经验，认为可以从构建"深度合作共生的培养共同体"与"特色创新驱动的培养各环节"两个方面探索借鉴。

第四，我国教育博士专业学位研究生培养模式应当变革与重构，破解"学术趋同"模式困境，向"学术应用"模式转轨。具体的改革路径可以从系统集群的建设与结构要素的创新两个层面着手。在系统集群方面，主要的建设路径包括：其一，主管部门应完善顶层制度设计、推动制度系统改革。具体而言，一是不断完善学位制度体系，有效推动博士教育分类发展；二是合理布局学位授权院校，逐步优化院校招生培养结构；三是积极探索学位资格认证，探索人才培养与专业发展衔接机制。其二，"教指委"应拓展组织核心职能、强化实践指导与监督。具体而言，一是适当调整"教指委"的成员席位与结构；二是进一步明确"教指委"的职能分工；三是强化"教指委"作为联盟平台的作用。其三，培养院校应重视院校合作交流、倡导资源共生共享。具体而言，一是培养院校需要对自身培养进行准确定位；二是探索建立全国性或区域性的培养院校联盟；三是探索创建具有针对性的特色化品牌主题活动。其四，工作单位应积极参与培养过程、实现培养供需互动。具体而言，一是探索建立常态化的参与机制；二是充分调动特有的实践性资源；三是提供专业领域的"行动田野"。在结构要素方面，主要的创新路径包括：其一，深度厘清培养理念，准确定位院校培养目标。具体而言，一是重塑"应用性"培养理念的价值内涵；二是探索"分类化"设计的培养目标定位。其二，科学调整招考制度，有效保障识别遴选功能。具体而言，一是合理采用与施行适切的招考制度；二是审慎设计报考条件与"准入门槛"；三是探索多元创新的具体考察方式；四是健全"监督反馈—申诉复议"的保障机制。其三，重点关注培养过程，持续优化过程制度设计。具体而言，一是科学设计并有效落实培养方式；二是创新课程体系设计，探索混合式教学模式；三是优化导师指导制度，建立分类指导机制；四是创新学位论文形式，规范论文研究过程。其四，全面提升培养质量，构建落实评价保障机制。具体而言，一是重塑质量评价观与标准体系；二是健全基于过程性的质量保障机制。

第二节 创新之处

本研究的逻辑起点与价值落脚点都在于教育博士专业学位研究生培养模式，无论是从历史溯源到现状探究再到比较借鉴，还是建构理论视角、综合运用多元方法，其最终都是旨在推动当前教育博士专业学位研究生培养模式的改革与创新，从而切实提高院校培养质量。因此，本研究在系统探讨教育博士专业学位研究生培养模式及其运行现状的过程中形成了一定的研究结论，同时也产生了一定的学术创见，其可能的创新之处在于：

第一，理论视角的创新。长期以来，博士生培养一直遵循传统的知识生产模式，以严苛的学术逻辑形塑了整个培养过程中的规范。但这种基于传统学术观的范式在现代经济社会高速发展的背景下已经难以为继，"培养学者"的传统路径正在被新的知识生产模式进一步消解。教育博士专业学位作为专业型博士学位，本身就内含新的知识生产模式中的应用性情境，因而本研究构建的新的知识生产模式的理论视角对于研究问题的观照十分地适切。目前，学界关于知识生产模式转型理论的应用较少与专业博士学位研究相联系，将其视角进一步下沉至院校人才培养层面的研究更是寥寥，可能主要是由于专业博士学位及其人才培养的研究体系在我国尚未成熟。本研究基于知识生产模式转型的理论视角，构建了教育博士专业学位研究生培养模式分析的"系统集群—结构要素"框架，在新的知识生产观的指导下考察与探究了当前我国教育博士生的院校培养实践现状，其视角具有一定的创新性，能够为未来专业博士学位及其院校培养变革与发展提供一个新的视角。

第二，研究方法的创新。国外开展教育博士专业学位研究生培养的相关研究更多的是基于田野调查与案例分析，结合培养院校的具体培养实践开展相应的研究，以获取第一手经验性资料。由于我国教育博士专业学位创设不久，院校培养工作历时不长，相关研究主要还在通过比较的方法引介国外的实践经验，较少有研究系统全面地关注、考察并分析我国当前的院校培养现状。因此，在此议题之下的研究方法运用仍以政策分析、比较分析、思辨研究为主，基于实证方法的研究尚不多见，基于量化与质性相结合的混合研究方法的使用几乎处于空白。实际上，混合研究设计对探究教育博士生的院校培养议题具有其他单一方法难以比拟的优势。因此，本研究采用混合研究的范式，对现状部分开展并行实施的三角互证的混合设计，从当前我国教育博士专业学位研究生培养模式的运行现状层面，清晰地展现出当前院培养面临的发展性困境。而且，在并行设计的混合方法策略中，基于更好地服务于研究问题，本研究还突破了传统"量化＋质性"的模式，构建了"质性文本＋量化问卷＋质性访谈"的新模式，从而对把握研究问题起到积极的作用。将混合研究方法及其设计策略运用于本研究问题分析之中，此举具有一定的创新之处。

　　第三，研究内容的创新。本研究在核心部分运用了混合研究的方法论工具，并综合运用了历史分析与案例比较等多元方法，在研究内容及其所得结论方面形成了一定的学术创见。例如，在研究内容方面，本研究系统梳理与归纳了知识生产模式转型理论，并讨论了新的知识生产观之下博士生培养的变迁，并将应用性、跨学科、创新集群、基于责任文化的评价标准等新的知识生产要素运用于教育博士生的培养考察中。在研究结论方面，本研究发现了当前教育博士生培养与教育学博士生培养之间存在较为严重的趋同现象，逐渐形成了学术化导向的"学术趋同"模式，并在现状分析部分得到了多维度的证实。基于此，本研究针对性地提出需要重构以往院校培养中的"学术趋同"模式，使其在改革发展中走向"学术应用"模式，并从系统集群的建设与结构要素的创新两个方面提出较为具体的行动策略。教育博士专业学位研究生培养模式研究是一项综合性的高等教育研究议题，指向教育博士生的院校培养改革与创新。本研究较为全面地对这一议题进行系统探讨，并为之提供较为具体的改革路径，具有一定的前瞻性与创新性。

第三节 研究展望

本研究是一项综合运用多元研究方法的混合研究，以知识生产模式转型理论观照了我国当前教育博士专业学位研究生培养模式，以期通过系统地梳理历史发展、全面地探究培养现状、针对性地借鉴域外经验，从而为我国教育博士专业学位研究生培养改革厘清未来发展方向、提出具体行动策略。然而，一方面，由于国内专业博士学位及其院校培养工作尚处于发展阶段，相关研究尚未形成系统，关于教育博士专业学位及其院校培养的研究并不多，使本研究在开展本土化研究中稍显困难；另一方面，受制于研究者自身的研究条件、理论素养、研究能力以及研究视角等因素，本研究尚存诸多的不足之处。具体而言：其一，理论视角的复杂性。知识生产模式转型理论是一个复杂的理论集合，从传统的知识生产到新的知识生产更是一个复杂的变革过程。既有研究多以宏大的研究视角探讨较为宏观的研究议题，如大学模式变迁等，这也就意味着本研究以新的知识生产观讨论教育博士生的院校培养模式势必将存在一定的解释维度层面的矛盾。其二，混合研究方法的设计与运用。本研究在混合研究设计中采用的是并行实施的策略，这是一种对研究者个人能力要求极高的策略，要求研究者必须同时、独立地开展质性与量化的研究项目，各个项目都同等重要。虽然研究者在前期田野考察、资料搜集等过程都尽可能地保持"同时发力"的状态，但限于研究材料的多寡、个人精力的有限等因素，对不同研究项目的关注程度难以达到均衡。在具体的方法运用中，本研究也存在一定的不足之处，例如，量化问卷调查的样本相对较少，尚未覆盖到我国当前教育博士的全部培养院校；质性访谈主要是基于两所首批试点院校，也未对新增列高校进行田野考察。这些可能在一定程度上影响本研究对当前我国教育博士院校培养现状全局的把握。

在本研究开展过程中，学界关于教育博士专业学位的研究，尤其是关于院校培养的研究，开始逐渐增多，对本土的培养实践问题的关注度有所提高。特别是在《专业学位研究生教育发展方案（2020—2025）》正式发布之后，教育博士专业学位的培养院校可能将会进一步增多，各培养院校招生规模面临进一步的扩大，这些可预见的未来发展趋势既表明了教育博士专业学位在我国的兴起与繁荣，同时也在提醒各方必须持续关注教育博士的院校培养问题。政策的大力支持与持续推进，必须要相关院校匹配科学的培养模式，否则难以保障培养质量，更会破坏教育博士专业学位的社会认可度。有鉴于此，未来，作者将基于本研究所积累的研究结论与发现，一方面对教育博士生院校培养中的其他议题进一步地深挖，例如教育博士生的"工学矛盾"问题、延期毕业率问题，教育博士生培养质量评价指标体系的构建问题；另一方面，在知识生产模式转型背景下，学术博士的培养路径正在融入更多的应用情境，传统的学术逻辑正在消解与重构，那么本研究所倡议的"学术应用性"之于学术博士与专业博士的培养是否存在本质差异？两种博士学位是否会进入新一轮的趋同发展？这些问题都是非常值得继续探索的理论议题。与此同时，本研究未来也将在持续关注教育博士专业学位及其院校人才培养相关议题的基础上，将研究视角进一步迁移到专业博士学位及其院校人才培养的领域，立足于国家专业学位研究生发展与改革，回应国家专业博士学位发展的迫切现实需要，为国家研究生教育内涵式发展贡献力量。

参考文献

一、中文著作类

[1] 希拉·斯劳特，拉里·莱斯利. 学术资本主义：政治、政策和创业型大学 [M]. 梁骁，黎丽，译. 北京：北京大学出版社，2008.

[2] 约翰·齐曼. 真科学：它是什么，它指什么 [M]. 曾国屏，匡辉，张成岗，译. 上海：上海科技教育出版社，2002.

[3] 迈克尔·吉本斯，卡米耶·利摩日，黑尔佳·诺沃提尼. 知识生产的新模式：当代社会科学与研究的动力学 [M]. 陈洪捷，沈文钦，译. 北京：北京大学出版社，2011.

[4] 萨拉·德拉蒙特，保罗·阿特金森，奥黛特·帕里. 博士生培养：研究生院的成功与失败 [M]. 赵琳，译. 北京：北京理工大学出版社，2019.

[5] 海格尔·诺沃特尼，彼得·斯科特，迈克尔·吉本斯. 反思科学：不确定性时代的知识与公众 [M]. 冷名，徐秋慧，何希志，等译. 上海：上海交通大学出版社，2011.

[6] 托克维尔. 论美国的民主（下卷）[M]. 董果良，译. 北京：商务印书馆，1991.

[7] 全国专业学位研究生教育指导委员会. 专业学位类别（领域）博士、硕士学位基本要求 [M]. 北京：高等教育出版社，2015.

[8] 研究生培养模式创新的理论与实践研究课题组. 中国研究生培养模式的理论与实践研究 [M]. 北京：高等教育出版社，2013.

[9] 中国学位与研究生教育学会进展报告编写组. 中国研究生教育研究进展报告 2018 [M]. 北京：中国科学技术出版社，2018.

[10] 中国学位与研究生教育学会进展报告编写组. 中国研究生教育研究进展报告 2019 [M]. 北京：中国科学技术出版社，2019.

[11] 包水梅. 中国学术型博士生课程建设研究 [M]. 北京：科学出版社，2016.

[12] 陈学飞. 西方怎样培养博士：法、英、德、美的模式与经验 [M]. 北京：教育科学出版社，2002.

[13] 郭华. 教学社会性之研究 [M]. 北京：教育科学出版社，2002.

[14] 胡娟. 大学制度论 [M]. 北京：中国人民大学出版社，2017.

[15] 李云鹏. 美国教育博士专业学位的发展与变革研究 [M]. 济南：山东人民出版社，2015.

[16] 李宏辉. 专业学位研究生培养模式改革与质量评价指导手册 [M]. 北京：高等教育出版社，2015.

[17] 李建华. 知识生产论：论知识生产的经济分析框架 [M]. 北京：中国社会科学出版社，2008.

[18] 李正风. 科学知识生产方式及其演变 [M]. 北京：清华大学出版社，2006.

[19] 刘亚敏，胡甲刚. 专业学位研究生培养模式改革 [M]. 北京：科学出版社，2017.

[20] 刘思炜，樊杰，董海. 我国专业学位研究生教育创新人才培养模式研究 [M]. 沈阳：东北大学出版社，2012.

[21] 刘宝存. 大学理念的传统与变革 [M]. 北京：教育科学出版社，2004.

[22] 刘贞华. 博士生培养内在制度研究 [M]. 北京：对外经济贸易大学出版社，2014.

[23] 马爱民. 国际比较视野下的教育博士发展研究 [M]. 上海：上海教育出版社，2013.

［24］秦琳. 超越师徒制：德国博士教育的新模式［M］. 重庆：西南师范大学出版社，2019.

［25］孙艳丽. 科研团队知识生产模式研究［M］. 上海：上海交通大学出版社，2020.

［26］唐毅谦. 高素质应用型人才培养模式多途径探索的理论与实践［M］. 北京：科学出版社，2016.

［27］魏所康. 培养模式论［M］. 南京：东南大学出版社，2004.

［28］吴明海. 欧洲新教育运动的历史研究［M］. 北京：教育科学出版社，2008.

［29］王霁云. 美国教育博士专业学位教育研究［M］. 北京：中国社会科学出版社，2015.

［30］王骥. 大学知识生产方式研究［M］. 北京：中国社会科学出版社，2014.

［31］汪霞. 世界一流大学研究生培养模式和课程体系研究［M］. 南京：南京大学出版社，2015.

［32］王东芳. 学科文化视角下的博士生培养［M］. 北京：中国社会科学出版社，2017.

［33］王晓辉. 困境与突破：一流大学个性化人才培养模式研究［M］. 武汉：华中师范大学出版社，2018.

［34］王战军. 中国研究生教育质量报告［M］. 北京：中国科学技术出版社，2018.

［35］徐希元. 当代中国博士生教育研究［M］. 北京：知识产权出版社，2006.

［36］谢治菊，郭宇. 研究生教育质量保障机制研究［M］. 北京：科学出版社，2017.

［37］阎光才. 识读大学：组织文化的视角［M］. 北京：教育科学出版社，2002.

［38］张晓报. 美国研究型大学跨学科人才培养模式研究［M］. 长沙：湖南师范大学出版社，2018.

[39] 张淑林，李金龙，裴旭. 协同创新环境下的研究生联合培养机制改革研究［M］. 北京：高等教育出版社，2016.

[40] 张国栋. 贯通式博士生培养模式的研究［M］. 上海：上海交通大学出版社，2016.

[41] 张英丽. 学术职业与博士生教育［M］. 武汉：华中科技大学出版社，2009.

[42] 张宏岩. 知识生产模式2与高校人才培养模式创新：以北京大学软件与微电子学院为例［M］. 上海：上海交通大学出版社，2014.

[43] 张凌云. 传承与创新：德美两国博士生培养模式研究［M］. 武汉：武汉理工大学出版社，2016.

[44] 赵军. 研究生培养机制改革：行动与反思［M］. 北京：清华大学出版社，2014.

[45] 赵立莹. 效力诉求：美国博士生教育评估的演进［M］. 北京：科学出版社，2013.

[46] 周叶中，程斯辉. 研究生培养模式改革研究［M］. 北京：人民教育出版社，2013.

[47] 周宪，陈蕴茜. 观念的生产与知识重构［M］. 北京：生活·读书·新知三联书店，2013.

[48] 郑娟. 跨界联合：工科博士生培养模式新探索［M］. 北京：社会科学文献出版社，2017.

二、中文论文类

（一）期刊论文

[1] 安超. 知识生产模式的转型与大学的发展：模式1与模式2知识生产的联合［J］. 现代教育管理，2015（9）.

[2] 包水梅. 行动研究在教育博士培养中的运用：理论探索与实践样态［J］. 教育与考试，2017（6）.

[3] 包水梅，杨冬. 进步主义教育思想与教育博士专业学位的发展［J］. 复旦教育论坛，2016，14（5）.

[4] 陈洪捷. 知识生产模式的转变与博士质量的危机 [J]. 高等教育研究, 2010, 31 (1).

[5] 陈新忠, 董泽芳. 研究生培养模式的构成要素探析 [J]. 学位与研究生教育, 2009 (11).

[6] 陈粤秀, ELLEN G, CATHERINE L. 美国教育博士学位的背景与发展 [J]. 复旦教育论坛, 2009, 7 (3).

[7] 程斯辉, 王传毅. 研究生培养模式: 现实与未来: "研究生培养模式改革"高端论坛综述 [J]. 学位与研究生教育, 2010 (3).

[8] 曹珊. 美国哈佛大学教育博士专业学位教育项目的特色及启示 [J]. 学位与研究生教育, 2013 (9).

[9] 陈大兴, 张媛媛. 教育博士与教育学博士发展趋同的多维解读 [J]. 研究生教育研究, 2019 (1).

[10] 陈小明. 知识生产现代性扩展背景下的博士教育变革 [J]. 高教探索, 2014 (6).

[11] 蔡芬, 曹延飞, 顾昳, 等. 教育博士生延期毕业影响因素的质性研究 [J]. 学位与研究生教育, 2020 (3).

[12] 董泽芳. 高校人才培养模式的概念界定与要素解析 [J]. 大学教育科学, 2012 (3).

[13] 杜凯华, 张怡真. 我国教育博士发展问题研究 [J]. 河北师范大学学报 (教育科学版), 2012, 14 (5).

[14] 邓涛. 教育博士"论文包"实施的个案解析 [J]. 学位与研究生教育, 2014 (11).

[15] 邓涛. 美国教育博士学位论文改革: 理论探索与实践样态 [J]. 学位与研究生教育, 2014 (2).

[16] 风笑天. 定性研究与定量研究的差别及其结合 [J]. 江苏行政学院学报, 2017 (2).

[17] 风笑天. 定性研究: 本质特征与方法论意义 [J]. 东南学术, 2017 (3).

[18] 樊春良. 科学知识的生产模式分析 [J]. 科学研究, 1997

(3).

[19] 高鸾, 朱旭东. 我国教育博士培养制度实施中的问题与对策 [J]. 教育发展研究, 2019, 39 (3).

[20] 高潇怡, 刘俊娉. 论混合研究方法在高等教育研究中的具体应用: 以顺序性设计为例 [J]. 比较教育研究, 2009 (3).

[21] 顾建民, 王霁云. 创建新型毕业环节: 美国教育博士学位论文革新的个案分析 [J]. 高等工程教育研究, 2012 (2).

[22] 顾剑秀, 罗英姿. 是"管道的泄露"还是"培养的滞后": 从博士毕业生的职业选择反思我国博士培养变革 [J]. 高等教育研究, 2013, 34 (9).

[23] 郭丛斌, 方晨晨, 王亮, 等. 教育博士专业学位研究生延期完成学业的影响因素分析 [J]. 研究生教育研究, 2020 (4).

[24] 胡玲琳. 学术性学位与专业学位研究生培养模式的特性比较 [J]. 学位与研究生教育, 2006 (4).

[25] 胡纵宇. 教育博士的培养指向: 专业性向度与实践性向度 [J]. 学位与研究生教育, 2014 (11).

[26] 洪茹燕. 后学院时代大学知识生产模式再审视 [J]. 自然辩证法研究, 2008 (6).

[27] 韩延伦. 近年来美国重塑教育博士的改革行动及启示 [J]. 现代大学教育, 2015 (2).

[28] 蒋逸民. 作为"第三次方法论运动"的混合方法研究 [J]. 浙江社会科学, 2009 (10).

[29] 蒋逸民. 新的知识生产模式及其对我国高等教育改革的启示 [J]. 外国教育研究, 2009, 36 (6).

[30] 李云鹏. 美国专业博士学位的几个关键问题论析 [J]. 学位与研究生教育, 2014 (1).

[31] 李云鹏, 戚万学. 哈佛大学教育领域博士学位变革及其启示 [J]. 学位与研究生教育, 2016 (12).

[32] 李云鹏, 于珈懿. 我国教育博士培养的初步实践与存在问题

[J]. 黑龙江高教研究, 2018 (1).

[33] 李成明, 王晓阳. 教育博士的发展定位与培养: 场域理论视角 [J]. 研究生教育研究, 2015 (1).

[34] 李广平, 饶从满. 美、澳、英三国教育博士的培养目标与培养过程研究 [J]. 学位与研究生教育, 2010 (9).

[35] 李森, 王振华. 中美教育专业学位研究生培养模式比较研究 [J]. 中国高教研究, 2011 (2).

[36] 李永刚, 马爱民. 教育博士研究生教育的实践性及其强化 [J]. 学位与研究生教育, 2016 (6).

[37] 李宝贵. 教育博士专业学位研究生招生问题的透视与改进: 以汉语国际教育领域为例 [J]. 教育科学, 2019, 35 (5).

[38] 刘献君, 吴洪富. 人才培养模式改革的内涵、制约与出路 [J]. 中国高等教育, 2009 (12).

[39] 刘兰英. 美国南加利福尼亚大学教育领导教育博士项目的课程特色与启示 [J]. 学位与研究生教育, 2015 (11).

[40] 刘辉, 李德显. 冲突与调适: 全日制教育博士生存现状研究 [J]. 研究生教育研究, 2020 (2).

[41] 吕东伟. 加快发展专业学位教育, 稳步提高培养质量: 首次全国专业学位教育工作会议综述 [J]. 中国高等教育, 2002 (1).

[42] 卢晓中. 现代大学制度构建的人文向度 [J]. 中国高教研究, 2020 (5).

[43] 罗生全, 程芳芳. 香港地区教育博士培养体系及借鉴 [J]. 教师教育研究, 2012, 24 (3).

[44] 陆德梅. "反思型执业者"的培养: 唐纳德·舍恩的"反思性实践"理论及其对专业学位教育的影响 [J]. 复旦教育论坛, 2009, 7 (6).

[45] 马爱民. 澳大利亚教育博士改革动向: 以新英格兰大学为例 [J]. 高等教育研究, 2012, 33 (2).

[46] 马爱民, 李永刚. 我国教育博士专业学位研究生培养状况调

查研究［J］. 国家教育行政学院报，2015（3）.

［47］马万华. 研究型大学知识生产模式的变革与学术研究的多元发展机制［J］. 北京大学教育论，2009，7（1）.

［48］马健生，滕珺. 论我国教育博士（Ed. D）专业学位设置的迫切性和可行性［J］. 学位与研究生教育，2007（8）.

［49］马健生，蔡娟. 世界一流大学教育博士培养模式的主要特征［J］. 学位与研究生教育，2020（10）.

［50］冒荣，赵群. 两次学术革命与研究型大学的发展［J］. 高等教育研究，2003（1）.

［51］秦琳. 博士生教育改革的逻辑、目标与路向：知识生产转型的视角［J］. 教育研究，2019，40（10）.

［52］瞿振元. 知识生产视角下的学科建设［J］. 中国高教研究，2019（9）.

［53］史秋衡，季玟希. 中华人民共和国成立 70 年来大学职能的演变与使命的升华［J］. 江苏高教，2019（6）.

［54］史静寰. 现代大学制度建设需要"根""魂"及"骨架"［J］. 中国高教研究，2014（4）.

［55］孙友莲. 实践中的质量保证：教育博士"专业性"［J］. 教师教育研究，2014，26（5）.

［56］申丹娜. 大科学与小科学的争论述评［J］. 科学技术与辩证法，2009（1）.

［57］吴刚. 中国教育专业学位研究生教育回顾与前瞻［J］. 中国教育科学，2017（2）.

［58］吴敏，姚云. 美国专业博士学位的学科与规模特点研究［J］. 学位与研究生教育，2018（8）.

［59］吴丹，刘利，方毅. 以岗位为核心的博士生导师资格认定体系研究与实践［J］. 学位与研究生教育，2017（12）.

［60］魏玉梅. 教育博士项目何去何从：国外教育博士学位"存废"之辩与改革动向［J］. 现代大学教育，2016（1）.

[61] 魏玉梅. 取消与重塑：哈佛大学教育博士项目的改革与发展[J]. 高等教育研究，2015，36（5）.

[62] 魏玉梅. 美国"卡内基教育博士改革行动"成效研究之审视[J]. 比较教育研究，2016，38（7）.

[63] 魏玉梅. 美国教育领域专业博士学位制度设计及其启示：以哈佛大学"教育领导博士"专业学位项目为例[J]. 研究生教育研究，2016（2）.

[64] 文东茅，阎凤桥. 美国"教育博士"（Ed.D）的培养及其启示[J]. 国家教育行政学院学报，2004（3）.

[65] 王建梁，姚林. 澳大利亚专业博士的发展、挑战、应对策略：以教育博士项目为例[J]. 研究生教育研究，2017（5）.

[66] 王骥. 从洪堡理想到学术资本主义：对大学知识生产模式转变的再审视[J]. 高教探索，2011（1）.

[67] 王坦. "双一流"背景下教育博士实践性特征考察：基于112位教育博士研究生的实证调查[J]. 河北科技大学学报（社会科学版），2019，19（3）.

[68] 王坦. 我国教育博士培养的现实困境与对策：基于两批27所试点授权单位的实证性分析[J]. 现代教育管理，2020（9）.

[69] 王飞. 地方大学教育博士专业学位的发展定位[J]. 学位与研究生教育，2019（1）.

[70] 王文礼. 世界一流大学的创新：约翰·霍普金斯大学在线教育博士的培养模式和启示[J]. 现代教育技术，2018，28（2）.

[71] 王文礼. 哈佛大学用教育哲学博士项目取代教育博士项目的原因及影响[J]. 现代大学教育，2017（2）.

[72] 王亮，郭丛斌. 教育博士专业学位研究生培养质量满意度研究：基于某综合性高校教育博士研究生就读体验调查的实证分析[J]. 学位与研究生教育，2020（4）.

[73] 王晓芳，李戎. 西方教育博士培养改革的新理念与新做法[J]. 高等教育研究，2017，38（6）.

[74] 王正青,陈琴. 数字化时代教育博士专业人才培养的新诉求与路径 [J]. 研究生教育研究, 2017 (4).

[75] 王正青,鲍娟. 国外高校实践创新型教育博士培养经验与借鉴 [J]. 教师教育学报, 2016, 3 (4).

[76] 武学超. 知识生产方式转型及对大学与产业联系的影响 [J]. 教育发展研究, 2008 (21).

[77] 武学超. 模式Ⅱ知识生产观的提出与学术争论 [J]. 江苏高教, 2010 (3).

[78] 武学超. 模式3知识生产的理论阐释:内涵、情境、特质与大学向度 [J]. 科学学研究, 2014, 32 (9).

[79] 熊倪娟,袁本涛. 教育博士培养模式:问题与变革 [J]. 高等工程教育研究, 2015 (4).

[80] 谢冉,石芳华. 美国高校教育博士学位论文改革实践及其启示 [J]. 外国教育研究, 2015, 42 (10).

[81] 谢冉,李文婷. 卡内基教育博士计划:背景、成就与启示 [J]. 学位与研究生教育, 2015 (4).

[82] 徐铁英. 透视美国教育博士学位:历史变迁与发展趋势 [J]. 清华大学教育究, 2012, 33 (3).

[83] 徐岚. 教育博士作为专业学位的身份再审思 [J]. 研究生教育研究, 2013 (1).

[84] 徐吉洪. 教育博士专业学位政策议程分析:多源流理论的视角 [J]. 高教探索, 2015 (6).

[85] 徐魁鸿. 美国在线教育博士的培养模式及思考:以约翰霍普金斯大学为例 [J]. 高教探索, 2017 (10).

[86] 杨杏芳. 论我国高等教育人才培养模式的多样化 [J]. 高等教育研究, 1998 (6).

[87] 姚启和,康翠萍. 学位制度改革的一项新课题:论设置教育管理博士专业学位培训大学校长的必要性和可行性 [J]. 高等教育研究, 2000 (6).

[88] 尹小敏. 基于大学与基础教育机构合作的教育博士培养路径研究 [J]. 江苏高教, 2015 (3).

[89] 杨青. 论教育博士专业学位研究生培养质量保障机制的建构：基于"项目依托、团队合作、平台支撑"三位一体的视域 [J]. 中国成人教育, 2013 (21).

[90] 叶晓力. 我国研究生培养机制：演进、困境与方向 [J]. 黑龙江高教研究, 2019, 37 (1).

[91] 叶晓力, 欧阳光华. 我国博士研究生招考制度：历史、现状及趋势 [J]. 研究生教育研究, 2017 (3).

[92] 姚启和, 康翠萍. 学位制度改革的一项新课题：论设置教育管理博士专业学位培训大学校长的必要性和可行性 [J]. 高等教育研究, 2000 (6).

[93] 赵炬明. 学科、课程、学位：美国关于高等教育专业研究生培养的争论及其启示 [J]. 高等教育究, 2002 (4).

[94] 钟秉林. 科学定位 深化改革 不断提高人才培养质量 [J]. 国家教育行政学院学报, 2007 (1).

[95] 钟秉林, 张斌贤. 我国专业学位教育发展的新突破：写在教育博士专业学位诞生之际 [J]. 中国高等教育, 2009 (3/4).

[96] 周富强. 英国"教育博士"培养的实践、问题与挑战 [J]. 中国高教研究, 2006 (6).

[97] 周晓芳. 我国教育博士专业学位研究生招生工作的思考 [J]. 清华大学教育研究, 2010, 31 (2).

[98] 张应强. 关于设置教育博士专业学位的政策建议 [J]. 现代大学教育, 2003 (1).

[99] 张斌贤, 文东茅, 翟东升. 我国教育博士专业学位教育的回顾与前瞻 [J]. 学位与研究生教育, 2016 (2).

[100] 张秀峰, 高益民. 美国教育博士培养"学术化"问题的改革和探索：以范德堡大学教育学院为例 [J]. 比较教育研究, 2014, 36 (3).

[101] 张济洲. 美国"教育博士"培养的实践、问题与挑战 [J]. 高等教育研究, 2009, 30 (3).

[102] 张济州. 美国教育博士培养的实践、问题与挑战 [J]. 高等教育研究, 2009 (3).

[103] 张绘. 混合研究方法的形成、研究设计与应用价值:对"第三种教育研究范式"的探析 [J]. 复旦教育论坛, 2012 (5).

[104] 张晓煜. 制度视域下我国教育博士招生工作研究 [J]. 江苏高教, 2014 (5).

[105] 朱志勇, 高鸾, 韩倩. 香港地区教育博士项目制度改革的动因及其历程:以香港大学和香港中文大学为例 [J]. 全球教育展望, 2015, 44 (11).

[106] 张秀峰. 美国专业学位教育发展历程及其特点分析 [J]. 山东高等教育, 2016, 4 (5).

[107] 郑永进, 高慧敏, 王运来. 教育博士研究生工作、学习和生活的角色冲突与调适 [J]. 研究生教育研究, 2014 (5).

(二) 学位论文

[1] 陈静. 我国专业学位研究生教育发展问题研究 [D]. 重庆:西南大学, 2013.

[2] 邓光平. 我国专业学位设置的政策分析 [D]. 武汉:华中科技大学, 2006.

[3] 冯典. 大学模式变迁研究:知识生产的视角 [D]. 厦门:厦门大学, 2009.

[4] 郭红霞. 教学工程师研究 [D]. 西安:陕西师范大学, 2011.

[5] 顾剑秀. 知识生产模式转变下学术型博士生培养模式变革研究 [D]. 南京:南京农业大学, 2015.

[6] 何剑彤. 基于协同理论的专业学位研究生培养模式系统结构与机制研究 [D]. 大连:大连海事大学, 2015.

[7] 胡玲琳. 我国高校研究生培养模式研究 [D]. 上海:华东师范大学, 2004.

[8] 廖文婕. 我国专业学位研究生培养模式的系统结构研究 [D]. 广州：华南理工大学，2010.

[9] 蔺玉. 博士生科研绩效及其影响因素的实证研究 [D]. 合肥：中国科学技术大学，2012.

[10] 吕红艳. 博士研究生创新能力的影响因素研究：基于江苏省十二所高校的实证分析 [D]. 南京：南京农业大学，2013.

[11] 李云鹏. 美国教育博士专业学位的发展动力与变革模式研究 [D]. 南京：南京师范大学，2012.

[12] 李永刚. 成为研究者：理科博士生素养与能力的形成 [D]. 上海：华东师范大学，2018.

[13] 刘泽文. 基于学生发展导向的博士生教育质量评价模型构建及实证研究 [D]. 南京：南京农业大学，2017.

[14] 刘晓璇. 研究型大学研究生跨学科培养模式研究 [D]. 杭州：浙江大学，2018.

[15] 吕晓赞. 文献计量学视角下跨学科研究的知识生产模式研究 [D]. 杭州：浙江大学，2020.

[16] 马金晶. 成果导向教育博士课程发展研究 [D]. 重庆：西南大学，2012.

[17] 马爱民. 国际比较视野下的教育博士发展研究 [D]. 上海：华东师范大学，2013.

[18] 马明霞. 中国科学院博士生培养模式研究 [D]. 武汉：华中科技大学，2017.

[19] 牛梦虎. 中国博士生教育发展规模研究 [D]. 上海：华东师范大学，2016.

[20] 孙文彬. 科学传播的新模式 [D]. 合肥：中国科学技术大学，2013.

[21] 吴卓平. 工程博士培养模式研究 [D]. 大连：大连理工大学，2016.

[22] 万淼. 专业学位研究生教育社会认同问题及其对策 [D]. 开

封：河南大学，2018.

[23] 徐平. 我国研究型大学博士生培养模式研究 [D]. 厦门：厦门大学，2008.

[24] 余峰. 基于创新能力的研究生培养模式改革研究 [D]. 武汉：华中师范大学，2009.

[25] 尹晓东. 博士研究生培养质量主要影响因素研究：基于重庆五所高校的实证分析 [D]. 重庆：西南大学，2014.

[26] 姚宇华. 知识生产模式转型视角下大学组织模式变革研究 [D]. 武汉：武汉大学，2017.

[27] 张英丽. 论学术职业与博士生教育的关系 [D]. 武汉：华中科技大学，2008.

[28] 张建功. 中美专业学位研究生培养模式比较研究 [D]. 广州：华南理工大学，2011.

[29] 张学谦. 研究生教育公平的一个解释：机会平等、配置有效与增长均衡 [D]. 合肥：中国科学技术大学，2019.

三、中文其他类

[1] 新华网. 习近平对研究生教育工作作出重要指示 李克强作出批示 [EB/OL]. （2020-07-29）[2020-07-03]. http://www.moe.gov.cn/jyb_xwfb/s6052/moe_838/202007/t20200729_475754.html.

[2] 国务院学位委员会. 关于下达2017年审核增列的博士、硕士学位授权点名单的通知 [EB/OL]. （2018-03-26）[2020-03-05]. http://www.moe.gov.cn/srcsite/A22/yjss_xwgl/818/moe_201803/t20180326_331245.html.

[3] 教育部国务院学位委员会. 学位与研究生教育发展"十三五"规划 [EB/OL]. （2017-01-20）[2020-03-05]. http://www.moe.gov.cn/srcsite/A22/s7065/201701/t20170120_295344.html.

[4] 全国教育专业学位研究生教育指导委员会. 关于严格教育博士专业学位研究生招生工作规范的通知 [EB/OL]. （2014-09-13）[2020-

04-06]. http://edm.eduwest.com/viewnews.Jsp?id=208.

[5] 全国教育专业学位研究生教育指导委员会秘书处.关于下发重申教育博士专业学位设置领域招生对象规定工作的通知[EB/OL].(2018-05-16)[2020-04-06].http://edm.eduwest.com/viewnews.jsp?id=1192.

[6] 清华大学研究生招生办公室.清华大学思政课骨干教师提升计划教育博士项目常见问题[EB/OL].(2019-04-02)[2020-04-06].https://www.tsinghua.edu.cn/publish/yjszs/8546/2019/20190402164819817598198/20190402164819817598198_.html.

[7] 中华人民共和国教育部.国家中长期教育改革和发展规划纲要(2010—2020年)[EB/OL].(2010-07-29)[2020-04-10].http://www.moe.gov.cn/srcsite/A01/s7048/201007/t20100729_171904.html.

[8] 中国教育报.开启新时代研究生教育发展新篇章[EB/OL].(2020-07-31)[2020-10-30].http://paper.jyb.cn/zgjyb/html/2020-07/31/content_582871.htm?div=-1.

[9] 全国教育专业学位研究生教育指导委员会秘书处.关于下发教育博士研究生招生对象情况的问卷调查工作的通知[EB/OL].(2020-08-24)[2020-10-30].http://edm.eduwest.com/viewnews.jsp?id=1319.

[10] 教育部国务院学位委员会.专业学位研究生教育发展方案(2020—2025)[EB/OL].(2020-09-25)[2020-10-30].http://www.moe.gov.cn/srcsite/A22/moe_826/202009/t20200930_492590.html.

[11] 光明日报.专业博士扩招,数量和质量如何保证"并驾齐驱"[EB/OL].(2020-10-21)[2020-10-30].https://news.gmw.cn/2020-10/21/content_34289085.htm.

[12] 厦门大学教育研究院.厦门大学2020年教育专业学位博士研究生(Ed.D.)招生简章[EB/OL].(2019-11-26)[2020-06-12].https://ihe.xmu.edu.cn/_t2250/2019/1126/c16614a388239/page.htm.

[13] 新华网.习近平对研究生教育工作作出重要指示[EB/OL].

（2020-07-29）[2020-07-30]. http://www.moe.gov.cn/jyb_xwfb/s6052/moe_838/202007/t20200729_475754.html.

[14] 国务院学位委员会. 关于下达2017年审核增列的博士、硕士学位授权点名单的通知[EB/OL]. （2018-03-26）[2020-03-05]. http://www.moe.gov.cn/srcsite/A22/yjss_xwgl/818/moe_201803/t20180326_331245.html.

[15] 教育部国务院学位委员会. 学位与研究生教育发展"十三五"规划[EB/OL]. （2017-01-20）[2020-03-05]. http://www.moe.gov.cn/srcsite/A22/s7065/201701/t20170120_295344.html.

[16] 全国教育专业学位研究生教育指导委员会. 关于严格教育博士专业学位研究生招生工作规范的通知[EB/OL]. （2014-09-13）[2020-04-06]. http://edm.eduwest.com/viewnews.Jsp?id=208.

[17] 顾明远. 教育大辞典（增订合编本）[Z]. 上海：上海教育出版社，1998.

四、英文文献类

（一）英文著作

[1] Cardozier V R. American higher education: An international perspective [M]. Brookfield: Gower Publishing Company, 1987.

[2] Clifford J G, Guthrie W J. Ed school: a brief for professional education [M]. Chicago: University of Chicago Press, 1988.

[3] Ducharme E R. The professors of teaching: An inquiry [M]. Albany: Taylor & Francis, 1989.

[4] Etzkowitz H, Leydesdorff L. Universities and the global knowledge economy: A triple helix of University-Industry-Government relations [M]. London: Pinter, 1997.

[5] Emma C. Spary. Utopia's garden: French natural history from old regime to revolution [M]. Chicago: University of Chicago Press, 2000.

[6] Freeman F. Practice of American university in granting higher degrees in education: A series of official statements [M]. Chicago: University of Chicago Press, 1931.

[7] Fawcett B, et al. Practice and research in social work: Postmodern feminist perspectives [M]. London, UK: Routledge, 2000.

[8] Gibbons M, Limoges C, Nowotny H, et al. The new production of knowledge: The dynamics of science and research in contemporary societies [M]. London: Sage, 1994.

[9] Gray M, Plath D, Webb S A. Evidence-based social work: A critical stance [M]. London, UK: Routledge, 2009.

[10] Hazlett J S. Education professors: The centennial of an identity crisis [M] // Wisniewski R, et al. The professors of teaching: An inquir. Albany NY: State University of New York Press, 1989.

[11] Karin Knorr-Cetina. Epistemic cultures: How the sciences make knowledge [M]. Cambridge Mass: Harvard University Press, 1999.

[12] Kezar A, Lester J. Enhancing campus capacity for leadership: An examination of grassroots leaders in higher education [M]. Stanford CA: Stanford University Press, 2011.

[13] Lee A, Green B, Brennan M. Organisational knowledge, professional practice and the professional doctorate at work [M] // Garrick J, Rhodes C. Research and knowledge at work: perspectives, case studies and innovative strategies . London: Routledge, 2000.

[14] Noble K A. Changing doctoral degrees—An international perspective [M]. Buckingham: Taylor & Francis, 1994.

[15] Owotny H, Scott P, Gibbons M. Re-Thinking science: Knowledge and the public in an age of uncertainty [M]. Cambridge: Polity Press, 2001.

[16] Price D J D. Little science, big science [M]. New York: Columbia University Press, 1963.

[17] Perry J A. What does history reveal about the education doctorate? [M] // Latta M, Wunder S. Placing practitioner knowledge at the center of teacher education: Rethinking the policy and practice of the education doctorate. Charlotte: Information Age Publishing, 2012.

[18] Power M. The audit society: Rituals of verification [M]. Oxford: Oxford University Press, 1997.

[19] Schön D A. The reflective practitioner: How professionals think in action [M]. New York: Basic Books, 1983.

[20] Weinberg A M. Reflections on big science [M]. New York: American Journey of Physics, 1968.

(二) 英文论文

[1] Anderson D G. Differentiation of the Ed. D. and Ph. D. in education [J]. Journal of Teacher Education, 1983, 34 (3).

[2] Armstrong J. Rethinking the Ph. D. [J]. Issues in Science & Technology, 1994, 10 (4).

[3] Anwar M. From doctoral dissertation to publication: a study of 1995 American graduates in library and information sciences [J]. Journal of Librarianship and Information Science, 2004, 36 (4).

[4] Alexanderson K, et al. Producing and consuming knowledge in social work practice: Research and development activities in a Swedish context [J]. Evidence & Policy: Journal of Research, Debate and Practice, 2009, 5 (2).

[5] Rip A, Van der Meulen B J R. The patchwork of the dutch evaluation system [J]. Research Evaluation, 1995, 5 (1).

[6] Bourner T, Bowden R, Laing S. Professional doctorates in England [J]. Studies in higher education, 2001, 26 (1).

[7] Copland M. Tackling problems of practice in the Ed. D [J].

School Administrator, 2007.

[8] Creswell J W, Clark V P L. Designing and conducting mixed methods research [M]. Australian & New Zealand Journal of Public Health, 2007: 31.

[9] Carayannis E, Campbell D. "Mode 3" and "Quadruple Helix": Toward a 21st century fractal innovation ecosystem [J]. International Journal of Technology Management, 2009 (46).

[10] Dill D D, Morrison J L. Ed. D. and Ph. D. research training in the field of higher education: A survey and a proposal [J]. Review of Higher Education, 1985, 8 (2).

[11] Deering T E. Eliminating the doctor of education degree: It's the right thing to do [J]. The Educational Forum, 1998, 62 (3).

[12] Dybicz P. An inquiry into practice wisdom [J]. Families in Society: The Journal of Contemporary Human Services, 2004, 85 (2).

[13] Dawson K, Kumar S. An analysis of professional practice Ed. D. Dissertations in Educational Technology [J]. Tech Trends, 2014, 58 (4).

[14] Dunlap J, Li J, Kladifko R. Competencies for effective school leadership: To what extent are they included in Ed. D. leadership programs? [J]. Educational Leadership and Administration: Teaching and Program Development, 2015, 26 (3).

[15] Etzkowitz H. The second academic revolution and the rise of entrepreneurial science [J]. IEEE Technology and Society Magazine, 2001, 20 (2).

[16] Etzkowitz H, Leydesdorff L. The dynamics of innovation: From national systems and "Mode2" to a triple helix of University-Industry-Government relations [J]. Research Policy, 2000, 29 (2).

[17] Evans R. Existing practice is not the template [J]. Educational Researcher, 2007, 36 (9).

[18] Funtowicz S O, Ravetz J R. Science for the Post Normal Age [J]. Futures, 1993, 25 (7).

[19] Finn J L, Jacobson M. Just practice: Steps toward a new social work paradigm [J]. Journal of Social Work Education, 2003, 39 (1).

[20] Flaskas C. Systemic and psychoanalytic ideas: Using knowledges in social work [J]. Journal of Social Work Practice, 2007, 21 (2).

[21] Gregry M. Implications of the introduction of the Doctor of Education Degree in British universities; can the EdD reach parts the PhD cannot? [J]. Vocational Aspect of Higher Education, 1995, 47 (1).

[22] Godin B, Gingras Y. The place of universities in the system of knowledge production [J]. Research Policy, 2000, 29 (2).

[23] Gray M, Schubert L. Sustainable social work: Modelling knowledge production, transfer and evidence-based practice [J]. International Journal of Social Welfare, 2002, 21 (2).

[24] Gerbasi K, Anderson D, Gerbasi A, et al. Doctoral dissertations in human-animal studies: News and views [J]. Society & Animals Journal of Human-Animal Studies, 2002, 10 (4).

[25] Gould N. An inclusive approach to knowledge for mental health social work practice and policy [J]. British Journal of Social Work, 2006, 36 (1).

[26] Gardner S K. "I heard it through the grapevine": Doctoral student socialization in chemistry and history [J]. Higher Education, 2007, 54.

[27] Gardner S K. The development of doctoral students: Phases of challenge and support [J]. ASHE Higher Education Report, 2009, 34 (6).

[28] Gardner S K. Contrasting the socialization experiences of doctoral students in high- and low-completing departments: A qualitative analysis of disciplinary contexts at one institution [J]. Journal of Higher Education, 2010, 81 (1).

[29] Hemlin S, Rasmusen S B. The shift in academic quality control [J]. Science Technology and Human Values, 2006, 31 (2).

[30] Hicks D, Katz J S. Science policy for a highly collaborative science system [J]. Science and Public Policy, 1996, 23 (1).

[31] Herie M, Martin G W. Knowledge diffusion in social work: A new approach to bridging the gap [J]. Social Work, 2002, 47 (1).

[32] Humphreys C, Berridge D, Butler I, et al. Making research count: The development of "knowledge-based practice" [J]. Research Policy and Planning, 2003, 21 (1).

[33] Johnson R B, Onwuegbuzie A J. Mixed methods research: A research paradigm whose time has come [J]. Education Researcher, 2004, 33.

[34] Kot F, Hendel D. Emergence and growth of professional doctorates in the United States, United Kingdom, Canada and Australia: a comparative analysis [J]. Studies in Higher Education, 2012, 37 (3).

[35] Kleinman D L. Beyond the science wars: Contemplating the democratization of science [J]. Politics and the Life Sciences, 1998, 16 (2).

[36] Leydesdorff L, Etzkowitz H. Emergence of a triple helix of University-Industry-Government relations [J]. Science and Public Policy, 1996 (23).

[37] Maxwell T, Shanahan P J. Towards a reconceptualising the doctorate: issues arising from comparative data on the EdD degree in Australia [J]. Studies in Higher Education, 1997, 22 (8).

[38] Maxwell T. From first to second generation profession doctorate [J]. Studies in Higher Education, 2003, 28 (3).

[39] Nelson J, Coorough C. Content analysis of the Ph. D. versus Ed. D. dissertations [J]. Journal of Experimental Education, 1994, 62 (2).

[41] Nowotny H, Scott P, Gibbons M. "Mode 2" revisited: The new production of knowledge [J]. Minerva: A Review of Science, Learning & Policy, 2003, 41.

[41] Neumann R. Doctoral Differences: Professional doctorates and PhDs compared [J]. Journal of Higher Education Policy & Management, 2005: 27 (2).

[42] Osguthorpe R T, Wong M J. The Ph. D. versus the Ed. D. : Time for a decision [J]. Innovative Higher Education, 1993, 18 (1).

[43] Pestre D. The production of knowledge between academies and markets: A historical reading of the book, the new production of knowledge [J]. Science, Technology and Society, 2000, 5 (2).

[44] Proctor E K, Rosen A. From knowledge production to implementation: Research challenges and imperatives [J]. Research on Social Work Practice, 2008, 18 (4).

[45] Perry J A. The Carnegie Project on the Education Doctorate: Phase II—a quest for change [J]. UCEA Review, 2011, 52 (3).

[46] Perry J A. To Ed. D. or not to Ed. D? [J]. Kappan, 2012, 94 (1).

[47] Perry J A, Imig D G. A stewardship of practice in education [J]. Change, 2018, 40 (6).

[48] Radford J. Doctor of what? [J]. Teaching in Higher Education, 2001, 6 (4).

[49] Shulman L. Signature pedagogies in the professions [J]. Daedalus, 2005, 134 (3).

[50] Shulman L, et al. Reclaiming education's doctorates: A critique and a proposal [J]. Educational Researcher, 2006, 35 (3).

[51] Shulman L S. Practical wisdom in the service of professional practice [J]. Educational Researcher, 2007 (36).

[52] Weingart P. From "Finalization" to "Mode2": Old wine in new bottles? [J]. Social Science Information, 1997, 36 (4).

[53] Wellington J, Sikes P. "A doctorate in a tight compartment": Why do students choose a professional practice doctorate and what impact does it have on their personal and professional lives? [J]. Studies in Higher Education, 2006, 31 (6).

[54] Wergin J F. Rebooting the Ed. D. [J]. Harvard Educational Review, 2011, 81.

[55] Wildy H, Peden S, Chan K. The rise of professional doctorates: case studies of the Doctorate in Education in China, Iceland and Australia [J]. Studies in Higher Education, 2015, 40 (5).

[56] Winter R, Griffiths M, Green K. The "academic" qualities of practice: what are the criteria for a practice-based PhD? [J]. Studies in Higher Education, 2000, 25 (1).

[57] Zambo R, Zambo D, Buss R, et al. Seven years after the call: students' and graduates' perceptions of the re-envisioned Ed. D [J]. Innovative Higher Education, 2013, 39 (2).

附录一 教育博士专业学位研究生培养模式的制度文本

第一部分 教育博士专业学位政策与指导性文件

年份	发文部门	文件名称
2008	国务院学位委员会	教育博士专业学位设置方案
2009	国务院学位委员会办公室	关于教育博士专业学位设置方案的说明
2009	国务院学位委员会办公室	关于开展教育博士专业学位教育试点工作的通知
2010	国务院学位委员会	硕士、博士专业学位研究生教育发展总体方案
2010	国务院学位委员会	硕士、博士专业学位设置与授权审核办法
2013	教育部、人力资源社会保障部	关于深入推进专业学位研究生培养模式改革的意见
2015	国务院学位委员会、教育部	专业学位类别（领域）博士、硕士学位基本要求
2020	国务院学位委员会、教育部	专业学位研究生教育发展方案（2020—2025）
2010	全国教育专业学位教育指导委员会	教育博士专业学位研究生指导性培养方案
2011	全国教育专业学位教育指导委员会	教育博士专业学位研究生各专业方向指导性培养方案

续表

年份	发文部门	文件名称
2011	全国教育专业学位教育指导委员会	关于教育博士专业学位研究生培养工作的指导意见
2011	全国教育专业学位教育指导委员会	教育博士专业学位研究生论文要求
2010—2020,"教指委"下发的关于教育博士的工作通知		
2009—2018,"教指委"公布的历年"工作记事"		

第二部分 教育博士专业学位研究生招生简章

首批15所高校	文件名称
清华大学	清华大学教育研究院2020年教育博士专业学位研究生招生简章
北京大学	北京大学教育学院2020年教育领导与管理领域教育博士专业学位（Ed.D）研究生招生简章
南京大学	南京大学教育研究院2020年非全日制专业型博士研究生招生"申请—考核制"实施办法［适用于教育博士（Ed.D）专业学位］
浙江大学	浙江大学教育学院2020年专业学位博士研究生招生简章
厦门大学	厦门大学2020年教育专业学位博士研究生（Ed.D）招生简章 厦门大学教育博士学位（Ed.D）研究生招生"申请—考核制"选拔细则
华中科技大学	教科院2020年教育博士专业学位"申请—考核制"招考说明
北京师范大学	2020年教育博士专业学位研究生招生简章
华东师范大学	华东师范大学2020年教育博士专业学位研究生招生简章（学校课程与教学、教育领导与管理）
华中师范大学	华中师范大学2020年招收攻读博士学位研究生招生简章
东北师范大学	东北师范大学教育学部2020年教育博士专业学位研究生"申请—考核制"招生选拔工作实施细则

续表

首批 15 所高校	文件名称
陕西师范大学	陕西师范大学教育博士 2020 年招生办法
西南大学	西南大学 2020 年博士研究生招生章程（含普通计划、对口支援、少民骨干、思政骨干、教育博士、申请考核相关规定）
南京师范大学	南京师范大学 2020 年招收攻读博士学位研究生简章
华南师范大学	2020 年教育博士专业学位（Ed.D）研究生招生简章
西北师范大学	2020 年西北师范大学博士研究生招生简章
新增列 12 所高校	文件名称
广州大学	广州大学 2020 年博士研究生招生简章
扬州大学	扬州大学 2020 年博士研究生招生简章及学科目录
湖南师范大学	湖南师范大学 2020 年博士研究生招生简章
首都师范大学	首都师范大学 2020 年教育博士专业学位研究生招生简章
天津师范大学	天津师范大学 2020 年教育博士专业学位研究生招生简章
浙江师范大学	浙江师范大学 2020 年教育博士专业学位研究生招生简章
河北师范大学	河北师范大学 2020 年博士研究生招生简章
河南师范大学	河南师范大学 2020 教育博士专业学位研究生招生简章
辽宁师范大学	辽宁师范大学 2019 年教育博士专业学位（Ed.D）教育领导与管理领域研究生"申请—考核制"招生简章
曲阜师范大学	曲阜师范大学 2020 年全日制教育博士专业学位研究生招生简章
云南师范大学	云南师范大学 2020 年博士研究生招生简章
新疆师范大学	新疆师范大学 2020 年攻读博士学位研究生招生简章

第三部分 教育博士专业学位研究生培养方案

案例院校	文件名称
清华大学	清华大学教育研究院攻读教育博士专业学位（Ed.D）研究生培养方案
南京大学	南京大学教育研究院教育博士（Ed.D）培养方案（2017年11月修订）
厦门大学	厦门大学博士研究生培养方案 厦大教育研究院专业学位博士生中期考核与开题实施细则（暂行） 厦大教育研究院教育博士专业学位研究生实践导师选聘工作细则（暂行）
华中科技大学	教育博士专业学位研究生培养方案
北京师范大学	北京师范大学教育博士专业学位研究生培养方案
华中师范大学	华中师范大学教育博士专业学位研究生培养方案（2019）
东北师范大学	东北师范大学教育博士专业学位研究生培养方案（试行）（2018版）
西南大学	西南大学教育博士专业学位研究生培养方案

附录二 教育博士专业学位研究生培养模式的调查问卷

亲爱的各位 Ed.D 老师：

您好！我们是教育博士专业学位研究生培养模式研究课题组，感谢您在百忙之中抽出宝贵的时间填写这份问卷。这是一项关于教育博士专业学位研究生培养模式现状问卷调查，是为了更好地了解大家的学业情况，为提高培养质量提供参考和建议。问卷填写大概需要 18—20 分钟。请根据自身就读的实际情况进行作答，选项没有对错之分。问卷答案不会对外公开，仅供学术研究使用，不会对您产生任何影响。我们郑重承诺对您填写的所有信息严格保密。请您放心并且提供客观的回答。非常感谢您的合作与支持！祝您生活愉快，学业与工作一切顺利！

教育博士专业学位研究生培养模式研究课题组
2020 年 7 月

第一部分 基本信息（请在以下选项后填空或划"√"）

1. 您的性别：男□　　女□
2. 您的年龄：_____
3. 您攻读 Ed.D 学位的院校是：_____
4. 您的专业方向是：教育领导与管理□　　学校课程与教学□　　学生发展与教育□　　汉语国际教育□
5. 您当前的年级是：博一□　博二□　博三□　博四□　博五及以上□　已毕业□

6. 您的就读方式为：全日制□ 非全日制□

7. 您的培养形式为：定向□ 非定向□

8. 您本科就读院校属于：双一流建设高校（含一流学科）□ 非双一流建设高校□

9. 您硕士就读院校属于：双一流建设高校（含一流学科）□ 非双一流建设高校□

10. 您本科所学专业属于什么学科：哲学□ 经济学□ 法学□ 教育学□ 文学□ 历史学□ 理学□ 工学□ 农学□ 医学□ 军事学□ 管理学□ 艺术学□

11. 您硕士所学专业属于什么学科：哲学□ 经济学□ 法学□ 教育学□ 文学□ 历史学□ 理学□ 工学□ 农学□ 医学□ 军事学□ 管理学□ 艺术学□

12. 您的工作单位属于：学前教育学校□ 中小学（含中职学校）□ 高等院校（含成人高等教育）□ 科研机构（如教育科研院所等）□ 特殊教育学校□ 教育行政部门□ 其他_____

13. 您的工作岗位属于：学前教育学校专任教师岗□ 学前教育学校管理岗□ 中小学专任教师岗□ 中小学管理岗□ 高等院校专任教师岗□ 高等院校管理岗□ 科研机构科研岗□ 科研机构管理岗□ 特殊教育学校专任教师岗□ 特殊教育学校管理岗□ 教育行政部门管理岗□ 其他_____

14. 截至入学前，您的工作年限是：5—7年□ 8—10年□ 11—13年□ 14—16年□ 17年及以上□

15. 您的行政职级：副厅级及以上□ 正处级□ 副处级□ 正科级□ 副科级及以下□ 无□

16. 您的专业技术职称：正高□ 副高□ 中级□ 初级□ 无□

第二部分 教育博士专业学位研究生培养模式的结构要素
（请在相应的数字下划勾）

17. "培养理念与目标"量表。请根据您就读期间的实际培养情况，回答学校在培养理念与目标方面与下列表述相符合的程度。"1"表示"十分不符合"，"2"表示"较不符合"，"3"表示"不确定"，"4"表示"较符合"，"5"表示"十分符合"。请尽量不要选择中间项。

	题项	1	2	3	4	5
17-1	Ed.D的培养理念与"学术实践者"的内涵相符合					
17-2	Ed.D教育旨在培养我国教育实践领域具有一定学术水平的应用型人才					
17-3	Ed.D教育旨在培养我国教育实践领域的高层次专门人才					
17-4	Ed.D的培养目标与打造"复合型、职业型的高级专门人才"相符合					
17-5	Ed.D人才具有较高的学术理论水平、问题解决能力以及突出的实践创新素养					
17-6	Ed.D人才能够将学术理论运用于教育实践复杂问题的解决与创新应用之中					

18. "招考内容与方式"量表。请根据您报考过程的实际培养情况，回答学校在招生考试方面与下列表述相符合的程度。"1"表示"十分不符合"，"2"表示"较不符合"，"3"表示"不确定"，"4"表示"较符合"，"5"表示"十分符合"。请尽量不要选择中间项。

	题项	1	2	3	4	5
18-1	Ed.D的招考条件中的工作经历要求是合理的					
18-2	Ed.D的招考条件中的外语水平要求是合理的					

续表

题项		1	2	3	4	5
18-3	Ed.D 的招考条件中的科研成果要求是合理的					
18-4	Ed.D 的选拔方式（指普通招考、"申请—考核"）能够有效识别报考者的理论水平					
18-5	Ed.D 的选拔方式（指普通招考、"申请—考核"）能够有效识别报考者的专业素养					
18-6	Ed.D 的选拔方式（指普通招考、"申请—考核"）能够发掘具有发展潜力的报考者					
18-7	Ed.D 的招考评分方式是科学合理的（指各个环节的分数指标及其核算规则）					
18-8	Ed.D 的招考评分方式是公开透明的					
18-9	Ed.D 的招考评分方式具有较好的筛选功能					
18-10	Ed.D 的招考过程具备完善的组织领导机制					
18-11	Ed.D 的招考过程具备完善的监督机制					
18-12	Ed.D 的招考过程具备完善的申诉机制					

19. "培养过程与制度"量表。请根据您就读期间的实际培养情况，回答学校在培养过程及其制度设计方面与下列表述相符合的程度。"1"表示"十分不符合"，"2"表示"较不符合"，"3"表示"不确定"，"4"表示"较符合"，"5"表示"十分符合"。请尽量不要选择中间项。

题项		1	2	3	4	5
19-1	在培养形式上，探索融入跨学科的元素					
19-2	"统一集中授课与分散自主学习"是适合且有效的					
19-3	在导师指导上，超越了传统单一导师制，普遍采用了导师组指导方式（或主副导师制、专兼导师制等创新形式）					

续表

题项		1	2	3	4	5
19-4	导师（组）的指导方式是适合且有效的					
19-5	师资队伍建设能满足 Ed.D 学术性与专业性的双重发展					
19-6	在课程体系方面，能够满足"教育发展对专业化管理者和决策者、专家型教师及教育家培养的总体要求"					
19-7	在课程价值方面，充分强调了"反映当代教育理论与实践的前沿水平"					
19-8	在课程内容方面，充分强调了对教育实践领域应用问题的重点关注					
19-9	在课程形式方面，采用了模块化课程和学分制（如方法类模块、专题式）					
19-10	在教学模式上，采用集中授课与个别化研修的方式					
19-11	在教学方法上，十分重视研究性教学（如专题研讨、案例分析、团队学习等）					
19-12	在教学形式上，充分结合了现场面授与远程在线教学等多元化形式					
19-13	整体上，教学过程十分灵活且有效					
19-14	Ed.D 学位论文体现了专业实践性与应用性的显著特点					
19-15	Ed.D 学位论文研究过程具有严格的规范与要求					
19-16	Ed.D 学位论文是通过相关理论与科学方法致力于教育实践领域的问题解决					
19-17	学校正在探索 Ed.D 学位论文与传统学术论文不同的新形式（如调研方案、教改案例等）					

20. "质量评价与保障"量表。请根据您就读期间的实际培养情况，回答学校在培养质量评价与保障方面与下列表述相符合的程度。"1"表示"十分不符合"，"2"表示"较不符合"，"3"表示"不确定"，"4"表示"较符合"，"5"表示"十分符合"。请尽量不要选择中间项。

题项		1	2	3	4	5
20-1	学校构建了完备的Ed.D课程学习评价体系					
20-2	学校构建了合理的Ed.D学业成果评价体系					
20-3	学校构建了适切的Ed.D专业能力评价体系					
20-4	学校构建了严格的Ed.D学位论文评价体系					
20-5	整体而言，您就读的学校形成了系统完善的Ed.D培养评价标准与体系					
20-6	学校在Ed.D培养的各个环节都具有完善质量保障策略					
20-7	学校有效实施了中期考核制度（或过程性评价策略）					
20-8	学校在学位论文的质量保障方面采取诸多行动					
20-9	整体而言，您就读的学校形成了系统完善的Ed.D培养质量保障机制					

第三部分　教育博士专业学位研究生培养模式的系统集群
（请在相应的数字下划勾）

21. "系统集群"量表。请根据您就读期间的实际培养情况，回答利益相关方参与学校培养实践与下列表述相符合的程度。"1"表示"十分不符合"，"2"表示"较不符合"，"3"表示"不确定"，"4"表示"较符合"，"5"表示"十分符合"。请尽量不要选择中间项。

题项		1	2	3	4	5
21-1	教育主管部门（如教育部等）对 Ed.D 培养越来越重视					
21-2	教育主管部门（如教育部等）出台了诸多政策或制度大力支持 Ed.D 人才培养					
21-3	教育主管部门（如教育部等）鼓励并支持培养院校在 Ed.D 人才培养中不断创新与改革					
21-4	教育专业学位"教指委"对院校 Ed.D 人才培养具有积极有效的监督与指导作用					
21-5	教育专业学位"教指委"通过组织开展相关活动改善院校 Ed.D 人才培养实践					
21-6	教育专业学位"教指委"引领并支持了各院校在 Ed.D 人才培养实践中开展改革与创新行动					
21-7	培养院校在 Ed.D 人才培养中十分重视与其他 Ed.D 培养院校建立联系					
21-8	各培养院校在 Ed.D 人才培养中通过各种形式积极开展校际交流与合作					
21-9	各培养院校在 Ed.D 人才培养中能够相互支持、共享资源与信息等					
21-10	培养院校在 Ed.D 人才培养中是博采众长，而非闭门造车					
21-11	工作单位十分支持您攻读教育博士学位					
21-12	培养院校与工作单位之间就您的深造达成了合作协议					
21-13	培养院校与工作单位之间在您培养过程中建立了联系					
21-14	工作单位有效地参与到了培养院校对您的培养过程中					

第四部分 教育博士专业学位研究生的培养质量与成效
（请在相应的数字下划勾）

22. "培养质量与成效"量表。请根据您就读期间的实际培养情况，回答利益相关方参与学校培养实践与下列表述相符合的程度。"1"表示"十分不符合"，"2"表示"较不符合"，"3"表示"不确定"，"4"表示"较符合"，"5"表示"十分符合"。请尽量不要选择中间项。

题项		1	2	3	4	5
22-1	专业理论素养得到明显提升					
22-2	能够更深层反思专业领域学术理论与相关知识					
22-3	能够运用学术理论思维开展实践活动					
22-4	科研能力得到明显提升					
22-5	问题解决的实践应用能力得到明显提升					
22-6	通用能力得到明显提升（指基本能力，如学习与合作、沟通交流等方面）					
22-7	可迁移能力得到明显提升					
22-8	逐渐形成了具有自己风格或特色的行动逻辑					
22-9	对未来工作的信心与期待得到明显提升					
22-10	职业发展的前景与空间更加广阔					
22-11	工作待遇得到了明显的提升					
22-12	在工作方面更加受到来自诸如领导、同事等的认可					
22-13	工作上得到了更多选择与发展的机会					

第五部分　教育博士生培养实践的学术性趋同相关调查

请根据您就读期间的实际培养情况与就读体验，回答教育博士专业学位与教育学博士学位培养现状的趋同程度及其相关问题。

题项（"1"~"5"表示趋同程度由低至高）	1	2	3	4	5
23	Ed.D培养理念与目标与学术型博士的趋同程度					
24	Ed.D招考制度及其过程与学术型博士的趋同程度					
25	Ed.D导师（组）指导与学术型博士的趋同程度					
26	Ed.D课程体系与学术型博士的趋同程度					
27	Ed.D教学方法与过程与学术型博士的趋同程度					
28	Ed.D学位论文标准与要求与学术型博士的趋同程度					
29	Ed.D培养质量评价标准与保障机制与学术型博士趋同程度					

30. 您认为当前Ed.D人才培养理念与目标更倾向于：
完全学术型□　完全实践型□　重学术、轻实践□　重实践轻学术□　兼顾学术与实践□

31. 您认为哪种招考制度对Ed.D教育而言更有利于科学选才？
普通招考□　"申请—考核"制□　二者相结合□

32. 您对当前Ed.D学位论文的要求的评价是（指学位论文的形式、内容以及送审规则等）：
十分不满意□　较不满意□　一般□　较满意□　十分满意□

33. 您认为诸如政府、"教指委"等利益相关主体对各院校Ed.D人才培养的参与度是：
非常低□　较低□　一般□　较高□　非常高□

34. 您对教育博士专业学位研究生培养的总体评价是：
十分不满意☐　较不满意☐　一般☐　较满意☐　十分满意☐
问卷至此已经全部结束，再次感谢您对本研究的大力支持！
祝您生活、学业与工作一切顺利！

附录三 教育博士专业学位研究生培养模式的访谈提纲

第一部分 教育博士生访谈提纲

一、基本信息

1. 请您介绍下您的个人基本情况：籍贯、现居地、年龄、婚育等。

2. 谈谈您的学习经历：本科与硕士就读院校及专业；攻读教育博士专业学位的院校与专业方向；目前的年级（入学时间）、所在的二级学院、就读方式与培养形式等。

3. 谈谈您的工作经历：工作单位情况与任职岗位情况（包括职位变化情况）；专业技术职称与行政职级情况；入学前的工作年限。

4. 谈谈您为什么要攻读教育博士专业学位（动机），是否有具体事件或重要他人对你产生了影响，可以举例说明；入学后的体验是否和您预期设想的相同，或者有什么不同之处，可举例描述。

5. 报考前，您是否有全面系统地了解过教育博士专业学位及其培养情况？您选择就读院校的原因有哪些？您是否有联系过导师（线上联系或面谈），谈谈具体的过程与情况。

二、就读过程与体验的反思

1. 您如何理解当前教育博士专业学位的培养理念与目标，特别是制度层面对人才类型的规定，如"高层次、高水平的应用型人才"；谈谈教育博士专业学位与教育学博士学位在培养理念与目标上的异同。

2. 您如何理解"应用性学术观",您觉得教育博士专业学位研究生的培养理念是否与其相适切;您如何看待教育博士专业学位的培养目标是打造"学术型实践者";当前培养院校的培养理念与目标是否能够体现上述特点。

3. 您是通过何种招考制度入学的,普通招考还是"申请—考核制",谈谈您报考的具体过程以及招考过程的公平性如何。

4. 您认为现在诸多培养院校在招考条件中设置的一些门槛是否合理,比如外语水平要求、学术经历与学术成果要求,甚至有些要求一定的专业职称与行政职级,贵校是如何规定的?

5. 您认为当前的招考内容与方式能否有效精准识别报考者的专业素养与发展潜力,谈谈哪些方面存在不足或不合理。

6. 谈谈您的就读方式,全日制还是非全日制,定向或是非定向,贵校的培养方式是怎么设计的,需不需要请长假全职在校呢,具体谈谈您的做法和看法。

7. 谈谈贵校在教育博士专业学位研究生培养上导师制的实际情况,采用单一导师制还是采用的导师组等创新方式;谈谈您的师门及导师的相关情况,比如师门在读的人数、整体的学习氛围、平时的交流情况,导师的研究方向、指导的博士生数量、当前的研究课题等。

8. 谈谈您和导师之间的交流情况,特别是导师对您的具体指导(频率、时长等);导师的指导一般涉及哪些方面,学业课程上、学术论文上、文献阅读上、研究方法上,或是工作业务方面等,举例具体谈谈您对导师指导有效性的看法。

9. 谈谈院校集中培养结束、返回工作岗位后,您的学业进展情况,特别是与导师之间的联系以及导师对您的指导与安排。

10. 您认为导师对教育博士研究生与教育学博士研究生的指导是否有明显的区别。如果区别较小,您认为是哪些原因造成的;如果有明显区别,举例具体谈谈这些区别在哪些方面。

11. 谈谈您对学校课程体系设计的看法,开设的课程是否具有前沿性、实践性、问题解决导向以及适切性与跨学科特点,能否充分满足您的专业发展需求（学术理论素养与专业应用能力）；您认为其中是否存在不合理之处，可以举例说明。

12. 谈谈院校培养过程中教师采用的教学方法，主要是传统讲授法，还是诸如研究性教学等创新方法，是否能够体现多元化教学的特点，可以举例谈谈具体的教学过程，特别是设计新颖之处可以重点谈谈；您认为教学过程是否存在不合理之处，比如方法运用上、时间安排上等，可以举例说明。

13. 您认为教育博士专业学位与教育学博士学位在课程体系设计与教学过程设计上是否存在趋同的问题；贵校两种学位是否有各自较为独立的课程与教学体系，授课教师的情况是怎么样的；两种学位的博士生是否存在同上一门课的情况，具体谈谈是哪些课程。

14. 谈谈贵校教育博士专业学位论文的标准与规范，比如选题开题要求与流程、研究过程的要求与规范、学位论文类型与标准，以及学位论文送审的相关情况，其中是否有一些贵校比较特别的要求与做法，举例具体谈谈。

15. 您认为两种博士学位论文标准是否存在趋同的问题，教育博士专业学位论文是否有自身的问题解决导向与应用实践价值的规范与标准，谈谈您对当下院校培养层面教育博士专业学位论文标准的看法。

16. 您认为当前背景下，教育博士专业学位论文的研究能否实现观照专业实践领域的真问题、并致力于问题解决的功能，谈谈您对教育博士专业学位论文的看法（应然的问题）。

17. 谈谈贵校对教育博士专业学位其他申请资格的规定，如学术资格（论文发表规定、学术活动参与规定等），实践资格（如实践活动的参与、实践项目等）；您怎么看待学校对这些资格的规定，在培养实践中是否严格执行？

18. 贵校是否有实施中期考核制度，或其他过程性评价与保障制度，实施的具体流程是怎么样的，可以进行具体描述；您认为实施的效果如何，谈谈您的看法。

19. 谈谈贵校在培养质量评价方面的策略，除了博士学位论文评价之外，是否关注其他方面的评价，如学术理论素养上的评价、专业应用能力的评价等；您认为质量评价体系是遵循学术的逻辑还是应用的逻辑，倾向于结果性评价还是更关注过程性评价，可以举例具体谈谈。

20. 谈谈贵校在培养质量保障方面的策略，比如在学时间上、在课程与教学上、学位论文的研究规范上等；您认为在培养质量保障机制上还存在哪些疏漏或可以完善的地方，谈谈理由。

21. 您认为主管部门与"教指委"是否对当前院校培养实践产生了积极的指导与支持作用，谈谈您对主管部门与"教指委"应当发挥的功能的认识与理解，以及对他们的建议。

22. 在学期间您认为教育博士专业学位培养院校彼此之间的合作与交流是否足够，还是较少；目前培养院校间的互动有哪些途径，这些途径或方式能否在教育博士研究生群体之间有效展开；您觉得还有哪些途径未来可以开发，促进各校及学生之间的交流。

23. 您的工作单位是否支持您攻读教育博士专业学位，在哪些方面进行支持的（工作时间、待遇、指定奖励等），具体谈谈工作单位的相关支持政策；您认为工作单位是否有效地参与到了培养实践过程中，您认为在培养过程中工作单位是否需要和培养院校进行互动与合作，如果需要，可以从哪些方面加强二者的联系，具体谈谈您的看法。

三、学习收获与影响因素的反思

1. 攻读博士学位后，您在学术理论素养上是否有显著的提高，比如对专业理论的认知与理解、学术思维逻辑的形成、学术理论与实践问题的联系等方面，以及学术论文发表、专业领域内课题申报等，举例谈谈在这些方面的具体收获与变化。

2. 攻读博士学位后，您在专业应用能上是否有显著的提高，可以结合例子谈谈在通用能力（沟通交流、组织合作等）、问题解决能力、实践创新能力等方面的提升。

3. 攻读博士学位后，您的职业发展水平是否有显著的变化，比如薪酬待遇、职业发展前景与空间、领导与同事认可度、专业自信度等，结合实际情况谈谈在这些方面的变化。

4. 您觉得在学期间,您最具有价值的收获(如某种技能或能力、思维的变化等)是什么?具体谈谈您是如何实现的,是通过自身的某些努力,或是课程学习、导师指导或同伴影响等。

5. 谈谈您攻读博士学位后遇到的主要困难,比如学业上、工作职业上、生活上等,具体谈谈在这些方面有哪些困难或压力,您是如何调适这些矛盾的。

6. 就读期间遇到困难,您更倾向于如何解决问题,是自己摸索,还是积极主动地寻求帮助(如导师、同伴等),您觉得哪些人在就读期间对您的帮助十分的重要,举例谈谈。

7. 你觉得毕业后作为一名教育博士,在工作领域您应该在哪些方面体现出不同,或者在哪些方面更具有优势。

8. 您对教育博士这一身份的认知经历哪些变化,您对自己身份变化的认同感如何,工作领域的领导、同事等对教育博士的认同度怎么样?

9. 总体而言,您对学校培养过程的评价是怎么样的?您觉得学校或学院在培养实践中还有哪些不足之处,还需要为教育博士研究生提供或创造哪些环境与条件,可以具体举例谈谈您的看法。

第二部分 指导教师访谈提纲

一、基本信息

1. 请您介绍一下您的个人基本情况:年龄、工作年限、专业技术职称/行政职务、专业方向、研究方向等。

2. 您从什么时候开始指导博士生的?(包括学术型博士生与专业型博士生)

3. 截至目前,您大致已经培养了多少博士(已毕业),在读的博士生有多少人?其中学术型与专业型分别是多少?

4. 您指导的教育博士研究生主要是什么专业方向的?您门下的教育博士研究生有多少人目前是处于延期的状态?(就读时长超过4年以上)

二、培养实践的反思

1. 您如何理解当前院校层面对教育博士专业学位的培养理念与目标？您认为教育博士是何种人才，有哪些特征或优势？

2. 您是否认可"学术型实践者"的培养目标？您觉得当前院校培养实践是否能够遵循或体现这样一种"应用性学术观"价值理念的导向？

3. 报考者是否会提前与您取得联系？您对报考者是否有一些特别的要求，比如学术上、专业上等，您一般是如何进行回复的？

4. 贵校目前对教育博士研究生的招考采用何种制度，普通招考还是"申请—考核制"，您认为这两种制度最主要的差异在哪里？贵校教育学科的学术型与专业型博士生是否采用同一种招考制度，您认为在招考层面，这两种学位存在显著的差异吗？具体谈谈您的看法。

5. 就教育博士专业学位而言，您更认可哪一种招考制度？可以谈谈您的理由。

6. 您怎么看当前学校的培养方式（非全日制与全日制，集中与分散），您是怎么要求学生的？

7. 谈谈您对教育博士研究生的指导主要集中在哪些方面，一般多长时间会进行单独指导，以及师门共同指导的频率，具体谈谈您对他们的要求。

8. 您认为学术型与专业型博士生的导师指导是否应该区别开来，您在针对两种类型博士生进行指导时一般采用什么样的方法？可以举例具体谈谈。

9. 您认为教育博士研究生的课程体系设计是否较为合理，能够回应其专业发展需求（应用性导向），其中还存在哪些问题？

10. 在教学模式上，您认为还有哪些不足之处？例如集中授课的问题、教学方法的运用等。

11. 您如何看待教育博士专业学位的论文标准，是否存在与学术型博士学位论文的同质化问题，谈谈您所认可的教育博士专业学位论文的理想状态。

12. 贵校对教育博士研究生的毕业要求有哪些，是否有学术成果等要求？谈谈您认为哪些要求不太合理，应该如何改变。

13. 谈谈您对当前教育博士专业学位研究生培养质量的看法，学校在质量评价与保障层面制定了哪些策略，这些策略是否合理，是否能够在培养实践中发挥效用。

14. 你认为在院校培养层面，主管部门与"教指委"、各个培养院校以及教育博士研究生的工作单位这些主要的利益相关者是否应该有效地参与其中，您认为利益相关主体参与培养实践的途径可以有哪些？分别具体谈谈您的看法。

三、指导过程的反思

1. 你认为在指导教育博士研究生主要的困难有哪些，您是如何规避或克服这些困难的，可以结合实际例子具体谈谈您的看法。

2. 你认为指导学术型博士生与专业型博士生最大或最主要的区别在哪里？您如何理解这些差异。

3. 您如何指导和支持教育博士研究生提升学术理论素养与专业应用能力？谈谈具体的方法。

4. 您是否会安排教育博士研究生参与您的研究（如课题），在研究过程中如何给教育博士研究生定位，他们与学术型博士生参与的工作区别在哪里？

5. 教育博士研究生在读期间是否会参与实践应用性的项目？这些项目是学校安排的、导师介绍的，还是学生个人联系？

6. 您指导的教育博士研究生在读期间是否有申请到相关课题的？具体谈谈这些课题是什么级别的，如该生的专业方向或职业领域是否有关联，您是如何对其进行有效指导与支持的？

7. 您如何看待导师与教育博士研究生之间的关系，是否有一些特殊之处，具体谈谈您的看法。

8. 您认为您对教育博士研究生最大的或最有用的指导是什么？（思维视野、理论方法、职业发展等）

9. 您认为当前院校面向教育博士研究生的导师制还存在哪些可以

完善的地方，或者您认为学校与学院等还需要为导师提供哪些指导环境与条件？谈谈您的需求和建议。

第三部分　管理人员访谈提纲

一、基本信息

1. 请您介绍一下您的相关情况：所在单位部门、主要职位职务、从业时间以及专业背景等。

2. 您是大概从何时开始从事与教育博士专业学位相关的管理工作的？是工作岗位的随机调整与变动，还是领导的指派，或是个人有意愿申请的。

3. 谈谈您现阶段工作主要负责的内容，重点谈谈与教育博士专业学位相关的常规工作。

二、管理过程的反思

1. 您是如何理解教育博士专业学位的？

2. 贵校现阶段教育博士专业学位的培养理念是什么？培养目标是什么？可以简单概括一下。

3. 您认为目前在教育博士研究生的招考管理环节上还存在哪些值得关注的问题？举例谈谈。

4. 您认为在教育博士专业学位的师资队伍建设上有哪些比较好的做法，还尚存哪些问题，特别是在导师指导方面（包括导师组制、导师资格的遴选、导师专业发展等方面）。

5. 贵校教育博士专业学位的课程体系主要是如何进行设计的？是由学校统一安排，还是各个专业分别设计，这个过程是否充分结合了导师、授课教师、教育博士研究生等的意见。

6. 贵校对教育博士研究生的集中授课过程（课堂教学过程）是否进行统一的管理、监督与考核，具体的流程是怎么样的？分散学习期间，学校如何有效管理教育博士研究生的学习与研究，特别是如何有效监督与敦促导师对教育博士生的指导以及教育博士研究生个人的学习的？是否有较好的措施或是处于监管缺失的状态？

7. 贵校是否有制定专门面向教育博士研究生的学术活动或实践活动，旨在提高其专业素养与能力，举例具体谈谈活动是如何展开的，成效如何？

8. 贵校的教育博士专业学位论文标准是怎么样的，有没有具体的规定？开题流程、论文送审与答辩流程以及相应的规范是怎么样的，能否请您具体介绍一下？

9. 贵校是否有对教育博士专业学位的资格进行其他的规定，比如需要达到某些学术资格、需要参与实践活动等，这些规定是否有其合理性，请您具体介绍一下？

10. 培养院校承担了教育博士研究生主要的培养工作，但培养实践离不开主管部门与"教指委"的支持，请您谈谈主管部门与"教指委"这些年对院校培养实践的支持与指导主要在哪些方面？您认为是否还有可以完善的地方，谈谈您的建议。

11. 您认为目前开展培养的27所培养院校之间在教育博士研究生的培养实践上是否应该展开紧密的交流与合作，当前的实际情况是怎么样？贵校是否有和其他培养院校展开过交流与合作，请结合实际情况具体谈谈。

12. 您认为教育博士研究生的工作单位是否可以有效参与到培养过程中来，工作单位能够为提供培养质量提供哪些针对性的帮助，谈谈您的看法？

三、管理过程的困境反思

1. 您认为在院校层面教育博士专业学位的管理工作还存在哪些不足？可以举例谈谈。

2. 您认为是否能够通过有效的制度建设、管理机制，来保障教育博士研究生的培养质量？谈谈您觉得可以从哪些方面着手。

3. 您在处理与教育博士专业学位相关的工作中遇到的主要困难有哪些？您如何规避或克服这些困难？结合实际举例谈谈。

4. 您是否了解贵校当前教育博士研究生的按期毕业率大概是处于

什么水平，谈谈您对当前普遍存在的教育博士研究生较高延期率的看法，以及您有哪些方面改善的建议。

5. 您认为学校或学院为提高对教育博士专业学位的管理效率与成效，以及改善目前尚存的不足之处，还需要从哪些方面进一步改革？

后　记

　　本书是在我的博士学位论文研究基础上修改而成。将博士学位论文选题聚焦在教育博士专业学位及其人才培养的议题，是一个既偶然又必然的结果。偶然体现在我关注教育博士这个群体完全出于同学之间正常的交往与互动，而必然则是近些年我国教育博士发展规模的持续扩大、国家相关政策的持续出台、学界相关研究的陆续刊发，对长期关注研究生教育领域的我而言，这或许是合适的选题。产生这个想法以后，我尽可能地做了系统的文献梳理，结合日常所观察到的教育博士生的就读过程，很快对教育博士专业学位这一选题产生了兴趣。在继续深入地研读文献并对所熟识的教育博士生进行开放式访谈以后，我又陷入了困惑之中，主要是由于这一研究议题较为微观，我既担心这项研究难以支撑博士学位论文应有的"深度"与"厚度"，也担心这项研究会显得与关注"宏大叙事"的博士生同行们的研究格格不入。

　　幸运的是，高等教育研究正在回归常识，人们开始更多关注微观的人才培养问题。我的导师欧阳光华教授十分鼓励我在研究生教育领域深耕，对我的这项研究给予了最大的包容和支持。在厦门大学访学交流期间，潘懋元先生也曾在多个场合反复提出"高等教育应当回归人才培养""高等教育研究应当更加重视微观教学"等论断。潘老对高等教育研究的方向判断与不懈坚持深深地打动了我，也使我对这项研究更加有信心。在从事这一议题研究过程中，无论是坚持深入田野与在读的教育博士一起上课，还是在疫情下为采集数据逐个联系被访者们，都让我对教育博士专业学位及其人才培养模式的理解逐渐深刻。这项研究的过程是一个充满了情绪、困惑甚至否定的过程，但最终形成了一个交织着渴望、坚持与接纳的圆形闭环。从事学术职业无可避免地会遭遇意想不到的困难，但只要相信自己、无惧挑战，终将会找到继续前行的路。

本研究得到了诸多师友的支持，没有他们的无私帮助，我想开展研究的过程一定备受煎熬，在此表示真诚的感谢。本书得以出版，要特别感谢董泽芳教授、冯会平主任对青年研究者的持续关注与大力支持。同时，本研究也得到了教育部人文社科研究青年基金项目的立项支持，我想这对于"青椒"而言，是莫大的鼓励。最后，我想衷心地感谢这项研究中的主人公们，他们是一群正在追梦的可爱的教育同行。在他们之中，有些人或许已经"身居高位"，但依然想要通过专业博士学位项目的系统学习提高教育领导力；有些人则需要在家庭、学业与工作中苦苦找寻平衡的支点；有些人甚至放弃了一切重新回归校园，成为他人眼中的"大龄"学生。非常感谢参与这项研究的各位 Ed.D 老师们，教育博士是一个正在日益壮大的队伍，他们之中的很多人来自我国教育领域的基础甚至是核心岗位，也必将成为未来我国教育改革与发展的重要推动者与见证人。然而，不得不承认，作为一名年轻的研究者，限于学术水平、问题理解和实践体悟能力，本书难免存在或多或少的问题。这些问题或许对我来说将是一个持续的挑战，亦警醒我在未来的研究中时刻保持更加严谨的心态。